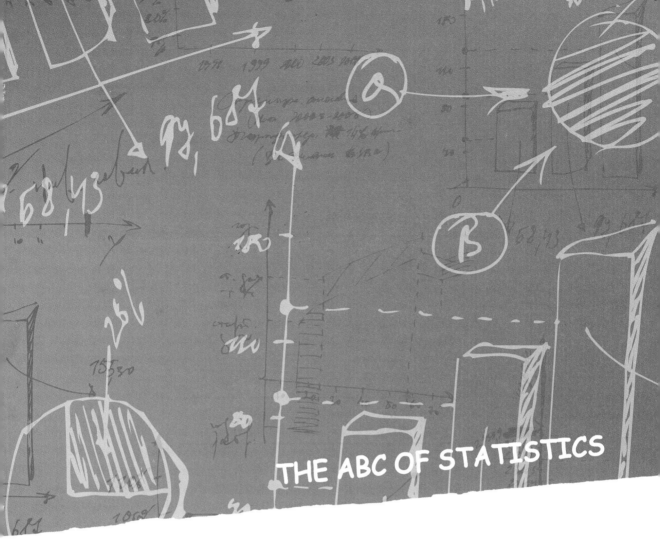

THE ABC OF STATISTICS

陳瑜芬、陳階陞　著

統計學 可以很簡單

三民書局

國家圖書館出版品預行編目資料

統計學可以很簡單 ／ 陳瑜芬,陳陥陞著.－－初版
二刷.－－臺北市: 三民, 2017
　　面；　　公分

ISBN 978－957－14－5598－3　（平裝）

1.統計學

510　　　　　　　　　　　　　　　　100024978

© 統計學可以很簡單

著 作 人	陳瑜芬　陳陥陞
發 行 人	劉振強
發 行 所	三民書局股份有限公司
	地址　臺北市復興北路386號
	電話　(02)25006600
	郵撥帳號　0009998-5
門 市 部	(復北店) 臺北市復興北路386號
	(重南店) 臺北市重慶南路一段61號
出版日期	初版一刷　2012年6月
	初版二刷　2017年11月
編　　號	S 510440

行政院新聞局登記證局版臺業字第○二○○號

有著作權・不准侵害

ISBN　978-957-14-5598-3　（平裝）

http://www.sanmin.com.tw　三民網路書店
※本書如有缺頁、破損或裝訂錯誤,請寄回本公司更換。

序

統計學是現今商管學院的必修科目，也是各研究所入學必考學科和普遍被應用的研究方法之一，卻也是許多學生感到頭痛的課程。

目前坊間一般統計學教科書的章節架構，主要包含兩部分：冗長的文字敘述及章末的總結性習題。如此架構的教材，因各章節內未有「形成性評量」，致使讀者在閱讀的過程中，一旦出現「疑惑」，很難立即發現，或是及時回頭重讀。等到章節結束要做作業之時，先前的「小疑惑」，可能已累積變成「大疑惑」，此時想要重讀補救，已是心有餘而力不足了。

本書作者為改進上述缺點，特別應用美國教育家 Skinner 的「編序教材模式」，在本書重點概念或關鍵的地方，插入形成性的測驗題，其作用是讓讀者在此放慢學習步調，反芻剛學過的重點，並希望讀者透過測驗題，不斷地檢視自己對課程內容的瞭解程度，及時排除「小疑惑」。藉由這種編撰方式，預期可使讀者「步步踏實」的進行學習，減低對統計學的恐懼，進而提高學習信心和成功率。

本書除了編寫上具有特色之外，在內容文字方面，儘量用白話表達，舉例力求「生活化」、「實用化」，同時，對於數學公式的推演，更力求「代數化」，因此學生只須具備一般高中生的代數程度，就足以使用本書學習統計了。此外，本書歷經兩年多撰寫，並已在科技大學試用一年，成效十分良好，得到學生一致的肯定。

本書能順利完成，首先要感謝樹德科技大學校長朱元祥博士的鼓勵和支持、致理技術學院副校長姚秀筠副教授的指正審查，以及吳慶幸老師在資料整理和校對方面的大力協助。本書成書倉促，疏漏遺誤在所難免，敬請各界多多指正和包涵，謝謝！

陳瑜芬、陳階陞　謹識

2012 年 6 月

統計學可以很簡單

目次　Contents

第4章　分散量數

第5章　集合與機率

第6章　機率分配

第7章　常用機率分配

第8章　抽樣與抽樣分配

第9章　估　計

第10章　假設檢定

第11章　兩母體的統計估計和假設檢定

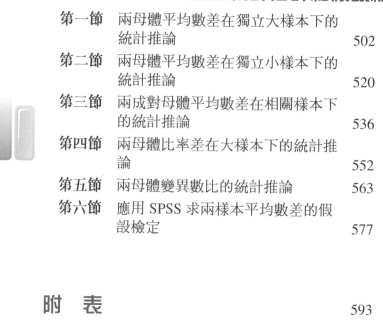

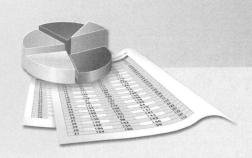

1

緒 論

第一節　統計學的意義

統計學 statistics 源自拉丁字 status，意指狀態 state，其最早原意是指以數值資料及圖示，來顯示一個國家政經、社會、人口之實況。但經過數百年的發展演變，今日的統計學涵義，已超過上述的意義，而成為資料整理、分析和推論的重要方法，為各種學術和科學研究不可或缺的重要工具。

一般而言，統計學的涵義是：

> 對於蒐集到的資料，給予整理、呈現、分析和解釋，並進而根據分析的結果，對未知母體特徵，做合理的推論和研判。

依上述的簡易敘述，統計學可區分為下列兩類：

1. 敘述統計 (descriptive statistics)

指對現有資料進行蒐集、整理、分析和解釋等處理。譬如說，測量某一班 50 名學生身高，然後計算平均數、標準差、百分比或製成圖表，以清楚地說明該班學生身高的分布實況，以及每一學生在班上身高的相對地位等。

顯然地，敘述統計學的目的是，計算一團體某特徵上的數值資料，經統計分析之後，再回頭來解釋該團體在該特徵上所具有的事實和隱含意義。

2. 推論統計 (inferential statistics)

指根據敘述統計分析的結果，探討如何在不確定的情形下，對資料的母體特徵，進行預測或考驗等推論工作。譬如說，由全校 5,000 名學生中，抽取 50 名學生作為樣本，測量身高並計算平均數，然後根據此平均身高，推論全校 5,000 名學生的平均身高。顯然，推論統計的目的，是要依據已知的樣本統計數值（50 名學生平均身高）推測未知母體數值（全校學生平均身高）。

由上述可看出，敘述統計是推論統計學的基礎，兩者密不可分。讀者必須先學會敘述統計，才能進一步學習推論統計。

統計學涉及很多關鍵性的名詞（諸如母體、母數、樣本、統計量）、資料涵義、以及基本的運算法則等，這些都是學習統計的基本知能，本節將分別介紹和說明。

 1–1

統計學的範圍，包含敘述統計和推論統計。參閱上一段的簡略介紹。其中推論統計的目的是，依據樣本的敘述統計獲得的結果，推論母體的特徵。什麼是母體、樣本的真正涵義呢? 請看下一單元說明。

· 請讀下一單元

 1–2

母體 (population) 和樣本 (sample) 的意義是：

> 母體係研究者所要調查或研究的全部個體（或對象）。
> 樣本是母體的部分集合。

這樣的定義包含三個關鍵詞：母體、個體、樣本。

以「高雄市教育局調查去年高雄市國小一年級 10 萬名學童的平均身高」為例，請回答下列問題：

(1)母體：指高雄市一年級全部學童的集合，共有_____人。

(2)個體：指一年級_____（每一名／全部）學童。

· 請讀下一單元

10 萬

每一名

 1–3

母體個數的大或小,會因研究範圍所界定的內涵而不同。譬如在單元 1–2 的例子裡，高雄市教育局只想調查高雄市國小一年級 10 萬名學童的身高,因此高雄市一年級全部學童便

是該調查研究的 _____（母體／樣本），共 10 萬名。　　母體

　　如果教育部想將全國各縣市國小一年級學童的平均身高
列入調查對象，那麼全國各縣市國小一年級學童的集合便
是 _____（母體／樣本），總人數遠比高雄市的十萬名要　　母體
多，並且此時高雄市的十萬名一年級學童也不再是母體，而
變成 _____（母體／樣本）（意即母體的一部分集合）了。　　樣本

　　由此可知，母體是由研究者的研究對象所涵蓋的範圍來
決定的。

　・請讀下一單元

 **1–4**

　　當母體的個數非常多，無法或不易全面取得時，研究者就得改用抽樣方法，
從母體中抽取一部分個數來加以研究，然後再據其結果，反推母體特質。如是，
從母體中抽取一部分個體的集合，即為樣本。

　・請讀下一單元

單元 1–5　母體與樣本的區分

　　我們到超市買魚鬆，常有人要求推銷員從幾個不同箱內
的魚鬆中，各舀出一小匙來試吃，然後才決定買哪一種。請
依此例回答下列問題：

　⑴整箱魚鬆是為 _____（母體／樣本）。　　母體
　⑵一匙魚鬆是為 _____（母體／樣本）。　　樣本

　　依單元 1–2 所提到「高雄市教育局調查全市國小一年級
學童身高」的例子中，全高雄市國小一年級學童是為該研究
的 _____（母體／樣本）。　　母體

　　依單元 1–3 提到「教育部調查全國各縣市國小一年級學
童平均身高」的例子中，高雄市一年級學童是屬該研究

的 _____（母體／樣本）。

様本

・請讀下一單元

 1-6 母體和統計量的符號

在統計學中，描述母體特質的量數，稱為母數或參數 (parameter)。一般以希臘字母代表之。

描述樣本特質的統計量數，稱為統計量 (statistic)，通常以英文字母代表之。表示方式如下所示：

	平均數	標準差	相關係數	比　率
母　體	μ	σ	ρ	P
樣　本	$\overline{X}$	S	r	$\hat{P}$

・請讀下一單元

 1-7 有限母體、無限母體

母體所包含的個數有限時，稱為有限母體。

母體所包含的個數無限時，稱為無限母體。

以高雄市國小一年級學童作為母體。因這些學童是可以被一一數出來的，故屬_____（有限／無限）母體。

有限

以高雄市空中的塵埃量作為母體,因塵埃無法一一細數，故可視為_____（有限／無限）母體。

無限

・請讀下一單元

 1-8

有學者研究高雄市登革熱病媒蚊的習性，因為蚊子是為個體，數量很多且難以計數，故其母體可視為_____（有限／無限）母體。

無限

有學者研究高雄市國小一年級學童體重，因為學童是為

個體，容易一一計數，故其母體是屬＿＿＿＿＿（有限／無限）
母體。

有限

・請練習自我評量 1

- -

自我 評量 ①

一、令 A 屬於敘述統計、B 屬於推論統計，請依下列各敘述填入 A 或 B。

（　　）1. 由於經濟發展，人民生活水準提高，預期明年食米消耗量會減少
5%。

（　　）2. 由於各國節省並開發新能源，今後三年國內國際油價上漲的可能
性不大。

（　　）3. 有關機關發表去年火災報告，至少有 10% 以上是蓄意縱火。

（　　）4. 導師測量全班學生的智力，並計算出該班的平均智力。

（　　）5. 測驗專家測量全校學生的智力，並計算全校學生的平均 IQ。

（　　）6. 測驗專家自全校學生中抽取 100 名學生計算出平均 IQ，然後據此
來推估全校學生的平均 IQ 和可能的誤差。

二、教育部想要瞭解全國各國小一年級學童平均體重，因此由北、中、南、東部
四個地區，分別隨機各抽出 400 名一年級學童作檢查，結果發現平均體重為
15 公斤，試問：

1. 本研究的母體為何？

2. 本研究的樣本為何？

3. 題目所提及平均體重 15 公斤是依據敘述統計方法或推論統計方法？

三、某校想要瞭解國中一年級學生平均每週花在看電視的時間有多少，因此從全
校一年級學生中隨機抽出 50 位作為樣本，試問：

1. 本研究的母體為何？

2. 本研究的樣本為何？

第二節　統計資料的性質

單元 1-9 統計資料的性質和分類

統計資料是指有關研究對象特質的紀錄。

一般而言，人們透過觀察、調查、測試、實驗等方法，蒐集被研究對象某一特質的訊息，然後再予整理和統計分析。所以資料的蒐集是從事統計分析之前的首要工作。

・請讀下一單元

單元 1-10

學校老師舉行考試，其學生的成績分數即是 _____。　　資料

學校調查學生家長的職業別，獲得的學生家長職業種類和人數等紀錄，是為 _____。　　資料

以上的資料，均是進一步進行統計分析的重要素材。

・請讀下一單元

單元 1-11 屬量資料

依資料的可否計算的屬性，分為屬量資料 (quantity data) 和屬質資料 (quality data)。凡是可以用數值來表示或區分的資料，稱為屬量資料。屬量資料有一種特性，資料本身可以做數學運算。譬如身高、體重、溫度、投票人數等，都可用數值來表達性質者，就是屬量資料。

・請讀下一單元

單元 1-12 屬質資料

凡是不能以數值表示，而是以類別來區分的資料，稱之為屬質資料。譬如性

別、血型、職業別、教育程度等。屬質資料本身不具數學運算性質。例如我們可用「1」表示男性、用「2」表示女性，但此時的數字是作區別之用，不能作加減運算。換言之，不能把男性 1 和女性 2 相加在一起，因為相加的結果完全無意義。

・請讀下一單元

單元 1–13 間斷型資料

屬量資料又可再分為間斷型資料 (discrete data) 和連續型資料 (continuous data) 兩種。

所謂間斷型資料，是指能用計數 (countable) 方式獲得的資料。

間斷型資料具有下列特性：

(1)可以用自然整數（如 1, 2, 3 … ）來計數的。

(2)最小單位的相鄰兩數值間（譬如 2 和 3 間），不可能插入任何數值。

(3)可以在一條數列上作點記，但點與點之間有明顯的間隙存在。

譬如，參加開會的人數，是屬間斷型數值資料，因為

(1)計算人數必然是_____（整數／小數），不可能是_____（整數／小數）（符合上述特性(1)）。

整數
小數

(2)會議人數 12 人和 13 人之間，不可能出現任何中間數值，例如 12.5 或 12.8 人（符合上述特性(2)）。

・請讀下一單元

單元 1–14 連續型資料

凡屬不可計數而必須用測量 (measurable) 方式獲得的資料，稱連續型資料。

連續型資料具有下列特性：

(1)資料的取得須用測量工具來量度和比對。

(2)最小單位的相鄰兩數值之間，可以插入無限多個數值。

(3)理論上，數值可以帶有小數位數。

一般而言，連續資料的小數點之後的位數，是依測量工具所能測到的精度來決定。換言之，測量工具的精密度愈高，可以測到的小數位數就愈多，身高、體重、時間等均屬此類型。

・請讀下一單元

 **1–15**

依連續型資料的定義，其數值資料的小數位數是與測量工具的精度相關。或許有些人會對此感到懷疑，讓我們舉個例子來詳細說明。譬如，使用電子秤來測量一塊鐵的重量。令此一塊鐵的重量固定不變：

(1)若我們使用 1 公克為精度的電子秤測量它，得到 50 公克。

(2)若改用 0.1 公克為精度的電子秤測量它，則測得 50.3 公克。

對同一塊鐵，為何會有這種差異呢？

・如果知道原因，請跳讀單元 1–17

・如果想不出原因，請讀下一單元分析

 **1–16**

利用第一種秤，因其精度是 1 公克，因此凡是重量在 49.5 公克至 50.5 公克之間的東西，放在第一種秤上，會一律先四捨五入成 50 公克，秤面上就會顯現 50 公克。但是在秤面上顯現的 50 公克，並非表示真正重量是 50 公克，而是表示其真正重量可能位在 49.5～50.5 公克之間（一般距離）。

同理，第二種秤的精度是 0.1 公克，所以凡是重量在 50.25 公克至 50.35 公克之間的東西，放在第二種秤上，一律都只顯現 50.3 公克。反過來說，在此種秤上顯現 50.3 公克，其真正重量可能是位在 50.25 公克至 50.35 公克之間（一般距離），到底實際重量多少，該秤是無法真正顯現的。

・請讀下一單元

單元 1-17

　　任一連續型數值如 50 公克，所表示的不是精確數值 50，而是近似值 50。換句話說，50 公克是表示位在 49.5 公克至 50.5 公克之間的重量。

　　基於這種原理，如果一塊木板測量得 95 公分長，則表示其真正長度在 ____ 至 ____ 公分之間。如果木板長 95.8 公分，則表示其真正長度在 ____ 至 ____ 公分之間，其餘類推。

　94.5、95.5

　95.75、95.85

・請讀下一單元

單元 1-18

　　試用代號回答下列資料屬性：

　　　　A: 屬量資料　　　B: 屬質資料

　　　　C: 連續型資料　　D: 間斷型資料

　(1)某校所有家長的職業別：_____。

　(2)跑百米的速度：_____。

　(3)每天打電話的次數：_____。

　(4)每天打電話的時間：_____。

　(5)員工的血型：_____。

B

A、C

A、D

A、C

B

・請練習自我評量 2

自我 評量 2

四、令 A 為屬質資料、B 為屬量資料、C 為連續型數值、D 為間斷型數值，試對下列資料填入 A、B、C 或 D：

　1.營利事業統一編號：_____。

　2.每天請假員工人數：_____。

　3.每小時打進公司電話次數：_____。

4.公司地址：＿＿＿＿＿＿＿。

5.每位員工服務年數：＿＿＿＿＿＿＿。

6.公司全年銷貨收入：＿＿＿＿＿＿＿。

7.人類的血型：＿＿＿＿＿＿＿。

8.年齡：＿＿＿＿＿＿＿。

9.性別：＿＿＿＿＿＿＿。

10.每個月到美容院之次數：＿＿＿＿＿＿＿。

五、有一木板由甲、乙兩位工匠測量長度，分別為：

1. 甲測得 15 cm。

2. 乙測得 15.0 cm。

請問兩人所測長度代表意義是否相同？為何？

第三節　資料衡量尺度

單元 1–19 資料的衡量尺度

資料依照其衡量尺度性質，可分為名目尺度、順序尺度、等距尺度和比例尺度等四種資料。

資料因其衡量尺度的不同，將來採用統計公式和解釋也會有所差異，所以請同學們留心辨別各種尺度的涵義和用途。

・請讀下一單元

單元 1–20 名目尺度 (nominal scale) 資料

名目尺度是指可以依資料的性質來區分或分類,並以代號或數字來標示類別。名目尺度只有分類功能，而無數學運算功能。諸如性別、血型、職業別等屬之。

・請讀下一單元

單元 1-21

　　為利電腦處理資料，我們常用「1」代表男性、「0」代表女性，此時數字只表示分類的性質，而不具大小和數學運算的功能，所以我們＿＿＿＿＿（可以／不可以）說男性 1 大於女性 0，或男性 1 加女性 0。總之，名目尺度資料的大小比較或加減運算均不具任何意義。

不可以

・請讀下一單元

單元 1-22 順序尺度 (ordinal scale) 資料

　　順序尺度指可以依照本身的大小、強度、高低等程度，來分類和排序的資料。順序尺度資料具有下列特性：

　　(1)能區分類別。

　　(2)能比較資料的大小或高低等程度。

　　(3)不是屬量資料，所以不能作加減運算。

・請讀下一單元

單元 1-23

　　若學校老師對學生成績採 A、B、C、D 來評等級，是屬於順序尺度資料，因此我們能說：$A > B, B > C$，所以 $A > C$，這是因為順序資料具有比較大小的功能（符合單元 1-22 第(2)點特性）；但我們不能說 $A - B = B - C$，因為順序資料不是屬量資料，不能作加減運算之故（符合單元 1-22 第(3)點特性）。

・請讀下一單元

單元 1-24 等距尺度 (interval scale) 資料

　　等距尺度資料是指資料不但有順序尺度性質，並且基本單位的相鄰兩數值間之距離相等，但不具有真正零點。諸如

溫度、IQ 分數等皆屬於此類型的資料。等距尺度資料具有下列特性：

    ⑴能區分類別。

    ⑵能比較各資料間的大小或高低等程度。

    ⑶能作加減運算。

    ⑷不能作倍數運算。

    上述的⑴、⑵性質同於順序尺度資料，但⑶性質是等距尺度資料不同於順序尺度資料的地方。

    請想想看，40°C 是不是 20°C 的兩倍？＿＿＿＿＿（是／否），請說明原因＿＿＿＿＿。

否

因溫度計沒有絕對零點

    ・如果答對，請跳讀單元 1–26

    ・如果答錯，請讀下一單元

單元 1–25

    溫度是大家熟悉的等距尺度，請大家先想想溫度衡量尺度的特徵：

    ⑴溫度計上所有相鄰刻度間的距離是＿＿＿＿＿（相等／不相等）的，這是「等距」尺度之所以被稱為「等距」的意義所在。

相等

    ⑵我們可解釋 40°C – 30°C 之差，和 20°C – 10°C 之差是＿＿＿＿＿（相等／不相等）的。此乃由於同一溫度計的每一刻度都是相等距離，代表相同的意義。

相等

    ⑶沒有絕對零點：想想看,華氏和攝氏溫度計的零點並不在同一基點上（參看圖 1–1），況且，零度並不表示完全沒有溫度。零是人定的，沒有絕對性。

    ⑷因為沒有「絕對零點」作為共同遵守的基準點，所以溫度計上任兩數值，不能有倍數關係或作乘除運算。

譬如表面上看來 40°C 是 20°C 的兩倍，但利用 (°F = $\frac{9}{5} \times$°C + 32) 將攝氏溫度換算為華式溫度後，如圖 1-1 所示，顯然可看出兩者間 (104°F 與 68°F) 不是原先所認定的兩倍關係。這是兩種溫度計的零度並_____（是／不是）絕對之故。換言之，兩溫度計的基準點不同，所以從溫度計上的任何兩尺度值，是不具有倍數意義的。

不是

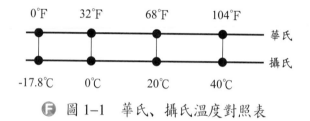

🅕 圖 1-1 華氏、攝氏溫度對照表

・請讀下一單元

 **1-26**

同理，智力測驗分數 (IQ，稱智力商數)，是屬等距尺度，也是沒有絕對零點。因為不同種類的智力測驗（如魏氏智力測驗和普通分類測驗）的零點並不相同之故，所以，我們_____（能／不能）解釋說甲生的智力（魏氏智力測得 180 分）是乙生的智力（普通分類測得 90 分）的兩倍。

不能

・請讀下一單元

單元 1-27 比率尺度 (ratio) 資料

比率尺度具有等距資料的性質，同時因具有絕對零點，兩資料數值間的比值或倍數是有意義的。換言之，比率尺度資料，除了有等距資料的所有特性之外，尚因有絕對零點，所以有倍數和乘除運算之功能。諸如長度、重量、時間等均

屬之。

　　所謂絕對零點，其尺度上的「零」代表「完全無」的意思，有絕對客觀性。譬如公斤秤、臺斤秤或英鎊秤等，它們的「零點」是相互一致的共同基準點。

　　請問長度量尺上 40 公分是否為 20 公分的兩倍?_____（是／不是）。請說明原因:_____。

是、因有絕對零點作為共同的基準點

　　• 如果答對，請跳讀單元 1–29
　　• 如果答錯，請讀下一單元

 **1–28**

　　長度量測工具，常用的有公制（公分制）、英制（英寸制），兩種量尺的「零點」都代表「完全無」，即有_____零點。換言之，兩量尺上的尺度值，都是以相同的_____作基準算起，所以在公制上的 40 公分和 20 公分不但是兩倍的關係，當轉換至英制尺度，分別為____英寸和____英寸，也同樣是兩倍的關係。因此，我們可以得出下列結論: 量尺上有絕對零點(為所有量尺的共同基準點)，其尺上的數值具有倍數關係。

絕對

零點

15.75、7.87

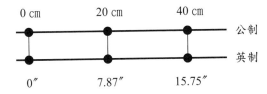

　　F 圖 1–2　公制、英制尺上的零點是共同基準點

　　• 請讀下一單元

 **1–29**

　　綜合前述各節分析可知，衡量尺度的四項判斷要點為:

　　　①能區分類別。

②能比較數值大小（或高低）程度。

③任兩相鄰的尺度之間是等距，無絕對零點，資料只能作加減運算。

④任兩相鄰的尺度之間是等距，有絕對零度，資料能作比率運算。

請問下列四類尺度的資料是否符合上面要點?

(1)名目尺度資料具有＿＿＿（①／②／③／④）性質。　①

(2)順序尺度資料具有＿＿＿（①／②／③／④）性質。　①、②

(3)等距尺度資料具有＿＿＿（①／②／③／④）性質。　①、②、③

(4)比率尺度資料具有＿＿＿（①／②／③／④）性質。　①、②、③、④

當你完全答對上面問題，你必然發現:

(1)＿＿＿＿＿尺度資料所含有的訊息和功能最為豐富，其次依序為＿＿＿＿尺度、＿＿＿＿尺度和名目尺度資料。　比率　等距、順序

(2)依能否有數學運算的性質來加以分類，等距和比率尺度資料歸類為屬＿＿＿＿（量／質）資料；名目和順序資料歸類為屬＿＿＿＿（量／質）資料。　量　質

•請讀下一單元

 1–30 高階資料與低階資料

含有較豐富訊息的資料，稱為高階資料；含訊息較少者，稱為低階資料。比率尺度資料是為最高階資料，其次為等距、順序，名目資料為最低階資料。

從資料蒐集的難易度、資料的相互轉換可能性及資料統計分析的複雜度和解釋力等方面，來比較四種不同尺度的資料。

•請讀下一單元

1–31

就資料蒐集的難易度而言：高階資料的蒐集比較困難,而且費時。譬如以調查學童身高為例,甲研究員使用量尺仔細測量每一學童身高的公分數值(屬＿＿＿＿尺度),如 143 公分、 152 公分;乙研究員把身高分成高、中、矮三級(屬＿＿＿＿尺度),如 160 公分以上為高級、160～140 公分為中級、140 公分以下為矮級,並把三級標示在一長木條上,學童一靠近比對,很快就能分辨出屬於高、中、矮的哪一層級。無可置疑地,甲研究員蒐集身高資料的過程,比起乙研究員不但操作困難,並且費時。

此外,在問卷調查時,受調查者經常不願把個人實際身高據實填寫(基於個人隱私),但對高、中、矮三級的問法,因涉及個人隱私程度較低,比較願意填答。

・請讀下一單元

比率

順序

 1–32

就資料的相互轉換可能性而言：高階資料可以轉變為低階資料,但低階資料卻不能逆轉回高階資料。譬如當你蒐集到的學童身高資料是實際公分數（如 135 公分、165 公分）,你還可以把它們逐一轉變成「高、中、矮」之某一級。但是,當你一開始蒐集的資料是以高、中、矮作為類別分類時,就完全不可能把它們改變回原身高的真實公分數了。

・請讀下一單元

 1–33

就資料統計分析的複雜度和解釋力而言：高階資料一般是為屬量資料,可應用有母數統計法 (parmetric statistics),因此須考慮原母體的分配型態、抽樣個數大小

等限制，在統計處理上較為複雜，不過其資料內涵豐富，解釋力較強；低階資料則只能採無母數統計法 (non-parametric statistics)，受限制雖較少（一般不必考慮母體是否常態，及樣本數的大小），但資料本身內涵較貧乏，解釋力較弱。

・請讀下一單元

 **1-34**

綜合以上三單元之比較，歸納成下表結論：

	高階資料	低階資料
1.蒐集難易度	困難、費時、容易涉及個人隱私	容易、省時、不易涉及個人隱私
2.轉換可能性	能轉成低階資料	不能逆轉回高階資料
3.統計限制和處理	計算公式較複雜，較多限制	計算公式較簡易，較少限制
4.解釋力	較強	較弱

・請讀下一單元

 **1-35**

依據上一單元的比較，可看出高階資料和低階資料各有優劣點，研究者在規劃研究方法時，必須慎重考慮評估，將來可能使用的統計分析和方法，以及自己能否克服資料蒐集時的困難等，然後再著手資料的蒐集工作。

如果低階資料夠用了，就不宜去蒐集高階資料，以節省不必要的開銷及人力資源的浪費。當然，如果高階資料已夠使用，那麼絕對不可怕麻煩而勉強去蒐集低階資料。因為低階資料將來如果派不上用場（如不適合統計公式之用），反而變成廢物一堆，得不償失。

・請讀下一單元

 **1-36**

請填寫下列資料的尺度屬性：

N: 名目尺度　　　O: 順序尺度

I: 等距尺度　　　R: 比率尺度

(1)學生的血型：＿＿屬性。

(2)學生的跑步速度：＿＿屬性。

(3)學生的成績等級 A、B、C、F：＿＿屬性。

(4)學生的體溫：＿＿屬性。

(5)學生的比西智力商數得分：＿＿屬性。

(6)學生家長職業：＿＿屬性。

(7)學生心跳數：＿＿屬性。

(8)學生的制服顏色：＿＿屬性。

・如果答對，請讀下一單元

・如果答錯，請複習單元 1–29

N

R

O

I

I

N

R

N

單元 1–37 常用的字母符號

在統計學中，習慣上常用的西文字母符號如下表所示：

變數以英文大寫字母表示	如 X、Y、Z
變數值以英文小寫字母表示	如 x、y、z
常數以英文小寫字母表示	如 a、b、c
母體統計量以希臘字母表示	μ（平均）、σ（標準差）、ρ（相關係數）
樣本統計量以英文字母表示	$\bar{X}$（平均）、S（標準差）、r（相關係數）

・請練習自我評量 3

自我評量 3

六、請在括弧中填寫適當的符號。如果句子中所描述的資料是屬於名目尺度請填 N，順序尺度請填 O，等距尺度請填 I，比率尺度請填 R。

（　　）1. 成績通知單上的名次：甲生第 3 名，乙生第 1 名，丙生第 2 名。

（　　）2. 室內溫度：理化教室是 18°C，音樂教室是 23°C，美勞教室是 22°C。

（　　）3. 背完出師表需要花費的時間：甲生 90 秒，乙生 120 秒，丙生 265 秒。

（　　）4.性別代號：1 表示男生，0 表示女生。

七、試就下表某校四名 100 公尺短跑選手的資料，說明資料尺度之種類。

資　料	王　生	李　生	林　生	張　生
選手編號	1	2	3	4
成績排名	4	1	2	3
智　力	106	103	98	100
百米秒數	14	10	11	13

1. 選手編號：＿＿＿＿＿＿。

2. 成績排名：＿＿＿＿＿＿。

3. 智力：＿＿＿＿＿＿。

4. 百米秒數：＿＿＿＿＿＿。

第四節　加總的運算法則

 1-38

希臘字母 $\sum$ 讀作 [sigma] 表示「總和」之意。假設代表學生身高的變數為 x，則 5 個學生身高的總和，寫作：

$$\sum_{i=1}^{5} x_i = x_1 + x_2 + x_3 + x_4 + x_5$$

x_i 表示為任一學生的身高

x_1 表示為第 1 個學生的身高

x_2 表示為第 2 個學生的身高

$\vdots$

x_5 表示為第 5 個學生的身高

・請讀下一單元

 **1–39**

同理，一般加總的通式寫法是：

$$\sum_{i=1}^{n} x_i = x_1 + x_2 + \cdots + x_n$$

x_i 表示「任何項變數值」，i 表示第 i 項位置，而 $i=1$ 表示起始項，$i=n$ 表示終止項。$\sum_{i=1}^{n} x_i$ 唸作：「從 $i=1$ 至 $i=n$ 的所有變數值的總和」。

• 請讀下一單元

單元 1–40

當起始項是第 3 項，終止項是第 8 項，亦即要將第 3 項至第 8 項的數值連加在一起，寫法為：

$$\sum_{i=3}^{8} x_i = x_3 + x_4 + \underline{\quad} + x_6 + \underline{\quad} + x_8$$

x_5、x_7

請寫出從第 10 項連加到第 90 項的總和：

$$\sum_{i=10}^{90} x_i = \underline{\quad} + x_{11} + \cdots + x_{89} + x_{90}$$

x_{10}

• 請讀下一單元

單元 1–41 加總符號的簡化

完整的加總符號是 $\sum_{i=1}^{n} x_i$，顯然它包含的字母代號多，寫起來麻煩，因此人們便想給予簡化。一般而言，當大家心中對某一字母代號已有共識，即使省略也不會引起誤解時，就可予以省略，以方便書寫。一般省略原則為：

(1)如果對起始項 i 和終止項 n 有共識，則可簡化為：

$$\sum_{i=1}^{n} x_i \xrightarrow{\text{簡化}} \sum x$$

⑵如果起始項不是 1，則不宜省略，但其他代號必要時可簡化為：

$$\sum_{i=2}^{n} x_i \xrightarrow{\text{簡化}} \sum_{i=2} x$$

⑶如果終止項不是 n，則不宜省略，但其他代號必要時可簡化為：

$$\sum_{i=1}^{k} x_i \xrightarrow{\text{簡化}} \sum^{k} x$$

　　總而言之，當代號省略後不會引起誤解時，才可簡化，如果省略有被誤解的可能，則須保留，不可簡化。

· 請讀下一單元

 1–42

 1

　　5 名學生身高為：$x_1 = 150\ cm$, $x_2 = 160\ cm$, $x_3 = 155\ cm$, $x_4 = 162\ cm$, $x_5 = 163\ cm$。

試求：

　⑴所有學生身高的總和。

　⑵從第 2 項至第 4 項學生身高的和。

　⑴依題意,所有學生身高總和為從第 1 項到第 5 項的加總：

$$\sum_{i=1}^{5} x_i = x_1 + x_2 + \underline{\hspace{1cm}} + \underline{\hspace{1cm}} + \underline{\hspace{1cm}}$$

$x_3 、 x_4 、 x_5$

$$= 150 + \underline{\hspace{0.8cm}} + \underline{\hspace{0.8cm}} + \underline{\hspace{0.8cm}} + 163 \qquad （x_i \text{ 值代入}）$$

160、 155、 162

$$= \underline{\hspace{1cm}}$$

790

$(2) \displaystyle\sum_{i=2}^{4} x_i = x_2 + x_3 + x_4$

$$= 160 + \underline{\hspace{1cm}} + \underline{\hspace{1cm}}$$

155、162

$$= \underline{\hspace{1cm}}$$

477

• 請讀下一單元

 1–43 常用加總運算法則

1. $\displaystyle\sum_{i=1}^{n} x_i = x_1 + x_2 + \cdots + x_n$

2. $\displaystyle\sum_{i=1}^{n} f_i x_i = f_1 x_1 + f_2 x_2 + \cdots + f_n x_n$

 2

有 10 名學生每月零用錢如表 1–1，求全部學生人數及零用錢總和。

○ 表 1–1

單位：萬元

組 別	每月零用錢 (x_i)	人數 (f_i)	各組別總額 $(f_i x_i)$
①	1	2	$2 \times 1 = 2$
②	2	3	$\underline{\hspace{0.5cm}} \times \underline{\hspace{0.5cm}} = \underline{\hspace{0.5cm}}$
③	3	1	$1 \times 3 = 3$
④	4	2	$\underline{\hspace{0.5cm}} \times \underline{\hspace{0.5cm}} = \underline{\hspace{0.5cm}}$
⑤	5	2	$2 \times 5 = 10$
合 計		10	29

3、2、6

2、4、8

答：總人數：＿＿＿＿＿。　　　　　　　　　　　10 人

　　零用錢總和：＿＿＿＿＿。　　　　　　　　　29 萬元

・如果答對，請跳讀單元 1–45

・如果答錯，請讀下一單元解答

解

⑴把學生分成五組，f_i 表示任一組學生人數。

⑵人數總和為：

$$\sum_{i=1}^{5} f_i = f_1 + f_2 + \underline{\quad} + \underline{\quad} + \underline{\quad}$$　　　f_3、f_4、f_5

$$= \underline{\quad} + \underline{\quad} + \underline{\quad} + 2 + 2 = \underline{\quad} \text{（人）}$$　　2、3、1、10

⑶所有學生零用錢總和（參看表 1–1）

$$\sum_{i=1}^{5} f_i x_i = f_1 x_1 + f_2 x_2 + f_3 x_3 + f_4 x_4 + f_5 x_5$$

$$= \underline{\quad} \times \underline{\quad} + 3 \times 2 + 1 \times 3 + 2 \times 4 + \underline{\quad}$$　　2、1、2

$$\times \underline{\quad}$$　　　　　　　　　　　　　　　　5

$$= \underline{\quad} + 6 + 3 + 8 + \underline{\quad}$$　　　　　　　2、10

$$= \underline{\quad} \text{（萬元）}$$　　　　　　　　　　　29

・請讀下一單元

單元 1–45

3. 若 c 為常數，則 n 項的總和：

$$\sum_{i=1}^{n} c = c + c + \cdots + c \qquad (n \text{ 個 } c)$$

$$= n \times c$$

3

有 4 個學生，每人每月零用錢都是 2 萬元，求其總和。

答：＿＿＿萬元。

$8 (= 4 \times 2)$

· 如果答對，請跳讀單元 1–47

· 如果答錯，請讀下一單元解答

 1–46

因每人每月零用錢均為 2 萬元，故 2 萬元是為常數；

$$\because \sum_{i=1}^{n} c = n \times c$$

$$\therefore \sum_{i=1}^{4} 2 = \underline{\quad} \times \underline{\quad} \text{（萬元）}$$

4、2

$$= \underline{\quad} \text{（萬元）}$$

8

· 請讀下一單元

 1–47

4. 若 c 為常數，則各變數乘 c 的總和：

$$\sum_{i=1}^{n} cx_i = c\sum_{i=1}^{n} x_i$$

$$\sum_{i=1}^{n} cx_i = cx_1 + cx_2 + \cdots + cx_n \qquad \text{（展開）}$$

$$= c(x_1 + x_2 + \cdots + x_n)$$

$$= c\sum_{i=1}^{n} x_i$$

 4

4 名學生的成績 x_i 如下所示：

$$x_1 = 20, x_2 = 25, x_3 = 30, x_4 = 40$$

今老師決定對每學生成績乘 2 倍，請問所有學生的新成

績總和為多少?

答：____ 分。

230

・如果答對，請跳讀單元 1–49

・如果答錯，請讀下一單元解答

 1–48

設 x_i 為任一學生成績，c 為 2（倍）

$$\because \sum_{i=1}^{4} x_i = x_1 + x_2 + x_3 + x_4$$

$$= 20 + 25 + 30 + 40 = 115 \cdots\cdots ①$$

$$\therefore 依題意：\sum_{i=1}^{4} 2x_i = \underline{\quad} \times \sum_{i=1}^{4} x_i$$

2

$$= 2 \times \underline{\quad}$$

115（①代入）

$$= 230（分）$$

・請讀下一單元

 **1–49**

5. $\sum_{i=1}^{n} (x_i + y_i + z_i) = \sum_{i=1}^{n} x_i + \sum_{i=1}^{n} y_i + \sum_{i=1}^{n} z_i$

上述公式之證明如下：

$$\sum_{i=1}^{n} (x_i + y_i + z_i) = (x_1 + y_1 + z_1) + (x_2 + y_2 + z_2) + \cdots + (x_n + y_n + z_n)$$

$$= (x_1 + x_2 + \cdots + x_n) + (y_1 + y_2 + \cdots + y_n) + (z_1 + z_2 + \cdots + z_n)$$

$$= \sum_{i=1}^{n} x_i + \sum_{i=1}^{n} y_i + \sum_{i=1}^{n} z_i$$

6. $\sum\limits_{i=1}^{n}(x_i - y_i - z_i) = \sum\limits_{i=1}^{n}x_i - \sum\limits_{i=1}^{n}y_i - \sum\limits_{i=1}^{n}z_i$

公式證明同上。

· 請讀下一單元

 1–50

 5

已知:

$$x_1 = 2,\ x_2 = 4,\ x_3 = 1$$
$$y_1 = 3,\ y_2 = -1,\ y_3 = 2$$

試求 $\sum\limits_{i=1}^{3}(3x_i - 2y_i + 4)$?

答:＿＿。

25

· 如果答對,請跳讀單元 1–52

· 如果答錯,請讀下一單元解答

 1–51

依題意可知:

$$\because \sum\limits_{i=1}^{3}x_i = \underline{\quad} + \underline{\quad} + 1 = \underline{\quad}$$

2、4、7

$$\sum\limits_{i=1}^{3}y_i = \underline{\quad} + \underline{\quad} + 2 = \underline{\quad}$$

3、(−1)、4

$$\therefore \sum\limits_{i=1}^{3}(3x_i - 2y_i + 4)$$

$$= \sum\limits_{i=1}^{3}3x_i - \sum\limits_{i=1}^{3}2y_i + \sum\limits_{i=1}^{3}4$$

$$= \underline{\quad} \times \sum_{i=1}^{3} x_i - \underline{\quad} \times \sum_{i=1}^{3} y_i + \underline{\quad} \times 4$$

$$= 3 \times 7 - 2 \times 4 + 12$$

$$= \underline{\quad}$$

3、2、3
25

・請讀下一單元

 1–52

試運用加總運算法則的特性，展開 $\sum_{i=1}^{3}(x_i - 2y_i)^2$。

$$\sum_{i=1}^{3}(x_i - 2y_i)^2 = \sum_{i=1}^{3}(x_i^2 - 4x_iy_i + 4y_i^2)$$

$$= \sum_{i=1}^{3} x_i^2 - \sum_{i=1}^{3} 4x_iy_i + \sum_{i=1}^{3} 4y_i^2$$

$$= \sum_{i=1}^{3} x_i^2 - 4\sum_{i=1}^{3} x_iy_i + 4\sum_{i=1}^{3} y_i^2$$

・請練習自我評量 4

 **4**

八、若 $x_1 = 3, x_2 = 5, x_3 = 7$，求：

  1. $\sum_{i=1}^{3} 2x_i^2$。

  2. $\sum_{i=1}^{3}(2x_i - 4)$。

九、若 $x_1 = 2, x_2 = 4, y_1 = 3, y_2 = -1$，求 $\sum_{i=1}^{2}(3x_i - y_i + 4)$。

十、請展開 $\sum_{i=1}^{10}(x_i - y_i + 3)^2$。

第五節　認識 SPSS 的統計視窗和基本操作

單元 1-53 認識 SPSS 編輯視窗

SPSS 編輯視窗畫面上，出現多種的名詞、框格、操作鍵或按鈕等。能熟悉它們的意義和操作，對於學習 SPSS 是十分有幫助的。(註：本書文中有關 SPSS 的系統畫面截取於 SPSS Statistics 12)

一、認識 SPSS 編輯視窗的組成

一般 SPSS 編輯視窗上（如圖 1-3 和圖 1-4），有以下幾種較重要的區域：

㈠檔案列

配合圖 1-3 ❶，檔案列位在第一橫列，它表示目前資料檔的名稱。如果目前資料編輯工作尚未輸入檔名，則系統會自動提供預設的檔名「未命名 untitled」。

㈡功能表列

配合圖 1-3 ❷，功能表列位在第二橫列，功能表列包含 10 個功能表：

1. 檔案 **(file)**

2. 編輯 **(edit)**

3. 檢視 **(view)**

4. 資料 **(data)**

5. 轉換 **(transform)**

6. 分析 **(analyze)**

7. 統計圖 **(graphs)**

8. 公用程式 **(utilities)**

9. 視窗 **(windows)**

10. 輔助說明 **(help)**

每個功能表都還包含一系列的功能選項，只要用滑鼠點選，即可執行各項工作。

㈢工具列

配合圖 1-3 ❸，工具列以圖示顯現，方便使用者點選它們來執行編輯工作。

㈣資料編輯區

配合圖 1-3 ❹，它是視窗的主體部分，為資料輸入的區域，包含「資料檢視」(data view) 和「變數檢視」(variable view) 兩張工作表。由於螢幕只容許一張工作表顯現，所以使用者必須點選「工作表切換標籤」(位在編輯區左下端，圖 1-3 ❺)，來切換螢幕上的工作表。

編輯區主要包含許多長形格，稱為儲存格（圖 1-3 ❻)，為資料鍵入的地方。

㈤狀態軸

配合圖 1-3 ❼，它位在視窗最下一列，顯示目前所處的編輯狀況，包含正在執行的命令或程序、觀測的個數，或顯示是否正在執行過濾或加權等特殊功能。

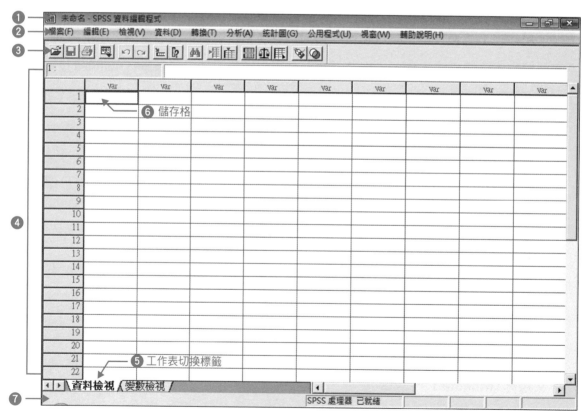

圖 1-3　❶檔案列　❷功能表列　❸工具列　❹資料編輯區
❺工作表切換標籤　❻儲存格　❼狀態軸

二、認識對話盒的組成

對話盒 (dialog box) 內包含各種符號、框格、按鈕等，透過它們傳達使用者所欲執行的指令給 SPSS 系統，以達成資料處理和統計分析的任務。以下介紹對話盒中較常用的項目：

㈠**名稱列** (title)

配合圖 1–4a ❶，名稱列位在對話盒的第一列，顯示目前對話盒的種類名稱。

㈡**文字框** (text box)

供使用者輸入資料，包含字串或數值。

1.空白框

配合圖 1–4a ❷，其框內是空白的，沒有預設值，允許使用者輸入資料。

2.預設式長框

配合圖 1–4b ❸，其框內有預設值，如果使用者未修改成新資料值，則自動啟用系統的預設值。

3.空白清單框

配合圖 1–4c ❹，此種空框允許使用者從另一框移入數個變數。

4.預設清單框

配合圖 1–4a ❺，此框內列示內定的變數或函數式清單，允許使用者選取其中的函數式，移入「空白清單框」內。

㈢**選項圓鈕** (optional buttons)

配合圖 1–4b ❻，其形狀為空心圓「○」。每個圓鈕代表一個選項。通常數個相互排斥的選項圓鈕並排出現，使用者只能點選其中一個選項圓鈕。點選其中一個選項，空心圓「○」會變成黑心圓「⊙」。

㈣**下拉式清單** (drop-down list)

配合圖 1–4b ❼，其形狀如 ▭▾，當滑鼠點按箭頭 ▾，立即拉出一系列選項，而使用者只能勾選其中一項。事實上，下拉式清單相當於多數並列的「選項圓鈕」，但它具有比較不占空間的優點。

㈤**檢核小方框** (check box)

配合圖 1–4b ❽，其形狀為方形小框「□」。通常是多個檢核框並列出現在對話盒中，允許使用者複選（注意：選項圓鈕只允許單選）。點選其中一個選項，小方框內會產生打勾的符號「☑」。

㈥**命令鈕** (command buttons)

配合圖 1–4a ❾，它通常在對話盒的右側或下端，會出現數個命令長形鈕，用以執行一些動作。常見在主對話盒的命令鈕為 確定 貼上語法(P) 重設(R) 取消 輔助說明 等；次對話盒內的命令鈕為 繼續 取消 輔助說明 等。

此外，尚有方向鈕 ▼、▲、◀、▶（圖 1–4a ❿）等，表示選項移動的方向。

㈦**次對話盒鈕** (sub-dialog box)

配合圖 1–4c ⓫，當命令按鈕的尾部附有 3 個黑點「...」時，譬如： 比對(C)... 、 選項(O)... 等，表示點選該「命令鈕」時，將會開啟「次對話盒」，尚有進一步的資料等待檢選和輸入。

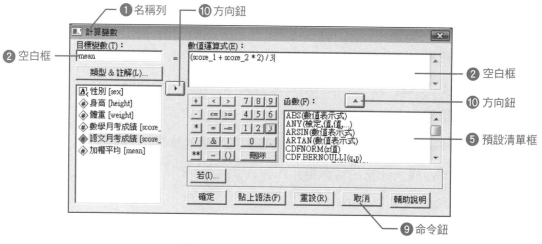

F 圖 1–4a　對話盒的組成

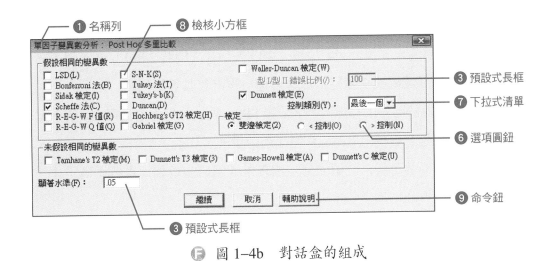

❶名稱列　　❽檢核小方框

❸預設式長框

❼下拉式清單

❻選項圓鈕

❾命令鈕

❸預設式長框

🄵 圖 1–4b　對話盒的組成

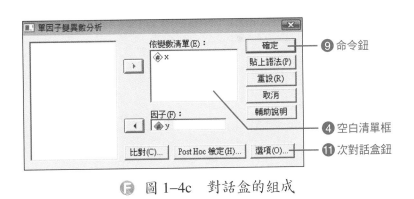

❾命令鈕

❹空白清單框

⓫次對話盒鈕

🄵 圖 1–4c　對話盒的組成

單元 1–54 問卷資料的屬性及編碼

一、問卷各題項的屬性分析

一般一張問卷的內容包含多個題項，每一題項代表一個變項。

變項依測量性質分屬質和屬量兩類。由於電腦比較擅於處理數值和英文字母，所以問卷的各變項須先進行數字化，即以數值的型態來表示，以利電腦的快速處理。基本上，由一張問卷的各題項取得的值，有數值和字串兩類型，對於字串型資料，若能重新改編成數值型資料，則在後續鍵入電腦的過程及透過 SPSS 系統運算處理方面，更為有利。

從問卷結果獲得的連續性數值資料，我們為了統計分析目的之需要，常有可

能需要轉換成間斷性的分類別或序號，譬如把收入 1 萬以下者改成「低收入戶（或編號 1 號）」，1 萬元至 3 萬元者，改成「中收入戶（或編號 2 號）」，3 萬以上者，改成「高收入戶（或編號 3 號）」，然後再進一步計算其等級相關。

總而言之，對於問卷的原始資料，依照 SPSS 統計分析之處理原則，給予重新數值化和編碼，是資料輸入 SPSS 系統之前的重要工作。

以下利用例 6 的資料，介紹如何依照表 1-4 編碼表的格式進行編碼工作。

 6

某研究員以問卷調查 10 名國中二年級學生的性別、身高、體重及數學、語文月考成績，問卷表及其結果如下：

表 1-2　問卷表範例

```
1. 性別：□男　　　□女
2. 身高：＿＿＿＿＿＿＿公分
3. 體重：＿＿＿＿＿＿＿公斤
4. 數學月考成績：＿＿＿＿＿＿＿分
5. 語文月考成績：＿＿＿＿＿＿＿分
```

表 1-3　問卷調查 10 名學生的結果

學生代號	性　別	身　高	體　重	數　學	語　文	加權平均
1	男	151	44	83	72	75.67
2	女	143	42	73	85	81.00
3	女	156	47	75	74	74.33
4	男	139	41	87	76	79.67
5	男	148	42	85	84	84.33
6	女	151	45	75	76	75.67
7	男	145	40	77	76	76.33
8	男	153	48	95	78	83.67
9	女	141	44	66	90	82.00
10	女	149	46	67	83	77.67

針對問卷的各題項進行屬性分析，結果如下所示：

1. 性別：以「sex」代表，為類別尺度，分為二類：1 代表男性、2 代表女性，是

屬質資料。

2. 身高：以「height」表示，為比率尺度，是屬量資料。

3. 體重：以「weight」表示，為比率尺度，是屬量資料。

4. 數學月考成績：以「score_1」表示，為等距尺度，是屬量資料。

5. 語文月考成績：以「score_2」表示，為等距尺度，是屬量資料。

6. 加權平均：以「mean」表示，為各橫列的平均。

二、如何編碼

1. 表 1-2 為問卷表，每一張問卷表皆由 1 個觀測個體填寫。問卷表的每一題項，代表 1 個變數，譬如性別、身高、體重等題項，均為變數。

2. 在表 1-4 的編碼表中，每一橫列代表 1 個變數，而其空格內的資料，代表該變數的屬性。

3. 對例 6 的各題項屬性（即變數）進行屬性分析，然後填入編碼表，最後結果如表 1-4 所示。

表 1-4　編碼表

題　項	變數名稱	變數標記	變數值	值標註	屬性（值或量）
1	sex	性別	1 2	男 女	屬質
2	weight	體重			屬量
3	height	身高			屬量
4	score_1	數學月考成績			屬量
5	score_2	語文月考成績			屬量
6	mean	加權平均			屬量

單元 1-55 定義 SPSS 變數的屬性

基本上，對於 SPSS 的變數名稱和其屬性的定義工作，可以透過「變數檢視」工作表來完成。以下將分別介紹「變數檢視」工作表內變數屬性的意義：

㈠**名稱** (name)

配合圖 1-5a ❶，其位在工作表的第二縱欄，該欄可輸入英文或中文字。因為

該欄的每一儲存格僅可容納 8 個字元（亦即 8 個半形或 4 個全形字），所以變數名稱的給定，須以足夠代表變數涵義的簡短文字為宜（不超過 8 個半形字元）。

在「變數檢視」工作表定義的「名稱」，能顯現在「資料檢視」工作表的第一橫列上（圖 1–5b ❷）。

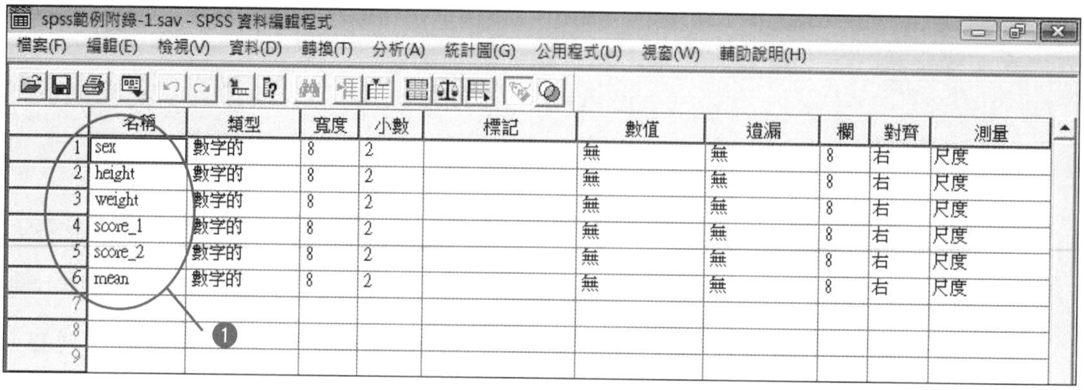

	名稱	類型	寬度	小數	標記	數值	遺漏	欄	對齊	測量
1	sex	數字的	8	2		無	無	8	右	尺度
2	height	數字的	8	2		無	無	8	右	尺度
3	weight	數字的	8	2		無	無	8	右	尺度
4	score_1	數字的	8	2		無	無	8	右	尺度
5	score_2	數字的	8	2		無	無	8	右	尺度
6	mean	數字的	8	2		無	無	8	右	尺度
7										
8										
9										

圖 1–5a　變數檢視工作表：「名稱」欄設定

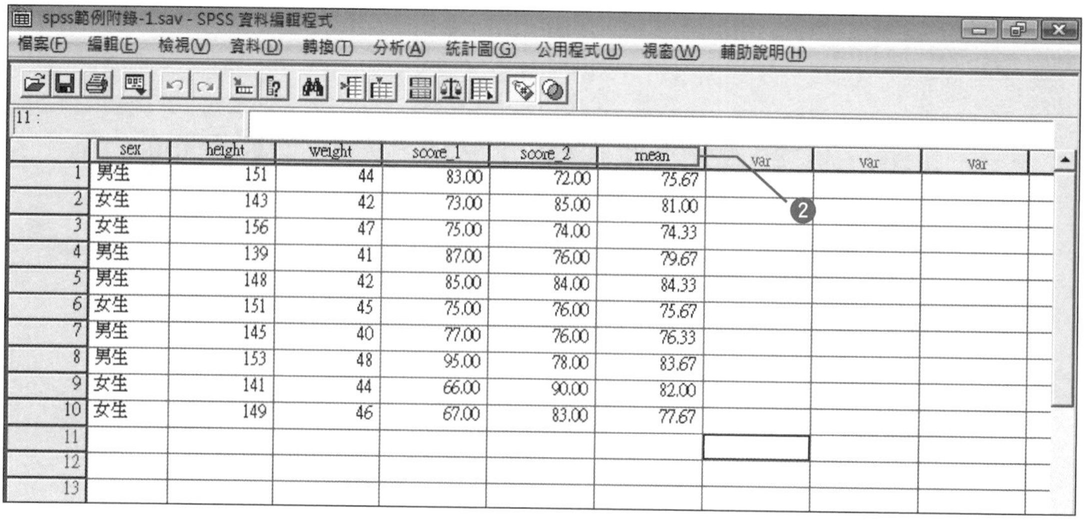

	sex	height	weight	score_1	score_2	mean	var	var	var
1	男生	151	44	83.00	72.00	75.67			
2	女生	143	42	73.00	85.00	81.00			
3	女生	156	47	75.00	74.00	74.33			
4	男生	139	41	87.00	76.00	79.67			
5	男生	148	42	85.00	84.00	84.33			
6	女生	151	45	75.00	76.00	75.67			
7	男生	145	40	77.00	76.00	76.33			
8	男生	153	48	95.00	78.00	83.67			
9	女生	141	44	66.00	90.00	82.00			
10	女生	149	46	67.00	83.00	77.67			
11									
12									
13									

圖 1–5b　資料檢視工作表：注意❶和❷的名稱相同

㈡類型 (type)

點選圖 1–6a ❶，可以獲得對話盒：「變數類型」，配合圖 1–6b，該欄提供八種資料類型（numeric 數字型、comma、dot、scientific notation、date、dollar、custom currency、string 字串型），其中以數字型和字串型兩類型最為常用。

「類型」欄設定的操作步驟：

⑴點選「類型」欄中的儲存格，即出現對話盒鈕 ［ ... ］ （圖 1–6a ❶）。

⑵按下 ［ ... ］ 鈕，開啟對話盒 （圖 1–6b ❷）。

⑶點選所要的「類型」按鈕 （圖 1–6b ❷）。

⑷系統預設該儲存格為「數字」型，因此使用者若不點按任何「選項圓鈕」，
系統會自動預設變數的類型為「數字」（圖 1–6c ❸）。

⑸點選「確定」命令鈕，即完成設定。

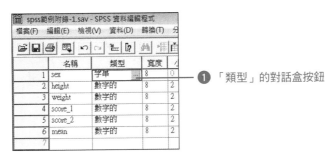

🅕 圖 1–6a 「類型」欄設定

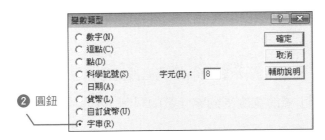

🅕 圖 1–6b 對話盒：變數類型

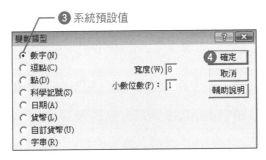

🅕 圖 1–6c 對話盒：變數類型

㈢**寬度** (width)、**小數** (decimals)

該兩屬性是指變數值的總寬度和變數值的小數位數。

「寬度」欄設定的操作步驟:

⑴當滑鼠停在該「寬度」欄的儲存格上,點選一下,即可彈出上下箭頭鈕 ，
按此箭頭鈕,即可調整所要的寬度 (圖 1–7)。

⑵亦可直接在儲存格內,輸入所要變數的寬度值。

變數「小數」的設定方法和上述「寬度」的設定法相同,讀者可以仿「寬度」
設定法,自行練習看看 (圖 1–8)。

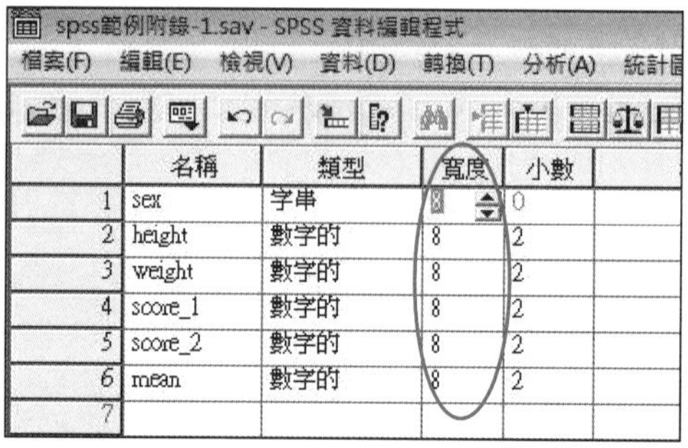

Ⓕ 圖 1–7 「寬度」欄設定 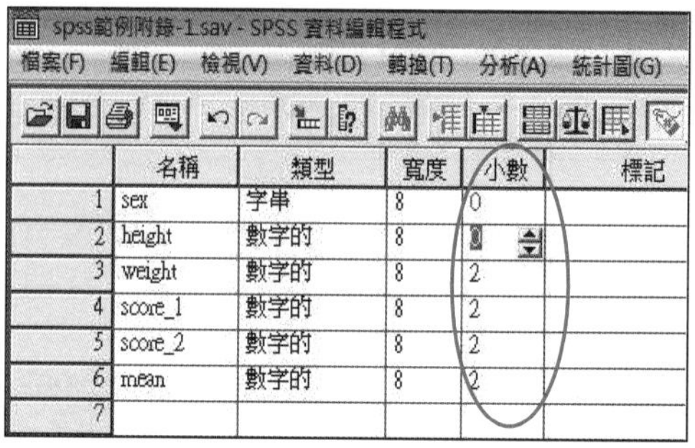　　Ⓕ 圖 1–8 「小數」欄設定

㈣**標記** (label)

配合圖 1–9a,該欄位顯示變數值的標記或註解,它是對變數的補充說明。由
於上述變數「名稱」欄的寬度受到字元數的限制 (不能多於 8 個半形字元),常會
發生無法充分表達原變數涵義的缺失,此時若在「標記」欄輸入一段文字說明,
就可以補救「名稱」欄字數受限的不足了。

通常,使用者若在「名稱」欄輸入英文字,最好在「標記」欄輸入中文字,
這樣可以使讀者更容易辨別變數的涵義。此外,「標記」欄允許輸入任何字形,最
多可達 225 個半形字元。

經過設定的變數「標記」上的文字,將會呈現在資料檢視工作表及輸出的報
表上,因而大大地提高讀者對 SPSS 統計分析的瞭解度。

按「資料檢視」工作表的各「變數」格的邊角,將會顯示出已設定的「標記」
文字內容,如圖 1–9b ❷所示。

❶ score_1的標記：「數學月考成績」

🅕　圖 1–9a　　「標記」欄設定

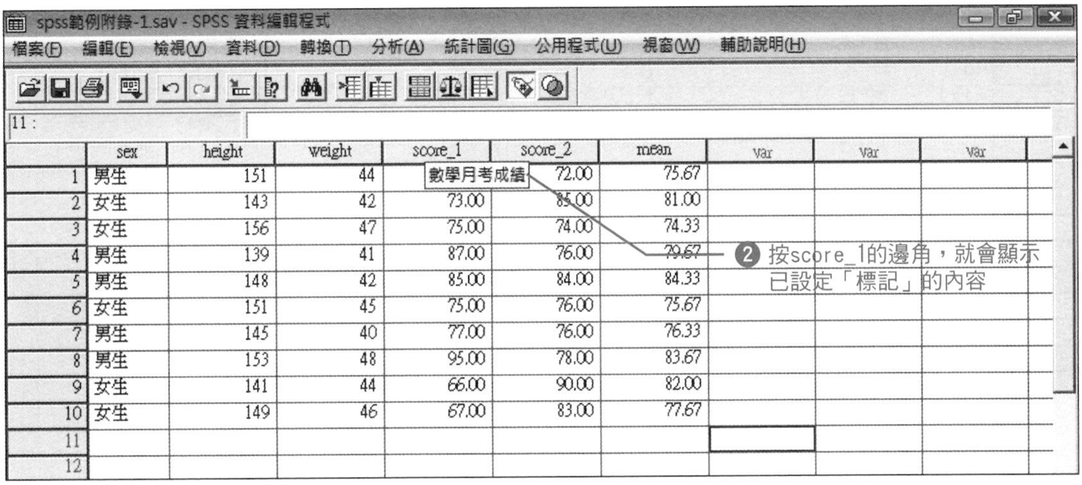

❷ 按score_1的邊角，就會顯示已設定「標記」的內容

🅕　圖 1–9b　設定變數的「標記」

⒠**數值** (value)

　　配合圖 1–10a～1–10d，若問卷的題項是屬於類別型變數，通常可應用數字(如 1 表示男生、2 表示女生)，或符號 (如 M 表示男生、F 表示女生) 來代表各類別，不過一般讀者並不瞭解數值（或符號）所代表的意義。本「數值」欄就是要針對這些數值（或符號）加以標註或說明，以避免讀者閱讀時產生混淆及誤解。以下依據例 6 的資料介紹「數值」欄設定的操作過程。

　　「數值」欄設定的操作步驟：

⑴使滑鼠停在「數值」欄下的儲存格上，點按一下，就彈出對話盒鈕（圖 1–10a）。

⑵按 □ … 按鈕，開啟對話盒。

⑶在對話盒內的「數值」框輸入「1」，在「數值標記」框輸入「男生」。

⑷再按「新增」鈕，立即在「空格清單」內出現「1 = "男生"」（圖 1–10b）。

⑸重複⑶、⑷步驟，使清單框再出現「2 = "女生"」（圖 1–10c）。

⑹設定完成，點按「確定」鈕，回到「變數檢視」工作表（圖 1–10d）。

請比較圖 1–10a 和圖 1–10c 的「數值」儲存格的不同。

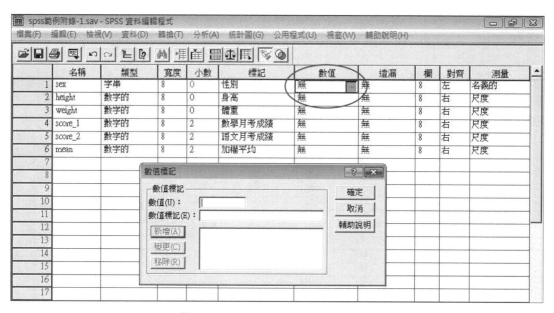

🅕 圖 1–10a 「數值」欄設定

🅕 圖 1–10b 對話盒：數值標記

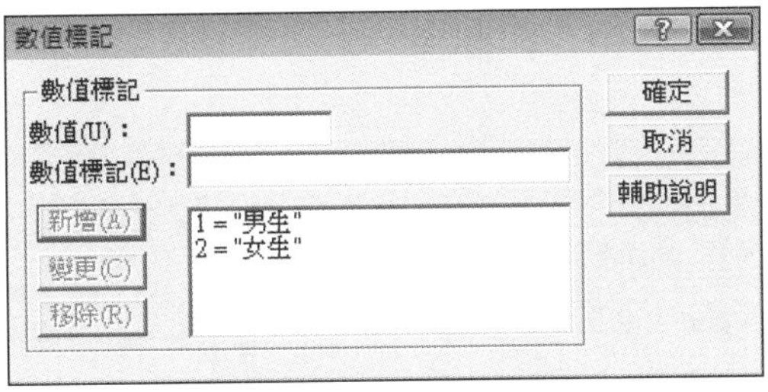

圖 1–10c 對話盒：數值標記

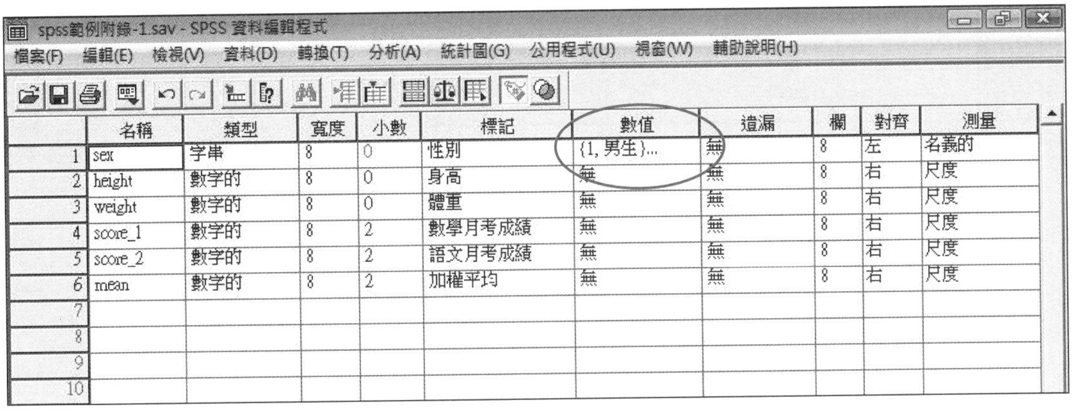

	名稱	類型	寬度	小數	標記	數值	遺漏	欄	對齊	測量
1	sex	字串	8	0	性別	{1, 男生}...	無	8	左	名義的
2	height	數字的	8	0	身高	無	無	8	右	尺度
3	weight	數字的	8	0	體重	無	無	8	右	尺度
4	score_1	數字的	8	2	數學月考成績	無	無	8	右	尺度
5	score_2	數字的	8	2	語文月考成績	無	無	8	右	尺度
6	mean	數字的	8	2	加權平均	無	無	8	右	尺度
7										
8										
9										
10										

圖 1–10d 已完成「數值」設定

(六)遺漏值 (missing value)

或稱缺漏值，若填答者拒絕回答問卷、填進無效的數值，或是輸入資料時鍵入錯誤數值（譬如「年齡」填寫成 −3 歲或 200 歲），則被視為遺漏值。若把遺漏值引進 SPSS 系統內計算，將可能造成分析結果的嚴重偏差或失真。

「遺漏」欄設定的操作步驟：

(1)點選「遺漏」欄下儲存格，則出現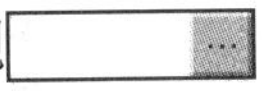對話盒鈕（圖 1–11a）。

(2)按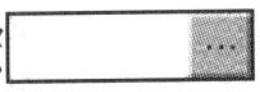鈕，開啟對話盒。

(3)若點選對話盒的「無遺漏值」圓鈕（圖 1–11b），表示目前變數的觀測值正確，沒有遺漏值。此為系統的預設值。

(4)若可能出現遺漏值，則須在「離散遺漏值」的空白框，填入使用者所設定的遺漏值代號，譬如對字串型變數設定「NR」作為遺漏值代號，或對數字型變數設定「999」作為遺漏值代號（圖 1–11c）。

(5)點選「確定」鈕，回到「變數檢視」工作表。

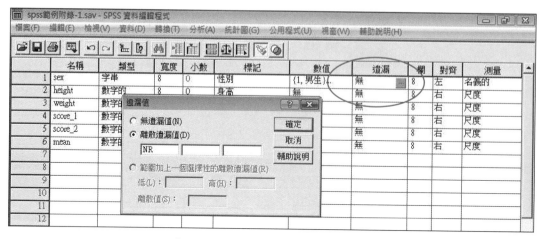

🄕 圖 1–11a 「遺漏」欄設定

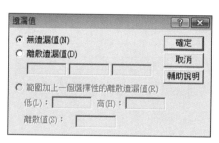

🄕 圖 1–11b 對話盒：遺漏值

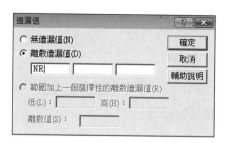

🄕 圖 1–11c 對話盒：遺漏值

(七)欄 (column)

　　配合圖 1–12，該欄屬性是指變數所在的欄位寬度。本「欄寬」只影響變數值在該欄內顯示的效果，而對變數自身的總寬度並沒有影響。因此如果本「欄寬」

大於「變數總寬度」，則在儲存格內的變數資料就能全部顯示出來；若「欄寬」小於「變數總寬度」，則儲存格內的變數資料會被「截斷尾部」，或以「＊＊＊＊」代替原資料，所以「欄寬」的設定，須配合「變數資料的總寬」。

關於「欄寬」的設定，可以在本欄上直接輸入數值，或是改在「資料檢視工作表」上，使用滑鼠直接移動儲存格的左右邊線即可。系統預設的欄寬為「8」。

F 圖 1-12 「欄寬」欄設定

㈧對齊 (align)、測量 (measure)

這兩屬性分別表示變數資料在欄位的對齊方式（向左、向右或居中），以及變數值的測量（尺度、次序的、名義的）的設定。基本上，該兩項屬性並不常用，所以建議採用系統預設的格式，在此不加說明。

F 圖 1-13 「對齊」欄設定

	名稱	類型	寬度	小數	標記	數值	遺漏	欄	對齊	測量
1	sex	字串	8	0	性別	{1, 男生}...	NR	6	左	名義的
2	height	數字的	8	0	身高	無	999	8	右	尺度
3	weight	數字的	8	0	體重	無	999	8	右	尺度
4	score_1	數字的	8	2	數學月考成績	無	無	8	右	尺度
5	score_2	數字的	8	2	語文月考成績	無	無	8	右	尺度
6	mean	數字的	8	2	加權平均	無	無	8	右	尺度
7										尺度的
8										次序的
9										名義的
10										
11										

圖 1–14　「測量」欄設定

 1–56 資料的轉換

在 SPSS 的運算中，資料的轉換有七種之多，本節將介紹最常用的兩種:「計算」和「重新編碼」。

一、資料的計算

以下依據例 7 的資料介紹如何計算兩變數數值的和。

例 7

下表為 10 名學生的第一次月考 (test_1) 和第二次月考 (test_2) 成績。

①試建立兩次月考總和的新變數「sum」。

②試把月考分數改成 90 分以上為 1 等，80 至 89 分為 2 等，70 至 79 分為 3 等，69 分以下為 4 等。

表 1-5　10 名學生的兩次月考成績

第一次月考成績	85	72	74	76	84	56	76	78	90	83
第二次月考成績	80	78	70	82	80	62	75	90	66	77

應用 SPSS 計算兩變數之和的操作步驟如下:

(1)依表 1-5，在「變數檢視」工作表，定義變數「test_1」和變數「test_2」，如圖 1-15a。

(2)然後將表 1-5 的數值輸入「資料檢視」工作表內的儲存格內，如圖 1-15b。

	名稱	類型	寬度	小數	標記	數值	遺漏	欄	對齊	測量
1	test_1	數字的	8	2	第一次月考成績	無	無	8	右	尺度
2	test_2	數字的	8	2	第二次月考成績	無	無	8	右	尺度
3										
4										
5										
6										
7										

🅕 圖 1-15a　界定變數屬性

	test_1	test_2	var	var	var	var	var	var	var
1	85.00	80.00							
2	72.00	78.00							
3	74.00	70.00							
4	76.00	82.00							
5	84.00	80.00							
6	56.00	62.00							
7	76.00	75.00							
8	78.00	90.00							
9	90.00	66.00							
10	83.00	77.00							
11									
12									
13									

🅕 圖 1-15b　輸入數值

(1)在「資料檢視」工作表上方的功能表列（圖 1-16），按「轉換」→「計算」。

(2)打開主對話盒：「計算變數」（圖 1-17）。

	test_1	test_2	var	var	var	var	var
1	85.00	80.00					
2	72.00	78.00					
3	74.00	70.00					
4	76.00	82.00					
5	84.00	80.00					
6	56.00	62.00					
7	76.00	75.00					
8	78.00	90.00					
9	90.00	66.00					
10	83.00	77.00					
11							
12							
13							

🅕 圖 1–16　選擇轉換：計算變數

 Step 3

⑴在「計算變數」主對話盒左側的「目標變數」長框內，輸入「sum」（圖 1–17
　❶）。

⑵把左下清單框內的「test_1」和「test_2」兩變數（圖 1–17 ❷），移入右側
　「數值運算式」長框內（圖 1–17 ❸）（注意：兩變數中間需輸入運算符號
　「＋」號）。

⑶按「確定」鈕（圖 1–17 ❹），回到「資料檢視」工作表（圖 1–18）。

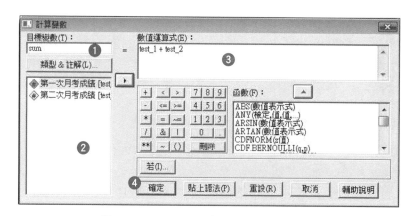

🅕 圖 1–17　主對話盒：計算變數

Step 4

設定完畢，在「資料檢視」工作表上，顯現新變數「sum」和計算結果（如圖 1-18）。

⑤ 圖 1-18 完成新建立的變數和計算結果

二、資料的重新編碼

將例 7 的資料，依下表方式編列等級：

分　數	等　級
69 以下	4
70～79	3
80～89	2
90 以上	1

應用 SPSS 重新編碼之步驟如下：

Step 1 開啟「重新編碼成不同變數」對話盒

⑴在「資料檢視」工作表上方的功能表列（圖 1-19），按「轉換」→「重新編碼」→「成不同變數」。

⑵開啟主對話盒：「重新編碼成不同變數」（圖 1-20）。

圖 1-19　選擇轉換：重新編碼成不同變數

Step 2

⑴在「重新編碼成不同變數」主對話盒內（圖 1-20 ❶），把左側清單框內的「test_1」移入「數值變數→輸出變數」框（圖 1-20 ❷）。

⑵在「輸出之新變數」區的「名稱」框內，鍵入「grade_1」（圖 1-20 ❸）。

⑶然後按「變更」鈕（圖 1-20 ❹）。

⑷完成上述三步驟，在「數值變數→輸出變數」框內，就出現「test_1→grade_1」（圖 1-20 ❷）。

⑸重複上述四步驟，使「數值變數→輸出變數」框內，新增加「test_2→grade_2」。

⑹按「舊值與新值」鈕（圖 1-20 ❺），開啟次對話盒（圖 1-21）。

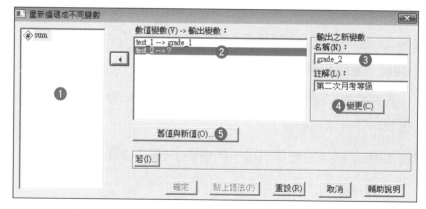

圖 1-20　主對話盒：重新編碼成不同變數

在次對話盒「重新編碼成不同變數：舊值與新值」內的設定步驟如下（圖 1–21）：

⑴設定 69 分以下為第 4 級：

　①點選「舊值」區的「範圍」圓鈕，然後在「從最低值」框內，鍵入「69」（圖 1–21a ❶）。

　②在「新值為」區域，點選「數值」圓鈕，並輸入「4」到框內（圖 1–21a ❷）。

　③按「新增」（圖 1–21a ❸），立即在「舊值→新值」大方框內，產生「Lowest thru 69 → 4」（圖 1–21a ❹）。

⑵依據相同的步驟，如圖 1–21a 所示，在框❶輸入「70」和「79」；在框❷輸入「3」；按「新增」鈕❸，立即在右側大方框❹內產生「70 thru 79 → 3」（圖 1–21b ❺），。

⑶其餘類推，直到如圖 1–21b 的右側大方框，產生「90 thru Highest → 1」（圖 1–21b ❺），才停止設定。

⑷設定完畢，最後按「繼續」鈕（圖 1–21b ❻），回到「資料檢視」工作表（圖 1–22）。

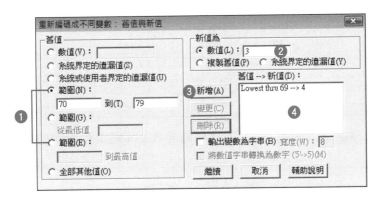

🄕 圖 1–21a　次對話盒：舊值與新值

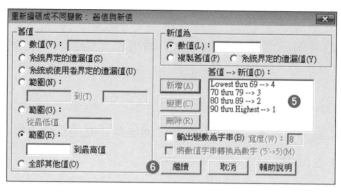

圖 1-21b　次對話盒: 舊值與新值

Step 4

　　請仔細檢核圖 1-22，當完成重新編碼，在「資料檢視」工作表上，將出現新增加的 grade_1 和 grade_2 兩變數，而該兩變數分別是 test_1 和 test_2 兩變數等級化的結果。

	test_1	test_2	sum	grade_1	grade_2	var	var	var	var
1	85.00	80.00	165.00	2.00	2.00				
2	72.00	78.00	150.00	3.00	3.00				
3	74.00	70.00	144.00	3.00	3.00				
4	76.00	82.00	158.00	3.00	2.00				
5	84.00	80.00	164.00	2.00	2.00				
6	56.00	62.00	118.00	4.00	4.00				
7	76.00	75.00	151.00	3.00	3.00				
8	78.00	90.00	168.00	3.00	1.00				
9	90.00	66.00	156.00	1.00	4.00				
10	83.00	77.00	160.00	2.00	3.00				
11									
12									
13									

圖 1-22　新增等級化的變數 grade_1 和 grade_2

自我評量  解答

一、　1. B，　2. B，　3. A，　4. A，　5. A，　6. B

二、　1.全國學童，　2.北、中、南、東部各抽出的 400 名學童，　3.敘述統計法

三、 1.全校國小一年級學生， 2.隨機抽出的 50 名學生

四、 1. A， 2. B、D， 3. B、D， 4. A， 5. B、D

6. B、C， 7. A， 8. B、C， 9. A， 10. B、D

五、 不同，∵甲：14.5～15.5

乙：14.95～15.05

六、 1. O， 2. I， 3. R， 4. N

七、 1.名目尺度， 2.順序尺度

3.等距尺度， 4.比例尺度

八、 1. $\sum\limits_{i=1}^{3} 2x_i^2 = 2\sum\limits_{i=1}^{3} x_i^2 = 2(x_1^2 + x_2^2 + x_3^2) = 2 \times (9 + 25 + 49) = 166$

2. $\sum\limits_{i=1}^{3}(2x_i - 4) = 2\sum\limits_{i=1}^{3} x_i - \sum\limits_{i=1}^{3} 4 = 2 \times (3 + 5 + 7) - (3 \times 4) = 18$

九、 $\sum\limits_{i=1}^{2}(3x_i - y_i + 4) = \sum\limits_{i=1}^{2} 3x_i - \sum\limits_{i=1}^{2} y_i + \sum\limits_{i=1}^{2} 4 = 3 \times (2 + 4) - [3 + (-1)] + 2 \times 4 = 24$

十、 $\sum\limits_{i=1}^{10}(x_i - y_i + 3)^2 = \sum^{10}(x_i^2 + y_i^2 + 9 - 2x_iy_i + 2 \times 3x_i - 2 \times 3y_i)$

$$= \sum^{10} x_i^2 + \sum^{10} y_i^2 + \sum^{10} 9 - 2\sum^{10} x_iy_i + 6\sum^{10} x_i - 6\sum^{10} y_i$$

$$= \sum^{10} x_i^2 + \sum^{10} y_i^2 - 2\sum^{10} x_iy_i + 6\sum^{10} x_i - 6\sum^{10} y_i + 90$$

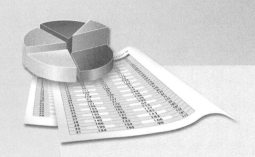

2

資料的整理和表現

資料的敘述統計內容主要含有下列四項：

(1)資料的整理。

(2)列表和圖示的呈現。

(3)計算統計量數。

(4)說明和分析。

統計資料可以透過很多方式來蒐集，諸如：

(1)學校老師舉行月考，探討學生的成績分數。

(2)市政府以問卷調查市民對施政的滿意程度。

(3)財務人員向海關調閱某一年度某類貨品出口的數量。

(4)內政部辦理全國人口普查。

(5)公路局派員在高速公路收費站計算在某一時段通過車輛種類數目。

我們經由上述的考試、問卷、調查、人口普查、實地點計或調閱等多種方式，蒐集到的第一手資料，稱為原始資料。

這些資料通常須要再經過分組、歸類、排序等整理過程，然後再製成圖表，或藉由計算其統計量數，才能更清楚地展現出其所隱含的意義，以為將來做決策的依據。本章將介紹資料的整理、製表及製圖的原理和方法。

第一節　屬質資料的整理與圖表的繪製

 2-1

資料依測度之方式，分為名目、順序、_____ 和_____四種類，其中_____和順序兩類為屬質資料，_____和比率兩類為屬量資料。屬質和屬量資料的整理及表現方法不盡相同，以下分別介紹之。

等距

比率、名目

等距

・如果不瞭解這單元的名詞，請複習單元 1–11 和單元 1–29

・如果已瞭解資料分類，請讀下一單元

2–2

我們以一所學校學生家長職業的調查為例（表 2–1），來說明屬質資料的整理與圖表的繪製過程。

表 2–1 呈現的資料是未經整理，顯然缺乏規律性，我們不容易讀出它們的隱含特性。

⊤ 表 2–1　學校 50 名家長職業（未經整理）

商	工	農	軍	商	工	工	農	公	工
農	農	漁	公	公	農	農	公	農	工
工	工	農	工	農	公	工	商	工	公
農	商	工	農	工	工	商	漁	軍	農
工	軍	公	工	工	農	公	農	工	農

・請讀下一單元

 2–3

針對表 2–1 的資料，進行歸類、劃記和計算人數等整理過程，就可獲得表 2–2 的結果。

⊤ 表 2–2　學生家長職業的劃記和次數分配表

職　業	劃　記	次數 (f_i)
商　業	$/\!/\!/\!/$	5
農　業	$/\!/\!/\!/$ $/\!/\!/\!/$ $/\!/\!/\!/$	15
工　業	$/\!/\!/\!/$ $/\!/\!/\!/$ $/\!/\!/\!/$ $/\!/$	17
漁　業	$/\!/$	2
公　教	$/\!/\!/\!/$ $/\!/\!/$	8
軍　職	$/\!/\!/$	3
合　計		50

・請讀下一單元

統計學
可以很 簡單

 **2-4**

　　閱讀表 2-2 我們即可發現，各職類人數分布狀況，並看出人數最多或最少的職業別。顯然，經整理過後的次數分配表（表 2-2），要比原始資料表（表 2-1），具有較＿＿＿＿＿（高／低）的規律性，較＿＿＿＿＿（高／低）的系統性，及較＿＿＿＿＿（高／低）的說明力。

高

高

高

・請讀下一單元

 2-5　計算相對次數

　　依據表 2-2 次數表，我們可以進一步計算相對次數 (relative frequency, RF) 和百分比 (percent)。相對次數的計算公式為：

$$相對次數\,(RF) = \frac{各類組次數}{總次數} = \frac{f_i}{n}$$

・請讀下一單元

2-6

　　請應用上一單元公式，計算表 2-1 中各職類的相對次數。

$$農業類人數的相對次數 = \frac{}{50} = \underline{}$$

15、0.3

$$工業類人數的相對次數 = \frac{}{50} = \underline{}$$

17、0.34

$$公教類人數的相對次數 = \frac{}{50} = \underline{}$$

8、0.16

$$所有職類人數的相對次數之總和 = \underline{}$$

1

表 2–3　家長職類次數之相對次數與百分比分配表

職　業	次　數	相對次數	百分比 (%)
商　業	5	0.1	10
農　業	15	＿＿＿	＿＿＿
工　業	17	＿＿＿	＿＿＿
漁　業	2	0.04	4
公　教	8	＿＿＿	16
軍　職	3	0.06	6
合　計	50	1.00	100

0.3、30
0.34、34

0.16

· 請讀下一單元

───

單元 **2–7**　計算百分比

　　求出相對次數後，也可進一步計算各職類人數百分比，其計算公式為：

$$各類組百分比 = \frac{各類組次數}{總次數} \times 100\%$$

$$= 相對次數 \times 100\%$$

　　相較於單元 2–5 相對次數的計算公式，可知百分比的求法只須以 ＿＿＿＿＿（次數／相對次數）直接乘上 100% 就可以了。計算表 2–1 中各職類的百分比：

相對次數

$$農業類百分比 = \frac{\quad}{50} \times 100\%$$

15

$$= \underline{\quad} \times 100\%$$

0.3

$$= \underline{\quad} \%$$

30

工業類百分比 $= \dfrac{\quad\quad}{50} \times 100\%$	17
$= \underline{\quad\quad} \times 100\%$	0.34
$= \underline{\quad\quad}\%$	34

・請讀下一單元

單元 2–8　次數分配表的功能

　　藉由表 2–3 的相對次數和百分比分配表，我們能迅速地瞭解原始資料所隱含的特性，諸如：

(1)職業欄內出現有商、農、工、漁、公、軍等六種職別。
　　職類是屬 _____（名目／次序／等距／比例）變數，亦是歸為 _____（屬質／屬量）資料。

名目
屬質

(2)由表 2–3 的次數欄可以得知，出現最多人數的職業是 _____，其次依序為農業、公教、商業，人數最少為 _____。

工業
漁業

(3)所有家長職業中，工業類所占的百分比最高，為 _____%，漁業百分比最低，為 _____%；兩者相比較，即呈現出工業類人數為漁業類人數的 _____倍。

34
4
$8.5(= \dfrac{17}{2})$

・請讀下一單元

單元 2–9　統計圖的意義

　　統計圖是指以點、線、面、體等圖形來表現資料分配的情形。換句話說，統計圖是由 _____、_____、面、體等圖形所構成，是屬於視覺性的表現方式。一般而言，統計圖比前述的次數分配表，更能吸引觀眾的注意力和關心，所以在很多展覽會場，常會看到各式各樣的統計圖展示出來。

點、線

　　屬質資料最常採用長條圖 (bar chart)、線圖 (line Chart) 和圓餅圖 (pie chart) 來表示其次數分配的情形。以下分別介

紹此兩種統計圖的繪製。

・請讀下一單元

 **2–10　長條圖 (bar chart)**

長條圖是以長條（矩形）的長度來表示資料的次數分配情形。一般而言，直立式長條圖的橫軸代表「類別」，縱軸代表「次數」或「相對次數」。

依表 2–3 的次數分配表的內容，轉繪成的長條圖如下所示：

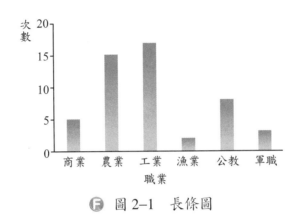

🄕 圖 2–1　長條圖

・請讀下一單元

 **2–11**

在圖 2–1 中，各長條代表各種_____，為美觀及易讀性考量，各長條圖須以等距離分開為宜。長條的高度分別代表職類的_____或其百分比，至於長條底的寬度，並無任何數值意義，所以底部的寬或窄，常由個人自行決定。

職別（類）

次數

・請讀下一單元

 **2–12　線圖 (line chart)**

顯然，當我們把長條的底寬縮小成點時，長條圖就會變成線狀了，我們稱這種圖為_____，如圖 2–2 所示。比較

線圖

長條圖和線圖兩者，長度＿＿＿＿＿（相同／不相同），底
寬＿＿＿＿＿（相同／不相同）。

相同

不相同

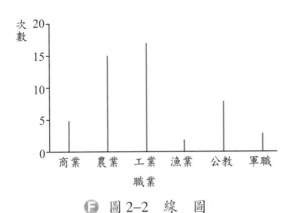

F 圖 2-2 線 圖

・請讀下一單元

單元 2-13 圓餅圖 (pie chart)

圓餅圖是以整個圓形面積表示全部資料，圓內之各扇形
面積表示不同類別的次數百分比。由於圓內各扇形的角度與
各類別的相對次數（或百分比）互相對應，所以我們繪製圓
餅圖之前，必須先把各類別的相對次數（或百分比）轉換成
扇形的＿＿＿＿＿，其轉換公式為：

角度

$$各類別的扇形角度 = \frac{各類別次數}{總次數} \times 360°$$
$$= 相對次數 \times 360°$$

・請讀下一單元

單元 2-14

現在讓我們來把表 2-3 的相對次數轉換成扇形的角度。

商業類人數所占角度 $= 0.1 \times 360° = 36°$

農業類人數所占角度 $=$ ＿＿＿ $\times 360° =$ ＿＿＿　　0.3、108°

工業類人數所占角度 $= 0.34 \times 360° = 122.4°$

漁業類人數所占角度 $= 0.04 \times 360° = 14.4°$

公教類人數所占角度 $=$ ＿＿＿ $\times 360° =$ ＿＿＿　　0.16、57.6°

軍職類人數所占角度 $=$ ＿＿＿ $\times 360° =$ ＿＿＿　　0.06、21.6°

・請讀下一單元

 2-15

　　將全部扇形角度加總起來，如果結果等於（或極為接
近）＿＿＿，就表示計算結果是正確的。現在我們把上一單元對　　360°
所有職類計算出來的角度加總起來：$36°$（商）$+ 108°$（農）
$+ 122.4°$（工）$+ 14.4°$（漁）$+ 57.6°$（公）$+$ ＿＿＿（軍）$=$ ＿＿＿。　　21.6°、360°

　　加總的結果是＿＿＿，恰好與一個圓周 $360°$ 相同，所以我　　360°
們可以判斷該計算是＿＿＿＿＿（正確／不正確）的。　　正確

・請讀下一單元

2-16

　　使用量角器並運用上一單元計算出來的各種扇形角度，逐一繪入一圓圖內，
如圖 2-3 所示。

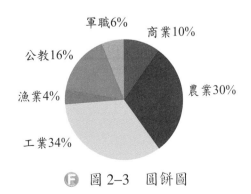

F 圖 2-3　圓餅圖

第二節　屬量資料的整理與圖表的繪製

 **2-17**

屬量資料依其數值性質，可分為間斷型資料和_____

資料兩種。這兩種資料的次數分配表編製法大同小異，茲分

別介紹如下。

・請讀下一單元

連續型

單元 2-18 間斷型資料的次數分配表

間斷型資料的次數分配表，又稱簡單次數分配表 (simple frequency table)，其

編製過程為：

$$\boxed{原始資料} \rightarrow \boxed{排序} \rightarrow \boxed{劃記} \rightarrow \boxed{計算次數}$$

・請讀下一單元

 2-19

 1

某公司有 20 名員工，去年每人請假的天數如下表，試編製簡單次數分配表。

🔘 表 2-4　員工請假日數

2	1	1	0	2	1	3	2	1	1
4	2	2	1	2	1	0	3	0	3

・請讀下一單元

 **2-20**

表 2-4 的資料是屬於_____資料，看起來雜亂無章，

間斷型

所以，我們依下列的程序來整理：

(1)排序：依照員工請假日數的多少排序，分為

　　0、____、____、3、4日，共 5 個類別。　　　　　　**1、2**

(2)劃記：依每一員工請假日數，登記在對應的類別內。

(3)計算次數：計算各類別的人數，就成為各類別發生的頻

　　率（或次數）。

最後獲得的簡單次數分配表如表 2-5。

▽ 表 2-5　員工請假次數分配表

請假日數	次數 (f_i)
0	3
1	7
2	6
3	3
4	1
合　計	20

・請讀下一單元

單元 2-21

　　未經整理前的資料，看起來雜亂無章，無次序、無系統
性可言。依整理後的次數分配表 2-5，就能清楚瞭解員工請
假日數和人數分布情形。其中以請假____日的人數為最多，　　**1**
其次是請假____日的人數，而以請假____日的人數為最少。　**2、4**

・請讀下一單元

單元 2-22　計算相對次數與百分比

　　依照表 2-5 的次數分配表，再進一步計算其相對次數與
百分比。(計算百分比的部分，請詳看單元 2-23 和單元 2-24)

 表 2–6　員工請假日數相對次數與百分比分配表

請假日數	次　數	相對次數	百分比 (%)	
0	3	＿＿＿	15	0.15
1	7	＿＿＿	35	0.35
2	6	0.3	＿＿＿	30
3	3	0.15	＿＿＿	15
4	1			0.05、5
合　計	20	1.00	100	

．如果答對，請跳讀單元 2–25

．如果答錯，請讀下一單元

 2–23

參看單元 2–5，相對次數的公式為：

$$相對次數\,(RF) = \frac{各類組次數\,(f_i)}{總次數\,(n)}$$

依照公式求表 2–6 的相對次數：

請假 1 日的相對次數 $= \dfrac{請\,1\,日的次數}{總次數} = \dfrac{\underline{}}{20} = \underline{}$　　7、0.35

請假 2 日的相對次數 $= \underline{} = \underline{}$　　$\dfrac{6}{20}$、0.3

其餘類推。請回到單元 2–22，再度填寫表 2–6 內空格。

．請讀下一單元

2–24

參考單元 2–7 的百分比公式：

$$各類組百分比 = \frac{各類組次數}{總次數} \times 100\%$$

$$= 相對次數 \times 100\%$$

依此公式計算表 2-6 的百分比：

請假 1 日的百分比 = 相對次數 $\times 100\%$

　　　　　　　　= ＿＿ $\times 100\% = 35\%$　　　　0.35

請假 2 日的百分比 = ＿＿ $\times 100\% =$ ＿＿ $\%$　　　0.3、30

繼續完成其餘百分比，填入表 2-6 內。

第三節　連續數值資料的分組次數分配表

 2-25 連續資料的分組次數表

連續資料的分組次數分配表，又稱分組次數表 (classified frequency table)。分組次數表的編製過程主要為：

①原始資料 → ②計算全距 → ③估計組數和組寬 → ④決定組數和組寬 →

⑤選擇組限 → ⑥劃　記 → ⑦計算各組次數

・請讀下一單元

 **2-26**

依據前一單元所述，分別說明分組次數分配表的製作過程：

1. 計算全距

計算全距必須包含所有原始資料觀測值的資訊，其最大值和最小值相差即為全距：

$$全距 (R) = 最大值 - 最小值$$

意即全距的範圍必須包含所有的資料。

‧請讀下一單元

 **2–27**

2.估計組數和組寬

⑴為保證原始資料所有觀測值都能被歸入適當的組內，組數和組寬（又稱組距）的乘積絕對要相等或略大於全距，以公式表達如下：

$$組數 (k) \times 組寬 (w) \geq 全距 (R)$$

‧請讀下一單元

 **2–28**

⑵組數 (k) 的估計原則：

估計組數的簡易參考公式，常用有下列兩種：

① $2^{k-1} < n < 2^{k}$

② $k = 1 + 3.3 \log n$

n 是資料總數，k 是組數

切記，應用此公式所估得的組數 k，並非絕對標準，尚須將估計值 k 進位成整數，然後再作加減 1 或 2 的調整。一般而言，組數以在 5～20 組之間為佳。一般的參考原則是：

$50 < n < 99$	$100 < n < 249$	$n \geq 500$
5 至 10 組	7 至 12 組	10 至 20 組

・請讀下一單元

- -

 2–29

⑶組寬 (w) 的估計原則：

根據單元 2–27 的公式作移項可得：

$$組寬 \times 組數 \geq 全距$$

$$組寬\,(w) \geq \frac{全距\,(R)}{組數\,(k)}$$

先應用此公式估計組寬，即把全距及預估的組數代入上面公式。假設求得的商數帶有小數，則選取大於此商數的整數作為組寬，譬如商數是 7.6，則取 8 或大於 8 的整數作為組寬。

・請讀下一單元

- -

 2–30

3.決定組數和組寬

⑴把上一過程所估計的組數和組寬，再做一些調動。在全距不變的前提下，當預估的組數調大（或調小）一些，組寬就會變小（或變大）。換言之，組數和組寬兩者中有一個調動，會使另一個跟著反方向變動。

⑵到底組數和組寬要定在多少才恰當呢？事實上，並無標準公式可循。一般而言，我們最好經過數次的嘗試和調整，直到能同時滿足單元 2–28 和單元 2–29 所述的組數和組寬的估計原則為止。

⑶為方便分組計算起見，組寬常被刻意採取 2、5 或 10 的倍數。

・請讀下一單元

 **2-31**

4. 選擇組限 (group limit)

(1)選擇組限須考慮兩個原則:

　①周延性: 全部的原始資料觀測值都能被包含到合適組內,絕對沒有遺漏的現象。

　②唯一性: 原始資料的每一觀測值, 僅有一個組可以歸屬。

(2)為了確保上面兩原則, 建議組限的編寫模式如下:

⊤ 表 2-7　組限的編寫模式

組　別	第 1 組	第 2 組	第 3 組	第 4 組	第 5 組
組限寫法	$L_1 \sim u_1$	$L_2 \sim u_2$	$L_3 \sim u_3$	$L_4 \sim u_4$	$L_5 \sim u_5$
實際範圍	$L_1 \leq x_i < u_1$	$L_2 \leq x_i < u_2$	$L_3 \leq x_i < u_3$	$L_4 \leq x_i < u_4$	$L_5 \leq x_i < u_5$
以表 2-9 為例	40～50 含 40 不含 50	50～60 含 50 不含 60	60～70 含 60 不含 70	70～80 含 70 不含 80	80～90 含 80 不含 90

註: $u_1 = L_2$, $u_2 = L_3$, $u_3 = L_4$, $u_4 = L_5$。

・請讀下一單元

 2-32

(3)分組之後, 各組最大的數值稱為上限 (upper limit), 最小的數值稱為下限 (lower limit)。

(4)為使全部資料均被歸入組內, 第 1 組的下限(如表 2-7 的 L_1), 必須小於原始資料觀測值的_____ (最小／最大) 值, 最後一組的上限 (表 2-7 的 u_5) 必須大於原始資料觀測值的_____ (最小/最大) 值。

　　　最小

　　　最大

(5)組限的最小有效位數(例如 13 的最小有效位數是個位數, 11.6 的最小有效位數是第一位小數), 須和原始資

料觀測值的最小有效位數一致。

(6)每一組的下限加組寬，就成為同一組的＿＿＿＿＿（上　　　　上限

限／下限），同時也是次一組的＿＿＿＿＿（上限／下　　　下限

限）。譬如第 1 組的上限和第 2 組的下限須是同一數值

（如表 2–7 中 $u_1 = L_2$）。但是，如果原始資料觀測值的

數值恰好是兩組限交界的數值時，譬如第 1 組和第 2

組交界，則習慣上需歸入第 2 組的下限。譬如，在表

2–7 中，50 數值歸在第＿＿＿＿＿（1 ／ 2）組內，成　　　2

為第 2 組下限；同理，80 數值成為第＿＿＿＿＿（4 ／　　　5

5）組的下限。

・請讀下一單元

 **2–33**

5.劃　記

如同選舉的開票和記票方法一樣，把原始資料觀測值逐

一記錄到表上，習慣上以「正」或「册」記號進行劃記

工作。

6.計算各組次數

分配表內所有次數的總和，必須等於原始資料

的＿＿＿＿＿。　　　　　　　　　　　　　　　　　　　總數

・請讀下一單元

2–34

現在我們就應用前幾單元介紹的製表原理，對表 2–8 的原始資料，進行分組

次數分配表的編製。

⊤ 表 2-8　某校學生月考成績原始分數表

77	99 *	40	74	84	85	66	58	64	84
86	77	40 *	98	67	92	78	80	82	64
67	58	94	55	79	88	75	60	78	73
49	93	82	78	71	51	83	78	57	48
92	85	72	60	84	70	60	98	62	73

・請讀下一單元

單元 **2-35**

1. 計算全距 R

觀察表 2-8 的原始資料的最大值是 99，最小值是 40，所以全距 $R = 99 - \_\_\_\_ = \_\_\_\_$。

40、59

・請讀下一單元

單元 **2-36**

2. 決定組數和組寬

(1) 根據 $2^{k-1} < n < 2^k$ 公式，估計組數 k：

把 $n = 50$ 代入，採嘗試錯誤法估計 k 值，

∵ $2^{6-1} < 50 < 2^6$，故得 $k = 6$。

(2) 以 $k = 6$ 作為預估組數代入下面公式求組寬：

$$w = \frac{\text{全距}}{\text{組數}} = \frac{59}{\_\_\_\_} = \_\_\_\_$$

6、9.8

(3) 進位取整數，故得預估組寬 $w = \_\_\_\_$。

10

(4) 另解：應用 $k = 1 + 3.3 \log n$ 公式求組數和組寬：

$k = 1 + 3.3 \log 50 \approx 6.606$, $w = \frac{59}{6.606} \approx 8.93$

調整後，取 10 設為組寬。

(5) 當決定組寬為 10 時，再藉此調整組數，因此可獲得組數為 6。

・請讀下一單元

3. 選擇組限

(1) 為維持上組限及下組限的最小有效位數，能和原始資料觀測值的最小位數一致，故本題組限的最小位數，必須和觀測值的最小位數一樣，故取至個位整數。

(2) 原始資料的最小值是 40，故選取 40 作為第一組下限，這樣就可滿足單元 2–31 的 ＿＿＿＿＿ 性。

周延

(3) 將第 1 組下限 40 加上組寬 10，即可得第 1 組的上限 ＿＿，它也是第 2 組的 ＿＿＿＿＿（上限／下限）。以此類推，即可完成下表：

50、下限

組　別	1	2	3	4	5	6
組　限	40～50	50～60	60～70	70～80	80～90	90～100

(4) 記得最後一組必須把資料觀測值的最大值 99，包含在組內。

· 請讀下一單元

---

4. 劃記和計算次數

原始資料經過劃記和計算次數等過程，即可完成表 2–9：

🔽 表 2–9　50 名學生月考成績之次數分配表

組　別	分　數	劃　記	次數(f_i)
①	40～50	////	4
②	50～60	卅/	＿＿＿
③	60～70	卅/ ////	9
④	70～80	卅/ 卅/ ////	＿＿＿
⑤	80～90	卅/ 卅/ /	11
⑥	90～100	卅/ //	7
合　計			＿＿＿

5

14

50

· 請讀下一單元

單元 2-39 分組相對次數與百分比分配表

分組相對次數表及百分比表的製作，與單元 2-24 所介紹的公式相同。

$$相對次數 = \frac{各類組次數}{總次數}$$

$$各類組百分比 = \frac{各類組次數}{總次數} \times 100\%$$

依公式，將表 2-9 資料製成相對次數與百分比分配表，如表 2-10 所示。

�⊤ 表 2-10　50 名學生成績次數之相對次數與百分比分配表

組　別	分　數	次數 (f_i)	相對次數	百分比 (%)	
①	40～50	4	0.08	8	
②	50～60	5	＿＿＿	10	0.10
③	60～70	9	0.18	18	
④	70～80	14	＿＿＿	28	0.28
⑤	80～90	11	0.22	＿＿＿	22
⑥	90～100	7	0.14	14	
合　計		50	1.00	100	

・請讀下一單元

單元 2-40 累積次數 (cumulative frequency) 及累積百分比

累積次數是指把各組次數依序累加，其做法如表 2-11 所示：

表 2-11　累積次數分配表

組　別	次　數	向下累積次數（↓）	向上累積次數（↑）
①	3	3 = 3	6 + 2 + 5 + 3 = ___
②	5	3 + 5 = 8	6 + 2 + 5 = ___
③	2	3 + 5 + ___ = 10	6 + 2 = ___
④	6	3 + 5 + 2 + ___ = 16	6 = 6

16
13
2，8
6

· 請讀下一單元

 2-41

依表 2-9 的次數分配表資料，計算並填寫累積次數、累積相對次數及累積百分比，如表 2-12 所示：

 表 2-12　次數、累積次數、累積相對次數及累積百分比

組　別	分　數	次數 (f_i)	累積次數	累積相對次數	累積百分比 (%)
①	40～50	4	4	0.08	8
②	50～60	5	___	___	18
③	60～70	9	___	___	36
④	70～80	14	32		64
⑤	80～90	11	43	0.86	86
⑥	90～100	7	50	1.00	100

9，0.18
18，0.36
0.64

· 如果答對，請跳讀單元 2-43

· 如果答錯，請讀下一單元的解答

 2-42

將累積次數除以總次數，即得累積相對次數。把累積相對次數乘以 100%，即得累積百分比。

依表 2-12 資料求累積相對次數及其百分比：

第 2 組累積相對次數 = $\dfrac{\text{第 2 組累積次數}}{\text{總次數}}$ = $\dfrac{}{50}$ = ＿＿＿＿   9、0.18

第 2 組累積次數百分比 = 第 2 組累積相對次數×100%

 = ＿＿＿＿ ×100%   0.18

 = ＿＿＿＿ %   18

第 3 組累積相對次數 = $\dfrac{}{50}$ = ＿＿＿＿   18、0.362 ≈ 0.36

第 3 組累積次數百分比 = ＿＿＿＿ ×100% = ＿＿＿＿ %   0.36、36

其餘組以此類推。

· 請讀下一單元

單元 **2-43** 兩種分組法的組界和組限

我們在一些統計學書上，常看到數值型資料有兩種不同次數分配表，如表 2-13a 和表 2-13b：

🔵 表 2-13a

組　別	組　限	組　界	次數(f_i)
①	30～40	30～40	4
②	40～50	40～50	12
③	50～60	50～60	18
④	60～70	60～70	6
⑤	70～80	70～80	2

🔵 表 2-13b

組　別	組　限	組　界	次數(f_i)
①	30～39	29.5～39.5	4
②	40～49	39.5～49.5	12
③	50～59	49.5～59.5	18
④	60～69	59.5～69.5	6
⑤	70～79	69.5～79.5	2

比較表 2-13a 和表 2-13b 的異同點。明顯地，兩表主要不同處在於表 2-13a 和表 2-13b 的「組限」不相同：

⑴表 2-13a 的組限和組界相同 (事實上，組限就是組界)。以第 1 組 30～40 為例，40 是第 1 組的上組限，同時也是第 2 組的下組限，因此 40 成為第 1 組和第 2 組的共同組限；也是共同組界 (group boundary)。

⑵表 2-13b 的組限和組界不相同。以第 1 組 30～39 為例，39 是第 1 組的上組限，40 是第 2 組的下組限，兩者不相同，恰好相差一個最小位數。繪直

方圖時，會使相鄰兩長方形之間出現間隙 (gap)，因此，必須以 39 和 40 的中央值 (39.5) 作為兩組的共同組界，才能消除間隙。換句話說，39.5 是第 1 組的上組界，也是第 2 組的下組界。同理，表 2–13b 的第 2 組，上組限是 49、上組界是 49.5、下組限是 40、下組界是 39.5；第 4 組的上組限是 69、上組界是 69.5、下組限是 60、下組界是 59.5；第 5 組的上組限是 79、上組界是 79.5、下組限是 70、下組界是 79.5。

結論：如果遇到次數表相鄰兩組的上下組限不相同時，必須先求其共同組界（如表 2–13b），才能確保直方圖上相鄰兩長條之間能緊密重合，沒有間隙產生。

第四節　直方圖和多邊圖

單元 2–44 直方圖 (histogram)

直方圖的畫法：

⑴橫軸代表屬量變數數值，縱軸代表次數或百分比。

⑵依照各組的變數值大小，在橫軸上點出組寬位置，每一組的上組限必須和次一組的下組限緊緊重疊在一起，＿＿＿＿（可以／不可以）有間隙（這一點和長條圖不同）。依表 2–10 次數分配表，繪成的直方圖如下：

不可以

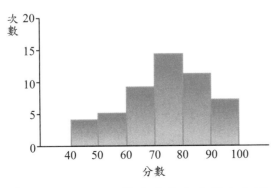

F 圖 2–4　50 位學生成績之次數直方圖

2-45

直方圖各長方形底的寬度分別代表各組的 _____，它
們是有意義的（這一特點是長條圖所未具備的）。更重要的，
各組長方形的寬度經調整為 1 之後，其面積可用來表示各組
的 _____。

　　準此，次數直方圖總面積等於 _____；相對次數直方
圖的總面積等於 ____（填數字）。

・請讀下一單元

組寬

次數

總次數

1

2-46 **分組次數表的組中點 (midpoint)**

　　原始資料觀測值一經製成分組次數表之後，就不再呈現
了，因此分組次數分配表的每一組，均以其組中點作為該組
之代表值。組中點是指各組寬的中央值。

$$組中點 = \frac{上組限 + 下組限}{2}$$

　　依表 2-12，其第 1 組的組中點是 ____，第 2 組的組中點
是 ____，其餘類推。

・請讀下一單元

$45\ (= \dfrac{40 + 50}{2})$、

55

2-47 **多邊圖 (polygon)**

多邊圖之繪法：

(1)在直方圖各長方形的頂端，點出 _____。

(2)從直方圖的第一組和最後組的兩長方形，分別向左右
　　兩端延長一個假想組寬，再點取假想組寬的組中點。

組中點

⑶依序連接 _____ ，即成為多邊折線。

組中點

⑷由下圖可看出多邊圖是一個封閉的多邊折線圖。

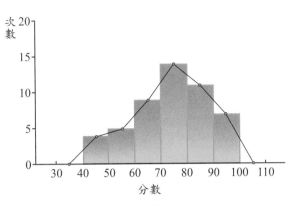

F 圖 2–5　50 名學生成績多邊圖

・請讀下一單元

2–48

由上一單元的圖 2–5 中可以看出，原直方圖被多邊圖切掉的一些邊角（即落在多邊圖的外圍部分），均能在多邊圖內圍（對角線處）找到相對應且相同面積的三角，因此：

多邊圖的總面積＝直方圖的總面積

・請讀下一單元

2–49

顧名思義，多邊圖是有稜有角的多邊形圖，理論上，當資料的總次數增大、組數增多或底邊縮到極小，多邊圖的稜角就會逐漸跟著消失，最後形成圓滑的曲線。這個原理將在常態分配圖被應用到。

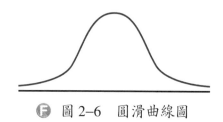

Ⓕ 圖 2-6　圓滑曲線圖

・請讀下一單元

例 2

下圖為針對某校 200 位學生所進行某項測驗成績後，所繪製成的直方圖，試回答下列各問題：

　⑴此圖分成多少組?

　⑵組距為多少?

　⑶第一組的組中點為何?

　⑷最多人數的組別為?

　⑸最少人數的組別為?

　⑹分數至少十分占有多少的百分比?

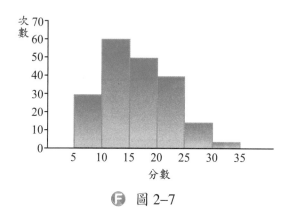

Ⓕ 圖 2-7

答：⑴組數：＿＿組。　　　　　　　　　6

　　⑵組距：＿＿。　　　　　　　　　　5

　　⑶組中點：＿＿。　　　　　　　　　7.5

(4)最多人數的組別為：第＿＿組，＿＿人。　　　　　　2，60

(5)最少人數的組別為：第＿＿組，＿＿人。　　　　　　6，5

(6)分數至少十分占有多少的百分比：＿＿％。　　　　　85

· 如果答對，請跳讀單元 2–52

· 如果答錯，請讀下一單元

 **2–51**

依據圖 2–7，求出組界、組中點、組數等，填入表 2–14。

1. 組　界

此題之組限和組界一樣：

$$第 1 組組界為 5～10$$

$$第 2 組組界為 10～15$$

$$\vdots$$

$$第 6 組組界為 30～35$$

2. 各組人數

應用尺測量。由各長方形之頂點向左延伸至與縱軸相交處，即為次數。第 1 組人數 ＝ 30 人，第 2 組人數 ＝ 60 人，其餘類推。

3. 向上累積次數

第 6 組累積次數為 5，第 5 組累積次數為 20 (＝ 5 ＋ 15)，其餘類推。

4. 向上累積百分比

$$累積百分比 = \frac{各組向上累積次數}{總次數}$$

$$\therefore 第二組向上累積百分比 = \frac{170}{200} = 0.85 = 85\%$$

🔽 表 2–14

組　別	組　界	組中點	次　數	向上累積次數 (↑)
①	5～10	7.5	30	200
②	10～15	12.5	60	170
③	15～20	17.5	50	110
④	20～25	22.5	40	60
⑤	25～30	27.5	15	20
⑥	30～35	32.5	5	5

・請讀下一單元

 2–52 累積次數多邊圖──肩形圖

　　累積次數多邊圖又稱肩形圖 (ogive curve)，係根據次數分配表內的累積次數繪製而成。可分為向下累積多邊圖和向上累積多邊圖兩種型式。

　　以下根據表 2–12 資料繪製向下累積次數多邊圖的過程為：

(1) X 軸代表分數，Y 軸代表向下累積次數（或向下累積百分比）。

(2) 找出各組在 X 軸上的組上限，以及 Y 軸所對應的累積相對次數，就可得到它們的交點。

　　第 1 組：X 軸上的第 1 組組上限＿＿＿和 Y 軸上的累積　　　50

　　　　　　百分比＿＿＿相交於 a 點。　　　　　　　　　　0.08 (= 8%)

　　第 2 組：X 軸上的第 2 組組上限＿＿＿和 Y 軸上的累積　　　60

　　　　　　百分比＿＿＿相交於 b 點。　　　　　　　　　0.18 (= 18%)

　　其餘類推。

(3) 連接各點，即完成累積次數百分比多邊圖，如圖 2–8。

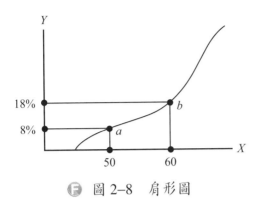

Ⓕ 圖 2–8　肩形圖

・請讀下一單元

- -

單元 **2–53** 累積百分比圖的應用

　　依據累積百分比多邊圖——肩形圖，可以由 X 軸上任一分數來估計其在 Y 軸上占有的百分等級。

　　以圖 2–9 為例，50 名學生中如果有一學生考 85 分，那麼估計他的百分等級（累積百分比）的過程為：

⑴先在圖 2–9 的 X 軸上找出 $x_1 = 85$ 的點位置。

⑵繪 $x_1 = 85$ 點的向上垂線，與肩形圖交於 c 點。

⑶再由 c 點向左繪水平線，交 Y 軸於 y_1 點上。

⑷讀出 y_1 點累積百分比是 75。

⑸該生的百分等級是＿＿時，表示他在班上贏的人數　　75%

　是＿＿人。　　　　　　　　　　　　　　　　37 ($\doteqdot 75\% \times 50$)

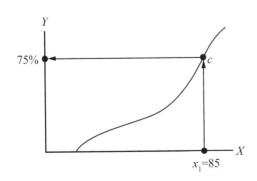

Ⓕ 圖 2–9　由肩形圖求百分比

・請練習自我評量 1

自我 評量 1

一、調查某校 500 名學生的血型得知，A 型 150 名，B 型 100 名，O 型 180 名，AB 型 70 名，試求學生血型狀況：⑴次數分配表。⑵相對次數分配表。⑶長條圖。⑷圓餅圖。

二、下列資料為調查某班學生統計學期中考成績狀況：

分　數	40～50	50～60	60～70	70～80	80～90	90～100
次　數	2	2	8	13	12	3

試求成績之： 1.相對次數分配表。 2.直方圖。 3.多邊圖。 4.肩形圖。

三、依下列某班學生月考成績資料，試求：

1.次數分配表（以 5 作組距）。 2.直方圖。 3.多邊圖。 4.肩形圖。

59	35	58	57	50	71	62	47	43	68	47
63	41	55	49	63	43	42	45	29	49	53
54	21	37	40	53	38	57	52	60	54	49
54	40	31	26	47	72	67	50	79	33	57
48	36	69	50	66	64	56	44	48	58	50

第五節　應用 SPSS 求次數分配表和統計圖

 單元 2–54

有關 SPSS 統計軟體的基本操作請參閱第一章第五節。

 例 3

某班學生家長職業如下，求其次數分配表、長條圖。

🔵 表 2–15　學校 50 名家長職業（未經整理）

商	工	農	軍	商	工	工	農	公	工
農	農	漁	公	公	農	農	公	農	工
工	工	農	工	農	公	工	商	工	公
農	商	工	農	工	工	商	漁	軍	農
工	軍	公	工	工	農	公	農	工	農

1. **SPSS 操作步驟**

Step 1 界定變數屬性

⑴在「變數檢視」工作表，界定變數屬性（圖 2–10 ❶）。

⑵在「名稱」格，輸入「occupation」；在「小數」格，輸入「0」。

⑶在變數「標記」格，輸入「職業別」。

⑷在「數值」格，先點按該格右側，打開「數值標記」對話盒（圖 2–11），然後逐步輸入設定值，「1 = "商"」、「2 = "農"」、「3 = "工"」、「4 = "漁"」、「5 = "公"」、「6 = "軍"」等。結束設定後，按「確定」鈕，回到原「變數檢視」工作表（圖 2–10）。

⑸按「變數檢視」工作表左下角的切換鈕（圖 2–10 ❷），叫出「資料檢視」工作表（圖 2–12）。

名稱	類型	寬度	小數	標記	數值	遺漏	欄	對齊	測量
1 occupation	數字的	8	0	職業別	{1,商}...	無	8	右	尺度

spss範例2-1.sav - SPSS 資料編輯程式

檔案(F)　編輯(E)　檢視(V)　資料(D)　轉換(T)　分析(A)　統計圖(G)　公用程式(U)　視窗(W)　輔助說明(H)

❶

❷

資料檢視 ∖ 變數檢視

SPSS 處理器 已就緒

Ⓕ 圖 2–10　界定變數屬性

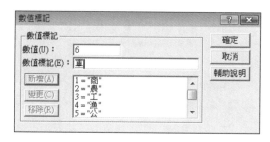

Ⓕ 圖 2–11　設定數值標記

Step 2　輸入資料

(1)在「資料檢視」工作表（圖 2–12）的儲存格內，輸入表 2–15 的資料。

(2)當鍵入「1」時，在儲存格內會出現「商」，鍵入「2」，則出現「農」，其餘類推（圖 2–12）。

(3)如想把儲存格的「商」改成「1」，則只需要按功能表列上的「檢視」功能表選項，然後刪除「數值標記」上的「∨」即可。

🅕 圖 2–12 輸入表 2–15 的資料

Step 3 選擇分析法: 次數分配表

⑴在「資料檢視」工作表的功能表列，依圖 2–13 所示，按「分析」→「敘述
統計」→「次數分配表」。

⑵打開主對話盒:「次數分配表」(圖 2–14a)。

🅕 圖 2–13 選擇分析法: 次數分配表

統計學
可以很 簡單

Step 4 主對話盒

(1)在主對話盒「次數分配表」(圖 2–14a) 中，把左側清單方框內的變數「職業別」❶，移入右側「變數」框內❷。

(2)按「統計量」鈕❸，打開次對話盒：「次數分配表：統計量」(圖 2–15)。

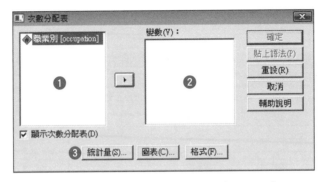

🄵 圖 2–14a 主對話盒：次數分配表

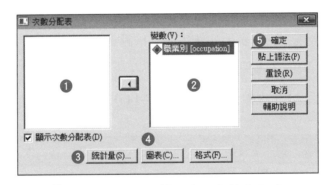

🄵 圖 2–14b 主對話盒：次數分配表

 Step 5

(1)在「次數分配表：統計量」次對話盒 (圖 2–15)，勾選「眾數」核示方框。

(2)按「繼續」命令鈕，回到主對話盒 (圖 2–14b)。

(3)在主對話盒 (圖 2–14b)，按「圖表」鈕❹，打開次對話盒：「次數分配表：圖表」(圖 2–16)。

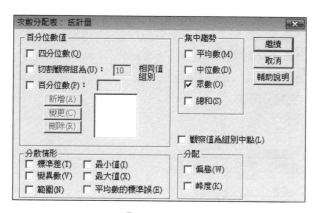

F 圖 2–15

⑴在「次數分配表：圖表」次對話盒（圖 2–16），點選「長條圖」選項鈕；按「繼續」命令鈕，回到主對話盒（圖 2–14b）。

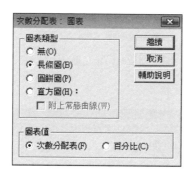

F 圖 2–16 次對話盒：圖表

⑵在主對話盒（圖 2–12b），核對完成所有操作之後，按「確定」鈕❺，SPSS 立即執行計算，輸出報表（圖 2–17a、圖 2–17b）。

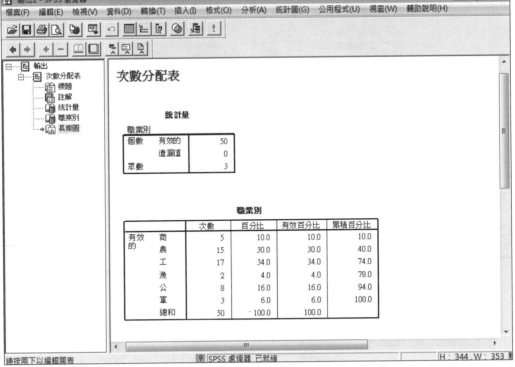

🄕 圖 2-17a　輸出報表

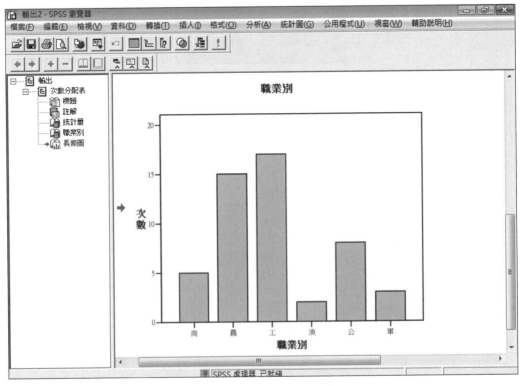

🄕 圖 2-17b　輸出報表

2.**解釋報表**

⑴經由 SPSS 的輸出，獲得圖 2–18，可得學生家長的各職業類人數百分比，以「工業類」為例，學生家長人數為 17 名，占全體的 34%，其餘類推。

⑵圖 2–19 是學生家長的各職業類人數分配的長條圖。

職業別		次數	百分比	有效百分比	累積百分比
有效的	商	5	10.0	10.0	10.0
	農	15	30.0	30.0	40.0
	工	17	34.0	34.0	74.0
	漁	2	4.0	4.0	78.0
	公	8	16.0	16.0	94.0
	軍	3	6.0	6.0	100.0
	總和	50	100.0	100.0	

Ｆ 圖 2–18 學生家長的各職業類人數分配表

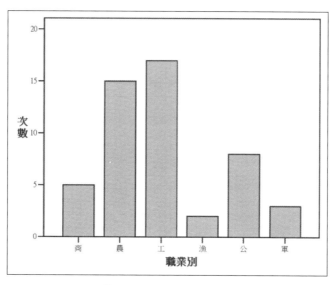

Ｆ 圖 2–19 長條圖

‧請讀下一單元

 2–55 應用 SPSS 求分組資料的次數分配表、直方圖和圓餅圖

 4

某班 50 名學生月考成績如下，求分組資料的次數分配表、直方圖和圓餅圖。

表 2-16　50 名學生月考成績原始分數表

77	99	40	74	84	85	66	58	64	84
86	77	40	98	67	92	78	80	82	64
67	58	94	55	79	88	75	60	78	73
49	93	82	78	71	51	83	78	57	48
92	85	72	60	84	70	60	98	62	73

1. SPSS 操作步驟

(1)在「變數檢視」工作表（圖 2-20），界定變數屬性。

(2)如圖 2-20 ❶所示，在「名稱」格，輸入「score」；「小數」格，輸入「0」；「標記」格，輸入「月考成績」；其他格採系統內定值。

(3)按左下角工作表切換標籤❷，叫出「資料檢視」工作表（圖 2-21）。

spss範例2-2.sav - SPSS 資料編輯程式

檔案(F)　編輯(E)　檢視(V)　資料(D)　轉換(T)　分析(A)　統計圖(G)　公用程式(U)　視窗(W)　輔助說明(H)

	名稱	類型	寬度	小數	標記	數值	遺漏	欄	對齊	測量
1	score	數字的	8	0	月考成績	無	無	8	右	尺度
2										
3										
4										
5										
6										
7										
8										
9										
10										
11										
12										
13										
14										
15										
16										
17										
18										
19										
20										
21										
22										
23										

資料檢視　變數檢視

SPSS 處理器 已就緒

圖 2-20　界定變數屬性

把表 2–16 的學生分數數值資料，鍵入「資料檢視」工作表的儲存格，如圖 2–21 所示。

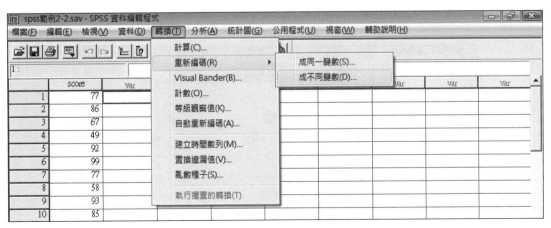

🅕　圖 2–21　輸入數值

Step 3　選擇轉換法：重新編碼

⑴在「資料檢視」工作表上方的功能表列中，依圖 2–22 所示，按「轉換」→
　「重新編碼」→「成不同變數」。

⑵開啟主對話盒：「重新編碼成不同變數」（圖 2–23a）。

🅕　圖 2–22　選擇資料轉換功能

Step 4　重新編碼

⑴在「重新編碼成不同變數」主對話盒（圖 2–23a），把左側清單方框內變數
「score」❶，轉入右側「數值變數→輸出變數」方框內❷。

⑵在「輸出之新變數」區的「名稱」框內❸，輸入「group」；在「註解」框內，
輸入「組別」❹，然後按「變更」鈕❺；此時，在「數值變數→輸出變數」
方框內❷，立即產生「score → group」（參看圖 2–23b ❷）。

⑶按「舊值與新值」鈕❻，打開次對話盒：「舊值與新值」（圖 2–24）。

⑷在「舊值與新值」次對話盒（圖 2–24）中，「舊值」區的「範圍」長框內
❽，輸入「90」及「100」；在「新值」區的「數值」框❾，輸入「95」；然
後按「新增」鈕❿，此時在「舊值→新值」方框內⓫，會出現「90 thru 100
→ 95」。（註：95 為 90～100 的組中點。）

⑸重複上述 4 個步驟的操作，使「舊值→新值」框內⓫，產生「40 thru 49 →
45」、「50 thru 59 → 55」、……、「80 thru 89 → 85」、「90 thru 100 → 95」等。

⑹按「繼續」鈕（圖 2–24），回到圖 2–23b 對話盒。最後按「確定」命令鈕
（圖 2–23b ❼），回到「資料檢視」工作表（圖 2–25）。

⑺請注意：在「資料檢視」工作表的「group」欄中，出現的是各組的「組中
點」（圖 2–25）。若希望能出現「組限」（譬如把組中點「75」改成組限
「70–80」），則需對「group」再予以界定「數值標記」。

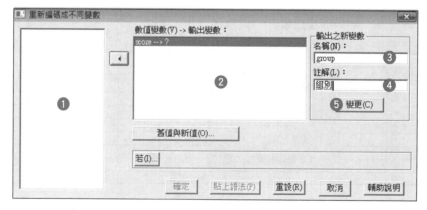

Ⓕ 圖 2–23a　主對話盒：重新編碼成不同變數

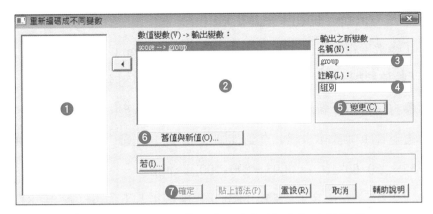

Ⓕ 圖 2-23b　主對話盒：重新編碼成不同變數

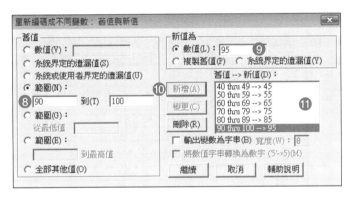

Ⓕ 圖 2-24　次對話盒：舊值與新值

	score	group	var	var	var	var	var	var	var
1	77	75.00							
2	86	85.00							
3	67	65.00							
4	49	45.00							
5	92	95.00							
6	99	95.00							
7	77	75.00							
8	58	55.00							
9	93	95.00							

Ⓕ 圖 2-25　變數「group」界定為組中點

Step 5 變更「group」的組中點為組限

(1)在「變數檢視」工作表中（圖 2–26），按「group」變數的「數值」格，打開「數值標記」主對話盒（圖 2–27）；然後輸入「45」到❶方框，輸入「40–45」到❷方框，按「新增」❸鈕，立即在方框❹，產生「45 = "40–50"」。

(2)重複上述(1)的操作步驟，直到使圖 2–27 的方框❹，產生「45 = "40–50"」、「55 = "50–60"」、…、「95 = "90–100"」為止。

(3)按圖 2–27 的「確定」鈕❺，回到「資料檢視」工作表（圖 2–28）。注意，此時，「資料檢視」工作表中「group」變數欄的儲存格中，會出現「上組限─下組限」（即 70–80、80–90 … 等）。

	名稱	類型	寬度	小數	標記	數值	遺漏	欄	對齊	測量
1	score	數字的	8	0	月考成績	無	無	8	右	尺度
2	group	數字的	8	2	組別	{45.00, 40–	無	8	右	尺度
3										
4										
5										
6										
7										
8										
9										

Ｆ 圖 2–26 變數檢視工作表

Ｆ 圖 2–27 主對話盒：數值標記

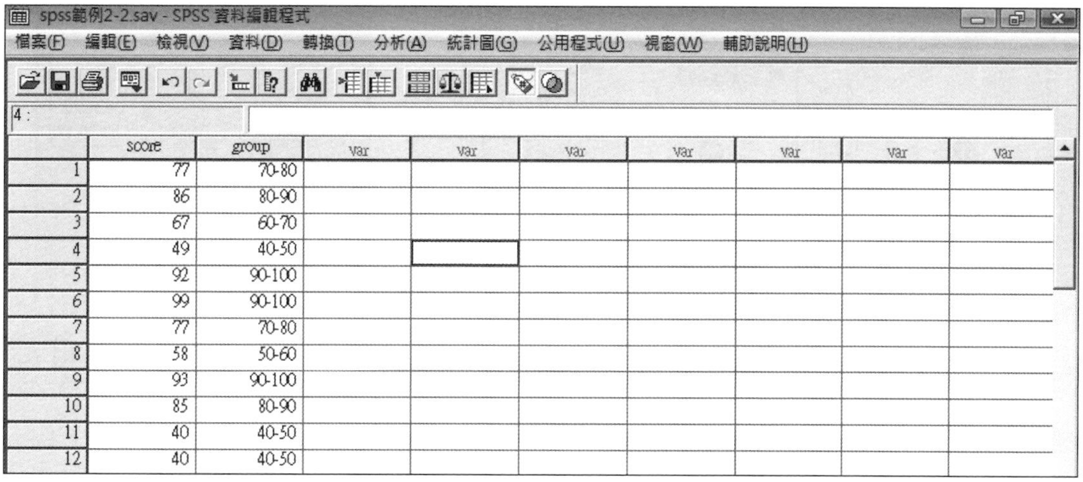

● 圖 2-28 變數「group」界定為組限

Step 6 選擇分析法：次數分配表法

(1)在「資料檢視」工作表的功能表列，如圖 2-29 所示，按「分析」→「敘述統計」→「次數分配表」。

(2)打開主對話盒：「次數分配表」（圖 2-30）。

● 圖 2-29 選擇分析法：次數分配表法

Step 7

(1)在「次數分配表」主對話盒（圖 2-30），把左側清單框❶內的「組別 [group]」移入右側「變數」框內❷。

(2)按「圖表」鈕❸，打開次對話盒：「次數分配表：圖表」（圖 2-31）。然後點選「直方圖」鈕，或「圓餅圖」鈕。再按「繼續」命令鈕，回到主對話盒（圖 2-29）。

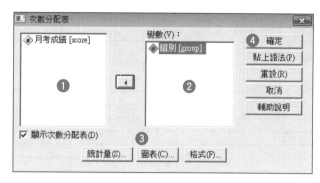

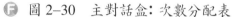

⬤ 圖 2-30　主對話盒：次數分配表　　　　⬤ 圖 2-31　次對話盒：圖表

(1)在主對話盒（圖 2-30），核對已完成所有操作之後，按「確定」鈕❹。

(2) SPSS 立即執行計算，輸出報表（圖 2-32a、圖 2-32b、圖 2-32c）。

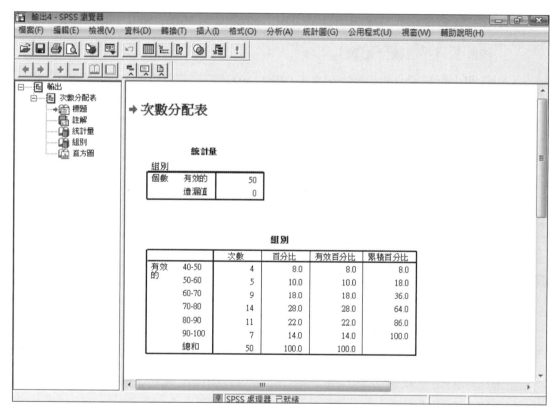

⬤ 圖 2-32a　輸出報表

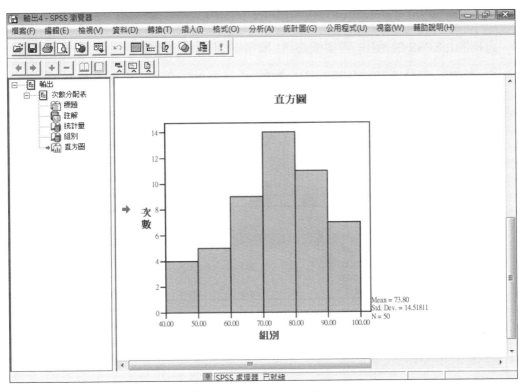

F 圖 2–32b 輸出報表

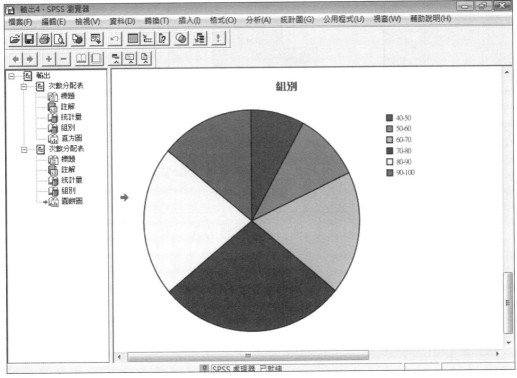

F 圖 2–32c 輸出報表

2.解釋報表

(1)經由 SPSS 的輸出，獲得圖 2-33 關於分組資料的次數分配表，包含各組限、次數、百分比及累積百分比。譬如在「60-70」分的「次數」是 9 人，占全班百分比是「18%」，累積百分比是「36%」。

(2)圖 2-34 所示為分組資料的直方圖，而圖 2-35 所示為分組資料的圓餅圖。

組別

		次數	百分比	有效百分比	累積百分比
有效的	40-50	4	8.0	8.0	8.0
	50-60	5	10.0	10.0	18.0
	60-70	9	18.0	18.0	36.0
	70-80	14	28.0	28.0	64.0
	80-90	11	22.0	22.0	86.0
	90-100	7	14.0	14.0	100.0
	總和	50	100.0	100.0	

🄕 圖 2-33　分組資料的次數分配表

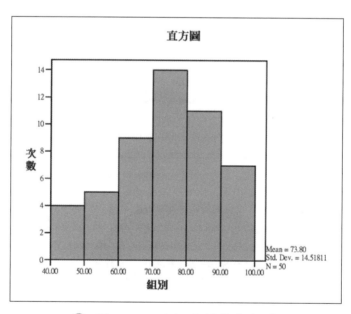

🄕 圖 2-34　分組資料的直方圖

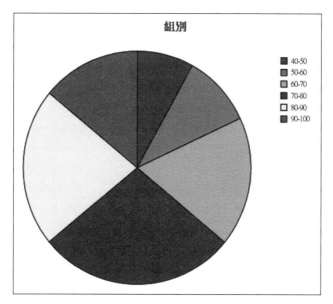

Ｆ 圖 2–35 分組資料的圓餅圖

3

集中趨勢量數

在第二章討論的統計圖和表，能顯示一群資料一般的、粗略的特性和分配狀態。如果我們想要有較具體的、準確的資料資訊和特性描述時，則需要進一步去計算一些摘要性的統計量數，諸如平均數、中位數、變異數、標準差等。

集中趨勢量數 (measures of central tendency) 具有描述資料分配的中心位置或資料的共同趨勢的功能。常用的集中趨勢量數包括平均數、中位數、眾數等。本章將針對它們作詳細的討論。

第一節　算術平均數

單元 3–1　算術平均數

算術平均數 (arithmetic mean) 簡稱平均數，為最常見、最重要的集中趨勢量數，其定義為：

> 設 n 個數值 $x_1, x_2, \cdots, x_n$，則其平均數計算公式為：
>
> $$\text{平均數} = \frac{\text{所有數值總和}}{\text{總個數}}$$
>
> 用符號表示為：
>
> $$\overline{X} = \frac{\sum_{i=1}^{n} x_i}{n}$$

・請讀下一單元

單元 3–2

 1

某人購買 10 箱梨子，各箱中的不良品個數如下所示，試求平均數。

⬤ 表 3–1　原始資料表

2	5	2	3	2	2	4	2	5	3

所有不良品個數的總和

$$\sum_{i=1}^{10} x_i = 2 + 5 + 2 + \cdots + 5 + 3 = \underline{\hspace{1cm}}$$

30

$$\overline{X} = \frac{\text{所有數值總和}}{\text{總個數}} = \frac{\sum_{i=1}^{n} x_i}{n} = \frac{\underline{\hspace{1cm}}}{10} = \underline{\hspace{1cm}}$$

30、3

不良品的平均數 $\overline{X} = 3$，即平均每箱梨有 3 個不良品。

· 請讀下一單元

單元 **3–3**

統計學中，以母體和樣本求平均數所使用的符號是不相同的，母體平均數以符號 μ 表示，其觀察值有 N 個，分別是 $x_1, x_2, \cdots, x_N$，公式表達如下：

$$\mu = \frac{\sum_{i=1}^{N} x_i}{N}$$

樣本平均數以符號 $\overline{X}$ 表示，其觀察值有 n 個，分別是 $x_1, x_2, \cdots, x_n$，公式表達如下：

$$\overline{X} = \frac{\sum_{i=1}^{n} x_i}{n}$$

μ 讀作 [mu]，$\overline{X}$ 讀作 [x bar]。需特別注意的是，μ 和 $\overline{X}$

的公式結構是＿＿＿＿＿（相同／不相同）的。

・請讀下一單元

相同

 3–4 依簡單次數分配表求平均數

依據表 3–1 的資料求平均數的過程：

(1)首先把單元 3–2 的表 3–1 原始資料，整理成分組次數分配表（如表 3–2）。

(2)其次，計算各組別不良品個數 $f_i x_i$ 並填入表 3–2。

x_1 表示每箱不良品有 2 個，f_1 表示每箱不良品有 2 個的箱數共有 5 箱，∴ $f_1 x_1 = 10$ 個；x_2 表示每箱不良品有 3 個，f_2 表示每箱不良品有 3 個的箱數共有 2 箱，∴ $f_2 x_2 = 6$ 個；同理計算 $f_3 x_3$ 和 $f_4 x_4$，然後填入表內。

Ⓣ 表 3–2　不良品個數的分組次數分配表

組　別	不良品 (x_i)	次數 (f_i)	各組別總數 ($f_i x_i$)
①	2	5	10
②	3	2	6
③	4	1	＿＿
④	5	2	＿＿
合　計		10	

$4 (= 1 \times 4)$
$10 (= 2 \times 5)$
30

・請讀下一單元

 3–5

依單元 3–2 的表 3–1 原始資料，求平均數：

$$\overline{X} = \frac{\sum_{i=1}^{n} x_i}{n} = \frac{2+5+2+3+2+2+4+2+5+3}{10} \qquad （未分組）$$

$$= \frac{}{10} = \underline{}$$

30、3

依單元 3–4 的表 3–2 分組次數分配表的資料，求平均數：

$$\overline{X} = \frac{\sum\limits_{i=1}^{k} f_i x_i}{n} = \frac{f_1 x_1 + f_2 x_2 + f_3 x_3 + f_4 x_4}{n} \quad (k \text{ 表示為組數})$$

$$= \frac{2 \times \underline{\hspace{1cm}} + 3 \times \underline{\hspace{1cm}} + 4 \times 1 + 5 \times 2}{10} = \frac{\underline{\hspace{1cm}}}{10} = 3$$

5、2、30

・請讀下一單元

 3–6

歸納前幾單元得到平均數的公式分別為：

(1) $\overline{X} = \dfrac{\sum\limits_{i=1}^{n} x_i}{n}$，適用於 _____（分組／未分組）資料。

未分組

(2) $\overline{X} = \dfrac{\sum\limits_{i=1}^{k} f_i x_i}{n}$，適用於 _____（分組／未分組）資料。

分組

f_i 表示第 i 組次數，k 表示組數，n 表示總次數，$\sum\limits_{i=1}^{k} f_i$

$= n$。

・請讀下一單元

 3–7

 2

某班 20 名學生每月的零用錢如下表所述，試求平均數。

○ 表 3–3　學生零用錢的分組次數分配表

單位: 千元

組　　別	每月零用錢 (x_i)	人數 (f_i)	$f_i x_i$
①	5	8	____
②	6	6	____
③	7	4	28
④	8	2	____
合　　計		20	____

40

36

16

120

$$\overline{X} = \frac{\sum\limits_{i=1}^{k} f_i x_i}{n} = \frac{\underline{\hspace{1cm}}}{20} = \underline{\hspace{1cm}}$$

120、6

・如果答對，請跳讀單元 3–9

・如果答錯或尚覺不甚瞭解，請讀下一單元解答

 3–8

藉由表 3–3 的資料，可知：

第 1 組 $x_1 = 5$, $f_1 = 8$, $f_1 x_1 = 5 \times 8 = 40$

第 2 組 $x_2 = 6$, $f_2 = 6$, $f_2 x_2 = \underline{\quad} \times \underline{\quad} = \underline{\quad}$ 6、6、36

第 3 組 $x_3 = 7$, $f_3 = 4$, $f_3 x_3 = \underline{\quad} \times \underline{\quad} = \underline{\quad}$ 7、4、28

第 4 組 $x_4 = 8$, $f_4 = 2$, $f_4 x_4 = \underline{\quad} \times \underline{\quad} = \underline{\quad}$ 8、2、16

$$\sum_{i=1}^{4} f_i = 8 + 6 + 4 + 2 = \underline{\quad} = n$$ 20

$$\sum_{i=1}^{4} f_i x_i = 40 + \underline{\quad} + \underline{\quad} + 16 = \underline{\quad}$$ 36、28、120

$$\overline{X} = \frac{\sum_{i=1}^{k} f_i x_i}{n} = \frac{\underline{\quad}}{20} = \underline{\quad}$$ 120、6

・請讀下一單元

 3–9 由分組次數分配表求平均數

 3

某校 50 名學生月考成績，經整理成下列分組次數分配表，試求平均數。

🔵 表 3–4　50 名學生成績分布表

組　別	分　數	組中點 (x_i)	次數 (f_i)	各組別總分 ($f_i x_i$)	
①	40～50	45	4	＿＿＿	180
②	50～60	＿＿＿	5	＿＿＿	55、275
③	60～70	65	9	585	
④	70～80	＿＿＿	14	＿＿＿	75、1,050
⑤	80～90	＿＿＿	11	＿＿＿	85、935
⑥	90～100	95	7	＿＿＿	665
合　計			50	＿＿＿	3,690

答：$\overline{X} = \dfrac{\rule{2cm}{0.4pt}}{50} = \rule{1.5cm}{0.4pt}$（分）。　　　　　　3.690、73.8

　・如果答對，請跳讀單元 3–12

　・如果答錯或尚覺不甚瞭解，請讀下一單元解答

 3–10

　單元 3–9 的表 3–4 中，各組的分數是以 ＿＿＿＿＿ 來代　　組中點

表，所以首先把表 3–4 第 2 欄的分數轉化成組中點：

　第 1 組 40〜50 分，其組中點以 x_1 表示：

$$x_1 = \frac{\text{上組限} + \text{下組限}}{2} = \frac{40 + 50}{2} = \rule{1.5cm}{0.4pt}$$　　45

　第 2 組 50〜60 分，其組中點以 x_2 表示：

$$x_2 = \frac{50 + \rule{1cm}{0.4pt}}{2} = \rule{1.5cm}{0.4pt}$$　　60、55

　同理，計算其餘組中點，填入表 3–4。

　・如果答對，請讀下一單元

　・如果答錯，請再讀本單元一次

單元 3–11

　比較表 3–2、表 3–3 與表 3–4 的結構，顯然，幾乎是相同了，所以計算平均數的公式也就相同了。

$$\overline{X} = \frac{\text{組中點和次數乘積之總和}}{\text{總次數}}$$

$$\overline{X} = \frac{\sum\limits_{i=1}^{k} f_i x_i}{n}$$

依表 3-4 求平均數：

$$\overline{X} = \frac{180 + 275 + \underline{\hspace{1cm}} + \underline{\hspace{1cm}} + 935 + 665}{50}$$

585、1,050

$$= \frac{\overline{\hspace{2cm}}}{50} = \underline{\hspace{1cm}} （分）$$

3,690、73.8

・請讀下一單元

單元 3-12　平均數的性質

(1)平均數只有 1 個，具唯一性。

(2)資料中任一數值有所改變，都會影響到平均數。

(3)團體中每一個數值與平均數之差（稱離均差）的總和

為 0，即 $\sum_{i=1}^{n}(x_i - \overline{X}) = 0$。（證明請參閱單元 3-13）

(4)團體中每一個數值與平均數之差的平方和最小，即

$\sum_{i=1}^{n}(x_i - \overline{X})^2 < \sum_{i=1}^{n}(x_i - A)^2, A \neq \overline{X}$。（證明請參閱單元

3-13）

(5)因資料中任一數值對平均數皆具有同等之比重，因此

平均數 _____（容易／不容易）受到極端數值的影

響，而減弱其作為集中趨勢量數的代表性。

容易

・請讀下一單元，瞭解公式證明

單元 3-13

證明：

(1) $\sum_{i=1}^{n}(x_i - \overline{X}) = 0$

(2) $\sum_{i=1}^{n}(x_i - \overline{X})^2 < \sum_{i=1}^{n}(x_i - A)^2, A \neq \overline{X}$

解

(1) $\sum\limits^{n}(x_i - \overline{X}) = \sum\limits^{n}x_i - \sum\limits^{n}\overline{X} = \sum\limits^{n}x_i - n\overline{X} = \sum\limits^{n}x_i - n\dfrac{\sum\limits^{n}x_i}{n} = \sum\limits^{n}x_i - \sum\limits^{n}x_i = 0$

(2) $\sum\limits^{n}(x_i - \overline{X})^2 < \sum\limits^{n}(x_i - A)^2, A \neq \overline{X}$，設 $A = \overline{X} + a, a \neq 0$ 代入上式：

$$\sum\limits^{n}(x_i - A)^2 = \sum\limits^{n}[x_i - (\overline{X} + a)]^2 = \sum\limits^{n}[(x_i - \overline{X}) - a]^2$$

$$= \sum\limits^{n}[(x_i - \overline{X})^2 - 2a(x_i - \overline{X}) + a^2]$$

$$= \sum\limits^{n}(x_i - \overline{X})^2 - \sum\limits^{n}2a(x_i - \overline{X}) + \sum\limits^{n}a^2$$

$$= \sum\limits^{n}(x_i - \overline{X})^2 - 2a\sum\limits^{n}(x_i - \overline{X}) + na^2$$

$\because \sum\limits^{n}(x_i - \overline{X}) = 0$ 代入上式，再移項可得：

$$\sum\limits^{n}(x_i - A)^2 - \sum\limits^{n}(x_i - \overline{X})^2 = na^2$$

$$\because a \neq 0, \quad \therefore a^2 > 0$$

$$\therefore \sum\limits^{n}(x_i - A)^2 - \sum\limits^{n}(x_i - \overline{X})^2 > 0$$

$$\therefore \sum\limits^{n}(x_i - A)^2 > \sum\limits^{n}(x_i - \overline{X})^2$$

・請讀下一單元

單元 **3-14** 合併平均數

　　合併平均數是指對於多組同性質的平均資料，合併成一大組的總平均數。若有 k 組，其各組項數及平均數分別為 $(n_1, \overline{x}_1), (n_2, \overline{x}_2), \cdots, (n_k, \overline{x}_k)$，把這些組合併成一個大組，則其總平均 $\overline{\overline{X}}$ 為：

$$合併平均數\ \overline{\overline{X}} = \frac{n_1\overline{x}_1 + n_2\overline{x}_2 + \cdots + n_k\overline{x}_k}{n_1 + n_2 + \cdots + n_k} = \frac{\sum\limits_{i=1}^{k}n_i\overline{x}_i}{N}$$

$$式中\ N = n_1 + n_2 + \cdots + n_k$$

・請讀下一單元

4

王老師教甲、乙、丙三班級的英文，三班學生人數分別為 $50, 48, 52$，期末三班的英文平均分數分別為 $80, 76, 85$。試求王老師所教的三班學生的英文總平均分數。

令甲、乙、丙分別以 $1, 2, 3$ 代表，依題意知：

$$n_1 = 50, n_2 = 48, n_3 = 52$$

$$\bar{x}_1 = 80, \bar{x}_2 = 76, \bar{x}_3 = 85$$

代入下列公式：

$$\bar{\bar{X}} = \frac{n_1\bar{x}_1 + n_2\bar{x}_2 + n_3\bar{x}_3}{n_1 + n_2 + n_3}$$

$$= \frac{(50 \times 80) + (\underline{\quad} \times \underline{\quad}) + (\underline{\quad} \times \underline{\quad})}{50 + 48 + 52}$$

48、76、52、85

$$= \frac{\underline{\quad\quad}}{150} = \underline{\quad}$$

12,068、80.45

・請讀下一單元

  5

有一木桶裝 9 公斤的牛奶，成本為每公斤 20 元，另一木桶裝 1 公斤的蜂蜜，成本為每公斤 40 元，今把兩木桶混合成一大桶，問其成本是每公斤多少元？

令牛奶代號為 1，蜂蜜代號為 2，依題意知：

$$n_1 = 9, n_2 = 1$$

$$\bar{x}_1 = 20, \bar{x}_2 = 40$$

代入公式求合併之總平均 $\overline{\overline{X}}$：

$$\overline{\overline{X}} = \frac{n_1\overline{x}_1 + n_2\overline{x}_2}{n_1 + n_2} = \frac{(\qquad) + (\qquad)}{9 + 1} = 22（元／斤）$$

9×20、1×40

合併後之總平均（成本）為每公斤 ＿＿ 元。

22

‧ 恭喜你已學完平均數的求法，請練習自我評量 1

 自我評量 1

一、調查高雄市某連鎖店 10 家，各別一月份的營業額如下：（單位：萬元）

20, 25, 38, 22, 15, 60, 75, 50, 50, 35，試求平均數。

二、調查某國中共 9 名一年級學生每星期看電視的時數，經調查得下列資料：

15, 13, 15, 10, 18, 21, 22, 14, 16，試求平均數。

三、下列資料為調查某班學生統計學考試成績的狀況，試求學生成績之平均數。

分　　數	40～50	50～60	60～70	70～80	80～90	90～100
次　　數	2	2	8	13	12	3

四、下表為某班學生月考成績次數分配表，試求月考成績之平均數。

組　別	80～75	75～70	70～65	65～60	60～55	55～50	50～45	45～40	40～35	35～30	30～25	25～20	合　計
次數 (f_i)	1	2	4	5	8	10	9	7	4	2	2	1	55

第二節　中位數

單元 3–17 中位數

中位數 (median) 有如平均數，是一種常用的集中趨勢量數。中位數的定義為：

某一數列依序排列，中位數即是位於此數列中央位置的數值。

依此定義可知，中位數是依序排列的數值之中央位數，此位數的上下各占總數 50% 的個數。

· 請讀下一單元

單元 **3-18** 未分組資料的中位數求法

(1)所有數值依序排列。

(2)粗估中位數的位置，計算 k：

$$k = \frac{總次數}{2} = \frac{n}{2}$$

(3)當 k 為非整數時，進位成整數，成為中位數的位置，中位數則為該項位置的數值。

(4)當 k 為整數時，則中位數為第 k 項數值和第 $k+1$ 項數值的平均數。

· 請讀下一單元

單元 **3-19**

 6

試求以下兩例已依大小排序的數列之中位數：

(1)第 1 組數值：

x_1	x_2	x_3	x_4	x_5
17	15	12	10	2

(2)第二組數值：

x_1	x_2	x_3	x_4	x_5	x_6
17	15	12	10	2	1

答：第 1 組中位數：＿＿。

第 2 組中位數：＿＿。

· 如果答對，請跳讀單元 3-21

· 如果答錯，請讀下一單元解答

12

$11 (= \frac{10 + 12}{2})$

---

(1)求第 1 組數值的中位數：

第 1 組 $n =$ ＿＿＿ 個。 　　　　　　　　　　　　　5

粗略估計中位數位置：$k = \dfrac{n}{2} = \dfrac{5}{2} = 2.5$。

由於 k 非整數，進位成整數 3，所以中位數為 $x_3 =$

＿＿＿。 　　　　　　　　　　　　　　　　　　12

(2)求第 2 組數值的中位數：

第 2 組 $n =$ ＿＿＿ 個 　　　　　　　　　　　　6

$$k = \dfrac{n}{2} = \dfrac{6}{2} = 3$$

k 為整數，中位數位於第 3 項數值 x_3 和第 4 項數值 x_4

之間，即是兩數值的平均數：

$$\therefore 所以中位數 = \frac{x_3 + x_4}{2} = \frac{\quad + \quad}{2} = \underline{\quad}$$ 　　12、10、11

・請讀下一單元

 7

試求下列兩組未排序數值資料的中位數。

(1)第 1 組數值：10, 13, 12, 10, 8。

(2)第 2 組數值：4, 4, 3, 2, 8, 10, 12, 10, 6, 8。

答：(1)第 1 組中位數：＿＿＿。 　　　　　　　　10

(2)第 2 組中位數：＿＿＿。 　　　　　　　　7

・如果答對，請跳讀單元 3–23

・如果答錯，請讀下一單元解答

單元 3-22

(1)依據第 1 組數值求中位數之步驟如下:

①將該數列按大小排序,其結果如下:

x_1	x_2	x_3	x_4	x_5
8	10	10	12	13

② $n =$ ____ 個。

5

③ $k = \dfrac{n}{2} = \dfrac{5}{2} = 2.5$,由於 k 非整數,故進位成整數 3,取 x_3 的數值作為中位數。

④所以中位數是 $x_3 =$ ____。

10

(2)依據第 2 組數值求中位數之步驟如下:

①將該組數值由大至小排序,其結果為:

x_1	x_2	x_3	x_4	x_5	x_6	x_7	x_8	x_9	x_{10}
12	10	10	8	8	6	4	4	3	2

② $n = 10$ 個。

③ $k = \dfrac{n}{2} = \dfrac{}{2} = 5$,$k$ 為整數,取 x_5 和 x_6 兩項數值的平均。

10

④中位數 $= \dfrac{x_5 + x_6}{2} = \dfrac{+}{2} =$ ____。

8、6、7

· 請讀下一單元

單元 3-23

 8

由分組次數分配表求中位數。

○ 表 3–5 某公司員工請假次數分配表

組 別	請假次數 (x_i)	次數 (f_i)	累積次數 (cf_i)	
①	1	6	6	
②	2	11	17	
③	3	13	____	30
④	5	15	____	45
⑤	6	30	75	
⑥	8	25	____	100
合 計		100	–	

答：中位數：____。　6

• 如果答對，請跳讀單元 3–25

• 如果答錯，請讀下一單元解答

 單元 3–24

解

(1) 求中位數所在位置：

總次數 $n = 100$

∵ $k = \dfrac{n}{2} = \dfrac{100}{2} = 50$，因為整除，故中位數為第 50 項

和第 51 項兩數值的 ____。　平均

(2) 求向下累積次數 cf_i。

(3) 依據表 3–5 的向下累積次數欄可得知：

在變數 $x_3 = 3$ 的累積次數 = ____。　30

在變數 $x_4 = 5$ 的累積次數 = ____。　45

在變數 $x_5 = 6$ 的累積次數 = ____。　75

(4) 換言之，在第 5 組變數 $x_5 = 6$ 的累積次數分布的範圍

是第 46 項～第 ____ 項之間。　75

(5) 由(1)得知，中位數在第 ____ 項和第 ____ 項位置之間，　50、51

正好落在第 5 組 $(x_5 = 6)$ 的範圍內，所以中位數

= ＿＿＿。

· 請讀下一單元

 **3-25** 由分組次數分配表求中位數的公式

原始資料經整理成分組次數分配表之後，原始資料就不再呈現，所以求其中位數，就不能再使用單元 3-23 所介紹求中位數的方法，而須改用類似求百分位數的公式。

· 請讀下一單元

 **3-26**

由分組次數分配表求中位數的公式為：

$$M_e = L_i + \frac{(\frac{n}{2} - F_{i-1})}{f_i} \times h_i$$

i 表示中位數所在組

L_i 表示中位數所在組的組下界

f_i 表示中位數所在組的組次數

F_{i-1} 表示中位數所在組的前一組（第 $i-1$ 組）的累積次數

h_i 表示中位數所在組的組寬（組距）

n 表示總個數

· 請讀下一單元

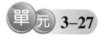 **3-27**

請依據表 3-6 的分組次數分配表，來說明如何應用上述公式求中位數的步驟：

1. 找出中位數所在組位置

因為 $\dfrac{n}{2} = \dfrac{\underline{\qquad}}{2} = \underline{\qquad}$，即中位數在第 25 個位置處。依 | 50、25

累積次數得知，中位數落在第 4 組內，故 $i = \underline{\qquad}$。 | 4

 表 3-6　50 名學生月考成績分配表

組　別	分　數	組中點 (x_i)	次數 (f_i)	累積次數 (F_i)
①	40～50	45	4	4
②	50～60	55	5	9
③	60～70	65	9	18
④	70～80	75	14	32 ← M_e
⑤	80～90	85	11	43
⑥	90～100	95	7	50
合　計			50	－

・請讀下一單元

單元 **3-28**

2. 運用中位數公式求解

(1) 因為 $i = 4$，所以 $L_i = L_4$, $F_{i-1} = F_3$, $f_i = f_4$。

(2) 求第 4 組內之各代號：

L_4 為第 4 組的組下界，$L_4 = \underline{\qquad}$ | 70

f_4 為第 4 組的組次數，$f_4 = \underline{\qquad}$ | 14

F_{4-1} 為第 3 組的累積次數，$F_3 = \underline{\qquad}$ | 18

h_4 為第 4 組組寬，$h = 80 - 70 = \underline{\qquad}$ | 10

$n = 50$

將以上數值代入公式得：

$$M_e = \underline{\qquad} + \frac{(\dfrac{50}{2} - \underline{\qquad})}{14} \times 10$$ | 70、18

$$= \underline{\qquad}$$ | 75

・請讀下一單元

單元 **3-29** 中位數的性質

(1)一群數值的中位數一定存在，具唯一性。

(2)中位數是以一群已排序數值的中央數值，所以不受極端值的影響，這一特性正是平均數的缺點。

(3)中位數因為只考慮一群數值的中央數值，因而忽略了其他數值的影響力，顯然，它是不敏感的。

・請練習自我評量 2

五、調查高雄市某連鎖店 10 家，各別一月份的營業額如下：（單位：萬元）

20, 25, 38, 22, 15, 60, 75, 50, 50, 35，試求中位數。

六、調查某國中共 9 名一年級學生每星期看電視的時數，經調查得下列資料：

15, 13, 15, 10, 18, 21, 22, 14, 16，試求中位數。

七、下列資料為調查某班學生統計學考試成績的狀況，試求學生成績之中位數。

分　　數	40~50	50~60	60~70	70~80	80~90	90~100
次　　數	2	2	8	13	12	3

八、下表為某班學生月考成績次數分配表，試求月考成績之中位數。

組　別	80~75	75~70	70~65	65~60	60~55	55~50	50~45	45~40	40~35	35~30	30~25	25~20	合　計
次數 (f_i)	1	2	4	5	8	10	9	7	4	2	2	1	55

第三節　眾　數

 3–30 眾　數

> 眾數 (mode) 的定義是把一群資料，將數值相同者歸併成組，而出現次數最多的那一組數值就是眾數 (mode)。

・請讀下一單元

 3–31 依未分組資料求眾數

 9

分別依下列 3 題數值求眾數。

(1) 21, 23, 25, 27, 30, 35

(2) 1, 2, 2, 2, 4, 4, 6

(3) 1, 2, 2, 2, 3, 4, 5, 5, 5

依眾數的定義求出眾數：

答：(1)：_____。　　　　　　　　　　　　　無眾數

　　(2)：_____。　　　　　　　　　　　　　2

　　(3)：_____。　　　　　　　　　　　　　2 和 5

・如果答對，請跳讀單元 3–33

・如果答錯，請讀下一單元解答

 3–32

[解]

依單元 3–30 眾數的定義，找出次數出現最多那一組的

數值作為眾數。

在第(1)題中，每個數值出現的次數_____（相同／不相同），所以_____眾數。

相同

沒有

在第(2)題中，數值 2 出現____次。數值 4 出現 2 次，數值 1 及 6 均各出現 1 次，因為數值____所在組出現次數最多，故其為眾數。

3

2

在第(3)題中，數值 2 出現____次，數值 5 出現 3 次，數值 1、3 和 4，均各出現____次。因為數值 2 和數值 5 出現的次數最多，而且兩者又是相同的次數，故兩者都是眾數。

3

1

・請讀下一單元

單元 3-33 依已分組次數分配表求眾數

當數值資料一經整理成分組次數分配表後，原始資料的真正數值就不得而知了。所以我們只好從分組次數分配表中找出次數最多的那一組去推敲估計了。

下列將介紹兩種常用的眾數估計法：

(1)粗略估計法。

(2)皮爾遜經驗法。

・請讀下一單元

單元 3-34 粗略估計法求眾數

以表 3-6 為例，應用粗略估計法求眾數：

(1)找出分組次數分配表中，次數出現最多的組別：

依據表 3-6，次數出現最多的組是第____組。

4

(2)第 4 組組中點 = ____，就是粗略估計的眾數。

75

・請讀下一單元

單元 3–35 皮爾遜經驗法求眾數

統計學家皮爾遜 (Pearson) 發現在單峰微偏的次數分配中，平均數 $\overline{X}$、中位數 M_e 和眾數 M_o 三者的相互關係如下：

(1)若單峰右偏的分配，眾數在左、中位數居中、平均數在右。

(2)若單峰左偏的分配，眾數在右、中位數居中、平均數在左。

(3)眾數 M_o、平均數 $\overline{X}$、中位數 M_e 三者的關係式為：

$$M_o = 3M_e - 2\overline{X}$$

由於有上述三者關係存在，所以我們只要知道平均數 $\overline{X}$ 和中位數 M_e，就可以估計眾數 M_o 了。

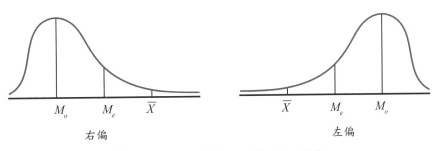

F 圖 3–1　單峰偏微的分配型態

· 請讀下一單元

單元 3–36

以表 3–6 學生成績次數分配表為例，應用皮爾遜經驗法求眾數：

(1)參閱單元 3–9，平均數 $\overline{X}$ = ____。　　73.8

(2)參閱單元 3–28，中位數 M_e = ____。　　75

(3)把以上兩數值代入公式，求眾數：

$$M_o = 3M_e - 2\overline{X} = 3 \times 75 - 2 \times \underline{\quad\quad} = \underline{\quad\quad}$$

·請讀下一單元

73.8、77.4

單元 3-37 眾數的性質

(1)眾數不具唯一性，換句話說，在一群數值中眾

　　數 ＿＿＿＿＿ （一定／不一定）存在，即使存在

　　也 ＿＿＿＿＿ （可能／不可能）是 1 個或 1 個以上。

不一定

可能

(2)眾數是一群資料中出現次數最多的那一組數值，因而

　　忽略了其他數值的影響力，故它是不敏感的。

·請練習自我評量 3

自我評量 3

九、調查高雄市某連鎖店 10 家，各別一月份的營業額如下：（單位：萬元）

　　20, 25, 38, 22, 15, 60, 75, 50, 50, 35，試求眾數。

十、調查某國中共 9 名一年級學生每星期看電視的時數，經調查得下列資料：

　　15, 13, 15, 10, 18, 21, 22, 14, 16，試求眾數。

十一、下列資料為調查某班學生統計學考試成績的狀況，試以皮爾遜經驗法求其

　　　眾數。

分　數	40～50	50～60	60～70	70～80	80～90	90～100
次　數	2	2	8	13	12	3

十二、下表為某班學生月考成績次數分配表，試以皮爾遜經驗法求月考成績之眾

　　　數。

組　別	80～75	75～70	70～65	65～60	60～55	55～50	50～45	45～40	40～35	35～30	30～25	25～20	合　計
次數(f_i)	1	2	4	5	8	10	9	7	4	2	2	1	55

第四節　分位數

 3-38 分位數

分位數 (fractile) 的定義如下：

> 將一組數值排序，然後把總次數分成 k 等分，即有 $k-1$ 個分割點，第 1 個分割點的數值稱作第 1 個 k 分位數，第 r 個分割點的數值稱作第 r 個 k 分位數。

·請讀下一單元

 3-39

基於上述定義，我們可獲得下列數種分位數的涵義：

1. 二分位數

對一群數值按最小值至最大值排序，把總數分割為二等分，計有 1 個分割點，此分割點上下各占總數二分之一。此分割點數值就是 ＿＿＿＿ 位數，亦即中位數。

二分

2. 四分位數 (quartile)

對一群數值按最小值至最大值排序，把總數分割為四等分，計有 ＿＿ 個分割點，第 1 個分割點數值稱為第 1 個四分位數 (Q_1)，第 2 個分割點數值稱為第 2 個四分位數 ($Q_2 = M_e$)，第 3 個分割點數值稱為第 3 個 ＿＿＿＿ 位數 (Q_3)。

3

四分

3. 百分位數 (percentile)

對一群數值按最小值至最大值排序，把總數分割

為＿＿＿＿＿＿等分，計有 99 個分割點，第 1 個分割點數 ｜ 一百

值為第 1 個百分位數 (P_1)，第 2 個分割點數值為第 2

個＿＿＿＿＿＿位數 (P_2)，其餘類推，第 r 個分割點數值稱 ｜ 百分

為第 r 個百分位數，記作 P_r。

· 請讀下一單元

 3–40 二分位數的意義和求法

　　二分位數又稱中位數，該數值之上下次數各占總數之半。關於中位數的求法，在前幾單元已介紹過了，請參閱單元 3–18 和單元 3–25。

· 請讀下一單元

 3–41 百分位數的意義

　　P_r 表示第 r 個百分位數，在此位數之下占有總數的 $r\%$，此位數之上占有總數的 $(1-r)\%$。譬如有 50 名學生，期末成績的 P_{10} 和 P_{80} 的涵義分別是：

(1) P_{10} 表示第＿＿＿個百分位數，此位數之下有 $50 \times 10\%$ ｜ 10

　＝＿＿＿個學生，此位數之上有 $50 \times (100-10)\%$ ＝＿＿＿ ｜ 5、45

　個學生。

(2) P_{80} 表示第＿＿＿個百分位數，此位數之下有 $50 \times 80\%$ ｜ 80

　＝＿＿＿個學生，此位數之上有 $50 \times (100-80)\%$ ＝＿＿＿ ｜ 40、10

　個學生。

· 請讀下一單元

 3–42 百分位數的求法

　　百分位數的定義與結構和二分位數（中位數）很相似，而百分位數的求法也如同二分位數的求法一樣。以下將分別就未分組資料和已分組資料來介紹。

· 請讀下一單元

 3-43 未分組資料的百分位數求法

其求法：

(1)對一群數值按最小值至最大值排序。

(2)計算 k：

$$k = \frac{r}{100} \times n, \quad n \text{ 為總次數}$$

(3)當 k 為整數，則取第 k 個和第 $k+1$ 個位置上的兩數值計算所得的平均數，記作 P_r。

(4)當 k 為非整數（即小數），則取 k 向前進位的整數作為 P_r 的位置，換句話說，在此位置之數值為 P_r。

・請讀下一單元

 3-44

 10

某班 50 名學生之英文考試成績，依序排列如表 3-7，試求 P_{25}、P_{60}、P_{75}。

⊤ 表 3-7　50 名學生英文成績原始資料（已排序）

22	44	56	68	78
25	44	57	68	78
28	46	59	69	80
31	48	60	71	82
34	49	61	72	83
35	51	63	72	85
39	53	63	74	88
39	53	63	74	90
40	55	65	75	92
42	55	66	76	96

答：$P_{25} = $ ____。

46

$P_{60} = $ _____。	67
$P_{75} = $ _____。	74

・如果答對，並自信已完全瞭解，請跳讀單元 3–46

・如果答錯，請讀下一單元解答

 3–45

解

依表 3–7 資料，求 P_{25}、P_{60}、P_{75}。

(1)求 P_{25}：

P_r 之 $r = $ _____。	25
計算 $k = \dfrac{r}{100} \times n = \dfrac{}{100} \times $ _____ $ = $ _____。	25、50、12.5

∵ $k = 12.5$ 非整數，進位為 13，故取第 13 個位置的數值。（從表 3–7 中，找出 x_{13} 數值）

∴ $P_{25} = x_{13} = $ _____。	46

(2)求 P_{60}：

P_r 之 $r = 60$。

計算 $k = \dfrac{r}{100} \times n = \dfrac{60}{100} \times 50 = 30$。

$k = 30$ 是整數，故取第 30 和第 31 兩個位置上的數值

計算所得的平均，$x_{30} = 66$，$x_{31} = 68$，即 $P_{60} =$	
$\dfrac{ + }{2} = 67$。	66、68

(3)求 P_{75}：

P_r 之 $r = $ _____。	75

計算 $k = \dfrac{r}{100} \times n = \dfrac{75}{100} \times 50 = 37.5$。

$k = 37.5$ 為小數，進位為 _____，故取第 38 個位置之數值。	38

$$\therefore P_{75} = x_{38} = \underline{\quad\quad}。$$

・請讀下一單元

單元 **3-46** 由分組資料求百分位數

由分組資料求百分位數的公式和方法，與求中位數幾乎完全相同，其公式：

$$P_r = L_i + \frac{(\frac{r}{100} \times n - F_{i-1})}{f_i} \times h_i$$

P_r 表示第 r 個百分位數

i 表示百分位數所在組

L_i 表示百分位數所在組的組下界

F_{i-1} 表示百分位數所在組的前一組（第 $i-1$ 組）的向下累積次數

f_i 表示百分位數所在組的組次數

h_i 表示百分位數所在組的組寬（組距）

n 表示總次數

 11

試由表 3-8 求 P_{25}、P_{75}。

🔵 表 3-8　50 名學生成績分配表

組　別	分　　數	次數 (f_i)	累積次數 (F_i)
①	40～50	4	4
②	50～60	5	9
③	60～70	9	18 ←P_{25} 位置
④	70～80	14	32
⑤	80～90	11	43 ←P_{75} 位置
⑥	90～100	7	50
合　　計		50	－

答：$P_{25} = $ ＿＿＿＿。　　　　　63.89

$P_{75} = $ ＿＿＿＿。　　　　　85

・如果答對，請跳讀單元 3–49

・如果答錯，請讀下一單元解答

 單元 3–47

解

由表 3–8 的資料，求 P_{25}：

(1) P_{25} 的位置在第 $\dfrac{r}{100} \times n = \dfrac{25}{100} \times 50 = 12.5$ 項。

(2)查累積次數欄，得知第 12.5 項落在第 $i = 3$ 組內。

(3)求第 3 組內之各代號：

　　L_3 為第 3 組組下界，$L_3 = $ ＿＿＿＿。　　　　　60

　　f_3 為第 3 組組次數，$f_3 = $ ＿＿＿＿。　　　　　9

　　F_{3-1} 為第 2 組累積次數，$F_2 = $ ＿＿＿＿。　　　　　9

　　h_3 為第 3 組組寬，$h_3 = $ ＿＿＿＿。　　　　　10

　　n 為總次數，$n = $ ＿＿＿＿。　　　　　50

(4)將上述所有數值代入公式：

$$P_{25} = \underline{\quad} + \frac{(\frac{25 \times 50}{100} - \underline{\quad})}{9} \times 10 = 63.89$$
　　　　　60、9

同理求 $P_{75} = $ ＿＿＿＿。　　　　　85

・如果答對，請跳讀單元 3–49

・如果答錯，請讀下一單元解答

 單元 3–48

 解

由表 3–8 的資料，求 P_{75}：

(1) P_{75} 位置在第 $\dfrac{75}{100} \times 50 = 37.5$ 項。

(2)由表 3–8 的累積次數欄，第 37.5 項落在第 ＿＿＿ 組內，

　即 $i = 5$。

(3)求第 5 組內之各代號：

　L_5 為第 5 組組下界，$L_5 = $ ＿＿＿。　　　　　　80

　f_5 為第 5 組組次數，$f_5 = $ ＿＿＿。　　　　　　11

　F_{5-1} 為第 4 組累積次數，$F_4 = $ ＿＿＿。　　　32

　h_5 為第 5 組組寬，$h_5 = $ ＿＿＿。　　　　　　10

　n 為總次數，$n = $ ＿＿＿。　　　　　　　　　50

(4)代入公式：

$$P_{75} = \underline{} + \frac{(\dfrac{75 \times 50}{100} - 32)}{11} \times 10$$　　80

$$= \underline{}$$　　85

・如果答對，請讀下一單元

・如果還不甚瞭解，請重讀本單元

5

單元 3–49 四分位數的意義

　　四分位數是將一群經過大小排序的數值，將其等分為四等分，計有第 1 個、第 2 個及第 3 個四分位數。

(1) Q_1 是第 1 個四分位數，在此位數之下有總個數的 1/4 個，之上有總個數的 3/4 個。

(2) Q_2 是第 2 個四分位數，在此位數之下，有總個數的 2/4 個，之上有總個數的 2/4 個。

　Q_2 等於 M_e，兩者完全相同。

(3) Q_3 是第 3 個四分位數，在此位數之下有總個數的 3/4 個，之上有總個數的 1/4 個。

・請讀下一單元

 3–50

依表 3–8 的資料求 Q_1、Q_2、Q_3 的方法：

(1) Q_1 是第 1 個四分位數，也是第 25 個百分位數，所以

　　$Q_1 = P_{25}$。

(2) Q_2 是第 2 個四分位數，也是第＿＿＿個百分位數，所　　50

　　以 $Q_2 = P_{50} = M_e$。

(3) Q_3 是第 3 個四分位數，就是第＿＿＿個百分位數，所　　75

　　以 $Q_3 = P_{75}$。

所以想求 Q_1、Q_2、Q_3，可以分別求 P_{25}、P_{50}、P_{75} 來取代

之。

・請讀下一單元

 3–51

 12

由未分組資料表 3–7，求 Q_1、Q_3。

(1)因為 $Q_1 = P_{25}$，所以應用單元 3–45 中 P_{25} 求法，得到

　　$P_{25} = 46, Q_1 = $＿＿＿。　　　　　　　　　　　　　　46

(2)因為 $Q_3 = P_{75}$，所以應用單元 3–45 中 P_{75} 求法，得到

　　$P_{75} = 74, Q_3 = $＿＿＿。　　　　　　　　　　　　　　74

・請讀下一單元

 3–52

 13

由已分組資料表 3–8 求 Q_1、Q_3。

(1)求 Q_1：

　　因為 $Q_1 = P_{25}$，所以應用單元 3–46 和單元 3–47 的公

式求之，得 $P_{25} =$ ＿＿＿，$Q_1 =$ ＿＿＿。　　　　63.89、63.89

(2)求 Q_3：

因為 $Q_3 = P_{75}$，依單元 3–46，得 $P_{75} =$ ＿＿＿，$Q_3 =$ ＿＿＿。　　85、85

- 如果答對，請練習自我評量 4
- 如果答錯，請複習單元 3–47 和單元 3–48

十三、調查高雄市某連鎖店 10 家，各別一月份的營業額如下：（單位：萬元）

20, 25, 38, 22, 15, 60, 75, 50, 50, 35，試求第 3 個四分位數。

十四、調查某國中共 9 名一年級學生每星期看電視的時數，經調查得下列資料：

15, 13, 15, 10, 18, 21, 22, 14, 16，試求第 75 個百分位數。

十五、下列資料為調查某班學生統計學考試成績的狀況，求成績之第 1 個四分位數。

分　數	40～50	50～60	60～70	70～80	80～90	90～100
次　數	2	2	8	13	12	3

十六、依下列某班學生月考成績資料表，試求：(1) P_{25}，(2) P_{75}。

組　別	80～75	75～70	70～65	65～60	60～55	55～50	50～45	45～40	40～35	35～30	30～25	25～20	合　計
次數 (f_i)	1	2	4	5	8	10	9	7	4	2	2	1	55

一、$\overline{X} = 39$

二、$\overline{X} = 16$

三、$\mu = 75$

四、$\overline{X} = 51.05$

五、$M_e = 36.5$

六、$M_e = 15$

七、$M_e = 76.15$

八、$M_e = 53.75$

九、$M_o = 50$

十、$M_o = 15$

十一、$M_o = 78.45$（皮爾遜經驗法）

十二、$M_o = 59.15$

十三、$Q_3 = 50$

十四、$P_{75} = 18$

十五、$Q_1 = 67.5$

十六、(1) $P_{25} = 43.39$，(2) $P_{75} = 58.91$

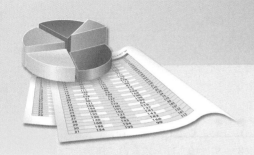

4

分散量數

　　集中趨勢量數（平均數、中位數等）能表示一組數值聚集於中央位置的訊息，但卻不能表達該組數值之間的分散程度。我們看看下面兩組數值的分布情形：

(a) 8, 9, 9, 10, 10, 10, 11, 11, 12

(b) 6, 7, 8, 9, 10, 11, 12, 13, 14

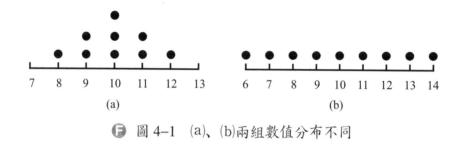

　　🅕 圖 4-1　(a)、(b)兩組數值分布不同

　　以上兩組資料的平均數皆為 10，但兩組數值的分散程度卻不同，由圖 4-1 顯示，第 1 組數值聚集在平均數附近，而第 2 組數值卻彼此很分散。

　　分散量數 (dispersion measures) 是用以表示一群數值分散程度的量數。以下各節，將針對常用的分散量數，諸如全距、四分位差、平均差、變異數、標準差等作詳細的介紹。

第一節　全　距

4-1　全距的定義

全距 (range, R) 的定義為：

　　一群數值資料中的最大和最小數值的差距：

$$R = X_{(H)} - X_{(L)}$$

$X_{(H)}$：表示一群數值資料中的最大值

$X_{(L)}$：表示一群數值資料中的最小值

・請讀下一單元

4-2

例 **1**

試以下列兩組未分組資料為例，說明全距的意義。

⑴ 1, 2, 3, 4, 5, 6, 7, 8, 9, 10, 11

⑵ 1, 4, 5, 5, 6, 6, 7, 7, 8, 11

依定義得知：

⑴ 第 1 組的全距：$R_1 = X_{(H)} - X_{(L)} = 11 - \underline{\quad} = \underline{\quad}$。　　　1、10

⑵ 第 2 組的全距：$R_2 = X_{(H)} - X_{(L)} = 11 - \underline{\quad} = \underline{\quad}$。　　　1、10

這兩組的全距相同，皆為 10。

· 請讀下一單元

單元 **4-3** 分組資料的全距

分組資料的全距是指：

> 一群分組後的數值資料，其最高組組中點，與最低組
> 組中點的差距：
>
> $$R = M_{e(H)} - M_{e(L)}$$
>
> $M_{e(H)}$：表示一群分組後的數值資料，其最高組組中點
>
> $M_{e(L)}$：表示一群分組後的數值資料，其最低組組中點

因資料一經分組之後，各組內的原始數值就不再呈現，
因此不論各組的原來數值為何，一律以其 _____ 來代表。　　　組中點
這一原理在求分組資料的平均數時，已經介紹過了。

· 請讀下一單元

4-4

 2

求表 4-1 分組次數表的全距。

○ 表 4-1　考生月考成績

組　別	分　　數	次數 (f_i)	組中點 (x_i)
①	40～50	4	＿＿＿
②	50～60	5	55
③	60～70	9	65
④	70～80	14	75
⑤	80～90	11	＿＿＿
⑥	90～100	7	95

45

85

答：$R =$ ＿＿＿。

50

· 如果答對，請跳讀單元 4-6

· 如果答錯，請讀下一單元解答

 4-5

依表 4-1 共有 6 組：

(1)第 1 組是最低組，其組中點 $M_{e(L)} =$ ＿＿＿。

45

(2)第 6 組是最高組，其組中點 $M_{e(H)} =$ ＿＿＿。

95

(3)該筆資料的全距 $R = M_{e(H)} - M_{e(L)} = 95 -$ ＿＿＿ $=$ ＿＿＿。

45、50

· 請讀下一單元

單元 4-6　全距的性質

(1)全距的意義簡單明瞭，計算容易。

(2)全距的求法只應用一群數值中的最大和＿＿＿＿＿兩

個數值而已，不會因其他數值的變動而受影響，所以

最小

全距是不敏感的。

(3)如果一群數值中，有嚴重的偏態分布，或出現極端值時，全距會因而_____（變大／變小），因此喪失代表分散程度的價值。　　　　　　　　變大

・請練習自我評量1

自我評量 1

一、調查某校其中9名學生每星期看電視的時數，經調查得下列資料，試求全距。

　　15, 13, 15, 10, 18, 21, 22, 14, 16

二、調查高雄市某連鎖店10家，各別一月份的營業額如下，試根據資料求全距。

　　（單位：萬元）

　　20, 25, 38, 22, 15, 60, 75, 50, 50, 35

三、調查某國中一年級學生英文的期中考成績狀況如下，試求成績之全距。

分　數	40～50	50～60	60～70	70～80	80～90	90～100
次　數	2	2	8	13	12	3

四、依下列某班學生月考成績表試求全距。

組　別	80～75	75～70	70～65	65～60	60～55	55～50	50～45	45～40	40～35	35～30	30～25	25～20	合　計
次數(f_i)	1	2	4	5	8	10	9	7	4	2	2	1	55

第二節　四分位差

 4-7 四分位差的基本原理

　　因為全距的最大缺點是容易受極端數值的影響，顯然，如果能把一群已排序數值的兩尾端值截去，再來求剩餘數值的全距，不就可以改善全距的缺點嗎？

　　四分位差就是基於上述的原理，而被發展出來。

・請讀下一單元

單元 **4-8**　四分位差的定義

四分位差 (quartile deviation, QD) 又簡稱四分差，定義為：

一群數值中，第 1 個四分位數和第 3 個四分位數的差距，稱四分位距。四分位距的一半，稱為四分位差：

$$QD = \frac{Q_3 - Q_1}{2}$$

QD：四分位差

Q_1：第 1 個四分位數

Q_3：第 3 個四分位數

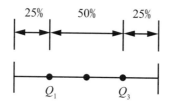

🅕 圖 4-2　求四分位差

由上面的定義可知，四分位差是從一群已排序的數值之中，先截斷其頭及尾端____% 的個數，再就中央所剩餘____% 的數值，取其一半的個數。

25

50

．請讀下一單元

單元 **4-9**

例 **3**

試求下列未分組數值資料的四分位差。

⑴ 3, 5, 7, 8, 9, 9, 9, 12, 13, 15

⑵ 10, 12, 16, 20, 25, 28, 30, 31

答：第 1 組四分位差 $QD = $ ___。

　　第 2 組四分位差 $QD = $ ___。

・如果答對，請跳讀單元 4–12

・如果答錯，請讀下一單元解答

2.5

7.5

 4–10

第 1 組資料的四分位差求法：

(1)首先求第 1 個四分位數 Q_1 和第 3 個四分位數 Q_3：

先找出 Q_1 的位置，先計算 $k = \dfrac{n}{4} = \dfrac{10}{4} = 2.5$，把 k 進位

成為整數得 ___，故 Q_1 是在第 3 個位置上的數值。

同理，Q_3 的位置，先計算 $k = \dfrac{3n}{4} = \dfrac{3 \times 10}{4} = 7.5$，進位

取整數得 ___，故 Q_3 是在第 8 個位置上的數值。

$\because Q_1$ 在第 3 個位置處，Q_3 在第 8 個位置處，$Q_1 = 7$，Q_3

　$= 12$

$\therefore QD = \dfrac{Q_3 - Q_1}{2} = \dfrac{12 - \underline{\quad}}{2} = \underline{\quad}$

3

8

7、2.5

(2)試根據上述解法求第 2 組資料的四分位差：

$\because Q_1 = $ ___，$Q_3 = $ ___

$\therefore QD = \dfrac{Q_3 - Q_1}{2} = \dfrac{29 - \underline{\quad}}{2} = \underline{\quad}$

14、29

14、7.5

・如果答對，請跳讀單元 4–12

・如果答錯，請讀下一單元解答

 **4–11**

例 3 中，第 2 組資料的四分位差求法：

⑴先找 Q_1 的位置：

$$\because k = \frac{n}{4} = \frac{8}{4} = 2 \qquad （整除）$$

$\therefore Q_1$ 即為第 2 個位置的數值 $x_2 = 12$ 和第 3 個位置的

數值 $x_3 = 16$ 的平均，

$$\therefore Q_1 = \frac{\quad + \quad}{2} = \underline{\quad}$$

12、16、14

⑵同理，Q_3 的位置在第 $k = \frac{3}{4} \times 8 = 6$ 個位置和 $k+1 = 7$

個位置之間，即 Q_3 為 $x_6 = 28$ 和 $x_7 = 30$ 的平均，

$$\therefore Q_3 = \frac{\quad + \quad}{2} = 29$$

28、30

⑶$\therefore QD = \frac{Q_3 - Q_1}{2} = \frac{\quad - \quad}{2} = \underline{\quad}$

29、14、7.5

・如果答對，請讀下一單元

・如果答錯，請複習單元 4–8

 4–12

 4

求已分組數值資料的四分位差。

 表 4–2　50 名學生成績次數表

分　　數	次數 (f_i)	累積次數 (cf_i)
40～50	4	4
50～60	5	9
60～70	9	18 ← P_{25} 在此組
70～80	14	32
80～90	11	43 ← P_{75} 在此組
90～100	7	50
合　　計	50	－

答：$\because Q_1 = \underline{\quad}$, $Q_3 = \underline{\quad}$。

63.89、85

$$\therefore QD = \frac{Q_3 - Q_1}{2} = \frac{\quad - \quad}{2} = 10.55。$$

85、63.89

· 如果答對，請跳讀單元 4–14

· 如果答錯，請讀下一單元解答

 4–13

解

依表 4–2 資料，求其四分位差的過程如下：

第 1 個四分位數就是第 25 個百分位數，求百分位數的方法，請參看單元 3–46：

$$P_r = L_i + \frac{(\frac{r}{100} \times n - F_{i-1})}{f_i} \times h_i$$

$P_{25} = $ _____　　　（解法請參看單元 3–43）

63.89

$P_{75} = $ _____　　　（解法請參看單元 3–44）

85

$$QD = \frac{Q_3 - Q_1}{2} = \frac{\quad - \quad}{2} = \underline{\quad}$$

85、63.89、10.55

· 如果答對，請讀下一單元

· 如果答錯，請複習單元 3–47 及單元 3–48（如何求 Q_1、Q_3）

單元 4–14 四分位差的性質

⑴一群數值資料已按大小排序，其頭尾_____％ 的部分均被截除，所以四分位差是不會受_____之影響。

25
極端值

⑵但是，求四分位差只應用到 Q_1 和 Q_3 兩個數值，卻忽略了其餘數值的影響，故四分位差同全距一樣，對大部分資料變動的敏感度不足。

· 恭喜你已學完四分位差，請練習自我評量 2

自我評量 2

五、調查某校其中 9 名學生每星期看電視的時數，經調查得下列資料，求四分位差。

15, 13, 15, 10, 18, 21, 22, 14, 16

六、調查高雄市某連鎖店 10 家，各別一月份的營業額如下，試根據資料，求四分位差。（單位：萬元）

20, 25, 38, 22, 15, 60, 75, 50, 50, 35

七、調查某國中一年級學生英文的期中考成績狀況如下，試求四分位差。

分　數	40～50	50～60	60～70	70～80	80～90	90～100
次　數	2	2	8	13	12	3

八、依下列某班學生月考成績表，試求四分位差。

組　別	80～75	75～70	70～65	65～60	60～55	55～50	50～45	45～40	40～35	35～30	30～25	25～20	合　計
次數(f_i)	1	2	4	5	8	10	9	7	4	2	2	1	55

第三節　平均差

單元 4–15 平均差的發展

　　為了獲得一種能對一群資料的所有數值皆考慮到的分散量數，統計學家就想到採用每一數值與平均數相差的距離，來衡量彼此間的分散程度。

　　若每一數值為 x_i，其平均數為 $\overline{X}$，則其離均差（離開平均數的距離）為 $x_i - \overline{X}$。

　　因為 $x_i - \overline{X}$ 計算結果，可能為正數（當 x_i 大於 $\overline{X}$），或負

數（當 x_i 小於 $\overline{X}$），其總和是為 0，即 $\sum\limits_{i=1}^{n}(x_i - \overline{X}) = \underline{\qquad}$。

0

為了避免總和等於 0，乃取絕對值以 $|x_i - \overline{X}|$ 來取代 $(x_i - \overline{X})$，也就是只計算 x_i 與 $\overline{X}$ 之間距離的大小，而不考慮其 $\underline{\qquad}$ 號。然後，求取所有 $|x_i - \overline{X}|$ 距離的平均和。

正負

基於上述理念而發展出的分散量數，就是平均差。

・請讀下一單元

 4–16 平均差的定義

平均差 (mean absolute deviation) 的定義為：

> 一群數值中所有離均差取絕對值之平均數：
>
> $$MAD = \frac{\sum\limits_{i=1}^{n}|x_i - \overline{X}|}{n}$$
>
> （適用於未分組資料，n 為總個數）
>
> $$MAD = \frac{\sum\limits_{i=1}^{k}f_i|x_i - \overline{X}|}{n}$$
>
> （適用於已分組資料，k 為組數，f_i 為各組的個數）

・請讀下一單元

 4–17

 5

試求下列數值資料的平均差。

2, 3, 4, 5, 6

(1)先求這組資料的平均數：

$$\overline{X} = \frac{\sum x_i}{n} = \frac{}{5} = \underline{}$$

20、4

(2) $MAD = \dfrac{\sum |x_i - \overline{X}|}{n}$

$$= \frac{|2-4| + |3-\underline{}| + |4-4| + |\underline{}-4| + |6-4|}{5}$$

4、5

$$= \frac{}{5} = \underline{}$$

6、1.2

所以此一群數值的平均差是 ____。

1.2

・請讀下一單元

單元 **4-18** 平均差的性質

(1)計算平均差應用到所有的數值，亦即資料中每一個數
值的大小，對平均差而言，都有相同比重的影響力，
這一特點是四分位差所未具有的。

(2)平均差因為對所有數值大小的敏感度 _____ （高／

高

低），所以當有極端數值出現時，它會受其影響。

(3)由於求平均差時需應用到絕對值，在代數運算上十分
不方便，所以在實際應用方面，平均差較少被採用，
而改採標準差。

・請做自我評量 3

自我 評量 ③

九、調查某校的 9 名學生每星期看電視的時數，經調查得下列資料，試求平均差。

15, 13, 15, 10, 18, 21, 22, 14, 16

十、調查高雄市某連鎖店 10 家，各別一月份的營業額如下，試根據資料求平均差。

（單位：萬元）

20, 25, 38, 22, 15, 60, 75, 50, 50, 35

第四節 變異數與標準差

 4-19 變異數的形成

平均差的分子 $\sum |x_i - \overline{X}|$，雖擺脫了離均差之總和等於 0 之缺點，但卻又帶來絕對值不利代數運算之困擾。統計學家因而改用離均差平方和 $\sum (x_i - \overline{X})^2$ 來取代它。如此一來，就可以脫離絕對值所帶來的困擾。此即統計學中非常重要的分散量數——變異數。

・請讀下一單元

 4-20 母體變異數與標準差

變異數 (variance) 和標準差 (standard deviation) 的定義：

> 變異數是指一群數值的離均差平方的平均數。
>
> 變異數的平方根為標準差。

母體變異數的公式為：

$$\sigma_x^2 = \frac{\sum\limits_{i=1}^{N}(x_i - \mu)^2}{N}$$

（適用於未分組資料，N 表示總個數，μ 為母體平均數）

$$\sigma_x^2 = \frac{\sum\limits_{i=1}^{k} f_i(x_i - \mu)^2}{N}$$

（適用於已分組資料，k 表示組數，f_i 表示各組的個數，$N = \sum\limits_{i=1}^{k} f_i$）

σ 讀作 [sigma]，專用來代表母體資料的標準差。

· 請讀下一單元

單元 4–21 $\sigma^2_{x_i}$ 計算公式

$\sum_{i=1}^{N}(x_i - \mu)^2$ 為離均差平方和，可以展開成下式：

$$\sum_{i=1}^{N}(x_i - \mu)^2 = \sum_{i=1}^{N}x_i^2 - \frac{(\sum_{i=1}^{N}x_i)^2}{N} \qquad \text{（適用於未分組資料）}$$

$$\sum_{i=1}^{k}f(x_i - \mu)^2 = \sum_{i=1}^{k}f_i x_i^2 - \frac{(\sum_{i=1}^{k}f_i x_i)^2}{N} \qquad \text{（適用於已分組資料）}$$

把展開式代入原變異數公式，得：

$$\sigma^2 = \frac{1}{N}[\sum_{i=1}^{N}x_i^2 - \frac{(\sum_{i=1}^{N}x_i)^2}{N}] \qquad \text{（適用於未分組資料，} N \text{ 表示總數）}$$

$$\sigma^2 = \frac{1}{N}[\sum_{i=1}^{k}f_i x_i^2 - \frac{(\sum_{i=1}^{k}f_i x_i)^2}{N}] \qquad \text{（適用於已分組資料，} k \text{ 表示組數）}$$

· 請讀下一單元瞭解公式證明

單元 4–22

證明 $\sum_{i=1}^{N}(x_i - \mu)^2 = \sum_{i=1}^{N}x_i - \frac{(\sum_{i=1}^{N}x_i)^2}{N}$。

$$\sum_{i=1}^{N}(x_i - \mu)^2 = \sum_{i=1}^{N}(x_i^2 - 2x_i\mu + \mu^2)$$

$$= \sum_{i=1}^{N}x_i^2 - \sum_{i=1}^{N}2x_i\mu + \sum_{i=1}^{N}\mu^2$$

$$= \sum_{i=1}^{N}x_i^2 - 2\mu\sum_{i=1}^{N}x_i + N\mu^2$$

$$= \sum_{i=1}^{N}x_i^2 - 2(\frac{\sum_{i=1}^{N}x_i}{N})\sum_{i=1}^{N}x_i + N(\frac{\sum_{i=1}^{N}x_i}{N})^2$$

$$= \sum_{i=1}^{N} x_i^2 - 2 \frac{(\sum_{i=1}^{N} x_i)^2}{N} + \frac{(\sum_{i=1}^{N} x_i)^2}{N}$$

$$= \sum_{i=1}^{N} x_i^2 - \frac{(\sum_{i=1}^{N} x_i)^2}{N}$$

‧請讀下一單元

求下列未分組資料（表 4–3）的變異數。

○ 表 4–3　求 σ^2 的方法（一）

i	x_i	$x_i - \mu$	$(x_i - \mu)^2$
1	2	-2.25	5.0625
2	3	-1.25	
3	5	_____	0.5625
4	7	2.75	7.5625
合　計	17	0	14.7501

說明：$\mu = 4.25$。

1.5626

0.75

○ 表 4–4　求 σ^2 的方法（二）

i	x_i	x_i^2
1	2	4
2	3	_____
3	5	25
4	7	_____
合　計	17	87

9

49

答：$\sigma^2 = $ _____。

3.6875

‧如果答對，請跳讀單元 4–26

‧如果答錯，請讀下一單元解答

4-24 承例 **6**，求 σ^2 的方法（一）

應用未分組公式：

$$\sigma^2 = \frac{\sum (x_i - \mu)^2}{N}$$

(1)先求平均數：

$$\mu = \frac{\sum x_i}{N} = \frac{}{4} = 4.25 \qquad\qquad 17$$

(2)求表 4–3 第 3 欄的離均差：

$$x_1 = 2 \text{ 的離均差} = 2 - \underline{\qquad} \qquad\qquad 4.25$$

$$= -2.25$$

$$x_3 = 5 \text{ 的離均差} = 5 - \underline{\qquad} \qquad\qquad 4.25$$

$$= \underline{\qquad} \qquad\qquad 0.75$$

其餘類推。（請填入表 4–3）

(3)求第 4 欄離均差平方：

$$x_1 = 2 \text{ 的離均差平方} (x_i - \mu)^2 = (\underline{\qquad})^2 = 5.0625 \qquad -2.25$$

$$x_3 = 5 \text{ 的離均差平方} (x_i - \mu)^2 = 0.75^2 = \underline{\qquad} \qquad 0.5625$$

(4)代入公式：（參看表 4–3）

$$\sigma^2 = \frac{\sum (x_i - \mu)^2}{N} = \frac{}{4} = 3.6875 \qquad 14.75$$

· 請讀下一單元

 4-25 承例 **6**，求 σ^2 的方法（二）

應用已展開之公式：（參看單元 4–21）

$$\sigma^2 = \frac{1}{N}[\sum x_i^2 - \frac{(\sum x_i)^2}{N}]$$

(1)求表 4–4 之第 3 欄：

$$x_1^2 = 2^2 = 4, x_2^2 = \underline{\quad}$$

9

$$x_3^2 = (\underline{\quad})^2 = 25, x_4^2 = \underline{\quad}$$

5、49

(2)計算表 4–4 的各欄總和：

$$\sum x_i = \underline{\quad}, \sum x_i^2 = \underline{\quad}, n = \underline{\quad}$$

17、87、4

(3)代入公式得：

$$\sigma^2 = \frac{1}{4}[\underline{\quad} - \frac{(\underline{\quad})^2}{4}]$$

87、17

$$= \underline{\quad}$$

3.6875

・請讀下一單元

 4–26

於單元 4–24 和單元 4–25 求 σ^2 的兩種方法中發現：

(1)在單元 4–24 中，應用 $\dfrac{\sum(x_i - \mu)^2}{N}$ 公式時，因為平均數 μ 帶有小數，導致整個運算上增加很多麻煩。

(2)在單元 4–25 求 $\sum x_i^2 - \dfrac{(\sum x_i)^2}{N}$ 時，皆應用到原始數值，因而擺脫 μ 帶有小數所引起的計算困擾，使整個計算過程變得比較簡單和精確。

(3)建議：假設 μ 帶有小數，最好採用以下算式求變異數：

$$\sigma^2 = \frac{1}{N}[\sum x_i^2 - \frac{(\sum x_i)^2}{N}]$$

・請讀下一單元

 4–27

 7

求已分組資料的變異數及標準差。

📀 表 4–5　求已分組資料的變異數及標準差

組　別	分　　數	f_i	x_i	$f_i x_i$	$f_i x_i^2$	
①	40～50	4	45	180	8,100	
②	50～60	5		275	15,125	55
③	60～70	9	65		38,025	585
④	70～80	14	75		78,750	1,050
⑤	80～90	11	85		79,475	935
⑥	90～100	7	95	665		63,175
合　　計		50	420	3,690		282,650

答：$\sigma^2 = $ _____ 。　　　　　　　206.56

　　$\sigma = $ _____ 。　　　　　　　14.37

・如果答對，請跳讀單元 4–29

・如果答錯，請讀下一單元解答

單元 **4–28**

(1)採用適用於已分組資料之公式：

$$\sigma^2 = \frac{1}{N}[\sum f_i x_i^2 - \frac{(\sum f_i x_i)^2}{N}] \text{。}$$

(2)求表 4–5 第 5 欄 $(f_i x_i) = $ 第 3 欄 $(f_i) \times$ 第 4 欄 (x_i)：

　　第 1 組之 $f_1 x_1 = 4 \times$ _____ $= 180$　　　　45

　　第 6 組之 $f_6 x_6 = 7 \times$ _____ $= 665$　　　　95

　　其餘類推。（請填入表 4–5 第 5 欄）

　　加總所有 $f_i x_i$ 即：

$$\sum f_i x_i = \text{_____}$$　　　　　　　　3,690

(3)求第 6 欄 $(f_i x_i^2) = $ 第 4 欄 $(x_i) \times$ 第 5 欄 $(f_i x_i)$：

　　第 1 組 $f_1 x_1^2 = 45 \times 180 = $ _____　　　8,100

　　第 6 組 $f_6 x_6^2 = 95 \times 665 = $ _____　　　63,175

　　其餘類推。（請填入表 4–5 第 6 欄）

加總所有 $f_i x_i^2$ 得：

$$\sum f_i x_i^2 = \underline{\hspace{2cm}}$$

282,650

(4) $N = \sum f_i = \underline{\hspace{1.5cm}}$，把上面結果代入公式得：

50

$$\sigma^2 = \frac{1}{N}[\sum f_i x_i^2 - \frac{(\sum f_i x_i)^2}{N}]$$

$$= \frac{1}{50}[\underline{\hspace{1cm}} - \frac{(\underline{\hspace{1cm}})^2}{50}]$$

282,650、3,690

$$= \frac{1}{50}[282,650 - \underline{\hspace{1.5cm}}]$$

272,322

$$= \underline{\hspace{1.5cm}}$$

206.56

所以標準差 $\sigma = \sqrt{\sigma^2} = \sqrt{\underline{\hspace{1.5cm}}} = \underline{\hspace{1.5cm}}$

206.56、14.37

· 請讀下一單元

單元 4–29　樣本的變異數

　　樣本是由 _____ 中抽取出來的部分集合，所以樣本的　　　母體（母群）
次數是 _____（大於／小於）母體。根據樣本的數值資料　　　小於
計算出來的變異數值，通常是要用來估計母體的變異數值，
換言之，樣本變異數值將成為母體變異數的估計值。

　　統計學家發現，當以公式 $\dfrac{\sum(x_i - \overline{X})^2}{n}$ 求出來的樣本變異
數，被用來估計母體變異數值時，經常會發生低估的現象，
也就是說，這種求法的樣本變異數值，有經常性 _____（高　　　低
／低）於母體變異數情況發生。由於這個原因，統計學家改
用公式 $\dfrac{\sum(x_i - \overline{X})^2}{n-1}$ 來求樣本變異數值。顯然，經過修正的公
式的分母部分，是以 $n-1$ 取代原來的 n，這樣的修正使公式
的分母變 _____（大／小），因此可使樣本變異數值　　　小
變 _____（大／小），所以就比較不會發生低估母體變異　　　大

數值的缺失了❶。

‧請讀下一單元

 **4–30**

基於上一單元的理念，為了能作為母體變異數的不偏估計值，樣本變異數的公式為：

$$S^2 = \frac{1}{n-1}\sum_{i=1}^{n}(x_i - \overline{X})^2$$

（適用於未分組資料）

$$S^2 = \frac{1}{n-1}\sum_{i=1}^{k}f_i(x_i - \overline{X})^2$$

（適用於已分組資料）

比較樣本變異數和母體變異數的公式，其異同點為：

⑴母體變異數的符號是 σ^2，樣本變異數的符號是 S^2。

⑵兩者的公式結構類似，但 σ^2 分母部分是＿＿＿＿＿＿（N ／ $N-1$），而 S^2 的分母部分是＿＿＿＿＿＿（n ／ $n-1$）。

　　　　　　　　　　　　　　　　　　　N

　　　　　　　　　　　　　　　　　　　$n-1$

‧請讀下一單元

 4–31

 8

試求下列樣本資料（表 4–6）的變異數：

⊙ 表 4–6　樣本資料

組　別	分　數	f_i	x_i	f_ix_i	$f_ix_i^2$
①	10～20	2	15	30	450
②	20～30	5	＿＿＿	125	＿＿＿

　　　　　　　　　　　　　　　　　　25、3,125

----

❶　讀者如想瞭解此公式的證明，請參閱本書第 9 章附錄。

③	30～40	2	35			70、2,450
④	40～50	1	45	45		2,025
合　計		10	120			270、8,050

答：$S^2 =$ _____。　　　　　　　　　　　　　　　84.4444

　　・如果答對，請跳讀單元 4–33

　　・如果答錯，請讀下一單元解答

 4–32

依表 4–6 資料：

(1)應用公式：

$$S^2 = \frac{1}{n-1}\left[\sum_{i}^{k} f_i x_i^2 - \frac{(\sum_{i}^{k} f_i x_i)^2}{n}\right]$$

(2)求 $f_i x_i$ 欄：

第 2 組之 $f_2 x_2 = 5 \times$ _____ = _____（請填入表 4–6 內）　25、125

第 3 組之 $f_3 x_3 = 2 \times$ _____ = _____　　　　　　　35、70

第 4 組之 $f_4 x_4 =$ _____　　　　　　　　　　　　　　45

$\therefore \sum_{i=1}^{4} f_i x_i =$ _____　　　　　　　　　　　　　270

(3)求 $f_i x_i^2$ 欄：

第 1 組之 $f_1 x_1^2 = x_1 \times f_1 x_1 = 15 \times 30 =$ _____（請填入表　450
4–6 內）

第 2 組之 $f_2 x_2^2 = 25 \times 125 =$ _____　　　　　　　3,125

第 3 組之 $f_3 x_3^2 = 35 \times 70 =$ _____　　　　　　　　2,450

第 4 組之 $f_4 x_4^2 = 45 \times 45 =$ _____　　　　　　　　2,025

$\therefore \sum_{i=1}^{4} f_i x_i^2 =$ _____　　　　　　　　　　　8,050

(4)代入公式：

$$S^2 = \frac{1}{n-1}[\sum_{i=1}^{4} f_i x_i^2 - \frac{(\sum_{i=1}^{4} f_i x_i)^2}{n}]$$

$$= \frac{1}{(10-1)}[\underline{} - \frac{(270)^2}{10}] = \underline{}$$

8,050、 84.4444

• 請讀下一單元

單元 **4–33** 標準差的意義

平均數是有名數（有單位名稱），譬如體重（公斤單位）的平均數，其單位是_____（公斤／平方公斤）。變異數也是帶有單位名稱，體重變異數的單位是_____（公斤／平方公斤）。顯然，變異數的單位和原始資料的單位是_____（相同／不相同）的。

公斤

平方公斤

不相同

一般而言，帶有不同單位的數值，是_____（可以／不可以）相互加減、_____（可以／不可以）比較大小關係，譬如甲生體重 50 公斤，不可以和乙生身高 170 公分做比較或加減計算。為了克服不同單位產生的困擾，統計學家特把變異數開根號並稱其為標準差。經這樣的處理之後，標準差的單位就和原資料的單位_____（相同／不相同），有利於彼此間的加減和比較。

不可以

不可以

相同

• 請讀下一單元

單元 **4–34** 標準差的公式

標準差是變異數的平方根，其公式為：

$$母體標準差，\sigma = \sqrt{\frac{1}{N}\sum(x_i - \mu)^2}$$

$$= \sqrt{\frac{1}{N}(\sum x_i^2 - \frac{(\sum x_i)^2}{N})}$$

$$樣本標準差，S = \sqrt{\frac{1}{n-1}\sum(x_i - \overline{X})^2}$$

$$= \sqrt{\frac{1}{n-1}\left(\sum x_i^2 - \frac{\left(\sum x_i\right)^2}{n}\right)}$$

標準差是變異數開根號之後的數值，只取正值。標準差和變異數單位不同但功能相似，同樣可用來表示資料數值間的分散程度。

・請讀下一單元

 **4–35**

變異數與標準差的性質主要有四點：

(1)變異數（和標準差）是應用到資料的每一數值計算而得，所以任一數值的變動，變異數（和標準差）就＿＿＿＿＿＿（會／不會）跟著變動，所以其對資料的敏感度＿＿＿＿＿＿（高／低）。

會

高

(2)變異數＿＿＿＿＿＿（會／不會）受極端值的影響。

會

・請讀下一單元

 4–36

(3)當原始資料的每一數值加一常數 C，則新數值的變異數，和原始資料的變異數仍是相同的。譬如班上每個同學分數都加 5 分，則由新分數求得的變異數，仍是和原分數的變異數＿＿＿＿＿＿（相同／不相同）。

相同

$$S^2_{(x+c)} = S^2_x$$

⑷當原始資料的每一數值乘一常數 C，則由新數值求得
的變異數，是為由原始資料求得的變異數的 C^2 倍。譬
如班上的每個學生分數乘以 5 倍，則新分數求得的變
異數，是原變異數的＿＿（5／5^2）倍。

5^2

$$S_{x \cdot c}^2 = C^2 \times S_x^2$$

‧恭喜你已學完變異數與標準差，請練習自我評量 4

十一、調查某校的 9 名學生每星期看電視的時數，經調查得下列資料，試求變異
數和標準差。

15, 13, 15, 10, 18, 21, 22, 14, 16

十二、調查高雄市某連鎖店 10 家，各別一月份的營業額如下，試根據資料求變異
數和標準差。（單位：萬元）

20, 25, 38, 22, 15, 60, 75, 50, 50, 35

十三、調查某國中一年級學生英文的期中考成績狀況如下，試求變異數和標準差。

分　數	40～50	50～60	60～70	70～80	80～90	90～100
次　數	2	2	8	13	12	3

十四、依下列某班學生月考成績表，試求變異數和標準差。

組　別	80～75	75～70	70～65	65～60	60～55	55～50	50～45	45～40	40～35	35～30	30～25	25～20	合　計
次數 (f_i)	1	2	4	5	8	10	9	7	4	2	2	1	55

第五節　變異係數與標準分數

 4-37 變異係數的意義

在前幾單元中，我們介紹三種分散量數：全距、四分位差、標準差等，均帶有與原資料_____（相同／不相同）的單位，稱為絕對分散量數。我們發現，兩個絕對分散量數，如果單位不同，或單位雖相同但平均數相差很大時，是不適合相互作比較的。請看下面的例子，有 4 條鐵棒，以不同單位表示如下：

相同

⑴ 1, 2, 3, 4（公尺）

⑵ 100, 200, 300, 400（公分）

由第 1 組數值資料和第 2 組數值資料，計算出來的標準差分別為 $\sigma_1 = \sqrt{2}$ 和 $\sigma_2 = 100\sqrt{2}$。乍看下，第 2 組的標準差的數值_____（大於／小於）第 1 組。為何明明是相同的鐵條長度，分散程度竟然有如此大的不同？究其原因，乃是因為單位_____（相同／不相同）所造成的錯覺。

大於

不相同

為改進因單位不同引起的困擾，乃發展出「相對分散量數」。

・請讀下一單元

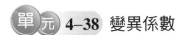 **變異係數**

變異係數 (coefficient of variation, CV) 是一種常用的相對分散量數，其定義為：

$$CV = \frac{標準差}{平均數} \times 100\%$$

$$= \frac{\sigma}{\mu} \times 100\% \quad (或 \frac{S}{\overline{X}} \times 100\%)$$

變異係數的性質：

(1)變異係數為 _____（無名／有名）數，所以適合對　　　無名

　　兩組不同單位資料的 _____（集中／分散）程度進　　　分散

　　行比較。

(2)適合對兩組單位相同但平均數相差很大的資料進行比

　　較。

· 請讀下一單元

 4-39 求變異係數

 9

有一班 50 名學生,其身高平均為 160 公分,標準差 10 公

分，而體重平均 50 公斤，標準差 4.2 公斤，試問該班學生身

高分布和體重分布哪一種比較集中?

由於身高和體重分屬不同單位，所以不宜用它們的標準

差來比較兩者資料的分散程度，必須改用變異係數才合適。

身高： $CV_1 = \frac{\sigma_1}{\mu_1} \times 100\% = \frac{\quad}{160} \times 100\% = \underline{\quad}\%$　　　10、6.25

體重： $CV_2 = \frac{\sigma_2}{\mu_2} \times 100\% = \frac{\quad}{50} \times 100\% = \underline{\quad}\%$　　　4.2、8.4

∵ $CV_1 < CV_2$

∴身高資料分散度較體重分散度為 _____（大／小）。　　　小

· 請讀下一單元

單元 4-40 標準分數的意義

　　小明和小華站在同一平臺上，用相同單位的量尺測量身高，小明測到身高 160 公分，小華的身高也是 160 公分，我們因而判斷小明和小華的身高是一樣的，還可以說，兩人身高相加的長度是 320 公分。為何可以作這樣的比較和加減運算呢？這是因為他們應用的量尺具有＿＿＿＿＿＿（相同／不相同）的標準尺度之故。

相同

　　另假設小明在甲校的數學成績是 60 分，小華在乙校用不同試題考試的數學成績也是 60 分，請問我們能否推斷小明和小華的數學程度是相同的？他們在學校的排名地位相等嗎？顯然是不適合的，因為他們以兩種＿＿＿＿＿＿（相同／不相同）的標準尺度（試題）在測量成績，小明的 60 分在甲校可能是平均數之上，小華的 60 分在乙校可能是平均數之下，他們的數學程度顯然不一定相同！

不相同

　　現在，我們如果把小明的分數轉換成某一種數學測驗的分數，得到 *A* 分；小華的分數也轉換成同一數學測驗的分數得到 *B* 分。換言之，*A* 和 *B* 兩種分數變成是以＿＿＿＿＿＿（相同／不相同）的測驗作為評分尺度，所以我們就可以利用 *A* 和 *B* 的大小，來判斷他們兩人數學程度的高低了。

相同

　　標準分數就是要把原來是不同評分尺度的分數，轉換成具有同一評分尺度的分數，以利彼此間的比較和運算之用。

・請讀下一單元

單元 4-41 標準分數

　　標準分數 (standard score)，以 *Z* 表示，其定義為：

一群資料的個別測量值與其平均數值之差，再除以標準差：

$$Z = \frac{X - \mu}{\sigma} \qquad (適用於母體資料)$$

$$Z = \frac{X - \overline{X}}{S} \qquad (適用於樣本資料)$$

・請讀下一單元

 4–42 **標準分數的性質**

(1)標準分數等於一個數值與其平均數值的差距，再除以標準差，意即標準分數是以標準差的倍數表示。

(2)任何數值經過轉換成標準分數的過程，稱為標準化。

(3)任一種數值經標準化之後，就變成＿＿＿＿＿（有名數 ／無名數），即沒有單位名稱。

無名數

(4)任何一群數值經標準化之後，這群新的標準分數的平均數等於 0，標準差等於 1，換言之，$\mu_z = 0, \sigma_z = 1$。這種特性十分重要，讀者務必熟記之。

依(3)、(4)得知，由於標準分數在單位上是＿＿＿＿＿（有名數／無名數），並且其平均數為＿＿，標準差為＿＿，所以任何數值資料經標準化之後，就可以做相互比較及進行代數運算了。

無名數

0、1

・如果想瞭解 $\sigma_z^2 = 1$ 的證明，請讀單元 4–44

・請讀下一單元做練習

 4–43 **求標準分數**

 10

甲生在期中考的數學成績 65 分，全班平均 62 分，標準

差 5 分；期末考的數學成績 76 分，班上平均 80 分，標準差 3
分。問甲生的成績在全班是進步還是退步？

　　將期中、期末的分數分別轉化成標準分數之後，它們的
平均數都等於＿＿＿，標準差都等於＿＿＿。換句話說，兩標準　0、1
分數變成有同樣的基準和尺度，因此就可以做比較了。

　　令期中考的標準分數為 Z_1：

$$Z_1 = \frac{x_1 - \mu_1}{\sigma_1} = \frac{65 - \underline{\quad}}{5} = \underline{\quad}$$
62、0.6

期末考的標準分數為 Z_2：

$$Z_2 = \frac{x_2 - \mu_2}{\sigma_2} = \frac{76 - \underline{\quad}}{3} = \underline{\quad}$$
80、-1.33

比較甲生期中考成績和期末考成績的標準分數：

　　　$\because Z_1 > Z_2$，因此甲生成績退步了。

・請讀下一單元公式證明或練習自我評量 5

 **4–44**

　　若 $Z = \dfrac{X - \mu}{\sigma}$，證明 $\mu_Z = 0$ 及 $\sigma_Z^2 = 1$。

(1) $\mu_Z = \dfrac{\sum\limits_{i}^{n} Z_i}{n} = \dfrac{\sum\limits_{i}^{n}(\frac{x_i - \mu}{\sigma})}{n} = \dfrac{\sum\limits_{i}^{n}(x_i - \mu)}{n\sigma} = \dfrac{\sum\limits_{i}^{n} x_i - \sum\limits_{i}^{n}\mu}{n\sigma}$

$\qquad = \dfrac{\sum x_i - n\mu}{n\sigma} = \dfrac{\sum x_i - n \times \frac{\sum x_i}{n}}{n\sigma} = \dfrac{\sum x_i - \sum x_i}{n\sigma} = 0$

(2) $\sigma_Z^2 = \dfrac{\sum(Z - \mu_Z)^2}{n} = \dfrac{\sum Z^2}{n}$　　　$(\because \mu_Z = 0)$

$\qquad = \dfrac{\sum(\frac{x_i - \mu}{\sigma})^2}{n} = \dfrac{1}{\sigma^2} \times \dfrac{\sum(x_i - \mu)^2}{n} = \dfrac{\sigma^2}{\sigma^2} = 1$　　　$(\because \sigma^2$ 為常數$)$

・請讀下一單元

單元 4-45 界外值

　　界外值 (outlier) 是指一組資料裡出現不尋常的極端大或小的數值。一般界外值出現時，會使平均數或標準差嚴重失真。通常發現界外值時，最好重新檢視原始資料，檢核該界外值產生的原因。如果界外值的產生是由人為因素造成，例如填問卷者的錯誤 (不小心填寫年齡為 200 歲或體重寫成 300 公斤等)，或是資料鍵入時的錯誤，都必須把它們剔除掉。在 SPSS 軟體中，界外值被界定為遺漏值 (missing value)。

　　如果找不出界外值產生的原因，但又擔心界外值會嚴重的使平均值 (或標準差) 失真，那麼可考慮把原始資料截尾 (例如：截去前後兩端各 5%)，然後再求剩餘資料的平均值 (或標準差)。這種經截尾之後再求得的平均值，稱為截尾平均值 (trimmed mean)。

・請練習自我評量 5

自我評量 5

十五、調查某校的 9 名學生每星期看電視的時數，經調查得下列資料，試求變異係數。

15, 13, 15, 10, 18, 21, 22, 14, 16

十六、調查高雄市某連鎖店 10 家，各別一月份的營業額如下，試根據資料求變異係數。(單位：萬元)

20, 25, 38, 22, 15, 60, 75, 50, 50, 35

十七、調查某國中一年級學生英文的期中考成績狀況如下，試求：

1. 變異係數。

2. 某生考 75 分，其 Z 值為多少？

分　數	40～50	50～60	60～70	70～80	80～90	90～100
次　數	2	2	8	13	12	3

十八、依下列某班學生月考成績表，試求：

　　1.變異係數。

　　2.某生考 53 分，其 Z 值為多少？

組　別	80～75	75～70	70～65	65～60	60～55	55～50	50～45	45～40	40～35	35～30	30～25	25～20	合　計
次數 (f_i)	1	2	4	5	8	10	9	7	4	2	2	1	55

第六節　盒鬚圖

單元 4-46 盒鬚圖

　　盒鬚圖 (box and whisker plot) 為將某些集中量數與分散量數，以長盒形圖表現出來的一種圖示法。當我們想瞭解資料的分布型態及檢查資料是否出現界外值時，只要應用此盒圖，將可快速得到初步的解答。而且在目前的 SPSS 軟體中有提供盒鬚圖的繪製，是進行統計分析前，檢視資料的良好方法。

・請讀下一單元

單元 4-47 盒鬚圖的構成

　　盒鬚圖是由一組資料的最大值 x_{max}、最小值 x_{min}、第 1 個四分位數 Q_1、第 2 個四分位數 $Q_2(M_e)$、第 3 個四分位數 Q_3 等五種量數所組成。然後再利用一盒形圖來表示該五種量數的位置及彼此的相對關係，如圖 4-3 所示：

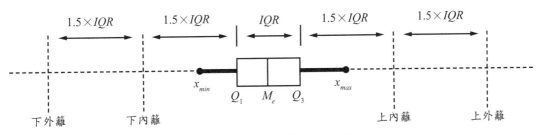

🄵 圖 4-3　盒鬚圖的構成

盒鬚圖的組成要素:

1. 長盒子 (box)

長盒的左邊是 Q_1 值（第 1 個四分位數），右邊是 Q_3 值（第 3 個四分位數）。Q_2（第 2 個四分位數，亦是中位數 M_e），位在 Q_3 和 Q_1 之間。盒子的邊長為四分位距（inter-quartile range, IQR，即 $Q_3 - Q_1$）。

2. 鬚 (whisker)

是指由盒子左邊至最小值（不含下界外值的 x_{min}）的線段，稱為左鬚；盒子右邊至最大值（不含上界外值的 x_{max}）的線段，稱為右鬚。

3. 內籬 (inner fence)

以盒子左邊或右邊做起點，向左或右延伸 1.5 個 IQR 的位置，稱作內籬，其中右側的內籬稱為上內籬 (upper inner fence)；左側的內籬稱為下內籬 (lower inner fence)。

4. 外籬 (outer fence)

是指以盒子左邊或右邊做起點，向左或右延伸 3 個 IQR 的位置，稱作外籬；同理，外籬亦分為上外籬 (upper outer fence) 和下外籬 (lower outer fence)。

・請讀下一單元

單元 4–48 解釋盒鬚圖

如何依據盒鬚圖研判資料的分布性質呢?

1. 判斷資料的分散程度

盒子左右兩邊的距離為四分位距 IQR，其間表示包含所有資料的 50%。因此，由盒子長度的寬或窄可大略判斷資料的分散程度。一般而言，若盒子較窄，表示高狹峰分布；若盒子較寬，表示低闊峰分布，如圖 4–4 所示。

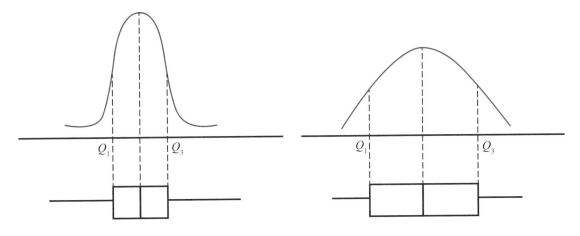

(a)盒子較短，分散程度小　　　　(b)盒子較寬，分散程度大

🄕 圖 4-4　分散程度不同的盒鬚圖

· 如對四分位距或四分位差尚不甚瞭解，請複習單元 4-8，否則請讀下一單元

 4-49

2. 判斷資料分布的偏斜程度

(1) 當中位數 M_e 位在盒子正中央位置（即 $M_e - Q_1 = Q_3 - M_e$），且左鬚和右鬚等長（即 $Q_1 - x_{min} = x_{max} - Q_3$）之時，則表示該組資料是呈對稱分布的現象，參見圖 4-5 (a)。

(2) 當 M_e 較靠近盒子左邊（即 $M_e - Q_1 < Q_3 - M_e$），或右鬚比左鬚長時，則表示該組資料有右偏現象，參見圖 4-5 (b)。

(3) 當 M_e 較靠近盒子右邊（即 $M_e - Q_1 > Q_3 - M_e$），或左鬚比右鬚長時，則表示該組資料有左偏現象，參見圖 4-5 (c)。

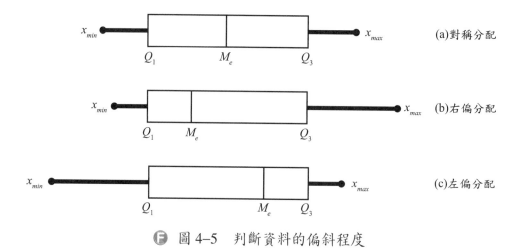

🄕 圖 4–5　判斷資料的偏斜程度

・請讀下一單元

- -

 **4–50**

3.判斷有無界外值

(1)當某一資料 (X) 小於下外籬值或大於上外籬值時（即 $X < Q_1 - 3 \times IQR$ 或 $X > Q_3 + 3 \times IQR$），則判斷該資料點 (X) 為嚴重界外值 (extreme outlier)。

(2)當某一資料 (X)，落在下內籬和下外籬值之間 ($Q_1 - 3 \times IQR < X < Q_1 - 1.5 \times IQR$)，或是上內籬和上外籬值之間（即 $Q_3 + 3 \times IQR > X > Q_3 + 1.5 \times IQR$），則判定該資料 ($X$) 為輕微界外值 (mild outlier)。

(3)界外值會使平均數或標準差失真，而喪失集中量數的原意，所以一旦發現「嚴重界外值」，必須回頭探究原因，採取必要的補救行動。

・請讀下一單元

- -

4–51

依下面各題的盒鬚圖形狀，判斷資料分布的性質。

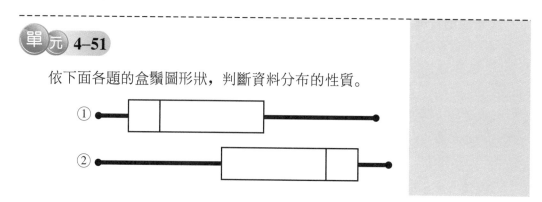

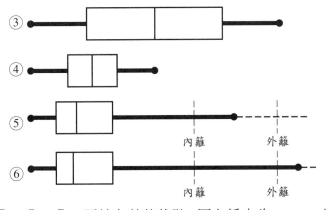

(1)比較①、②、③，再填入數值代號：屬右偏者為____，左偏者為____，對稱者為____。

① ②、③

(2)當資料個數相同時，比較③、④的分散程度：分散程度較小者為____，分散程度較大者為____。

④、③

(3)比較③、⑤、⑥是否有界外值：無界外值者為____，有嚴重界外值者為____，輕微界外值者為____。

③ ⑥、⑤

• 如果答對，請讀下一單元

• 如果答錯，請複習單元 4–48 至單元 4–50

單元 4–52

例 11

由某校隨機取得 16 名學生，統計他們每週使用校內教學網路的時數為：

4, 14, 10, 13, 8, 11, 38, 16, 26, 13, 11, 21, 5, 6, 14, 11

(1)求 $Q_1, Q_2(M_e), Q_3, x_{max}, x_{min}$。

(2)繪出此組資料的盒鬚圖。

(3)判斷此組資料是否有界外值。

• 請讀下一單元。

單元 4–53

解

首先將此組資料排序如表 4–7，並給予代號 x_i：

🔵 表 4-7

x_1	x_2	x_3	x_4	x_5	x_6	x_7	x_8	x_9	x_{10}	x_{11}	x_{12}	x_{13}	x_{14}	x_{15}	x_{16}
4	5	6	8	10	11	11	11	13	13	14	14	16	21	26	38

(1)求 $Q_1, Q_2, Q_3, x_{max}, x_{min}$：

Q_1：位在 $\frac{1}{4} \times 16 = 4$，所以 Q_1 是 x_4 和 x_5 的平均。

$$Q_1 = \frac{x_4 + x_5}{2} = \frac{\quad + \quad}{2} = 9$$

8、10

Q_2：位在 $\frac{2}{4} \times 16 = 8$，所以 Q_2 是 x_8 和 x_9 的平均。Q_2 亦是中位數 M_e。

$$Q_2 = \frac{x_8 + x_9}{2} = \frac{\quad + \quad}{2} = 12$$

11、13

Q_3：位在 $\frac{3}{4} \times 16 = 12$，所以 Q_3 是 ＿＿ 和 x_{13} 的平均。

x_{12}

$$Q_3 = \frac{x_{12} + \quad}{2} = \frac{14 + 16}{2} = 15$$

x_{13}

最小值 x_{min} 為 $x_1 = 4$，最大值 x_{max} 為 $x_{16} = 38$。

・請讀下一單元

單元 **4-54**

(2)繪盒鬚圖：

將 Q_1、Q_2、Q_3、x_1、x_{16} 繪成下圖：

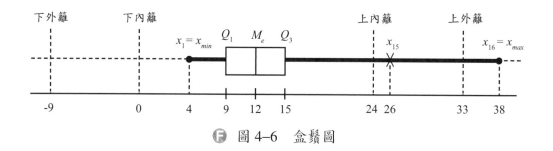

🅕 圖 4-6　盒鬚圖

・請讀下一單元

 **4-55**

(3)判斷有無界外值。

①四分位距：$IQR = Q_3 - Q_1 = 15 - 9 = 6$。

②下內籬值與上內籬值分別是：

$$[(Q_1 - 1.5 \times IQR), (Q_3 + 1.5 \times IQR)]$$

$$= [(9 - 1.5 \times \underline{\quad}), (15 + \underline{\quad} \times 6)] = [0, 24]$$ 6、1.5

③下外籬值與上外籬值分別是：

$$[(Q_1 - 3 \times IQR), (Q_3 + 3 \times IQR)]$$

$$= [(9 - 3 \times 6), (15 + 3 \times 6)] = [-9, 33]$$

由圖 4-6 得知，資料點 $x_{15} = 26$，落在上內籬值 24 和

上外籬值 33 之間，故為 _____（輕微／嚴重）界   輕微

外值。資料點 $x_{16} = 38$，落在上外籬值之外（即

$x_{16} > 33$），故 x_{16} 被判定為 _____（輕微／嚴重）界   嚴重

外值。

第七節　應用 SPSS 求描述性統計量

 4-56 應用 SPSS 求平均和標準差

 11

測量 10 名學生的身高和體重，資料如表 4-8。試求其平均數、標準差和變異數。

 表 4-8

身　高	151	143	156	139	148	151	145	153	141	149
體　重	44	42	47	41	42	45	40	48	44	46
性　別	男	女	女	男	男	女	男	男	女	女

方法一：應用「描述性統計量」分析法解題。

1. SPSS 操作步驟

Step 1 界定變數

⑴開啟 SPSS，立即進入「變數檢視」工作表（圖 4–7）。

⑵在「變數檢視」工作表內，定義「性別」、「身高」和「體重」3 個變數。

⑶第一橫列的變數屬性:「名稱」格，輸入「sex」;「標記」格，輸入「性別」;
「數值」格，輸入「1 = 男生」,「2 = 女生」（圖 4–7 ❹）; 其餘格則不輸入
任何值，即自動採「內定值」（圖 4–7 ❶）。

⑷第二橫列的變數屬性:「名稱」格輸入「height」;「標記」格輸入「身高」;
其餘格採「內定值」（圖 4–7 ❷）。

⑸第三橫列的變數屬性: 在「名稱」格輸入「weight」;「標記」格輸入「體重」;
其餘格採「內定值」（圖 4–7 ❸）。

⑹按左下角切換標籤（圖 4–7 ❺），轉換到「資料檢視」工作表畫面（圖 4–8）。

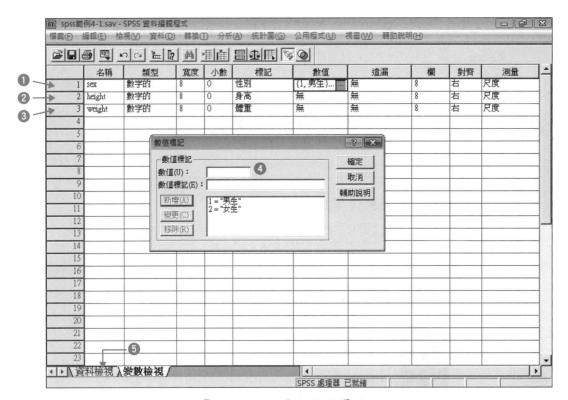

❺ 圖 4–7 界定變數屬性

Step 2 輸入資料

⑴在「資料檢視」工作表（圖 4–8），把例 11 的表 4–8 資料，依序輸入「資

料檢視」的儲存格。

⑵在第一縱欄，當輸入「1」至儲存格時，會出現「男生」；輸入「2」則會出現「女生」。(註：如只想顯現 1 或 2，可在功能表列「檢視」功能表內修改。)

🄕 圖 4–8　輸入資料

Step 3　選擇分析法：描述性統計量

⑴在「資料檢視」工作表的功能列，依圖 4–9 所示，點選「分析」→「敘述統計」→「描述性統計量」。

⑵開啟主對話盒「描述性統計量」(圖 4–10a)。

🄕 圖 4–9　選擇分析法：描述性統計量

Step 4　主對話盒

(1)在「描述性統計量」主對話盒（圖4–10a），把左側清單框內的「身高」和
「體重」兩變數，移入右側框內（圖4–10a ❷）。

(2)按「選項」鈕 (圖4–10b ❸)，開啟次對話盒：「描述性統計量：選項」(圖4–11)。

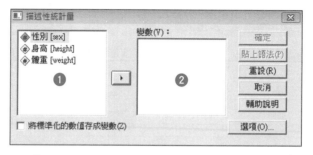

🄕 圖4–10a　主對話盒：描述性統計量

🄕 圖4–10b　主對話盒：描述性統計量

Step 5

(1)在次對話盒「描述性統計量：選項」內（圖4–11），勾選「平均數」檢核方
框，及「標準差」方框，「變異數」方框。

(2)點選「繼續」鈕，回到主對話盒（圖4–10b）。

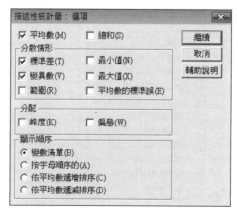

🄕 圖4–11　次對話盒：選項

Step 6

⑴在「描述性統計量」主對話盒（圖 4–10b），核對完成所有點選之後，點選「確定」命令鈕（圖 4–10b ❹）。

⑵ SPSS 立即執行計算，輸出報表。

2. 解釋報表

經由 SPSS 的輸出，獲得圖 4–12，得知學生身高平均為 147.60 公分，標準差為 5.481 公分，變異數為 30.044 平方公分（註：$5.481^2 = 30.044$）；學生體重平均值為 43.90 公斤，標準差為 2.644 公斤，變異數為 6.989 平方公斤。

敘述統計				
	個數	平均數	標準差	變異數
身高	10	147.60	5.481	30.044
體重	10	43.90	2.644	6.989
有效的 N (完全排除)	10			

❺ 圖 4–12　敘述統計

・請讀下一單元

 單 元 4–57

 解

方法二：應用「次數分配表法」解題。（註：此法比上一解要多出百分位數值。）

1. SPSS 操作步驟

Step 1

界定變數屬性：同上解的 Step 1。

Step 2

輸入數值：同上解的 Step 2。

Step 3　選擇分析法：次數分配表

⑴在「資料檢視」工作表的功能表列，如圖 4–13 所示，點選「分析」→「敘述統計」→「次數分配表」。

⑵開啟主對話盒（圖 4–14）。

	sex	height	weig...			var	var
1	男生	151					
2	女生	143					
3	女生	156					
4	男生	139					
5	男生	148					
6	女生	151					
7	男生	145					
8	男生	153					
9	女生	141					
10	女生	149					

檔案(F) 編輯(E) 檢視(V) 資料(D) 轉換(T) 分析(A) 統計圖(G) 公用程式(U) 視窗(W) 輔助說明(H)

分析(A) 選單：
報表(P)
敘述統計(E) ► 次數分配表(F)...／描述性統計量(D)...／預檢資料(E)...／交叉表(C)...／比率(R)...
表格(T)
比較平均數法(M)
一般線性模式(G)
混合模式(X)
相關(C)
迴歸方法(R)
對數線性(O)
分類(Y)
資料縮減(D)
尺度(A)
無母數檢定(N)
時間數列(I)
存活分析(S)
複選題分析(U)
遺漏值分析(V)...
複合樣本(L)

spss範例4-1.sav - SPSS 資料編輯程式

Ｆ 圖 4–13　選擇分析法：次數分配表

Step 4

⑴在主對話盒（圖 4–14），把左側清單框內變數 sex、height 和 weight，移入右側變數方框內（圖 4–14 ❷）。

⑵按「統計量」鈕（圖 4–14 ❸），打開次對話盒：「次數分配表：統計量」（圖 4–15）。

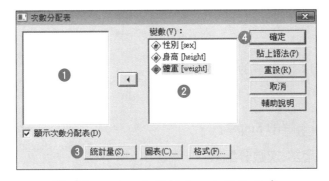

次數分配表

變數(V)：
❶
❷ 性別 [sex]
身高 [height]
體重 [weight]

❹ 確定
貼上語法(P)
重設(R)
取消
輔助說明

☑ 顯示次數分配表(D)

❸ 統計量(S)...　圖表(C)...　格式(F)...

Ｆ 圖 4–14　主對話盒：次數分配表

Step 5

⑴在「次數分配表：統計量」次對話盒（圖 4–15），勾選下列核示方框：「四

分位數」、「平均數」、「中位數」、「眾數」、「總和」、「標準差」、「變異數」、「最大值」、「最小值」等。

⑵勾選「百分位數」框，並輸入「60」和「30」（用以求位於 60% 和 30% 的數值）。

⑶按「繼續」鈕，回到主對話盒（圖 4–14）。

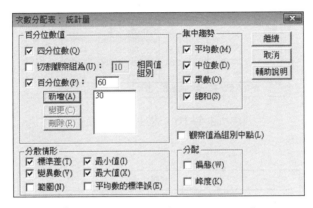

Ｆ 圖 4–15　次對話盒: 統計量

⑴在主對話盒（圖 4–14），點選「確定」鈕（圖 4–14 ❹）。

⑵ SPSS 立即執行計算，輸出報表。

2.解釋報表

⑴經由 SPSS 的輸出，獲得圖 4–16，得到體重的平均數為 43.90、中位數 44.00、標準差 2.644、$P_{25} = 41.75$、$P_{30} = 42.00$、$P_{60} = 44.60$。

同理身高平均數為 147.60、中位數 148.50、標準差 5.481、$P_{25} = 142.50$、$P_{30} = 143.60$，$P_{60} = 150.20$。

⑵由圖 4–17、圖 4–18、圖 4–19 可得知各變數分類百分比和累積百分比。

統計量

		性別	身高	體重
個數	有效的	10	10	10
	遺漏值	0	0	0
平均數		1.50	147.60	43.90
中位數		1.50	148.50	44.00
眾數		1ᵃ	151	42ᵃ
標準差		.527	5.481	2.644
變異數		.278	30.044	6.989
最小值		1	139	40
最大值		2	156	48
總和		15	1476	439
百分位數	25	1.00	142.50	41.75	← P_{25}
	30	1.00	143.60	42.00	← P_{30}
	50	1.50	148.50	44.00	
	60	2.00	150.20	44.60	← P_{60}
	75	2.00	151.50	46.25	

a. 存在多個眾數，顯示的為最小值。

Ⓕ 圖 4-16　描述性統計量

性別

		次數	百分比	有效百分比	累積百分比
有效的	男生	5	50.0	50.0	50.0
	女生	5	50.0	50.0	100.0
	總和	10	100.0	100.0	

Ⓕ 圖 4-17　性別的次數分配表

體重

		次數	百分比	有效百分比	累積百分比
有效的	40	1	10.0	10.0	10.0
	41	1	10.0	10.0	20.0
	42	2	20.0	20.0	40.0
	44	2	20.0	20.0	60.0
	45	1	10.0	10.0	70.0
	46	1	10.0	10.0	80.0
	47	1	10.0	10.0	90.0
	48	1	10.0	10.0	100.0
	總和	10	100.0	100.0	

Ⓕ 圖 4-18　體重的次數分配表

身高

		次數	百分比	有效百分比	累積百分比
有效的	139	1	10.0	10.0	10.0
	141	1	10.0	10.0	20.0
	143	1	10.0	10.0	30.0
	145	1	10.0	10.0	40.0
	148	1	10.0	10.0	50.0
	149	1	10.0	10.0	60.0
	151	2	20.0	20.0	80.0
	153	1	10.0	10.0	90.0
	156	1	10.0	10.0	100.0
	總和	10	100.0	100.0	

Ⓕ 圖 4–19　身高的次數分配表

・請讀下一單元

單元 **4–58** 應用 SPSS 求分組資料的描述性統計量、盒鬚圖與直方圖

例 **12**

依下表資料，試求(1)描述性統計量：平均數、中位數、變異數。(2)盒鬚圖和直方圖。

Ⓣ 表 4–8　分組資料

組　別	分　數	f_i
①	40～50	4
②	50～60	5
③	60～70	9
④	70～80	14
⑤	80～90	11
⑥	90～100	7
合　計		50

1. SPSS 操作步驟

(1)在「變數檢視」工作表（圖 4–20），界定變數屬性（圖 4–20 ❶）。

(2)第一行列的變數屬性：在「名稱」格，輸入「group」；在「標記」格，輸入「組別」；在「數值」格，先叫出對話盒（圖 4–21），然後輸入「1 = "40-50"」、

「2 = "50–60"」、 「3 = "60–70"」、 「4 = "70–80"」、 「5 = "80–90"」、

「6 = "90–100"」。

(3)第二行列的變數屬性：在「名稱」格和「標記」格，分別輸入「F」和「次

數」（圖 4–20 ❶）。

(4)第三行列的變數屬性：在「名稱」格，輸入「X」；在「標記」格，輸入「組

中點」（圖 4–20 ❶）。

(5)其餘格不予設定，均採系統「內定值」。

(6)按左下角工作表切換標籤（圖 4–20 ❷），轉換到「資料檢視」工作表（圖

4–22）。

❶

	名稱	類型	寬度	小數	標記	數值	遺漏	欄	對齊	測量
1	group	數字的	8	0	組別	{1, 40-50}...	無	8	右	尺度
2	F	數字的	8	0	次數	無	無	8	右	尺度
3	X	數字的	8	2	組中點	無	無	8	右	尺度
4										
5										
6										
7										
8										
9										
10										
11										
12										
13										
14										
15										
16										
17										
18										
19										
20										
21										
22										
23										

❷

資料檢視 變數檢視

SPSS 處理器 已就緒

🅕 圖 4–20　界定變數屬性

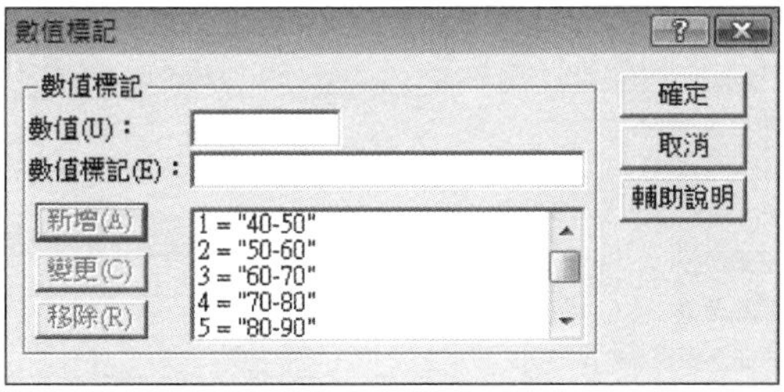

🄕 圖 4–21　設定數值標記

Step 2　輸入數值資料

將表 4–8 的數值資料，輸入「資料檢視」工作表的儲存格（圖 4–22）。

🄕 圖 4–22　輸入數值資料

Step 3　設定「加權觀察值」

⑴在「資料檢視」工作表內，依圖 4–23 所示，點選「資料」→「觀察值加權」，
打開對話盒（圖 4–24）。然後把「次數 [F]」移入「次數變數」框內（圖 4–24
❶），設定為「加權觀察值」。

⑵按「確定」鈕（圖 4–24 ❷），回到「資料檢視」工作表（圖 4–25）。

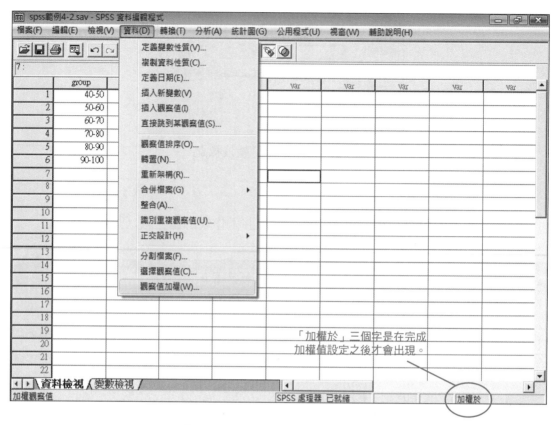

Ⓕ 圖 4–23　選擇觀察值加權

Ⓕ 圖 4–24　設定加權觀察值

Step 4　選擇分析法: 預檢資料

(1)在「資料檢視」工作表內 (圖 4–25), 選擇「分析」→「敘述統計」→「預
檢資料」。

(2)打開主對話盒:「預檢資料」(圖 4–26)。

⑤ 圖 4–25 選擇分析法：預檢資料

Step 5

⑴在主對話盒「預檢資料」（圖 4–26），把左側清單方框內變數「組中點 [X]」

❶，移入右側「依變數清單」框內（圖 4–26 ❷）。

⑵點選「顯示」區的「兩者」圖鈕（圖 4–26 ❸）。

⑶按「統計量」鈕❹，打開次對話盒：「預檢資料：統計量」（圖 4–27）。

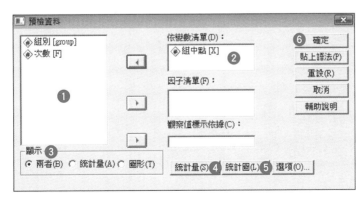

⑤ 圖 4–26 主對話盒：預檢資料

Step 6

(1)在「預檢資料：統計量」次對話盒（圖 4–27），勾選「描述性統計量」方框。

(2)按「繼續」鈕，回到主對話盒（圖 4–26）。

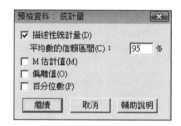

Ⓕ 圖 4–27　次對話盒：統計量

Step 7

(1)按主對話盒的「統計圖」鈕（圖 4–26 ❺），打開次對話盒：「預檢資料：圖形」（圖 4–28）；勾選「預檢資料：圖形」次對話盒的「直方圖」方框（圖 4–28）。

(2)按「繼續」鈕，回到主對話盒（圖 4–26）。

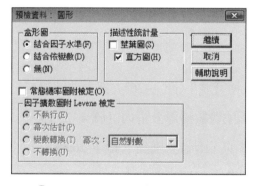

Ⓕ 圖 4–28　次對話盒：圖形

⑴在主對話盒中，檢核已完成操作之後，按「確定」鈕（圖 4–26 ❻）。

⑵ SPSS 立即執行計算，輸出報表。

2.解釋報表

⑴經由 SPSS 的輸出，獲得圖 4–29，得到敘述統計的統計量數如下：

平均數 = 73.8，中位數 = 75.0

變異數 = 210.776，標準差 = 14.51811

最大值 = 95.00，最小值 = 45.00

四分位全距 $(Q_3 - Q_1) = 20$

⑵圖 4–30 為分組資料的直方圖。

⑶圖 4–31 為分組資料的盒鬚圖。從該圖得知分布近乎常態分配，同時沒有界外值產生。

敘述統計

			統計量	標準誤
組中點	平均數		73.8000	2.05317
	平均數的95%信賴區間	下限	69.6740	
		上限	77.9260	
	刪除兩極端各 5% 觀察值之平均數		74.2222	
	中位數		75.0000	← M_e
	變異數		210.776	← S^2
	標準差		14.51811	
	最小值		45.00	
	最大值		95.00	
	範圍		50.00	
	四分位全距		20.00	← $Q_3 - Q_1$
	偏態		-.366	.337
	峰度		-.588	.662

Ｆ 圖 4–29 描述性統計量

直方圖

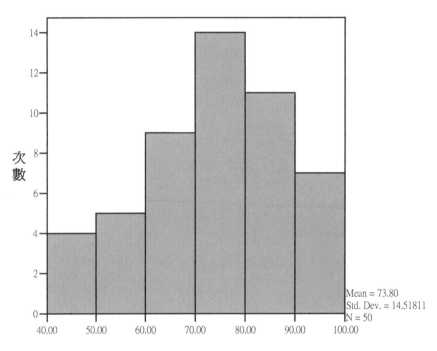

Mean = 73.80
Std. Dev. = 14.51811
N = 50

ⓕ 圖 4-30　分組資料的直方圖

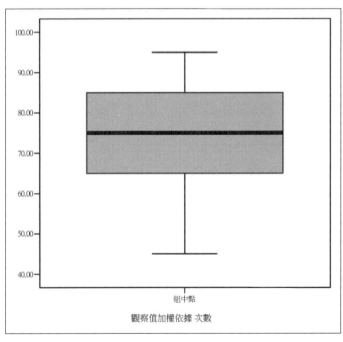

組中點

觀察值加權依據 次數

ⓕ 圖 4-31　分組資料的盒鬚圖

自我評量 解答

一、$R = 12$

二、$R = 60$

三、$R = 50$

四、$R = 55$

五、$QD = 2$

六、$QD = 14$

七、$QD = 8.34$

八、$QD = 7.76$

九、$MAD = 2.89$

十、$MAD = 15.8$

十一、$S_X = 3.81, S_X^2 = 14.5$

十二、$S_X = 19.49, S_X^2 = 379.78$

十三、$\sigma_X = 12.04, \sigma_X^2 = 145$

十四、$S_X = 11.93, S_X^2 = 142.28$

十五、$CV = \dfrac{S_X}{\overline{X}} \times 100\% = 23.81\%$

十六、$CV = \dfrac{S_X}{\overline{X}} \times 100\% = 49.97\%$

十七、(1) $CV = \dfrac{\sigma_X}{\mu} \times 100\% = 16.05\%$, (2) $Z = 0$

十八、(1) $CV = \dfrac{S_X}{\overline{X}} \times 100\% = 23.37\%$, (2) $Z = 0.16$

5

集合與機率

在我們日常生活中，常遇到許多不確定的問題要解決，譬如：

(1)買西瓜時，問西瓜甜不甜？

(2)出門時，問今天是否會下雨？是否要帶傘？

(3)考試前，猜及格的機率有多大？

(4)買股票時，猜測哪一支股票上漲的可能性較大？

當回答上述不確定的、猜測性的問題時，即是應用機率的概念。簡單地說，機率是以 0 到 1 之間的實數值來衡量某一不確定事件或現象可能發生的程度。

無疑的，人們經常應用機率的概念，回答上述生活中常見的問題，而決定是否要買西瓜，要帶傘，或要買股票。同理，人們亦可應用機率的概念，作為推論和決策的依據，以及是否作投資和選擇行銷模式等企業問題，做出重大決定。機率論是討論機率理論和應用的技術，為推論統計的重要理論基礎，以下將詳細說明之。

第一節　集　合

單元 5-1　隨機實驗

在統計學中，所謂的實驗是指獲得或蒐集資料的過程，譬如：

(1)到學校測量學童的身高。

(2)站在十字路口，計算在某個時段內通過的車子數量。

(3)問卷調查市民對市政的滿意度。

諸如此類，蒐集和獲取資料的過程，稱之為實驗 (experiment)。事實上，實驗的方式有很多種，可以是觀察、考試、問卷調查、儀器測試，或人口普查等，經過實驗程序，人們可以蒐集到一組資料，供統計計算和分析之用。

・請讀下一單元

5–2　隨機的意義

我們常在足球賽前，看到裁判投擲一枚硬幣，作為決定開球的順序，此時，這個裁判即是在執行一實驗。我們可以預知，投擲一枚硬幣可能出現的結果有＿＿＿＿面和＿＿＿＿面兩種，但在還未開始投擲時，我們＿＿＿＿（能／不能）確知哪一種結果會發生，也就是說，投擲硬幣的結果，是具有相當程度的＿＿＿＿性。這種含有不確定結果的實驗性質，稱為隨機性 (random)。

正

反、不能

不確定

・請讀下一單元

 5–3

依上述說明可知，隨機實驗 (random experiment) 具有三種特性：

⑴實驗可在相同條件下重複執行。

⑵所有實驗可能出現的結果，在事前是可以被預知的。

⑶實驗未執行，不能確知會出現何種結果。

・請讀下一單元

 5–4

我們常用投擲骰子來決定打麻將的發牌順序。投擲前，我們確知投擲骰子共有六種可能點數會發生，但誰都＿＿＿＿（能夠／不能夠）預知會出現哪一種點數，所以投擲骰子是屬於＿＿＿＿實驗的行為。

不能夠

隨機

・請讀下一單元

5–5

市政府對市民作民意調查是否贊成建焚化爐，請你想想看，這是屬於何種實驗？

・請讀下一單元解答

5-6

民意調查必然有兩種結果：_____和_____。但未
調查前，我們不知道會有何種結果出現。顯然，應用民意調
查的實驗，符合單元 5-3 的三種特性，所以是屬於_____
實驗。

贊成、反對

隨機

・請讀下一單元

 5-7

一隨機實驗的所有可能結果的集合，稱為樣本空間 (sample space)，而單一可
能的結果，即樣本空間內的個別元素，則稱為樣本點 (sample point)。

・請讀下一單元

 5-8

樣本空間常以符號 S 表示。樣本空間的表示方式有兩
種：

1. **列舉法**

指把樣本空間所有的樣本點都列舉出來，例如投一枚硬
幣的樣本空間寫作：

$$S = \{ 正面, _____ \}$$

反面

同理，投擲一顆骰子的樣本空間寫作：

$$S = \{ 1, 2, ____, ____, 5, 6 \}$$

3、4

・請讀下一單元

 5-9

2. **概述法**

以概括的方式描述樣本點所具有的性質，它特別適用於樣本空間所包含的樣

本點太多或為連續數值類，無法一一列舉時。請看看以下兩例：

(1)電燈泡的使用時間壽命：因為時間屬連續數值，有無限多個數值，無法列舉，故其樣本空間的表示法，必須採用概述法，即：

$$S = \{ t \mid t \geq 0 \}，其中 t 表示時間的長短$$

(2)人口超過 10 萬的城市：有非常多城市符合此條件，不方便一一列舉出來，如用概述法表示較為簡潔：

$$S = \{ x \mid x \geq 10 \ 萬人口的城市 \}$$

・請讀下一單元

單元 5–10

試回答下列問題：

(1)投擲兩枚銅板（令 H 為正面，T 為反面），共有四種樣本點，即 HH, ＿＿, TH, ＿＿ 等，故其樣本空間可以應用列舉法表示：

$$S = \{ HH, \underline{\quad}, TH, \underline{\quad} \}$$

HT、TT

HT、TT

(2)投擲三枚銅板，其樣本點共有八種，樣本空間應用＿＿＿＿（列舉／概述）法表示：

$$S = \{ HHH, HHT, \underline{\quad}, THH, HTT, \underline{\quad}, TTH, TTT \}$$

列舉

HTH、THT

(3)身高在 165～170 公分之間的學生，理論上包含＿＿＿＿（有限／無限）個分隔點，樣本空間須應用＿＿＿＿（列舉／概述）法表示：

$$S = \{ x \mid 165 < x < 170 \}，x 表示學生身高$$

無限

概述

・請讀下一單元

單元 5–11

樣本空間依據樣本點的個數，可區分為有限樣本空間 (finite sample space) 與無限樣本空間 (infinite sample space)。

茲以單元 5–8 的例子來說明：

⑴投一枚硬幣的樣本空間內樣本點的數目有 2 個，是可
數且有限的，故稱之為＿＿＿＿＿（有限／無限）樣本
空間，常以＿＿＿＿＿（列舉／概述）法表示之。

有限
列舉

⑵調查電燈泡的使用壽命，因時間是連續數值，不可數
又無限多，無法一一列舉出來，故稱為＿＿＿＿＿（有
限／無限）樣本空間，須以＿＿＿＿＿（列舉／概述）
法表示之。

無限
概述

・請讀下一單元

單元 5–12

　　樣本空間內的樣本點，依某一特性集合在一起，稱為事件 (event)。顯然，事
件是樣本空間的子集合。如只含 1 個樣本點的事件，稱為簡單事件 (simple event)；
而包含 2 個以上樣本點的事件，稱為複合事件 (compound event)。

・請讀下一單元

單元 5–13

 1

　　投擲一公正骰子求下列各種相關事件。

⑴樣本空間為：
$$S = \{1, 2, 3, 4, 5, 6\}$$

⑵樣本空間的所有樣本點個數，以 $n(S)$ 表示，所以得：
$$n(S) = \underline{}$$

6

⑶令依偶數性質的集合為事件 D，則 D 事件的集合寫
作：
$$D = \{\underline{}, \underline{}, 6\}, n(D) = \underline{}$$

2、4、3

⑷令依奇數性質的集合為事件 E，則 E 事件的集合寫作：

$E = \{ \underline{\quad}, \underline{\quad}, 5 \}, n(E) = \underline{\quad}$

1、3、3

(5)令大於 4 點的集合為事件 F，則 F 事件的集合寫作：

$$F = \{ \underline{\quad}, \underline{\quad} \}, n(F) = \underline{\quad}$$

5、6、2

上述(3)、(4)、(5)事件，都是樣本空間 S 的 $\underline{\qquad}$ 集合。

子（或部分）

・請讀下一單元

單元 **5-14**

任何樣本空間都包含兩種特殊的事件：

(1)不含任何樣本點的子集合，稱作空集合 (null set)，以 ϕ 表示。空集合代表沒有事件發生，又稱為不可能事件 (impossible event)。

(2)樣本空間本身也是一種事件，因它包含樣本空間內的所有樣本點，又稱全集合，表示此事件必然會發生，故又稱必然事件 (sure event)。

以投擲一顆骰子為例，其「不可能事件」寫作：

$$\underline{\quad} = \{ \quad \}$$

ϕ

而「必然事件」寫作：

$$\underline{\quad} = \{ 1, 2, 3, 4, 5, 6 \}$$

S

・請讀下一單元

單元 **5-15** 集合的運算

若 2 個以上的事件，透過運算法而構成新的事件，則新事件仍為原來樣本空間的子集合。

集合的基本運算法有三種：交集、聯集、餘集。以下將分別介紹。

・請讀下一單元

單元 5-16 交集的意義

交集 (intersection) 是指 A 與 B 兩事件共同元素組成的
集合，記作 $A \cap B$。若投擲一公正骰子，令：

$$A = \{\, 2, 3, 4 \,\}$$

$$B = \{\, 1, 2, 3 \,\}$$

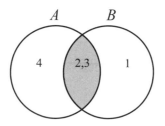

A 與 B 兩事件的共同元素是＿＿和＿＿（如圖深色區　　2、3
塊部分），其交集為：

$$A \cap B = \{\, 2, 3 \,\}, \quad \cap \text{是交集的符號}$$

該交集的樣本點數目寫作：

$$n(A \cap B) = \underline{\hspace{1cm}} \qquad\qquad 2$$

・請讀下一單元

單元 5-17 互斥事件

當兩事件的交集為空集合（沒有任何元素的集合）時，
即稱為互斥事件 (mutually exclusive events)。譬如：

若 $B = \{\, 1, 2, 3 \,\}$，$C = \{\, 4, 5, 6 \,\}$，則：

$$B \cap C = \{\ \ \} = \phi \qquad （空集合）$$

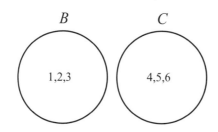

由於 B、C 兩事件 _____（有／沒有）共同元素存在，

所以其交集為 _____ 集合，即所含的樣本點數目是 ____。　　　　沒有

空、0

$$n(B \cap C) = n(\phi) = \underline{\hspace{1cm}}$$

0

・請讀下一單元

單元 5–18 聯集的意義

聯集 (union) 表示屬於 A 事件或 B 事件的元素組成的集

合，記作 $A \cup B$。

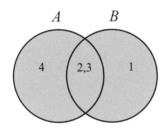

若 $B = \{ 1, 2, 3 \}$, $A = \{ 2, 3, 4 \}$，則：

$A \cup B = \{ 1, \underline{\hspace{1cm}}, \underline{\hspace{1cm}}, 4 \}$　（如圖深色區塊部分）　　2、3

A、B 聯集的樣本點數目為：

$$n(A \cup B) = \underline{\hspace{1cm}}$$

4

・請讀下一單元

單元 5–19 餘集的意義

餘集 (complement) 表示在樣本空間 S 下，若 B 屬於 S 內

的某一事件，則不屬於該事件 B 的所有元素組成的集合，稱

為其餘集，記作 B^c。

 2

投擲一公正骰子，令 B 為其一事件，則：

$$S = \{ 1, 2, \underline{\hspace{1cm}}, \underline{\hspace{1cm}}, \underline{\hspace{1cm}}, 6 \}$$　　3、4、5

$$B = \{ 1, 2, 3 \}$$

在樣本空間 S 下，B 事件的餘集為：

$B^c = \{4, 5, 6\}$　　（如圖深色區塊部分）

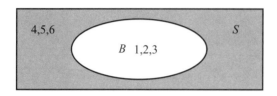

・請讀下一單元

 5–20

 3

　某枝鉛筆有 8 個面，每面分別標記數字 1, 2, 3, 4, 5, 6, 7, 8。請問：

(1)樣 本 空 間：$S = \{1, 2, \underline{\quad}, \underline{\quad}, 5, 6, 7, 8\}$,　　3、4

　$n(S) = \underline{\quad}$。　　8

(2)偶數點事件：$A = \{2, \underline{\quad}, \underline{\quad}, 8\}, n(A) = \underline{\quad}$。　　4、6、4

(3)奇 數 點 事 件：$B = \{\underline{\quad}, \underline{\quad}, \underline{\quad}, \underline{\quad}\}$,　　1、3、5、7

　$n(B) = \underline{\quad}$。　　4

(4)小 於 5 點 事 件：$C = \{\underline{\quad}, \underline{\quad}, \underline{\quad}, \underline{\quad}\}$,　　1、2、3、4

　$n(C) = \underline{\quad}$。　　4

(5)大於 6 點事件：$D = \{\underline{\quad}, \underline{\quad}\}, n(D) = \underline{\quad}$。　　7、8、2

(6)小 於 7 點 事 件：$E = \{1, 2, 3, 4, \underline{\quad}, \underline{\quad}\}$,　　5、6

　$n(E) = \underline{\quad}$。　　6

(7) $A \cap B = \{\quad\}$,　為 $\underline{\quad}$ 集合，$n(A \cap B) = \underline{\quad}$,　此　　空、0

　為 $\underline{\quad\quad\quad}$（必然事件／不可能事件）。　　不可能事件

(8) $A \cup B = \{1, 2, 3, \underline{\quad}, \underline{\quad}, \underline{\quad}, 7, 8\} = S$,　此　　4、5、6

　為 $\underline{\quad\quad\quad}$（必然事件／不可能事件）。　　必然事件

(9) $A^c = \{\underline{\quad}, \underline{\quad}, \underline{\quad}, 7\}$。　　1、3、5

(10) $A \cap C = \{\ \underline{\hphantom{xx}}\ ,\ \underline{\hphantom{xx}}\ \}$, $n(A \cap C) = \underline{\hphantom{xx}}$。　　　　　　2、4、2

(11) $C \cup E = \{1, 2, 3, 4, 5, 6\}$, $n(C \cup E) = \underline{\hphantom{xx}}$。　　　　　6

(12) $B \cap D = \{\ \underline{\hphantom{xx}}\ \}$。　　　　　　　　　　　　　　　7

‧如果完全答對，請練習自我評量 1

‧如果有部分答錯，請再複習單元 5–16 至單元 5–19

一、箱中有 5 顆球，球上分別標示數字 2, 3, 4, 5, 6。

　　1. 今從箱中隨機抽取一球，試回答下列問題：

　　　⑴樣本空間 S，會有多少樣本點 $n(S)$？

　　　⑵偶數點事件 A，會有多少樣本點 $n(A)$？

　　　⑶奇數點事件 B，會有多少樣本點 $n(B)$？

　　　⑷大於 4 點的事件 C，會有多少樣本點 $n(C)$？

　　　⑸試求 $A \cap B$ 及 $n(A \cap B)$。

　　　⑹試求 $A \cup C$ 及 $n(A \cup C)$。

　　　⑺試求 A^c 及 $n(A^c)$。

　　2. 若從箱中隨機抽取一球，然後放回再抽一球，前後兩球點數和為 X，求下列各題：

　　　⑴以表列出所有樣本點。

　　　⑵樣本空間為 S'，含樣本點數 $n(S')$。

　　　⑶兩球點數和為 7 的事件 D 及 $n(D)$。

　　　⑷兩球點數和為 10 的事件 E 及 $n(E)$。

　　　⑸兩球點數中，第一球為 3 的事件 F 及 $n(F)$。

　　　⑹$D \cup E$ 和 $n(D \cup E)$。

　　　⑺$D \cap F$ 和 $n(D \cap F)$。

第二節　機率之測度及運算法則

 5-21 事件機率的意義和測度

上一節提到，在隨機實驗之前，我們是無法預知哪一種結果必然會發生，但我們卻可計算出各個可能結果發生的機會或程度。事件機率就是用來表達事件發生的機會和程度。

‧請讀下一單元

 5-22

事件 E 的機率是以符號 $P(E)$ 來表示。P 是 probability 的縮寫，代表機率函數。$P(E)$ 表示透過某種函數的運算而獲得的機率值。機率的值域在 $0 \sim 1$ 之間，可寫作：

$$0 \le P(E) \le 1$$

當 $P(E) = 1$ 時，代表事件必然發生，反之，當 $P(E) = 0$ 時，代表事件可能不發生。$P(E)$ 值愈接近 1，表示事件發生可能性愈_____（高／低）；$P(E)$ 值愈接近 0，表示事件發生可能性愈_____（高／低）。

高

低

‧請讀下一單元

 5-23

事件機率的測度方式一般有三種：

⑴古典機率測度法。

⑵相對次數機率測度法。

⑶主觀機率測度法。

以下將對這三種測度法作詳細說明。

‧請讀下一單元

5-24 古典機率測度法

投擲一枚公正硬幣 1 次，出現正面的機率為何？面對這一問題，讓我們先思考並回答 3 個問題：

(1)投 1 次硬幣的樣本空間是 $S = \{$正，反$\}$，共有樣本點＿＿個。

2

(2)所謂「公正」硬幣，是指該硬幣投擲之後，出現正面和反面的機會＿＿＿＿（相等／不相等）。

相等

(3)出現「正」面事件，寫作 $P(E) = \{$正$\}$，故 $P(E)$ 的樣本點有＿＿個。

1

・請讀下一單元

5-25

回答了上面 3 個問題之後，我們很容易作如下的推斷：在樣本空間包含 2 個樣本點之中，只有 1 個「正面」是我們所希望出現的，所以「正面」出現的機會（機率）是 2 個樣本點中的 1 個，記作：

$$P（正）= \underline{\quad} （填數字）$$

$\dfrac{1}{2}$

$$或$$

$$P(E) = \underline{\quad}，E 表示正面的事件$$

$\dfrac{1}{2}$

・請讀下一單元

5-26

投擲一公正骰子 1 次，請問出現「6 點」的機率為何？

答：$P(6) = \underline{\quad}$。

$\dfrac{1}{6}$

・如果答對，請跳讀單元 5-28

・如果答錯，請讀下一單元解答

 **5-27**

我們先考慮並回答下列 3 個問題：

⑴投擲一顆骰子 1 次，樣本空間 $S = \{1, 2, \underline{\quad}, \underline{\quad}, 5, 6\}$，共有____個樣本點。

⑵所謂「公正」骰子，是意謂每 1 個樣本點都具有_____（相等／不相等）的出現機會。

⑶出現「6 點」的事件，其樣本點為 $P(6) = \{6\}$，故有____個樣本點。

3、4

6

相等

1

回答了以上 3 個問題之後，我們就可以推斷：

在樣本空間的 6 個樣本點中，樣本點「6 點」只有一個，故出現「6 點」的可能性是 $\frac{1}{6}$，記作：

$$P(6) = \underline{\quad}$$

所以投擲一顆公正骰子，出現「6 點」的機率為____。

$\frac{1}{6}$

$\frac{1}{6}$

• 請讀下一單元

 **5-28**

歸納上述兩種求機率的例子，我們可得到以下三點結論：

⑴隨機實驗的樣本空間內的所有樣本點，具有相同的出現機會。譬如投硬幣出現正面和反面的機會均等。

⑵隨機實驗在相同條件下，可重複執行，各樣本點出現的機會依然不變。

⑶在滿足上述兩條件下，事件 E 發生的機率，以符號表示為：

$$P(E) = \frac{n(E)}{n(S)}$$

$n(E)$ 表示事件內樣本點的數目

$n(S)$ 表示樣本空間內所有樣本點的數目

• 請讀下一單元

 **5-29**

明顯地，前述的事件機率測度法有一先決的必備條件，那就是實驗前須先確定樣本空間內所有樣本點的發生機會具有均等性。

職是之故，我們稱它作先驗機率 (prior probability)。又因為此方法最早被提出，因此又被稱為古典機率 (classical probability)。

• 請讀下一單元

 **5-30 機率的公理**

依單元 5-12 可知，事件是樣本空間的 _____ 集合，　　子（或部分）
事件的樣本點包含在樣本空間之內，所以：

> 事件樣本點總個數 ≤ 樣本空間樣本點總個數，即：
>
> $$n(E) \leq n(S)$$
>
> $$\frac{n(E)}{n(S)} \leq 1$$
>
> $n(S)$ 表示樣本空間 S 內的樣本點總個數
>
> $n(E)$ 表示事件 E 內的樣本點總個數

• 請讀下一單元

 **5-31**

在單元 5-14 中曾提及，空集合 ϕ 和全集合 S 是隨機實驗的兩種特殊事件，此兩事件的機率各別是多少呢？

(1)空集合不包含任何樣本點，所以其機率為 ____。　　0

$$\phi = \{ \quad \}, n(\phi) = \underline{\quad}$$　　0

$$P(\phi) = \frac{n(\phi)}{n(S)} = \frac{0}{n(S)} = \underline{\hspace{1cm}} \quad (\because n(S) > 0)$$

0

(2) S 是必然事件，包含樣本空間內所有樣本點，所以其

機率為＿＿。

1

$$P(S) = \frac{必然事件\ n(S)}{n(S)} = \underline{\hspace{1cm}}$$

1

· 請讀下一單元

 **5-32**

投擲一顆骰子，出現偶數點的機率為何？

因為偶數點共有 2、＿＿、＿＿三種樣本點，各樣本點

4、6

出現的機率＿＿＿＿（相等／不相等），均為＿＿，意即：

相等、$\dfrac{1}{6}$

$$P(2 \text{ 點}) = \frac{n(2 \text{ 點})}{n(S)} = \frac{1}{6}$$

同理，$P(2 \text{ 點}) = P(4 \text{ 點}) = P(6 \text{ 點}) = \underline{\hspace{1cm}}$

$\dfrac{1}{6}$

因為它們彼此互斥，所以事件不會同時發生，意即：

$$P(2 \text{ 點} \cup 4 \text{ 點} \cup 6 \text{ 點}) = P(2 \text{ 點}) + P(4 \text{ 點}) + P(6 \text{ 點})$$

$$= \frac{1}{6} + \frac{1}{6} + \underline{\hspace{1cm}} = \underline{\hspace{1cm}}$$

$\dfrac{1}{6}$、$\dfrac{3}{6}$

· 請讀下一單元

 **5-33**

由上一單元的涵義可獲得以下結論：

對任何彼此互斥的事件設為 $E_1, E_2 \cdots E_n$，則事件 E_1 或事件 $E_2 \cdots \cdots$ 或事件 E_n 發生的機率，為其個別機率之和。記作：

$$P(E_1 \cup E_2 \cup \cdots \cup E_n) = P(E_1) + P(E_2) + \cdots + P(E_n)$$

· 請讀下一單元

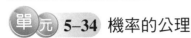 **5-34** 機率的公理

所謂的公理是指不論應用何種方式求出來的機率皆必須共同遵守的規則，意即機率運算的重要理論原則。依單元 5-30 至單元 5-33，歸納出機率的公理如下：

---

(1) $0 \leq P(E) \leq 1$，$P(E)$ 的值域介於 $0\sim1$ 之間

(2) $P(\phi) = 0$，空集合機率為 0

(3) $P(S) = 1$，必然事件機率為 1

(4) 當 $E_1, E_2, \cdots, E_n$ 彼此互斥，則：

$$P(E_1 \cup E_2 \cup \cdots \cup E_n) = P(E_1) + P(E_2) + \cdots + P(E_n)$$

・請讀下一單元

單元 **5-35** 相對次數機率測度法

在討論古典機率測度法時，曾提到有一極重要的必備條件，即是樣本空間內所有樣本點的出現，必須具有_____

性。如果不能滿足這一條件，古典機率測度法就不適用了。事實上，我們經常發現大部分的現象不能符合此一要求，請看看下一單元的例子，試想它們是否符合古典機率的條件。

均等

・請讀下一單元

單元 **5-36**

(1) 高雄每年 6 月下雨的機率為何？

我們知道在 6 月份，每一天下雨的機會是_____

（可能／不可能）會相等。

不可能

(2) 投擲單片聖筊出現陽面的機率為何？

一般聖筊的兩面不對稱，重量也不均勻，所以出現陽面和陰面的機率_____（相等／不相等）。

不相等

(3)保險公司精算師計算 60～70 歲老人的死亡率,以作為
　　擬訂保險費率的依據。顯然, 60 歲至 70 歲老人的死
　　亡率是＿＿＿＿＿(因人而異／人人相同)。　　　　　　　　　因人而異

・請讀下一單元

- -

 **5-37**

　　以上 3 個問題的內容顯示,它們的樣本空間內各個樣本
點的發生機會,是＿＿＿＿＿(相等的／不相等的),因此不　　　　不相等的
適合採用古典機率測度法來計算機率。以下說明的相對次數
機率測度法正可用來取代古典機率測度法。

・請讀下一單元

- -

單元 5-38 相對次數的機率

　　在單元 5-3 曾提到隨機實驗的特性之一,是可在相同的條
件下重複執行。我們把實驗的每一次執行,稱為試行 (trial)。

　　當投擲一枚硬幣 1 次,就稱為試行 1 次,投 100 次則為
試行＿＿＿次。　　　　　　　　　　　　　　　　　　　　　　100

　　⬤ 表 5-1　投擲單片聖筊的結果

試行次數	陽面次數	相對次數
10	5	0.5000
50	18	0.3600
90	35	0.3889
100	38	0.3800
500	198	0.3960
1,000	397	0.3970
2,000	781	0.3905
5,000	1,940	0.3880
10,000	3,840	0.3840
15,000	5,721	0.3814
20,000	7,660	0.3830

・請讀下一單元

5-39

重複投擲單片聖筊，出現陽面的次數如表 5-1 所示。由
於聖筊的陽面凸陰面平，兩面重量並不均勻，所以陽面和陰
面各別發生的機率是_____（相等／不相等）的，因此不　　**不相等**
適用古典機率測度法。

・請讀下一單元

 5-40

讓我們來觀察連續投擲某單片聖筊出現陽面的試行次數
與相對次數的變化。依照表 5-1 所示，當試行投擲 10 次，相
對次數是 0.5000；試行 100 次，相對次數是____；試行 1,000　　0.3800
次，相對次數是____；試行 5,000 次，相對次數是____；試行　　0.3970、0.3880
10,000 次，相對次數是 0.3840，試行 20,000 次，相對次數
是____。顯然，當試行的次數 N 增多，相對次數跟著趨於穩　　0.3830
定，在試行 5,000 次之後，相對次數就接近 0.38 上下微幅波
動而已。所以我們可以說：此一聖筊出現陽面的相對次數是趨
近於____。　　0.38

$$出現陽面的相對次數 = \frac{陽面次數}{試行總次數} = \frac{7,660}{20,000} \doteqdot 0.38$$

・請讀下一單元

 5-41

我們再對一枚硬幣進行多次重複投擲（實驗），觀察其出
現正面的相對次數變化，如表 5-2 所示。

試行 100 次的相對次數：0.4400。

試行 10,000 次的相對次數：____。　　0.4966

試行 20,000 次的相對次數：0.4986。

同樣明顯地，當 N 增多至 10,000 次之後，相對次數就趨近穩定，幾乎趨近於 0.50，這個數值和應用古典機率法求得的機率值，幾乎是一致的。

$$硬幣出現正面的相對次數 = \frac{正面次數}{試行總次數} = \frac{9,972}{20,000} \doteqdot \text{\_\_\_\_}$$

0.50

 表 5–2　投擲硬幣的結果

試行次數	正面次數	相對次數
100	44	0.4400
1,000	475	0.4750
10,000	4,966	0.4966
20,000	9,972	0.4986

・請讀下一單元

單元 5–42

綜合以上兩單元所述，我們可獲得的結論是：

重複試行某一事件，當 N 增加至非常大時，該事件出現的相對次數會趨近於一常數值，我們稱此一常數值是該事件機率的估計值。

以公式表達此一定義：

$$P(E) \doteqdot \frac{n(E)}{N}$$

N 為試行總次數

$n(E)$ 為出現事件 E 的次數

$\doteqdot$ 表示近似相等

・請讀下一單元

 **5-43**

基於上，相對次數機率測度法僅是求得機率的近似值，試行 N 的次數愈大，機率值精確度愈_____。理論上，當試行 N 是無限大時，就可保證得到完全精確的機率了。下面公式可說明此一意義。

高

$$P(E) = \lim_{N \to \infty} \frac{n(E)}{N}$$

• 請讀下一單元

 **5-44**

相對次數的機率是客觀實驗的結果，其應用範圍遠比古典機率要寬廣。事實上，古典機率理論和相對機率理論所求得的機率值_____（相同／不相同），因此古典機率測度法，可被視為是相對次數機率測度法的一種特例。

相同

• 請讀下一單元

 **5-45 主觀機率測度法**

求古典機率所需的條件十分嚴格，求相對機率又需經過非常多次客觀的試行，事實上，有很多事件機率值的估計，是無法應用這兩種方法去求取的，譬如：

⑴早上出門前，看看天空，說出今日下雨的機率。

⑵在股票市場評估某支股票上漲的機率。

⑶董事長思考投資的成敗率。

顯然，遇到類似上述三種情況時，想判斷事件發生的機率，古典機率測度法和相對次數機率測度法都是派不上用場

的，此時只好憑個人的經驗或直覺，以＿＿＿＿＿（主觀／客　　　主觀
觀）的認知來判斷事件的機率了。這種憑個人主觀意識判斷
機率的方法，就稱為主觀機率測度法。

・請讀下一單元

 **5-46**

用主觀判斷來測度一事件發生的機率，會因個人的知識、經驗和直覺等的不
同而異，其對事件機率所下的判斷和評估是否正確，必須待事件發生之後，才能
有所印證和揭曉。茲以機率符號來表示主觀機率：

$$主觀機率\ P(A) = 個人對事件的認知和信心度$$

主觀機率測度法雖然缺乏理論根據，也不客觀，但在日常生活中或企業投資
決策中，還是為人們所普遍採用的。

・請讀下一單元

單元 5-47 應用相對次數機率測度法求事件機率

在樣本空間 S 之下，事件 E 的機率為：事件 E 包含的樣本點個數與樣本空間
樣本點總個數之比值：

$$P(E) = \frac{n(E)}{n(S)}$$

以下將應用此一公式，練習事件機率的求法。

・請讀下一單元

例 4

試求下列有關投擲一公正骰子的事件和其所含樣本點數，本例在單元 5–13 已提過，請再複習做做看。

解

投擲一公正骰子，可能有的點數為 1, 2, 3, 4, 5, 6，故：

(1)樣本空間 $S = \{1, 2, 3, 4, 5, 6\}$，其所含樣本數 $n(S) =$ _____。　　6

(2)偶數點事件 $A = \{2, 4, 6\}$，其所含樣本數 $n(A) =$ _____。　　3

(3)奇數點事件 $B = \{1,$ _____ $, 5\}$，其所含樣本數 $n(B) =$ _____。　　3

　　3

(4)大於 4 點事件 $C = \{$ _____ $, 6\}$，其所含樣本數 $n(C) =$ _____。　　5

　　2

・請讀下一單元

例 5

試求在例 4 中 A、B、C 事件的機率。

解

依例 4 可知，樣本空間及 A、B、C 事件所含的樣本數分別是：

$$n(S) = 6, n(A) = \underline{\quad}, n(B) = 3, n(C) = \underline{\quad}$$　　3、2

所以，這些事件的機率為：

(1)各點數出現的機率均等：

$$P(1) = P(2) = P(3) = P(4) = P(5) = P(6) = \frac{1}{6}$$

(2) $P(A) = \dfrac{\text{事件 } A \text{ 之樣本點數}}{\text{樣本空間總個數}} = \dfrac{n(A)}{n(S)} = $ _____ 。 $\dfrac{3}{6}$

(3) $P(B) = \dfrac{n(B)}{n(S)} = $ _____ 。 $\dfrac{3}{6}$

(4) $P(C) = \dfrac{n(C)}{n(S)} = $ _____ 。 $\dfrac{2}{6}$

· 請讀下一單元

 5–50

 6

承例 4，求 A、B、C 事件的交集或聯集的機率。

(1) A、B 兩事件的聯集為：

$$A \cup B = \{\, 1, \underline{\quad}, 3, 4, 5, 6 \,\}$$ 2

$$n(A \cup B) = \underline{\quad}$$ 6

$$\therefore P(A \cup B) = \dfrac{n(A \cup B)}{n(S)} = \dfrac{\underline{\quad}}{6} = \underline{\quad}$$ 6、1

(2) A、B 兩事件的交集為：

$$A \cap B = \phi = \{\quad\}$$

$$n(A \cap B) = \underline{\quad}$$ 0

$$\therefore P(A \cap B) = \dfrac{n(A \cap B)}{n(S)} = \dfrac{0}{6} = \underline{\quad}$$ 0

(3) A、C 兩事件的聯集為：

$$A \cup C = \{\, 2, 4, 5, 6 \,\}$$

$$n(A \cup C) = \underline{\quad}$$ 4

$$\therefore P(A \cup C) = \dfrac{n(A \cup C)}{n(S)} = \underline{\quad}$$ $\dfrac{4}{6}$

同理，求下列機率：

(4) $P(A \cap C) = $ _____ 。 $\dfrac{1}{6}$

(5) $P(B \cap C) = \dfrac{1}{6}$ 。

(6) $P(B \cup C) =$ _____ 。 $\dfrac{4}{6}$

・如果答對，請跳讀單元 5–52

・如果答錯，請讀下一單元解答

 5–51

承例 4：

(4) A、C 兩事件的交集為：

$$A \cap C = \{6\}$$

$$n(A \cap C) = \underline{\quad}$$ 1

$$P(A \cap C) = \frac{n(A \cap C)}{n(S)} = \frac{\quad}{6}$$ 1

(5) B、C 兩事件的交集為：

$$B \cap C = \{\underline{\quad}\}$$ 5

$$n(B \cap C) = 1$$

$$P(B \cap C) = \frac{n(B \cap C)}{n(S)} = \frac{\quad}{6}$$ 1

(6) B、C 兩事件的聯集為：

$$B \cup C = \{1, 3, 5, 6\}$$

$$n(B \cup C) = \underline{\quad}$$ 4

$$P(B \cup C) = \frac{n(B \cup C)}{n(S)} = \underline{\quad}$$ $\dfrac{4}{6}$

・請讀下一單元

 5–52 應用機率運算法求事件機率

任兩事件 A 和 C 聯集的機率為：

$$P(A \cup C) = P(A) + P(C) - P(A \cap C)$$

・請讀下一單元

 7

試求：

(1)例 5、例 6 中，A 與 C 事件聯集的機率：

$\because P(A) = \dfrac{3}{6}, P(C) = \dfrac{2}{6}, P(A \cap C) = \dfrac{1}{6}$

$\therefore P(A \cup C) = P(A) + P(C) - P(A \cap C)$

$= \dfrac{3}{6} + \dfrac{2}{6} - \dfrac{}{6}$　　　　　　　1

$= \dfrac{4}{6}$　　　　（與例 6 之(3)的答案相同）

(2)同理，B 和 C 兩事件聯集的機率為：

$P(B) = \dfrac{3}{6}, P(C) = \dfrac{2}{6}, P(B \cap C) = \dfrac{1}{6}$

$P(B \cup C) = P(B) + P(C) - P(B \cap C)$

$= \dfrac{3}{6} + \dfrac{2}{6} - \underline{}$　　　　　　$\dfrac{1}{6}$

$= \underline{}$　　　（與例 6 之(6)的答案相同）　$\dfrac{4}{6}$

・請讀下一單元

若 A 和 B 兩事件為互斥，則其聯集的機率為：

$$P(A \cup B) = P(A) + P(B)$$

 8

由單元 5–48 例 4 的資料，求 A 與 B 事件交集與聯集的機率。

(1) $P(A) = \dfrac{3}{6}$, $P(B) = \dfrac{3}{6}$：

　　$\because A$ 與 B 事件互斥

　　$\therefore P(A \cap B) = $ ＿＿＿　　　　　　　0

(2) $\therefore P(A \cup B) = P(A) + P(B)$

$$= \dfrac{3}{6} + \dfrac{3}{6}$$

$$= \text{＿＿＿}$$　　　　　　　$\dfrac{6}{6}$

$$= 1 \qquad (與例 6 之(1)的答案相同)$$

・請讀下一單元

 5–55

 9

投擲一公正骰子 2 次，試求：

(1)共有幾種點數組合? ＿＿＿ 種。　　　　36

(2)點數和為 8 的機率為＿＿＿。　　　　$\dfrac{5}{36}$

(3)第 1 次出現 5 點的機率為＿＿＿。　　$\dfrac{6}{36}$

(4)點數和為 11 的機率為＿＿＿。　　　$\dfrac{2}{36}$

(5)點數和為 8 且第 1 次出現 5 點的機率為＿＿＿。　$\dfrac{1}{36}$

(6)點數和為 8 或第 1 次出現 5 點的機率為＿＿＿。　$\dfrac{10}{36}$

(7)點數和為 8 或 11 的機率為＿＿＿。　$\dfrac{7}{36}$

・如果答對，恭喜你已學會機率的一般運算，請練習自我評量 2

・如果答錯，請讀下一單元解答

 5–56

解

(1)投擲一公正骰子 2 次，共有多少種組合?

投擲骰子 2 次，共有＿＿×＿＿＝36 種組合（樣本
點），如表 5–3，依古典機率測度法可得知，每一樣本
點發生的機率等於＿＿。

6、6

$\dfrac{1}{36}$

表 5–3 投擲一粒骰子 2 次的樣本空間

第1次		第2次					
		1	2	3	4	5	6
	1	(1, 1)	(1, 2)	(1, 3)	(1, 4)	(1, 5)	(1, 6)
	2	(2, 1)	(2, 2)	(2, 3)	(2, 4)	(2, 5)	(2, 6)
	3	(3, 1)	(3, 2)	(3, 3)	(3, 4)	(3, 5)	(3, 6)
	4	(4, 1)	(4, 2)	(4, 3)	(4, 4)	(4, 5)	(4, 6)
	5	(5, 1)	(5, 2)	(5, 3)	(5, 4)	(5, 5)	(5, 6)
	6	(6, 1)	(6, 2)	(6, 3)	(6, 4)	(6, 5)	(6, 6)

・請讀下一單元

 單元 5–57

應用相對次數法求機率：

(2)點數和為 8 的機率：

令 A 表示點數和為 8 的事件：（參看表 5–4 中 A 帶）

$A = \{(2, 6), (3, 5), (4, 4), (5, 3), (6, 2)\}$

$n(A) = $＿＿

$P(A) = \dfrac{n(A)}{n(S)} = $＿＿

5

$\dfrac{5}{36}$

(3)第 1 次出現 5 點的機率：

令 B 表示為第 1 次出現 5 點的事件：（參看表 5–4 中
B 帶）

$B = \{(5, 1), (5, 2), (5, 3), (5, 4), (5, 5), (5, 6)\}$

$n(B) = $＿＿

$P(B) = \dfrac{n(B)}{n(S)} = \dfrac{}{36} = \dfrac{1}{6}$

6

6

● 表 5-4　擲一粒骰子 2 次的樣本空間

		第 2 次					
		1	2	3	4	5	6
第 1 次	1	(1, 1)	(1, 2)	(1, 3)	(1, 4)	(1, 5)	(1, 6)
	2	(2, 1)	(2, 2)	(2, 3)	(2, 4)	(2, 5)	(2, 6)	*A* 帶
	3	(3, 1)	(3, 2)	(3, 3)	(3, 4)	(3, 5)	(3, 6)
	4	(4, 1)	(4, 2)	(4, 3)	(4, 4)	(4, 5)	(4, 6)
	5	(5, 1)	(5, 2)	(5, 3)	(5, 4)	(5, 5)	(5, 6)	*B* 帶
	6	(6, 1)	(6, 2)	(6, 3)	(6, 4)	(6, 5)	(6, 6)	*C* 帶

· 請讀下一單元

單元 5-58

　⑷求點數和為 11 的機率：

　　令 C 表示為點數和為 11 的事件：（參看表 5-4 中 C

　　帶）

$$C = \{(5, 6), (6, 5)\}$$

$$n(C) = 2$$

$$P(C) = \frac{n(C)}{n(S)} = \underline{\quad\quad}$$

$\dfrac{2}{36}$

　⑸求點數和為 8 且第 1 次出現 5 點的機率：（參看表 5-4

　　中，A、B 兩帶交點）

　　事件 A 和事件 B 的交集為：

$$A \cap B = \{(5, 3)\}$$

$$n(A \cap B) = \underline{\quad\quad}$$

1

$$\therefore P(A \cap B) = \frac{n(A \cap B)}{n(S)} = \frac{\underline{\quad\quad}}{36}$$

1

· 請讀下一單元

 **5-59**

運用機率加法運算，求事件機率：

(6)求點數和為 8 或第 1 次出現 5 點的機率：

① 依單元 5-57 第(2)題，可知點數和為 8 的機率為：

$$P(A) = \underline{\quad}$$

$\dfrac{5}{36}$

② 依單元 5-57 第(3)題，第 1 次出現 5 點的機率為：

$$P(B) = \underline{\quad}$$

$\dfrac{6}{36}$

③ A 與 B 的交集為：

$$P(A \cap B) = \frac{1}{36} \qquad （參看單元 5-58 之(5)）$$

$$P(A \cup B) = P(A) + P(B) - P(A \cap B)$$

$$= \frac{5}{36} + \underline{\quad} - \frac{1}{36}$$

$$= \underline{\quad}$$

$\dfrac{6}{36}$

$\dfrac{10}{36}$

· 請讀下一單元

 **5-60**

(7)求點數和為 8 或 11 的機率：

① 依單元 5-57 第(2)題，可得知點數和為 8 的機率：

$$P(A) = \frac{5}{36}$$

② 依單元 5-58 第(4)題，可得知點數和為 11 的機率：

$$P(C) = \frac{2}{36}$$

③ 事件 A 和事件 C 為互斥，故 $P(A \cap C) = 0$。

A 與 C 事件的聯集公式為：（參看表 5-4 中 A 帶與 C 帶）

$$P(A \cup C) = P(A) + P(C)$$

$$= \underline{\quad} + \underline{\quad}$$

$\dfrac{5}{36}, \dfrac{2}{36}$

$$= \underline{\qquad} \qquad\qquad \frac{7}{36}$$

・請練習自我評量 2

 自我評量 2

二、已知箱中有 5 顆球，分別標示號碼 2、3、4、5、6。

   1. 今從箱中隨機抽取一球，求下列機率：

    (1)令偶數點事件為 A，求 $P(A)$。

    (2)令奇數點事件為 B，求 $P(B)$。

    (3)令大於 4 點事件為 C，求 $P(C)$。

    (4)求 $P(A \cap B)$。

    (5)求 $P(A \cup C)$。

    (6)求 $P(A^c)$。

   2. 若從箱中抽取一球，然後放回再抽一球，計其前後兩球點數和為 X，求下

    列各題機率：

    (1)令兩球點數和為 7 的事件為 D，求 $P(D)$。

    (2)令兩球點數和為 10 的事件為 E，求 $P(E)$。

    (3)令兩球點數中，第一球為 3 的事件為 F，求 $P(F)$。

    (4)求 $P(D \cup E)$。

    (5)求 $P(D \cap F)$。

第三節　雙維聯合機率

 單元 5-61 聯合次數分配的形成

   對一樣本空間，依分類標準 X 分割成 r 個相互排斥的部分空間，而 x_i 為其任

一空間（即屬一事件）；然後，再依分類標準 Y，把它分割成 c 個相互排斥的部分

空間，y_j 為其任一空間（亦屬一事件）。如是，樣本空間就被兩分類標準 X 和 Y，聯合分割成 $r \times c$ 個小部分空間，如表 5–5 所示。

表 5–5 內每一小部分空間，是為 x_i 和 y_j 的交集。換言之，它代表含有事件 x_i 和事件 y_j 共同特質的聯合事件。將表 5–4 各空間內之交集，轉換成樣本點數，即成為聯合次數分配表，或稱列聯表 (contingency table)。

🔵 表 5–5　x 和 y 構成的聯合次數分配表

標準 X ＼ 標準 Y	y					
	y_1	y_2	$\cdots$	y_j	$\cdots$	y_c
x_1	$x_1 \cap y_1$	$x_1 \cap y_2$	$\cdots$	$x_1 \cap y_j$	$\cdots$	$x_1 \cap y_c$
x_2	$x_2 \cap y_1$	$x_2 \cap y_2$	$\cdots$	$x_2 \cap y_j$	$\cdots$	$x_2 \cap y_c$
$\vdots$	$\vdots$	$\vdots$	$\vdots$	$\vdots$	$\vdots$	$\vdots$
x_i	$x_i \cap y_1$	$x_i \cap y_2$	$\cdots$	$x_i \cap y_j$	$\cdots$	$x_i \cap y_c$
$\vdots$	$\vdots$	$\vdots$	$\vdots$	$\vdots$	$\vdots$	$\vdots$
x_r	$x_r \cap y_1$	$x_r \cap y_2$	$\cdots$	$x_r \cap y_j$	$\cdots$	$x_r \cap y_c$

（標準 X 欄左側另標示 x）

・請讀下一單元

例 10

調查某校大學生中男女生抽菸情況，如下表 5–6，試說明聯合次數分配表的意義。

🔵 表 5–6　男女學生抽菸情形之聯合次數分配表

標準 X ＼ 標準 Y	抽菸 (y_1)	不抽菸 (y_2)	合　計
男 (x_1)	$n(x_1 \cap y_1) = 16$	24	$n(x_1) = 40$
女 (x_2)	8	32	$n(x_2) = 40$
合　計	$n(y_1) = 24$	$n(y_2) = 56$	80

・請讀下一單元

5–63

由表 5–6 得知：

(1)令調查的樣本空間為 S，總人數有 $n(S) = 80$（人）。

(2)依性別標準 X 分類，x_1 表男性，x_2 表女性：

$$男性學生數 \ n(x_1) = 40$$

$$女性學生數 \ n(x_2) = \underline{\qquad}$$ 　40

(3)依抽菸標準 Y 分類，y_1 表抽菸，y_2 表不抽菸：

$$抽菸學生數 \ n(y_1) = \underline{\qquad}$$ 　24

$$不抽菸學生數 \ n(y_2) = \underline{\qquad}$$ 　56

(4)$x_i \cap y_j$ 為事件 x_i（男或女）與事件 y_j（抽菸或不抽菸）

共同特性的聯合事件，由此可知 $x_1 \cap y_1$ 表示為男性且

抽菸的交集（事件），其人數 $n(x_1 \cap y_1) = \underline{\qquad}$（人）。　16

同理，試求：

$$n(x_1 \cap y_2) = \underline{\qquad} \ （人）$$ 　24

$$n(x_2 \cap y_1) = \underline{\qquad} \ （人）$$ 　8

$$n(x_2 \cap y_2) = \underline{\qquad} \ （人）$$ 　32

・如果答對，請跳讀單元 5–65

・如果答錯，請讀下一單元解答

 5–64

承例 10：

(1)$x_1 \cap y_2$ 表示學生為男性且不抽菸的交集（事件），其人

　數 $n(x_1 \cap y_2) = \underline{\qquad}$（人）。　24

(2)$x_2 \cap y_1$ 表示學生為女性且抽菸的交集（事件），其人數

　$n(x_2 \cap y_1) = \underline{\qquad}$（人）。　8

(3) $x_2 \cap y_2$ 表示學生為女性且不抽菸的交集（事件），其人

數 $n(x_2 \cap y_2) =$ ＿＿＿＿（人）。

32

・請讀下一單元

 **5–65** 雙維聯合機率

所謂雙維聯合機率是指 2 個類別的事件同時發生的機率。換句話說，對表 5–6 的 x_i 和 y_j 兩事件形成的交集（聯合事件），求其機率，即為雙維聯合機率。記作：

$$P(x_i \cap y_j), i = 1, 2, \cdots, r$$

$$j = 1, 2, \cdots, c$$

如果分類表的分類標準增加至 3 個或以上，則稱為多維聯合機率。

・請讀下一單元

 **5–66**

 11

依據表 5–6，求聯合次數分配表。

依據上一單元得知，聯合機率是 2 個類別的事件同時發生的機率，記為：

$$P(x_i \cap y_j) = \frac{x_i \text{ 和 } y_j \text{ 聯合事件的樣本點數}}{\text{樣本空間的樣本點總數}} = \frac{n(x_i \cap y_j)}{n(S)}$$

$$P(x_1 \cap y_1) = \frac{\text{男性抽菸學生人數}}{\text{總學生人數}} = \frac{n(x_1 \cap y_1)}{n(S)} = \frac{}{80} = \underline{}$$

16、0.2

同理，

$$P(x_1 \cap y_2) = \frac{n(x_1 \cap y_2)}{n(S)} = \frac{}{80} = \underline{}$$

24、0.3

$$P(x_2 \cap y_1) = \frac{n(x_2 \cap y_1)}{n(S)} = \frac{}{80} = \underline{}$$

8、0.1

$$P(x_2 \cap y_2) = \frac{n(x_2 \cap y_2)}{n(S)} = \frac{}{80} = \underline{}$$

32、0.4

 表 5–7　男女學生抽菸情形之聯合次數分配表

	抽菸 (y_1)	不抽菸 (y_2)	合　計
男 (x_1)	0.2	0.3	____　0.5
女 (x_2)	0.1	0.4	____　0.5
合　計	____　0.3	0.7	1

・請讀下一單元

單元 **5–67** 邊際機率

在 2 個類別（分類標準）的事件中，若僅考慮其中 1 個類別所發生的機率，稱為邊際機率 (marginal probability)。換句話說，對表 5–7 中，僅考慮 x_i 或 y_j 單一事件發生的機率，記作：

$$P(x_i), i = 1, 2, \cdots, r$$

$$P(y_j), j = 1, 2, \cdots, c$$

・請讀下一單元

單元 **5–68**

 12

依據表 5–6，求邊際機率。

依據上一單元的定義，邊際機率指 2 個分類標準中，只考慮其中一類別（或事件）個別發生的機率，即：

$$P(x_i) = \frac{n(x_i)}{n(S)}, i = 1, 2, \cdots, r$$

$$P(y_j) = \frac{n(y_j)}{n(S)}, j = 1, 2, \cdots, c$$

所以依表 5–6 所示，男性事件的邊際機率為：

$$P(x_1) = \frac{n(x_1)}{n(S)} = \frac{\underline{\quad}}{80} = \underline{\quad}$$

40、0.5

女性事件的邊際機率為：

$$P(x_2) = \frac{n(x_2)}{n(S)} = \frac{40}{80} = \underline{\qquad}$$

抽菸事件的邊際機率為：

$$P(y_1) = \frac{n(y_1)}{n(S)} = \frac{}{80} = \underline{\qquad}$$

不抽菸事件的邊際機率為：

$$P(y_2) = \frac{n(y_2)}{n(S)} = \frac{}{80} = \underline{\qquad}$$

把以上計算填入表 5–7 內。

· 恭喜你已學完雙維聯合機率的基礎，請練習自我評量 3

| 0.5 |
| 24、0.3 |
| 56、0.7 |

【註】以＊標記者需應用第四節條件機率的概念

三、某大學企管系新生 100 名，依性別及近視與否分類的人數分布如下：

	女 (F)	男 (M)
近視 (A)	38	17
非近視 (B)	22	23

該系欲從其中選 1 名為一年級的代表，請回答下列各事件發生的機率：

1. 女性被選上的機率，男性被選上的機率。

2. 選上學生近視的機率，非近視的機率。

3. 男性且近視的機率。

4. 男性或近視的機率。

＊5. 如果該系預定要選男性學生作為代表，請問選到近視學生的機率為何？

＊6. 請問一年級新生的性別和近視是否有關係？

四、某資訊公司員工的性別和婚姻狀況為：

	單身 (A)	已婚 (B)
男 (M)	77	14
女 (F)	28	21

請回答下列機率問題:

　1. 求上述資料的聯合次數分配表。

　2. 男性的機率和女性的機率。

　3. 單身的機率和已婚的機率。

　4. 某員工為單身且為男性的機率。

＊5. 已知某員工為男性，請問其為單身的機率為何?

＊6. 員工性別和婚姻狀況是否互相獨立? 請用機率解釋之。

五、已知某公司員工的學歷和性別分布如下:

	大學 (B)	碩士或以上 (G)
男 (M)	18	7
女 (F)	22	33

求下列機率問題:

　1. 列出聯合機率表。

　2. 男性的機率，和大學生的機率。

＊3. 若已知為男性，請問他是大學學歷的機率為何?

＊4. 若已知為女性，請問她是大學學歷的機率為何?

＊5. 請問性別和學歷是否獨立?

第四節　條件機率

 5-69 條件機率的意義和運算

條件機率 (conditional probability) 的定義如下:

令 A、B 兩事件屬同一樣本空間，若已知事件 B 為已經發生的條件下，事件 A 發生的機率，即為事件 A 的條件機率，記作:

$$P(A \mid B) = \frac{P(A \cap B)}{P(B)}, P(B) \neq 0$$

$P(A \cap B)$ 表示事件 A 與 B 同時發生的機率

$P(B)$ 表示事件 B 發生的機率

同理，在已知事件 A 已經發生的條件下，事件 B 發生的機率，即為事件 B 的條件機率，記作：

$$P(B \mid A) = \frac{P(A \cap B)}{P(A)}, P(A) \neq 0$$

・請讀下一單元

 5-70

本單元將以例 13 來說明條件機率的意義。

 **13**

依表 5-8，求 80 名大學生中，男女性抽菸情形的聯合次數分配表。

ⓣ 表 5-8　80 名學生的性別與抽菸情況聯合次數分配表

	抽菸 (y_1)	不抽菸 (y_2)	合　計
男 (x_1)	0.2（16 人）	0.3（24 人）	0.5（40 人）
女 (x_2)	0.1（8 人）	0.4（32 人）	0.5（40 人）
合　計	0.3（24 人）	0.7（56 人）	1.0（80 人）

依上表得知：

(1) x_1 表男性事件，y_1 表抽菸事件，$x_1 \cap y_1$ 表示為男性又抽菸的事件，依相對次數機率測度法，求下列機率：

$$P(x_1 \cap y_1) = \frac{n(x_1 \cap y_1)}{n(S)} = \frac{\quad}{80} = \underline{\quad}$$

16、0.2

由此可知，$P(x_1 \cap y_1)$ 是以樣本空間 S 的人數作為基礎

計算的結果。

⑵如果把樣本空間縮小至抽菸者 $n(y_1) = 24$。在抽菸的 24 人中，包含男性 16 人和女性 8 人，亦即抽菸且又屬於男性的人數為 $n(x_1 \cap y_1) = 16$ 人。所以求在抽菸人數 24 人中，屬於男性有 16 人之相對次數（機率）記作：

$$\frac{n(x_1 \cap y_1)}{n(y_1)} = \underline{\hspace{2cm}}$$

$\dfrac{16}{24}$

顯然，上面機率的涵義是：把原樣本空間 S 縮小後的新樣本空間（抽菸事件 y_1）中，包含男性（男性事件 x_1）的機率。這種機率是以 y_1 事件人數作基礎進行計算 x_1 事件的機率，稱作 x_1 事件的條件機率，記作：

$$P(x_1 \mid y_1) = \frac{n(x_1 \cap y_1)}{n(y_1)} = \frac{事件\ x_1\ 和事件\ y_1\ 的交集}{事件\ y_1\ 的人數}$$

$$= \underline{\hspace{2cm}}$$

$\dfrac{16}{24}$

・請讀下一單元

 **5-71**

條件機率 $P(x_1 \mid y_1)$ 讀作「在 y_1 事件已出現的條件下，再出現 x_1 事件的機率」。條件機率的公式說明如下：

$$P(x_1 \mid y_1) = \frac{n(x_1 \cap y_1)}{n(y_1)}$$

$$= \frac{\dfrac{n(x_1 \cap y_1)}{n(S)}}{\dfrac{n(y_1)}{n(S)}} \qquad (分子和分母除以等量\ n(S))$$

$$= \frac{P(x_1 \cap y_1)}{P(y_1)}$$

$$= \frac{事件\ x_1\ 和事件\ y_1\ 交集的機率}{事件\ y_1\ 的機率}$$

$$P(x_1 \mid y_1) = \frac{P(x_1 \cap y_1)}{P(y_1)}$$

· 請讀下一單元

 5-72

 14

某鄉的鄉民性別與就業狀況分類如下:

🅣 表 5-9 鄉民的性別與就業情形之聯合次數分配表

	就業(E)	失業(D)	合 計
男(M)	460	40	500
女(W)	140	260	400
合 計	600	300	900

今遇到該鄉一位男性朋友,他就業的機率有多少?

答: 已知該鄉民為男性的條件下,他就業的機率是: ＿＿。

$\dfrac{460}{500}$

· 如果答對,請跳讀單元 5-74

· 如果答錯,請讀下一單元解答

 5-73

本例是屬條件機率的問題,意即要在已知為男性事件的基礎下,求其就業事件的機率。

(1)令 M 為男性事件,E 為就業事件。

(2)依題意:

$$P(M) = \frac{n(M)}{n(S)} = \underline{\quad\quad}$$

$\dfrac{500}{900}$

$$P(M \cap E) = \frac{n(M \cap E)}{n(S)} = \underline{\quad\quad}$$

$\dfrac{460}{900}$

因此，

$$P(E \mid M) = \frac{P(E \cap M)}{P(M)} = \frac{\frac{460}{900}}{\frac{500}{900}} = \underline{\qquad}$$

$$\frac{460}{500}$$

· 請讀下一單元

 5-74

歸納以上各單元，事件機率的計算法則有兩種：

1.加法法則

計算兩事件聯集的機率，公式為：

$$P(A \cup B) = P(A) + P(B) - P(A \cap B)$$

2.乘法法則

計算兩事件交集的機率，公式為：

$$P(A \cap B) = P(B) \times P(A \mid B)$$
$$= P(A) \times P(B \mid A)$$

· 相關公式證明請讀下一單元

 **5-75**

乘法法則係由條件機率衍生而來：

$$P(A \mid B) = \frac{P(A \cap B)}{P(B)} \qquad （條件機率公式）$$

$$P(A \cap B) = P(B) \times P(A \mid B)$$

同理，

$$P(B \mid A) = \frac{P(A \cap B)}{P(A)}$$

$$P(A \cap B) = P(A) \times P(B \mid A)$$

‧請讀下一單元

 單元 5–76

例 15

有一批零件 20 個,其中有 5 個不良品,若從中以不歸回式連續抽取 2 個,試問 2 個均為不良品的機率為何?

答:＿＿＿。

$\frac{1}{19}$

‧如果答對,請跳讀單元 5–78

‧如果答錯,請讀下一單元解答

單元 5–77

 解

承例 15,令 A 為第 1 次抽到不良品的事件:

$$P(A) = \frac{\text{不良品個數}}{\text{總個數}} = \frac{n(A)}{n(S)} = \frac{\underline{}}{20}$$

5

在第 1 次抽到不良品後,尚餘 19 個,其中包含 4 個不良品,15 個良品。令 B 為當第 1 次抽到不良品之後,第 2 次抽到不良品的事件:

$$P(B \mid A) = \frac{\text{第 2 次抽時之不良品個數}}{\text{第 2 次抽時之總個數}} = \underline{}$$

$\frac{4}{19}$

故第 1 次和第 2 次皆抽到不良品的機率為:

$$P(A \cap B) = P(A) \times P(B \mid A)$$

$$= \frac{5}{20} \times \frac{\underline{}}{19} = \underline{}$$

4、$\frac{1}{19}$

‧請讀下一單元

5-78 獨立事件的意義

如果 $P(A \mid B)$ 為條件機率而 $P(A)$ 為非條件機率，兩者如不相等，則表示條件機率中，B 事件的發生會影響 A 事件發生的機率，此時，我們稱 A、B 兩事件有關聯，是相依的 (dependent)；如果 $P(A)$ 和 $P(A \mid B)$ 兩者相等，表示 B 事件的發生不會影響 A 事件發生的機率，此時，稱兩者是獨立的 (independent)。

· 請讀下一單元

 5-79

A、B 為任兩事件，獨立事件的定義：

$$P(A \mid B) = P(A)$$

或

$$P(B \mid A) = P(B)$$

或

$$P(A \cap B) = P(A) \times P(B)$$

則稱 A、B 兩事件獨立或稱不相關；反之，則稱為相依或有相關。

· 請讀下一單元

 5-80

 16

承例 14，某鄉鄉民的性別與就業狀況的分類如下：

🔴 表 5-9 鄉民的性別與就業情形之聯合次數分配表

	就業 (E)	失業 (D)	合　計
男 (M)	460	40	500
女 (W)	140	260	400
合　計	600	300	900

試問「性別」和「就業」兩種事件是否獨立?

已知該鄉民為男性的條件下,他就業的機率為:

$$P(E \mid M) = \frac{460}{500}$$　　　(參看單元 5-73 計算方式)

該鄉民的就業機率為 $P(E)$,即:

$$P(E) = \frac{600}{900}$$

$$P(E) \neq P(E \mid M)$$

故「性別」和「就業與否」兩事件為相依(即有關係),換言之,就業機率因性別的不同而異。

·請讀下一單元

某公司新招聘 20 名員工,今依其學歷和性別分類如下表:

⊤ 表 5-10　員工學歷與性別之聯合次數分配表

	大學 (U)	高中 (H)	合　計
男 (M)	10	2	12
女 (W)	5	3	8
合　計	15	5	20

試問:

(1)男性被錄取的機率?

(2)錄取為男性且大學畢業者的機率?

(3)從錄取者為男性中,抽一名作為秘書,請問他是大學畢業的機率?

(4)此次錄取員工中,性別和學歷兩者是否獨立?

答：(1)＿＿＿。(2)＿＿＿。

　　(3)＿＿＿。(4)＿＿＿＿＿。

$\dfrac{12}{20}$、$\dfrac{10}{20}$

$\dfrac{10}{12}$、不獨立

・如果答對，恭喜你已學會條件機率，請練習自我評量 4

・如果答錯，請複習單元 5–79，或請讀下一單元解答

 5–82

(1)被錄取者為男性的機率，表示所有錄取員工 (S) 中，

　　男性 (M) 的機率為：

$$P(M) = \frac{n(M)}{n(S)} = \text{＿＿＿} \quad \cdots\cdots ①$$

$\dfrac{12}{20}$

　　此屬於＿＿＿＿（聯合機率／邊際機率）。

邊際機率

(2)被錄取為男性 (M) 且又大學畢業 (U) 者有

　　$n(M \cap U) = 10$ 人，則其機率為：

$$P(M \cap U) = \frac{n(M \cap U)}{n(S)} = \text{＿＿＿} \quad \cdots\cdots ②$$

$\dfrac{10}{20}$

　　此屬於＿＿＿＿（聯合機率／邊際機率）。

聯合機率

・請讀下一單元

 5–83

承例 17：

(3)欲從錄取男性 (M) 中，抽選一位作為秘書，則抽中大

　　學畢業者 (U) 的機率，可寫為：

$$n(U \mid M)$$

　　此時所考慮的樣本空間，由 $S = 20$（包含男性和女性），

　　縮減到男性 12 人。而 12 人中，大學畢業者占 10 人，

　　故其機率為：（應用相對次數法）

$$P(U \mid M) = \frac{n(U \cap M)}{n(M)} = \frac{\qquad}{12} \cdots\cdots ③$$

10

另解：（應用條件機率法）

$$P(U \mid M) = \frac{P(U \cap M)}{P(M)} = \underline{\qquad} \quad （參看①和②）$$

$$\frac{\frac{10}{20}}{\frac{12}{20}}$$

$$= \frac{10}{12} \quad （與上法③求得的結果相同）$$

· 請讀下一單元

 **5-84**

承例 17：

(4)錄取員工中，性別和學歷兩事件是否獨立，U 事件代

表大學畢業的事件，M 事件代表男性事件，則：

$$P(U) = \underline{\qquad}$$

$$\frac{15}{20}$$

$$P(M) = \underline{\qquad}$$

$$\frac{12}{20}$$

$$P(U \mid M) = \frac{10}{12} \quad （參見單元 5-83）$$

$$\frac{15}{20} = P(U) \neq P(U \mid M) = \frac{10}{12}$$

故大學畢業事件 U 和男性事件 M，該兩事件

為 _____（獨立／相依）。

相依（有關係）

· 恭喜你已學完條件機率，請練習自我評量 4

 自我 評量 ④

請參看自我評量 3 中第三、四、五題以＊標記的部分

自我評量 解答

一、 1.(1) $S = \{2, 3, 4, 5, 6\}$, $n(S) = 5$

(2) $A = \{2, 4, 6\}$, $n(A) = 3$

(3) $B = \{3, 5\}, n(B) = 2$

(4) $C = \{5, 6\}, n(C) = 2$

(5) $A \cap B = \{\ \} = \phi, n(A \cap B) = 0$

(6) $A \cup C = \{2, 4, 5, 6\}, n(A \cup C) = 4$

(7) $A^c = \{3, 5\}, n(A^c) = 2$

2.(1)

	2	3	4	5	6
2	(2, 2)	(2, 3)	(2, 4)	(2, 5)	(2, 6)
3	(3, 2)	(3, 3)	(3, 4)	(3, 5)	(3, 6)
4	(4, 2)	(4, 3)	(4, 4)	(4, 5)	(4, 6)
5	(5, 2)	(5, 3)	(5, 4)	(5, 5)	(5, 6)
6	(6, 2)	(6, 3)	(6, 4)	(6, 5)	(6, 6)

(2) $S' = \{(2, 2), (2, 3), (2, 4), \cdots, (6, 5), (6, 6)\}, n(S') = 25$

(3) 兩球點數和為 7 之事件為 D：

　　$D = \{(5, 2), (4, 3), (3, 4), (2, 5)\}, n(D) = 4$

(4) 兩球點數和為 10 之事件為 E：

　　$E = \{(6, 4), (5, 5), (4, 6)\}, n(E) = 3$

(5) 第一球為 3 的事件 F：

　　$F = \{(3, 2), (3, 3), (3, 4), (3, 5), (3, 6)\}, n(F) = 5$

(6) $D \cup E = \{(5, 2), (4, 3), (3, 4), (2, 5), (6, 4), (5, 5), (4, 6)\}, n(D \cup E) = 7$

(7) $D \cap F = \{(3, 4)\}, n(D \cap F) = 1$

二、1.(1) $P(A) = \dfrac{3}{5}$

(2) $P(B) = \dfrac{2}{5}$

(3) $P(C) = \dfrac{2}{5}$

(4) $P(A \cap B) = \dfrac{0}{5} = 0$

(5) $P(A \cup C) = \dfrac{4}{5}$

(6) $P(A^c) = \dfrac{2}{5}$

2.(1) $P(D) = \dfrac{n(D)}{n(S)} = \dfrac{4}{25}$

(2) $P(E) = \dfrac{n(E)}{n(S)} = \dfrac{3}{25}$

(3) $P(F) = \dfrac{n(F)}{n(S)} = \dfrac{5}{25}$

(4) $P(D \cup E) = \dfrac{7}{25}$

(5) $P(D \cap F) = \dfrac{1}{25}$

三、 1. $P(F) = P(女) = 0.6$, $P(M) = 0.4$

2. $P(A) = 0.55$, $P(B) = 0.45$

3. $P(M \cap A) = 0.17$

4. $P(M \cup A) = P(A) + P(M) - P(A \cap M)$

$\qquad = 0.55 + 0.4 - 0.17$

$\qquad = 0.78$

5. $P(A \mid M) = \dfrac{P(A \cap M)}{P(M)} = \dfrac{0.17}{0.4} = \dfrac{17}{40}$

6. $P(A) \times P(M) = 0.55 \times 0.4 = 0.22 \neq P(A \cap M) = 0.17$

所以性別和視力兩者相依。

四、 1.

	單身 (A)	已婚 (B)	合　計
男 (M)	0.55	0.10	0.65
女 (F)	0.20	0.15	0.35
合　計	0.75	0.25	1.00

2. $P(M) = 0.65$, $P(F) = 0.35$

3. $P(A) = 0.75$, $P(B) = 0.25$

4. $P(A \cap M) = 0.55$

5. $P(A \mid M) = \dfrac{P(A \cap M)}{P(M)} = \dfrac{0.55}{0.65} = 0.85$

6. $P(A) \times P(M) = 0.75 \times 0.65 = 0.49$

$P(A \cap M) = 0.55$

∵ $P(A) \times P(M) \neq P(A \cap M)$，∴性別和婚姻狀況非獨立事件。

五、1.

	大學 (B)	碩士（或以上）(G)	合　計
男 (M)	0.225	0.087	0.312
女 (F)	0.275	0.413	0.688
合　計	0.500	0.500	1.000

2. $P(M) = 0.312, P(B) = 0.500$

3. $P(B \mid M) = \dfrac{P(M \cap B)}{P(M)} = \dfrac{0.225}{0.312} = 0.721$

4. $P(B \mid F) = \dfrac{P(B \cap F)}{P(F)} = \dfrac{0.275}{0.688} = 0.399$

5. $P(B) \times P(M) = 0.5 \times 0.312 = 0.156$

   $P(B \cap M) = 0.225$

   ∵ $P(B) \times P(M) \neq P(B \cap M)$，∴學歷和性別非獨立事件。

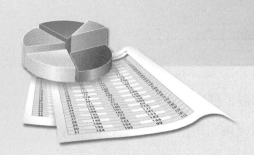

6 機率分配

第一節　隨機變數

單元 6–1

隨機實驗的結果，有些會產生數值，如投擲骰子獲得可能點數為 1、2、…、6 等，有些會出現非數值的文字、符號等，如投硬幣出現正面或反面，檢測產品結果有優或劣，考試成績評 A、B、C 等級等。

對於非數值的文字或符號，是無法直接作統計分析的數學處理，當然，如果能將這些符號（或文字）量化，也就是轉換成數值資料，就可作統計處理了。

· 請讀下一單元

單元 6–2

讓我們看看下面例子，如何把非數值的符號予以量化：

(1)投二枚硬幣的隨機實驗可獲得四種不同組合，其樣本空間是 $S = \{$ HH, HT, TH, TT $\}$，H 為正面、T 為反面。

(2)今設定一法則，令每個樣本點中出現正面的次數為 X。

(3)根據上述法則，樣本點 HH 出現 2 個正面，因此 $X = 2$；樣本點 HT 或 TH 各出現 1 個正面，故 $X = \underline{\quad}$；樣本　　　1
點 TT 無正面，故 $X = \underline{\quad}$。以下顯示 X 的轉換方式　　0
及 X 各值發生的頻率：

樣本點	量化（轉換）	X 的可能值 x_i
HH	$\longrightarrow$	2
HT		
TH	$\longrightarrow$	1
HH	$\longrightarrow$	0

並以表 6–1 表達以上的數值如下：

表 6-1

變量 (x_i)	0	1	2
次數 (f_i)	1	2	1

・請讀下一單元

 6-3

　　變數 X 的發生，是因隨機實驗的樣本點而變動，既然原樣本點具「隨機」性，所以 X 也就是_____變數。換言之，X 所有可能出現的數值，在隨機實驗執行之前即可知道，但每次隨機試驗所產生的具體數值，則無法事先得知，這樣的性質符合隨機變數的條件。(參見單元 5-3)

隨機

・請讀下一單元

 6-4

 1

　　投擲 2 顆公正骰子，令 X 表示 2 顆骰子出現的點數和，請解釋隨機變數之形成。

⑴投擲 2 顆骰子為一種隨機實驗。其所有可能的結果 (樣本點)，共計為 36 種組合 $(= 6^2)$，如表 6-2 所述：

 表 6-2　投擲 2 顆骰子的樣本點組合及點數合

樣本點	和	樣本點	和	樣本點	和	樣本點	和	樣本點	和	樣本點	和
(1, 1)	2	(2, 1)	3	(3, 1)	4	(4, 1)	5	(5, 1)	6	(6, 1)	7
(1, 2)	3	(2, 2)	4	(3, 2)	5	(4, 2)	6	(5, 2)	7	(6, 2)	8
(1, 3)	4	(2, 3)	5	(3, 3)	6	(4, 3)	7	(5, 3)	8	(6, 3)	9
(1, 4)	5	(2, 4)	6	(3, 4)	7	(4, 4)	8	(5, 4)	9	(6, 4)	10
(1, 5)	6	(2, 5)	7	(3, 5)	8	(4, 5)	9	(5, 5)	10	(6, 5)	11
(1, 6)	7	(2, 6)	8	(3, 6)	9	(4, 6)	10	(5, 6)	11	(6, 6)	12

⑵設定一函數式，令 2 顆骰子點數和為 $X_i = Y_j + Z_k$，則 X 的可能值為 2、3、4、…、11、12 等（共 11 種組合），而各 X 值出現的次數 f_i，則如表 6–3：

 表 6–3

變量 (x_i)	2	3	4	5	6	7	8	9	10	11	12
次數 (f_i)	1	2	3	4	5	6	5	4	3	2	1

・請讀下一單元

 **6–5**

由以上兩單元得知，隨機變數 (random variable) 的定義為：

> 對於隨機實驗的每一個可能結果（樣本點），透過一函數或法則找出相對應的一個函數值（數值），我們稱此實數值函數為隨機變數。

換言之，隨機變數是以樣本空間為定義域的實數值函數。

・請讀下一單元

6–6

注意上述的定義，包含 3 個關鍵詞：樣本點、函數（或轉換法則）和函數值，讓我們檢視它們所代表的意義：

1. 樣本點

例如投 2 顆骰子的 36 種組合，包含：$(1, 1), (1, 2), (2, 1), \cdots, (6, 6)$ 等。

2. 函數（或轉換法則）

令 $X = Y + Z$，即 X 是樣本點組成元素（Y 和 Z）的函數，或稱 Y 和 Z 經由轉換法則而形成 X 變數。

3. 函數值

每一樣本點通過函數關係式而變成具體數值，如樣本點 $(1, 2)$ 變成 $X = 3$，樣

本點 $(3, 4)$ 變成 $X = 7$ 等。

· 請讀下一單元

 6–7

 2

試寫出下列隨機變數的可能值。

(1) X 代表投一公正硬幣 3 次，出現正面的次數。

(2) Y 代表抽檢 5 個產品，出現不良品的個數。

(3) T 代表某電器產品的使用壽命（時間）。

答：(1) X 的可能值為：(＿＿, ＿＿, ＿＿, ＿＿)。　　0、1、2、3

　　(2) Y 的可能值為：(＿＿, ＿＿, ＿＿, 3, 4, 5)。　　0、1、2

　　(3) T 的可能值為：(＿＿＿＿)。　　　　　　　　$T \geq 0$

· 如果答對，請跳讀單元 6–10

· 如果答錯，請讀下一單元解答及複習單元 6–5

 6–8

(1) 投公正硬幣 3 次的可能組合共有 8 種，令出現正面的

　　次數為 X，如表 6–4 和表 6–5。

⊙ 表 6–4

樣本點	HHH	HHT	HTH	THH	HTT	THT	TTH	TTT
變量 (x_i)	3	2	2	2	1	1	1	0
次數 (f_i)	1	3			3			1

⊙ 表 6–5

變量 (x_i)	0	1	2	3
次數 (f_i)	1	＿＿	3	＿＿

3、1

· 請讀下一單元

單元 6-9

承例 12：

⑵抽檢 5 個產品，Y 代表不良品的個數，因為每個產品 x_i 皆有良品 $(=0)$ 或不良品 $(=1)$ 兩種可能，Y 是依下式而形成：

$$Y = x_1 + x_2 + x_3 + x_4 + x_5$$

所以 Y 的可能值為：0, 1, 2, 3, 4, 5。

⑶T 表示電器的使用壽命（時間），因為時間是屬_____型數值，最小值為 0，最大值為無限大 (∞)，中間有無限多個數值，無法一一列舉出來，故 T 的可能值以不等式表示，寫作_____。

連續

$T \geq 0$

・請讀下一單元

單元 6-10　間斷型隨機變數與連續型隨機變數

隨機變數依其數值的性質，分為兩類：（參看單元 1-13 至單元 1-18）

1.間斷型隨機變數

表示其變數的數值是可_____的 (countable) 間斷型數值，如硬幣出現正面數、車禍次數、投票人數。

計數

2.連續型隨機變數

表示其變數的數值是可_____的 (measurable) 連續型數值，如身高、體重、時間長度等。

測量

・請讀下一單元

單元 6-11

請回答下列問題：

問題性質	隨機變數類型	隨機變量 (x_i)	
1.檢查 5 個產品，出現優質品個數	（間斷／連續）	0, 1, 2, 3, 4, 5	間斷
2.觀察 10 點至 11 點進超市人數	（間斷／連續）	0, 1, 2, …	間斷
3.接線生 10 點至 11 點接到電話通數	（間斷／連續）	0, 1, 2, 3, …	間斷
4.接線生接兩通電話間隔時間長度	（間斷／連續）	$x \geq 0$	連續

• 如果答對，請讀下一單元

• 如果答錯，請複習單元 1–13 至單元 1–18 及單元 6–10

第二節　機率分配

 6–12 間斷型機率分配

　　對於間斷型隨機變數 X，透過機率函數或公式法則，一一計算其機率值 $f(x_i)$，則形成間斷型機率分配。間斷型機率分配可以利用表列、圖示或函數公式等方式來表示。一般以大寫英文字母 X、Y、Z 表示隨機變數，小寫字母 x、y、z 表示隨機變量，以 $f(x)$、$f(y)$、$f(z)$ 等表示機率值。

• 請讀下一單元

 6–13

　　請計算投擲兩枚硬幣出現正面的隨機變數及其對應機率值，並繪製成圖、表。

　　令出現正面的次數為 X，而 $f(x_i)$ 為對應機率值：

樣本點 ———→ 隨機變量 x_i ———→ 機率值 $f(x_i)$

HH ———→ 2 ———→ $\dfrac{1}{4} = f(2)$

$\left.\begin{array}{c}\text{HT}\\\text{TH}\end{array}\right\}$ ———→ 1 ———→ (＿＿) = $f(1)$

TT ———→ 0 ———→ (＿＿) = $f(0)$

以表 6–6 來表達以上的機率值如下：

$\dfrac{2}{4}$

$\dfrac{1}{4}$

 表 6–6

x_i	0	1	2
f_i	1	2	1
$f(x_i)$	$\dfrac{1}{4}$		

$\dfrac{2}{4}$、$\dfrac{1}{4}$

・請讀下一單元

單元 **6–14**

　　承上題，用圖示來表示機率分配，一般常用者為線圖與直方圖兩種。線圖的縱軸代表機率大小，所以每條線長度即為其機率值。機率分配直方圖相當於相對次數（百分比）直方圖（參看單元 2–44），以長方形面積表示機率大小，所以長方形＿＿＿＿＿總和等於＿＿＿。

面積、1

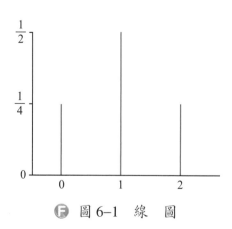

Ｆ 圖 6–1　線　圖

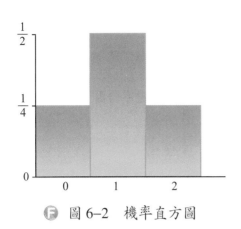

⑤ 圖 6-2 機率直方圖

‧請讀下一單元

 **6-15**

　　間斷型機率分配用函數式來表示，稱為機率質量函數 (probability mass function)，又稱機率函數。因任一隨機變數是表示隨機實驗的一事件，故依機率原理，每一事件的發生機率必須介於 0 與＿＿之間，且所有機率總和等於＿＿。(參看單元 5-30)

1、1

‧請讀下一單元

 **6-16**

　　機率函數在數學上的定義為：

設 X 為間斷型隨機變數，其可能值為 $x_i = x_1, x_2, \cdots, x_k$，且令 $f(x_i) = P(X = x_i)$，若 $f(x_i)$ 符合下列條件：

$$(1)\ 0 \le f(x_i) \le 1$$

$$(2)\ \sum_{i=1}^{k} f(x_i) = 1,\ i = 1, 2, 3, \cdots, k$$

則稱 $f(x_i)$ 為隨機變數 X 的機率分配，又稱機率函數。

‧請讀下一單元

 **6-17**

 3

投擲一枚公正硬幣 3 次，求其隨機變數、機率分配及圖示法。（參看例 2）

(1)如同例 2 所示，投擲硬幣 3 次，共有 $2^3 = 8$ 種組合（樣本點），即其樣本空間為：

$S = \{$ HHH, _____, _____, THH, HTT, THT, TTH, TTT $\}$

HHT、HTH

(2)令出現正面次數為 X，則 X 的可能值有 0, ____, ____, 3 共四種。

1、2

(3)依古典機率測度法原則，各樣本點發生的機率均等，所以：

$$f(\text{HHH}) = f(\text{HHT}) = f(\text{HTH}) = \cdots = f(\text{TTT}) = \frac{1}{8}$$

$$f(3) = \frac{n(\text{HHH})}{n(S)} = \frac{n(3)}{n(S)} = \frac{1}{8}$$

$$f(2) = \frac{n(\text{HHT, HTH, THH})}{n(S)} = \frac{n(2)}{n(S)} = \frac{\rule{1cm}{0.4pt}}{8}$$

3

$$f(1) = \frac{n(\text{HTT, THT, TTH})}{n(S)} = \frac{n(1)}{n(S)} = \frac{\rule{1cm}{0.4pt}}{8}$$

3

$$f(0) = \frac{n(\text{TTT})}{n(S)} = \frac{n(0)}{n(S)} = \rule{1cm}{0.4pt}$$

$\frac{1}{8}$

(4)把 X 所有值及其機率值合併在一表內，如下：

表 6-7

x_i	0	1	2	3
$f(x_i)$	$\frac{1}{8}$	____	$\frac{3}{8}$	____

$\frac{3}{8}$、$\frac{1}{8}$

⑸線圖及直方圖：

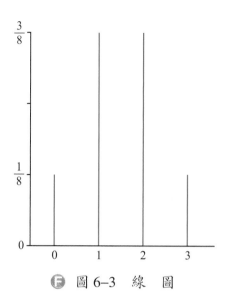

Ⓕ 圖 6-3　線　圖

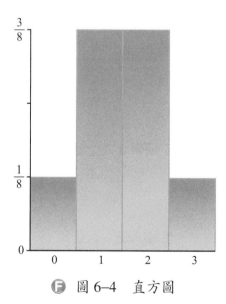

Ⓕ 圖 6-4　直方圖

・請讀下一單元

單元 **6-18** 二項函數

　　二項函數為間斷機率函數之一種，其成立條件如下：

⑴一實驗含有多次相互獨立的試行。

(2)每次試行只有成功和失敗兩種（預期發生為成功，反之為失敗）。

(3)成功的機率為 p，失敗的機率為 $1-p$，各次試行時，機率值 p 固定不變。

符合上述條件者，為二項實驗。令二項實驗成功次數為 X，則其機率函數為：

$$f(x) = C_x^n p^x (1-p)^{n-x}$$

n 表示試行總次數，x 表示成功次數

式中 $C_x^n = \dfrac{n!}{x!(n-x)!}$

關於二項函數的原理和應用，將在單元 7–2 詳細介紹。由於應用二項分配來計算間斷型機率 $f(x)$ 比較簡易，所以以下幾單元，將先介紹如何應用二項函數求間斷型機率。

・請讀下一單元

 **6–19**

 4

試應用二項函數公式，求投擲一枚公正硬幣 3 次之隨機變數機率值。

本題已在單元 6–17 應用古典機率測度法求過了，但以下改應用二項函數法再求一次，請比較兩者之難易度。

$$f(x) = C_x^n p^x (1-p)^{n-x}$$

$\because p = \dfrac{1}{2}$ （公正硬幣的機率）

$x = 0, 1, 2, 3, n = 3$

以上數值代入公式：

$\therefore f(0) = C_0^3 (\dfrac{1}{2})^0 (\dfrac{1}{2})^3 = \dfrac{1}{8}$

$$f(1) = C_1^3 (\frac{1}{2})^1 (\frac{1}{2})^2 = \frac{\quad}{8}$$

3

$$f(2) = C_2^3 (\frac{1}{2})^2 (\frac{1}{2})^1 = \frac{\quad}{8}$$

3

$$f(3) = C_3^3 (\frac{1}{2})^3 (\frac{1}{2})^0 = \frac{\quad}{8}$$

1

以上結果和單元 6–17 所計算的結果完全相同，請比較看看，哪一種較簡易。

・請讀下一單元

 6–20

例 5

某公司生產電器合格率 70%，今從一批電器中抽 4 個加以檢測，令合格數為 X，試求 X 的機率分配表。

○ 表 6–8

x_i	4	3	2	1	0
$f(x_i)$	0.2401	0.4116			0.0081

0.2646、0.0756

・如果答對，請跳讀單元 6–22

・如果回答不完全正確，請讀下一單元解答

 6–21

承例 5：

公式： $f(x) = C_x^n p^x (1-p)^{n-x}$

(1)隨機變數 X 的可能值為 0, 1, ＿＿，＿＿，＿＿。

2、3、4

(2)∵ $p = \frac{70}{100} = $ ＿＿，$1-p = $ ＿＿，$n = 4$。

0.7、0.3

(3)以上代入公式，求 $f(4)$、$f(3)$、$f(2)$、$f(1)$、$f(0)$。

$$f(4) = C_4^4 (0.7)^4 (0.3)^0 = 0.2401$$

$$f(3) = C_{\underline{}}^4 (0.7)\underline{}(0.3)^1 = \underline{}$$

$$f(2) = C_{\underline{}}^4 (0.7)\underline{}(0.3)^2 = \underline{}$$

$$f(1) = C_{\underline{}}^4 (0.7)^1 (0.3)\underline{} = 0.0756$$

$$f(0) = C_{\underline{}}^4 (0.7)^0 (0.3)\underline{} = \underline{}$$

⑷ X 機率分配表為：

⊤ 表 6–9

x_i	4	3		1	
$f(x_i)$	0.2401			0.0756	0.0081

・請讀下一單元

右欄答案：

3、3、0.4116

2、2、0.2646

1、3

0、4、0.0081

2、0
0.4116、 0.2646

單元 6–22 累積機率分配

在單元 2–40，已介紹過累積相對次數分配的求法。累積機率分配的形成原理和計算法，和前述方法是相同的。

累積機率分配以 $F(x_c)$ 符號表示，是指自隨機變數 X 最小可能值的機率，一直累加到 x_c 值的機率為止，即：

$$F(x_c) = P(X \le x_c) = \sum_{x_i \le x_c}^{x_c} f(x_i)$$

$$F(0) = f(0)$$
$$F(1) = f(0) + f(1)$$
$$F(2) = f(0) + f(1) + f(2)$$
$$\vdots$$
$$F(x_c) = f(0) + f(1) + f(2) + \cdots + f(x_c)$$

注意：$F(x)$ 和 $f(x)$ 是不相同的。

‧關於累積機率分配的詳細說明，請參閱單元 7–16

‧請讀下一單元

 6–23

 6

同例 3，投擲一枚硬幣 3 次，求累積機率 $F(1)$、$F(3)$。

依例 4 得各隨機變數之機率值：

$$f(0) = \frac{1}{8}、\ f(1) = \frac{3}{8}、\ f(2) = \underline{\quad}、\ f(3) = \underline{\quad}$$

$\frac{3}{8}$、$\frac{1}{8}$

$$\therefore F(1) = f(0) + f(1) = \frac{1}{8} + (\underline{\quad}) = (\underline{\quad})$$

$\frac{3}{8}$、$\frac{4}{8}$

$$F(3) = f(0) + f(1) + f(2) + f(3)$$

$$= \frac{1}{8} + \frac{3}{8} + (\underline{\quad}) + (\underline{\quad})$$

$\frac{3}{8}$、$\frac{1}{8}$

$$= 1$$

‧請讀下一單元

 6–24 連續機率分配的性質

由於連續隨機變數的可能值為無限個，且為不可數，因此不同於間斷型隨機變數，可以一一列出其可能值及計算對應的機率。事實上，因它包含無限多個可能值，且每個值在數線上的落點是緊密相靠（因連續數值之故），而其機率分配是以可能值在數線上區間的機率大小來描述的。切記：一條連續變數值的數線上任一點的機率值為 0，公式表達如下：

$$f(a) = 0$$

此一特質和二項分配不同，在單元 7–39 有詳細的說明。

‧請讀下一單元

單元 6-25 連續機率分配曲線

在數學上，若 X 為一連續隨機變數，則其機率曲線的高度以 $f(x)$ 函數式表示，所以要求 X 在某一區間 $(a \sim b)$ 的面積，須以積分來運算，即：

$$P(a < X < b) = \int_a^b f(x)dx$$

應用積分求連續機率分配曲線下的面積十分繁雜，所幸，統計學家已將常用的連續機率曲線面積製成表（譬如標準常態機率分配表或 t 分配機率表），因此只要根據查表法求機率，就能夠快速查得機率值了。關於連續機率分配的機率函數和其積分求法，本書從略而不擬介紹。

· 請練習自我評量 1

一、試寫出下列隨機變數的可能值，並判斷是屬間斷型或連續型隨機變數：

　1. X 表示投擲一骰子 5 次，出現 6 點的次數。

　2. 有一抽獎箱內有 10 顆球，其中 4 紅球、6 白球，以不放回方式連抽 5 球，令 Y 為出現紅球的個數。

　3. T 代表電池使用壽命的長度（秒數）。

二、投擲一枚公正硬幣 4 次，令其出現正面次數為 X，試求：

　1. 出現正面的機率分配。

　2. $P(1 \leq X \leq 3)$。

三、某旅遊機票抽獎活動，10 張機票中有 3 張是免費機票，若你可任意抽 2 張票，試問：

　1. 抽到免費機票的機率分配為何？

　2. 求累積機率 $F(1)$ 和 $F(0)$。

第三節　機率分配的期望值與平均數

 6–26 期望值與變異數

集中趨勢量數和分散量數兩章中曾提及，在處理一組資料的分配狀況時，我們以平均數來衡量資料＿＿＿＿趨勢的位置，以變異數（或標準差）來衡量資料相互＿＿＿＿的程度；至於隨機變數機率分配的狀況，我們也有類似平均數的期望值，來衡量機率分配的集中趨勢，而以機率分配的變異數，來衡量機率的分散程度。

集中

分散

・請讀下一單元

 6–27 回顧一般平均數的形成原理

首先我們回憶一下，一般的平均數是怎樣形成的。若投擲一骰子 20 次，所得點數及次數如表 6–10 所示，試求其平均數：

🛢 表 6–10

① x_i	1	2	3	4	5	6
② f_i	2	5	1	4	3	5
③ $f_i x_i$	2		3			30

10、16、15

$$\overline{X} = \frac{\sum\limits_{i=1}^{k} f_i x_i}{n}$$

$$= \frac{(1 \times 2) + (2 \times 5) + (3 \times 1) + (4 \times 4) + (5 \times 3) + (6 \times 5)}{20}$$

$$= 1 \times (\frac{2}{20}) + 2 \times (\frac{5}{20}) + 3 \times (\frac{1}{20}) + 4 \times (\frac{4}{20}) + 5 \times (\frac{3}{20}) + 6 \times (\frac{5}{20})$$

$$= 3.8$$

明顯地，上面括弧內的分數是_____次數，為各類別 相對

次數和總次數之比值，即：

$$\frac{2}{20}=\frac{f_1}{n}, \frac{5}{20}=\frac{f_2}{n}, \frac{1}{20}=\frac{f_3}{n}, \frac{4}{20}=\frac{f_4}{n}, \frac{3}{20}=\frac{f_5}{n}, \frac{5}{20}=\frac{f_6}{n}$$

$$\because \frac{f_i}{n} \text{ 是相對次數，} i = 1, 2, 3, 4, 5, 6$$

所以平均數公式可改寫成：

$$\overline{X} = \sum_{i=1}^{k}(x_i \times \frac{f_i}{n})$$

$$= \sum_{i=1}^{k} （點數 \times 相對次數）$$

· 請讀下一單元

單元 6–28 期望值的形成原理

當投擲骰子的次數 n 增大至無限多次時，依相對次數機率測度法得知：

$$x \text{ 的相對次數的極限} = \sum_{n \to \infty}^{n} \frac{f_i}{n} = 機率\ f(x)$$

所以當 n 增大至無限大，可以用機率代替相對次數來計算其平均數，我們稱之為期望值，寫作 $E(X)$，其公式為：

$$E(X) = \sum_{i=1}^{k} x_i f(x_i) = \sum_{i=1}^{k} （點數 \times 機率）$$

· 請讀下一單元

單元 6–29

茲再以投擲一公正骰子為例，求其期望值 $E(X)$。

當我們投的次數非常多（近無限大）時，骰子各「點數」出現的相對次數皆變成_____，其值為：

$$f(x_i) = P(1) = P(2) = P(3) = P(4) = P(5) = P(6) = \frac{1}{6}$$

所以其期望值為：（參看表 6–11 第③列）

機率

▼ 表 6–11

① x_i	1	2	3	4	5	6
② $f(x_i)$	$\frac{1}{6}$	$\frac{1}{6}$	$\frac{1}{6}$	$\frac{1}{6}$	$\frac{1}{6}$	$\frac{1}{6}$
③ $x_i f(x_i)$		$\frac{2}{6}$	$\frac{3}{6}$		$\frac{5}{6}$	$\frac{6}{6}$

$\frac{1}{6}$、$\frac{4}{6}$

$$E(X) = \sum_{i=1}^{n} x_i f(x_i)$$

$$= \frac{1}{6} + \frac{2}{6} + \frac{3}{6} + \frac{4}{6} + \frac{5}{6} + \frac{6}{6}$$ （表 6–8 第③列加總）

$$= \frac{\quad}{6} = \underline{\quad}$$

21、3.5

· 請讀下一單元

 **6–30**

比較 $\overline{X} = 3.8$ 和期望值 $E(X) = 3.5$，兩者略有不同，為什麼呢？事實上，只要把骰子的投擲次數增加，就能使 $\overline{X}$ 的值改變，逐漸接近期望值 3.5 了，所以說，期望值 $E(X)$，是當 n 增大時樣本平均數 $\overline{X}$ 的極限值。

· 請讀下一單元

 **6–31**

比較平均數和期望值：

(1)平均數和期望值兩者的公式結構有些相類似，前者基於次數分配，後者基於機率分配，均可表示其集中趨勢的分配位置。

(2)當抽樣的樣本個數 n 不大，可應用 $\bar{X} = \dfrac{\sum X}{N}$ 求得樣本平均數；當 n 很大時，則應用 $\dfrac{\sum X}{n}$ 求得的平均數，就等於母數 μ_X，也表示等於期望值 $E(X)$。所以結論為，在大樣本時，μ_X 和 $E(X)$ 兩者可以交替使用。

· 請讀下一單元

 **6-32**

歸納上述幾個單元，可獲得期望值的定義為：

令 X 為間斷型隨機變數，其機率分配為 $f(x_i)$，則 X 的期望值 (expected value) 或平均數，記作 $E(X)$ 或 μ_X：

$$\mu_X = E(X) = \sum_{\text{all } x} x_i f(x_i)$$

至於連續型隨機變數，其機率分配的期望值的形成觀念亦相似，唯加總符號需改為積分，本書不擬討論。

· 請讀下一單元

 6-33

 7

投一公正硬幣 3 次，X 代表出現正面的次數，試求其期望值。（請注意：如何應用機率分配表解題）

(1)首先在表第①列寫出 X 的可能值為 0, 1, 2, 3。

(2)求各可能值對應的機率（參看單元 6-19）列在第②列。

$$f(0) = \frac{1}{8}, f(1) = \underline{\hspace{1cm}}$$

$$f(2) = \frac{3}{8}, f(3) = \underline{\hspace{1cm}}$$

$\dfrac{3}{8}$

$\dfrac{1}{8}$

⊤ 表 6–12

① x_i	0	1	2	3
② $f(x_i)$	$\dfrac{1}{8}$	$\dfrac{3}{8}$	$\dfrac{3}{8}$	$\dfrac{1}{8}$
③ $x_i f(x_i)$	0	$\dfrac{3}{8}$	$\dfrac{6}{8}$	$\dfrac{3}{8}$

⑶將第①列和第②列相乘 $x_i f(x_i)$，然後全部加總，即獲

得平均值。

$$\sum x_i f(x_i) = 0 + 1 \times \frac{3}{8} + 2 \times \underline{\hspace{1cm}} + 3 \times \frac{1}{8} = \underline{\hspace{1cm}}$$

$\dfrac{3}{8}$、$\dfrac{12}{8}$

・請讀下一單元

 6–34

若隨機變數 X 的函數為 $g(X)$，那麼 $g(X)$ 的期望值為何？

假設將 X 的函數 $g(X)$ 轉變（譬如 $g(X)$ 可能是 $2X + 1$ 或 X^2），則新的函數值 $g(X)$ 發生的機率，依然和轉變前發生的機率是相同的，兩者均為 $f(x_i)$。

（變數）　　　　　（機率）　　變數和機率乘積　　　　　　（期望值）

$X \longleftrightarrow f(x_i) \xrightarrow{\hspace{2cm}} \sum x_i f(x_i) = E(X)$

函數轉換 $\begin{array}{c} Y = g(X) \\ = 2X + 1 \end{array}$　機率 $\Big|$ 相同不變

$Y = g(X) \longleftrightarrow f(x_i) \xrightarrow{\text{新變數和機率乘積}} \sum g(x_i) f(x_i) = E[g(X)]$

依期望值定義得知：

X 的期望值 $= \sum$（X 的可能值）$\times$（X 的機率）

$\therefore X$ 函數的期望值 $= \sum$（X 的函數值）$\times$（X 的機率）

若 X 的函數是 $Y = g(X)$，Y 代入上式得：

X 的函數 $g(X)$ 的期望值為：$E[g(X)] = \sum g(x_i) f(x_i)$

 **6–35**

歸納上述幾個單元，可獲得間斷型隨機變數 X 函數的期望值定義：

> 令 X 為間斷型隨機變數，其機率分配為 $f(x_i)$，則 X 的函數 $g(X)$ 的期望值為：
> $$E[g(X)] = \sum_{\text{all } x} g(x_i)f(x_i)$$

・請讀下一單元

 6–36

 8

投擲三枚公正硬幣，X 代表出現正面次數，令 $g(X) = 2X - 1$，求 $g(X)$ 的期望值。（請應用表 6–12 協助解題）

答：$E[g(X)] = $ ＿＿＿。

2

・如果答對，請跳讀單元 6–38
・如果答錯，請讀下一單元解答

 6–37

⑴ X 為投擲三枚硬幣出現正面的次數，計算 X 的可能值及機率值（參看單元 6–33），然後填入表 6–13。

　表 6–13

① x_i	0	1	2	3	合　計
② $f(x_i)$	$\frac{1}{8}$	$\frac{3}{8}$	$\frac{3}{8}$	$\frac{1}{8}$	1
③ $g(x_i) = 2x_i - 1$	-1	＿＿	3	＿＿	－
④ = ③×② = $g(x_i)f(x_i)$	$-\frac{1}{8}$	$\frac{3}{8}$	＿＿	$\frac{5}{8}$	＿＿

1、5

$\frac{9}{8}$、$\frac{16}{8}$

(2)第③列為 X 的函數式：

$$g(X) = 2X - 1$$

當 $x = 0$ 時，$g(0) = 2 \times 0 - 1 = -1$

當 $x = 1$ 時，$g(1) = 2 \times \underline{\quad} - 1 = 1$ 1

當 $x = 2$ 時，$g(2) = 2 \times 2 - 1 = \underline{\quad}$ 3

當 $x = 3$ 時，$g(3) = 2 \times \underline{\quad} - 1 = 5$ 3

填入表 6–13 第③列。

(3)把②和③兩列相乘，填入第④列：

$$g(0) \times f(0) = -1 \times \underline{\quad} = -\frac{1}{8}$$ $\frac{1}{8}$

$$g(1) \times f(1) = 1 \times \underline{\quad} = \underline{\quad}$$ $\frac{3}{8}$、$\frac{3}{8}$

$$g(2) \times f(2) = 3 \times \underline{\quad} = \frac{9}{8}$$ $\frac{3}{8}$

$$g(3) \times f(3) = 5 \times \underline{\quad} = \underline{\quad}$$ $\frac{1}{8}$、$\frac{5}{8}$

(4)加總第④列，得：

$$\sum_{i=0}^{3} g(x_i) f(x_i) = -\frac{1}{8} + \underline{\quad} + \frac{9}{8} + \frac{5}{8}$$ $\frac{3}{8}$

$$= \frac{16}{8} = \underline{\quad}$$ 2

所以函數 $g(X)$ 的期望值為：

$$E[g(X)] = \sum_{i=1}^{n} g(x_i) f(x_i)$$

$$= \underline{\quad}$$ 2

· 請練習自我評量 2

自我評量 ②

四、有 5 個號碼球，其上號碼分別是 $1, 3, 5, 7, 9$。今隨機取出二球，令 X 為此二球數之和，試列出全部可能 X 值及其機率分配。

五、已知隨機變數 X 的機率分配如下，求 $E(X)$、$E(X^2)$。

x_i	0	1	2	3
$f(x_i)$	$\frac{8}{27}$	$\frac{3}{27}$	$\frac{6}{27}$	$\frac{10}{27}$

六、已知隨機變數 X 的機率分配如下，求 $E(X)$、$E(X^2)$。

x_i	3	6	9
$f(x_i)$	$\frac{1}{6}$	$\frac{3}{6}$	$\frac{2}{6}$

七、某賓士車經銷商銷售員工的底薪為每月 1 萬元，銷售紅利為每售出 1 輛獎勵 3 萬元。已知該經銷商多年來每月銷售車輛的機率分配如下表：

輛　數	1	2	3	4	5
$f(x_i)$	$\frac{1}{10}$	$\frac{1}{10}$	$\frac{4}{10}$	$\frac{3}{10}$	$\frac{1}{10}$

試問長期來看，該經銷商支付員工的平均月薪是多少？

第四節　機率分配的變異數及標準差

 6-38 機率分配變異數 $Var(X)$ 的形成原理

基於次數分配計算的變異數公式為：

$$\sigma_X^2 = \frac{1}{n}\sum_{i=1}^{k} f_i(x_i - \mu)^2 \cdots\cdots ①$$

變異數 σ_X^2 可看作是變數 X 轉換成離均差平方和 $(x_i - \mu)^2$，然後再計算所有 $(x_i - \mu)^2$ 的平均數。讓我們把變異數公式分解成下式，觀察有什麼變化：

$$\sigma_X^2 = \frac{f_1(x_1 - \mu)^2 + f_2(x_2 - \mu)^2 + \cdots + f_k(x_k - \mu)^2}{n}$$

$$= \frac{f_1}{n}(x_1 - \mu)^2 + \frac{f_2}{n}(x_2 - \mu)^2 + \cdots + \frac{f_k}{n}(x_k - \mu)^2$$

$\because \dfrac{f_i}{n}$ 為 _____ 次數，$i = 1, 2, 3, \cdots, k$　　　　相對

$\therefore \sigma_X^2 = \sum\limits_{i=1}^{k} (x_i - \mu)^2 \times (x_i \text{ 的相對次數})$

依機率理論得知，當 n 增大至無限大，x_i 的相對次數就

變成 _____ 值，即：　　　　　　　　　　　　　　機率

$$\lim_{n \to \infty} \dfrac{f_i}{n} = f(x_i)$$

所以當 n 增大至無限大，x_i 相對次數（$\dfrac{f_i}{n}$）可以用機率

$f(x_i)$ 取代，則此時的變異數公式變成：

$$\sigma_X^2 = \sum_{i=1}^{k} (x_i - \mu)^2 \times (\text{機率}) = \sum_{i=1}^{k} (x_i - \mu)^2 \times f(x_i)$$

我們對這新公式求得的 σ_X^2，稱為機率分配變異數，記作：

$$Var(X) = \sum_{i=1}^{k} [(x_i - \mu)^2 \times (\text{機率})] = \sigma_X^2$$

$$= \sum_{i=1}^{k} [(x_i - \mu)^2 \times f(x_i)] = \sigma_X^2 \ \cdots\cdots \ ②$$

想想看，①和②的公式性質有哪些異同？

· 請讀下一單元

 **6–39**

綜合上述幾個單元，獲得機率分配變異數的定義為：

令 X 為一間斷型隨機變數，其機率分配為 $f(x_i)$，則 X 的變異數為：

$$\sigma_X^2 = Var(X) = E(X - \mu)^2 = \sum_{i=1}^{n} (x_i - \mu)^2 f(x_i)$$

隨機變數 X 的標準差，是變異數 $Var(X)$ 或 σ_X^2 的平方根（取正號），記作

$Sd(X)$ 或 σ_X。

$$Sd(X) = \sqrt{Var(X)} = \sigma_X$$

・請讀下一單元

 6–40

 9

投擲三枚公正硬幣，X 代表出現正面次數，求其機率分配變異數 $Var(X)$ 與標準差 $Sd(X)$。

(1)依例 7，得表 6–14：

▼ 表 6–14

① x_i	0	1	2	3	合　計
② $f(x_i)$	$\frac{1}{8}$	$\frac{3}{8}$	$\frac{3}{8}$	$\frac{1}{8}$	1
③ $=①×②=x_if(x_i)$	0	$\frac{3}{8}$	___	$\frac{3}{8}$	$E(X)=$ ___
④ $(x_i-\mu)^2=(x_i-\frac{3}{2})^2$	$\frac{9}{4}$	$\frac{1}{4}$	$\frac{1}{4}$	$\frac{9}{4}$	—
⑤ $=④×②$ $=(x_i-\mu)^2×f(x_i)$	$\frac{9}{32}$	___	$\frac{3}{32}$	___	$Var(X)=\frac{3}{4}$

$\frac{6}{8}$、$\frac{12}{8}$

$\frac{3}{32}$、$\frac{9}{32}$

(2)由第③列，求 $E(X)=\sum x_if(x_i)$。

$$E(X) = 0 + \frac{3}{8} + \frac{6}{8} + \frac{3}{8} \qquad （同例 8 之解）$$

$$= \frac{12}{8} = \frac{3}{2}$$

(3)由第④列求離均差平方 $(x_i-\mu)^2$ 得：

當 $x=0$ 時，$(0-\frac{3}{2})^2 = \frac{9}{4}$

當 $x=1$ 時，$(1-\frac{3}{2})^2 = $ ___

$\frac{1}{4}$

當 $x = 2$ 時, $(2 - \frac{3}{2})^2 = \frac{1}{4}$

當 $x = 3$ 時, $(3 - \frac{3}{2})^2 =$ _____ $\frac{9}{4}$

⑷將第②列乘上第④列, 得第⑤列各值:

當 $x = 0$ 時, $(x - \mu)^2 f(x) = \frac{9}{4} \times \frac{1}{8} = \frac{9}{32}$

當 $x = 1$ 時, $(x_1 - \mu)^2 f(x_1) = \frac{1}{4} \times$ _____ $=$ _____ $\frac{3}{8}$、$\frac{3}{32}$

當 $x = 2$ 時, $(x_2 - \mu)^2 f(x_2) = \frac{1}{4} \times \frac{3}{8} = \frac{3}{32}$

當 $x = 3$ 時, $(x_3 - \mu)^2 f(x_3) =$ _____ $\times \frac{1}{8} =$ _____ $\frac{9}{4}$、$\frac{9}{32}$

⑸加總第⑤列, 得變異數 $Var(X)$。

$$\sum (x_i - \mu)^2 f(x_i) = \frac{9}{32} + \frac{3}{32} + \underline{\quad} + \underline{\quad}$$

                         $\frac{3}{32}$、$\frac{9}{32}$

$$= \frac{24}{32} = \frac{3}{4} = Var(X)$$

⑹標準差:

$$Sd(X) = \sqrt{Var(X)}$$

$$= \sqrt{\frac{3}{4}} = \frac{\sqrt{3}}{2} = \underline{\quad}$$ 0.87

・請讀下一單元

 **6-41**

變異數 $Var(X) = \sum (x_i - \mu)^2 f(x_i)$ 公式中, 如果 μ 帶小數點時, 將會使整個計算過程變得很繁複, 所以我們提供一較簡化的公式為:

$$Var(X) = E(X^2) - [E(X)]^2$$

$$= \sum x_i^2 f(x_i) - \mu^2$$

此公式推導容易, 請讀者自行練習看看, 如有困難, 請讀單元 6-43; 接著請

讀下一單元練習公式應用。

・請讀下一單元

 **單元 6–42**

 例 10

依據例 9 的資料投擲三枚公正硬幣，出現正面為 X，應用下列公式求：

$$Var(X) = E(X^2) - [E(X)]^2$$

(1)將表 6–14 中投擲三枚硬幣的可能值和機率，移到表 6–15 中的第①、②、③列內。

⊤ 表 6–15

① x_i	0	1	2	3	合　計
② $f(x_i)$	$\frac{1}{8}$	$\frac{3}{8}$	$\frac{3}{8}$	$\frac{1}{8}$	1
③ $= ① \times ②$ $= x_i f(x_i)$	0	____	$\frac{6}{8}$		$E(X) = \frac{12}{8}$
④ $= ①^2$ $= x_i^2$	0	____	4	____	14
⑤ $= ② \times ④$ $= x_i^2 f(x_i)$	0	____	$\frac{12}{8}$	____	$\frac{24}{8}$

$\frac{3}{8}$、$\frac{3}{8}$

1、9

$\frac{3}{8}$、$\frac{9}{8}$

(2)加總第③列，得期望值：

$$E(X) = \sum x_i f(x_i) = \frac{12}{8}$$　（參看單元 6–40 的計算過程）

(3)把表 6–15 的第①列平方得第④列。

(4)把第④列乘上第②列得第⑤列。求第⑤列的加總，即是 X^2 的期望值：

$$E(X^2) = \sum x_i^2 f(x_i) = \underline{\quad}$$

$\frac{24}{8}$

(5)將 $E(X)$ 和 $E(X^2)$ 同時代入下面公式，得變異數：

$$Var(X) = E(X^2) - [E(X)]^2 = \frac{24}{8} - (\frac{12}{8})^2 = \underline{\quad}$$

$\frac{3}{4}$

（和單元 6-40 所求之結果相同）

比較看看，這一方法是否比較簡單。

· 相關公式證明請讀單元 6-43

 **6-43**

證明：

$$Var(X) = E(X^2) - [E(X)]^2 \cdots\cdots ①$$

$$= \sum x^2 f(x) - \mu^2 \cdots\cdots ②$$

$$Var(X) = \sum (x - \mu)^2 f(x)$$

$$= \sum (x^2 - 2\mu x + \mu^2) f(x)$$

$$= \sum x^2 f(x) - \sum 2\mu x f(x) + \sum \mu^2 f(x)$$

$$= \sum x^2 f(x) - 2\mu \sum x f(x) + \mu^2 \sum f(x)$$

$$\because \sum x f(x) = \mu, \sum f(x) = 1 \text{ 代入}$$

$$Var(X) = \sum x^2 f(x) - 2\mu^2 + \mu^2$$

$$= \sum x^2 f(x) - \mu^2 \qquad （公式②得證）$$

$$= E(X^2) - [E(X)]^2 \qquad （還原成期望值）$$

（公式①得證）

· 請讀下一單元

 **6-44 期望值與變異數的運算法則**

有關期望值與變異數的一些運算法則，對於計算較複雜的隨機變數的函數之期望值時很有幫助。以下將分別介紹之。

· 請讀下一單元

 **6-45**

1.關於期望值的運算法則

⑴已知隨機變數 X 之 2 個或 2 個以上函數之和，則這個和的期望值是這些函

數值的個別期望值之和。

$$E[g(X) + h(X)] = E[g(X)] + E[h(X)]$$

⑵若 b 為常數，則：

$$E(b) = b$$

常數的期望值仍為原來的常數。

⑶若 a 為常數，則：

$$E(aX) = aE(X)$$

隨機變數乘上 a 倍之後,新的隨機變數之期望值為原來變數期望值的 a 倍。

⑷若 a 和 b 均為常數，則：

$$E(aX + b) = aE(X) + b$$

· 欲瞭解公式證明，請參閱本章附錄

· 請讀下一單元

 **6-46**

2.關於變異數的運算法則

⑴若 b 為常數，則：

$$Var(b) = 0$$

常數的變異數為 0。

⑵若 a 為常數，則：

$$Var(aX) = a^2 Var(X)$$

隨機變數 X 乘上 a 倍之後，新的變異數為原來變異數的 a^2 倍。

⑶若 a、b 為常數，則：

$$Var(aX + b) = a^2 Var(X)$$

· 欲瞭解公式證明，請參閱本章之附錄

· 請讀下一單元

 **6-47**

3. 若 X 和 Y 為兩隨機變數

(1) $E(X + Y) = E(X) + E(Y)$

(2) $E(X - Y) = E(X) - E(Y)$

(3) $E(aX - bY) = aE(X) - bE(Y)$

(4)若 $X_1, X_2, \cdots, X_n$ 為 n 個隨機變數，則：

$$E(X_1 + X_2 + \cdots + X_n) = E(X_1) + E(X_2) + \cdots + E(X_n)$$

· 欲瞭解公式證明，請參閱本章附錄

· 請讀下一單元

 6-48

4. 若 X 和 Y 兩隨機變數互相獨立，則：

(1) $E(XY) = E(X)E(Y)$

(2) $Var(X + Y) = Var(X) + Var(Y)$ （公式證明在本章附錄）

(3) $Var(X - Y) = Var(X) + Var(Y)$

(4)若 $X_1, X_2, \cdots, X_n$ 為任意互相獨立的隨機變數，則：

$$Var(X_1 + X_2 + \cdots + X_n) = Var(X_1) + Var(X_2) + \cdots + Var(X_n)$$

· 請讀下一單元

 6-49

例 11

設隨機變數 X 的機率分配如下：

表 6-16

x_i	0	1	2	3
$f(x_i)$	0.1	0.3	0.5	0.1

試求 $Y = X^2 + 2$ 的期望值或變異數。

答：$E(Y) =$ _____。　　　　　　　　　　　5.2

　　$Var(Y) =$ _____。　　　　　　　　　6.16

・如果答對，請跳讀單元 6–52

・如果答錯，請讀下一單元解答

 6–50 例 11 解法一

　　應用期望值和變異數的運算法則求 $E(Y)$ 和 $Var(Y)$：

(1)公式求算：

$$E(Y) = E(X^2 + 2)$$

$$= E(X^2) + 2$$

（應用單元 6–45 期望值運算法則）

$$Var(Y) = Var(X^2 + 2)$$

$$= Var(X^2)$$

$$= E[(X^2)^2] - [E(X^2)]^2$$

（應用單元 6–46 變異數運算法則）

(2)列出表 6–17 求算：

🔵 表 6–17

① x_i	0	1	2	3	合　計
② $f(x_i)$	0.1	0.3	0.5	0.1	1
③ x_i^2	0	1	4	9	14
④ = ③×② = $x_i^2 f(x_i)$	0	____	____	0.9	3.2
⑤ = ③×④ = $x_i^4 f(x_i)$	0	____	____	8.1	16.4

0.3、2

0.3、8

(3) $E(X^2) = \sum x_i^2 f(x_i) = 3.2$　　（第④列之加總）

(4) $E(X^4) = \sum x_i^4 f(x_i) = 16.4$　　（第⑤列之加總）

(5)由(1)可知：

$$E(Y) = E(X^2) + 2 = \underline{\quad} + 2 = \underline{\quad}$$

3.2、5.2

(6)由(1)可知：

$$Var(Y) = E[X^4] - [E(X^2)]^2 \qquad （上述(4)式代入）$$

$$= \underline{\quad} - (3.2)^2 = \underline{\quad}$$

16.4、6.16

‧請讀下一單元（瞭解另一種解題法）

 6–51 例 11 解法二

承例 11，由 X 的函數 $(Y = g(X) = X^2 + 2)$ 直接求 $Var(Y)$，$E(Y)$。

◉ 表 6–18

① x_i	0	1	2	3	合 計
② $f(x_i)$	0.1	0.3	0.5	0.1	1
③ $y_i = x_i^2 + 2$	2	3	6	11	–
④ y_i^2	4	9	36	121	–
⑤ = ③×② $= y_i f(x_i)$	0.2	0.9	3	1.1	5.2
⑥ $y_i^2 f(x_i)$	0.4	2.7	18	12.1	33.2

(1)依原表，填入各列：

令 $Y = g(X) = X^2 + 2$

計算第③列，當 $g(0) = 0 + 2 = 2$

$$g(1) = 3$$

$$g(2) = \underline{\quad} + 2 = \underline{\quad}$$

2^2、6

$$g(3) = 3^2 + 2 = 11$$

(2) $E(Y) = \sum y_i f(x_i)$，由第⑤列加總得：

$$E(Y) = 0.2 + 0.9 + 3 + \underline{\quad} = \underline{\quad}$$

1.1、5.2

(3) $E(Y^2) = \sum y_i^2 f(x_i)$，由第⑥列加總得：

$$E(Y^2) = 0.4 + 2.7 + 18 + 12.1 = \underline{\quad}$$

33.2

(4)把 $E(Y)$ 和 $E(Y^2)$ 代入下式，求 $Var(Y)$：

$$Var(Y) = E(Y^2) - [E(Y)]^2$$

$$= 33.2 - \underline{\quad\quad}$$

$$(5.2)^2$$

$$= \underline{\quad\quad}$$

$$6.16$$

注意單元 6–50 和本單元的解法，兩者答案相同，請你比較解法過程，觀察哪一種較簡單。

· 請讀下一單元

 6–52

 12

投擲 10 顆公正骰子，其和為 Y，求 Y 的期望值和變異數。

解

推導公式：

(1)令各骰子出現點數分別為 $X_1, X_2, X_3, X_4, X_5, \cdots, X_{10}$。

$$Y = X_1 + X_2 + \cdots + X_{10}$$

所以 Y 的可能值有 10, 11, 12, $\cdots$, 60 共 51 種。其相對應機率值有 51 個，計算相當複雜，故不宜應用機率分配表來求期望值和變異數。

(2)應適用單元 6–47 和 6–48 的期望值和變異數運算法則來簡化計算：

$$E(Y) = E(X_1 + X_2 + \cdots + X_n)$$

X_i 的每一期望值和變異數皆相同，且各個骰子的投擲皆相互獨立，因此可求出 $E(Y)$ 與 $Var(Y)$。

$$E(Y) = E(X_1 + X_2 + \cdots + X_{10})$$

$$= E(X_1) + E(X_2) + \cdots + E(X_{10}) \qquad （參看單元 6–47 公式）$$

$$= 10E(X) \qquad (\because E(X_1) = E(X_2) = \cdots = E(X_{10})) \cdots\cdots ①$$

$$Var(Y) = Var(X_1 + X_2 + \cdots + X_{10})$$

$$= Var(X_1) + Var(X_2) + \cdots + Var(X_{10}) \qquad （參看單元 6–48 公式）$$

$$= 10Var(X) \qquad (\because 各 Var(X_i) 相等，且彼此獨立) \cdots\cdots ②$$

· 請讀下一單元

 **6–53**

承例 12：

(3)令投擲一公正骰子的點數為 X，其機率為 $f(x_i)$，如表 6–19。

$\because E(X) = \sum x_i f(x_i)$ （參看表 6–19 第③列）

$\qquad = \dfrac{1}{6}(1 + 2 + 3 + 4 + 5 + 6)$

$\qquad = \dfrac{21}{6} = $ _____   3.5

$E(X^2) = \sum x_i^2 f(x_i) = \dfrac{91}{6} = $ _____ （參看表 6–19 第⑤ 列）   15.16

表 6–19

① x_i	1	2	3	4	5	6	合　計
② $f(x_i)$	$\frac{1}{6}$	$\frac{1}{6}$	$\frac{1}{6}$	$\frac{1}{6}$	$\frac{1}{6}$	$\frac{1}{6}$	1
③ $x_i f(x_i)$	$\frac{1}{6}$	$\frac{2}{6}$	$\frac{3}{6}$	$\frac{4}{6}$	$\frac{5}{6}$	$\frac{6}{6}$	_____
④ x_i^2	1	4	9	16	25	36	–
⑤ $x_i^2 f(x_i)$	$\frac{1}{6}$	$\frac{4}{6}$	$\frac{9}{6}$	$\frac{16}{6}$	$\frac{25}{6}$	$\frac{36}{6}$	_____

3.5 $(= \dfrac{21}{6})$

15.16 $(= \dfrac{91}{6})$

$\therefore Var(X) = E(X^2) - [E(X)]^2$

$\qquad = 15.16 - ($ _____ $)^2$ 3.5

$\qquad = $ _____   2.91

將 $E(X)$ 和 $Var(X)$ 兩值代入下式：

$E(Y) = 10 \times E(X)$ （依單元 6–52 推導公式①）

$\qquad = 10 \times$ _____ $= 35$ 3.5

$Var(Y) = 10 \times Var(X)$ （依單元 6–52 推導公式②）

$\qquad = 10 \times$ _____ $= 29.1$ 2.91

第五節　標準化

 6–54 隨機變數 X 的標準化 (standardization)

在單元 4–40 中曾提到標準分數，請回想標準化的公式：

$$Z = \frac{X - \mu_X}{\sigma_X}$$

標準化的數值具有的特性如下：

(1)任何一群變數值經標準化之後，該群所有新標準數值
　　Z 的平均數是＿＿＿，標準差是＿＿＿。　　　　　　0、1

(2)任一群變數值經標準化之後，就變成＿＿＿＿＿（有名　　無名數
　　數／無名數），意即沒有單位，加以其平均數 μ_Z 是 0，
　　變異數 σ_Z 是 1，因此可以做標準數值間的比較和數學
　　運算。

‧請讀下一單元

 **6–55**

隨機變數 X 的標準化過程及性質，與上一單元變數的標
準化是一樣的，其公式為：

$$Z = \frac{X - E(X)}{Sd(X)} = \frac{X - \mu_X}{\sigma_X}$$

由公式得知，Z 為 X 的線性函數，因 X 是隨機變數，所
以 X 標準化後的 Z，也是隨機變數。其期望值（平均數）
為＿＿＿，機率分配變異數為＿＿＿，證明如下所示：　　0、1

$$\mu_Z = E(Z) = E(\frac{X - \mu}{\sigma_X}) = \frac{1}{\sigma_X}[E(X - \mu)]$$

$$= \frac{1}{\sigma_X}[E(X) - E(\mu)] = \frac{1}{\sigma_X}[\mu - \mu] = 0 \qquad (\because E(\mu) = \mu)$$

$$\sigma_Z^2 = Var(Z) = Var(\frac{X - \mu}{\sigma_X}) = \frac{1}{\sigma_X^2}[Var(X - \mu)]$$

$$= \frac{1}{\sigma_X^2}[Var(X) - 0] = \frac{1}{\sigma_X^2}(\sigma_X^2) = 1$$

以上證明和單元 4–44 之證明類似。

· 請練習自我評量 3

八、試求自我評量 2 第五題之變異數。

九、試求自我評量 2 第六題之標準差。

十、已知隨機變數 X 的機率分配如下,試求 X 及 $2X - 3$ 的標準差。

x_i	-2	3	5
$f(x_i)$	$\dfrac{3}{10}$	$\dfrac{2}{10}$	$\dfrac{5}{10}$

 附 錄 公式證明

1. $E(b) = b$ ······ ①

   $E(aX) = aE(X)$ ······ ②

   證明:

$$E(b) = \sum_{i=1}^{n} bf(x_i) = b\sum_{i=1}^{n} f(x_i) = b \qquad (\because \sum_{i=1}^{n} f(x_i) = 1)$$

$$E(aX) = \sum_{i=1}^{n} (ax_i)f(x_i) = a\sum_{i=1}^{n} x_i f(x_i) = aE(X)$$

2. $E[g(X) + h(X)] = E[g(X)] + E[h(X)]$ ······ ③

證明:

$$E[g(X) + h(X)] = \sum_{i=1}^{n} [g(x_i) + h(x_i)]f(x_i)$$

$$= [\sum_{i=1}^{n} g(x_i) + \sum_{i=1}^{n} h(x_i)]f(x_i)$$

$$= \sum_{i=1}^{n} g(x_i)f(x_i) + \sum_{i=1}^{n} h(x_i)f(x_i)$$

$$= E[g(X)] + E[h(X)]$$

3. $E(aX + b) = aE(X) + b$ …… ④

證明:

$$E(aX + b) = E(aX) + E(b) \quad （依據①和②）$$

$$= aE(X) + b$$

4. $Var(b) = 0$

證明:

$$Var(b) = E[b - E(b)]^2 = E[b - b]^2 = 0 \quad (\because E(b) = b)$$

5. $Var(aX) = a^2 Var(X)$

證明:

$$Var(aX) = E[aX - E(aX)]^2 = E[aX - aE(X)]^2$$

$$= a^2 E[X - E(X)]^2 = a^2 Var(X)$$

6. $Var(aX + b) = a^2 Var(X)$

證明:

$$Var(aX + b) = E[(aX + b) - E(aX + b)]^2$$

$$= E[aX + b - E(aX) - E(b)]^2$$

$$= E[aX - E(aX)]^2 = a^2 E[X - E(X)]^2$$

$$= a^2 Var(X)$$

7. 若 X、Y 互為獨立變數，則:

$$Var(X + Y) = Var(X) + Var(Y)$$

證明:

$$Var(X + Y) = E[(X + Y) - E(X + Y)]^2$$

$$= E[(X - \mu_X) + (Y - \mu_Y)]^2$$

$$= E(X - \mu_X)^2 + E(Y - \mu_Y)^2 + 2E[(X - \mu_X)(Y - \mu_Y)]$$

$$= Var(X) + Var(Y) + 2E[(X - \mu_X)(Y - \mu_Y)]$$

上述的 $E[(X - \mu_X)(Y - \mu_Y)] = Cov(X, Y)$ 稱為共變數，

$$E[(X - \mu_X)(Y - \mu_Y)] = E(XY) - \mu_X E(Y) - \mu_Y E(X) + \mu_X \mu_Y$$

$$= E(XY) - \mu_X \mu_Y$$

當 X、Y 為獨立變數時，$E(XY) = E(X)E(Y) = \mu_X \mu_Y$，共變數 $Cov(X, Y) = E[(X - \mu_X)(Y - \mu_Y)] = 0$

故當 X、Y 互為獨立時，$Var(X + Y) = Var(X) + Var(Y)$

自我評量 解答

一、 1. $X = 0, 1, 2, 3, 4, 5$，間斷型隨機變數

2. $Y = 0$、, $1, 2, 3, 4$，間斷型隨機變數

3. $T \geq 0$，連續型隨機變數

二、 1.

x_i	0	1	2	3	4
$f(x_i)$	$\frac{1}{16}$	$\frac{4}{16}$	$\frac{6}{16}$	$\frac{4}{16}$	$\frac{1}{16}$

$$f(1) = C_1^4 (\frac{1}{2})^1 (\frac{1}{2})^3 = \frac{4}{16}, f(2) = C_2^4 (\frac{1}{2})^2 (\frac{1}{2})^2 = \frac{6}{16}, \text{以此類推}$$

2. $P(1 \leq X \leq 3) = f(1) + f(2) + f(3) = \frac{14}{16}$

三、 1. 令免費機票數為 X：

x_i	0	1	2
$f(x_i)$	$\frac{21}{45}$	$\frac{21}{45}$	$\frac{3}{45}$

$$f(0) = \frac{C_0^3 C_2^7}{C_2^{10}} = \frac{21}{45}, f(1) = \frac{C_1^3 C_1^7}{C_2^{10}} = \frac{21}{45}, f(2) = \frac{C_2^3 C_0^7}{C_2^{10}} = \frac{3}{45}$$

2. $F(1) = f(0) + f(1) = \frac{21}{45} + \frac{21}{45} = \frac{42}{45}$

$$F(0) = f(0) = \frac{21}{45}$$

四、

組　合	(1, 3)	(1, 5)	(1, 7)	(1, 9)	(3, 5)	(3, 7)	(3, 9)	(5, 7)	(5, 9)	(7, 9)
x_i	4	6	8	10	8	10	12	12	14	16

x_i	4	6	8	10	12	14	16
f_i	1	1	2	2	2	1	1
$f(x_i)$	$\frac{1}{10}$	$\frac{1}{10}$	$\frac{2}{10}$	$\frac{2}{10}$	$\frac{2}{10}$	$\frac{1}{10}$	$\frac{1}{10}$

五、$E(X) = 0 \times \frac{8}{27} + 1 \times \frac{3}{27} + 2 \times \frac{6}{27} + 3 \times \frac{10}{27} = 1.67$

$E(X^2) = 0^2 \times \frac{8}{27} + 1^2 \times \frac{3}{27} + 2^2 \times \frac{6}{27} + 3^2 \times \frac{10}{27} = 4.33$

x_i	0	1	2	3
$f(x_i)$	$\frac{8}{27}$	$\frac{3}{27}$	$\frac{6}{27}$	$\frac{10}{27}$
$x_i f(x_i)$	0	$\frac{3}{27}$	$\frac{12}{27}$	$\frac{30}{27}$
$x_i^2 f(x_i)$	0	$\frac{3}{27}$	$\frac{24}{27}$	$\frac{90}{27}$

六、$E(X) = 3 \times \frac{1}{6} + 6 \times \frac{3}{6} + 9 \times \frac{2}{6} = 6.5$

$E(X^2) = 3^2 \times \frac{1}{6} + 6^2 \times \frac{3}{6} + 9^2 \times \frac{2}{6} = 46.5$

x_i	3	6	9
$f(x_i)$	$\frac{1}{6}$	$\frac{3}{6}$	$\frac{2}{6}$
$x_i f(x_i)$	$\frac{3}{6}$	$\frac{18}{6}$	$\frac{18}{6}$
x_i^2	9	36	81

七、令每月銷售的車輛為 X，依題意經銷商薪資計算公式為：

$$Y = g(X) = 1 + 3X$$

$$E(Y) = 4 \times \frac{1}{10} + 7 \times \frac{1}{10} + 10 \times \frac{4}{10} + 13 \times \frac{3}{10} + 16 \times \frac{1}{10} = 10.6$$

x_i	1	2	3	4	5
$f(x_i)$	$\dfrac{1}{10}$	$\dfrac{1}{10}$	$\dfrac{4}{10}$	$\dfrac{3}{10}$	$\dfrac{1}{10}$
$y_i = 3x_i + 1$	4	7	10	13	16
$y_i f(x_i)$	$\dfrac{4}{10}$	$\dfrac{7}{10}$	$\dfrac{40}{10}$	$\dfrac{39}{10}$	$\dfrac{16}{10}$

八、依第五題得：

$E(X) = 1.67$

$E(X^2) = 4.33$

$Var(X) = E(X^2) - [E(X)]^2$

$\qquad\quad = 4.33 - (1.67)^2 = 1.54$

九、依第六題可知：

$E(X^2) = 46.5$

$E(X) = 6.5$

$Var(X) = E(X^2) - [E(X)]^2 = 46.5 - (6.5)^2$

$\qquad\qquad = 4.25$

$\sigma = \sqrt{Var(X)} = \sqrt{4.25} = 2.06$

十、　1.

x_i	-2	3	5
$f(x_i)$	$\dfrac{3}{10}$	$\dfrac{2}{10}$	$\dfrac{5}{10}$
$x_i f(x_i)$	$-\dfrac{6}{10}$	$\dfrac{6}{10}$	$\dfrac{25}{10}$
x_i^2	4	9	25
$x_i^2 f(x_i)$	$\dfrac{12}{10}$	$\dfrac{18}{10}$	$\dfrac{125}{10}$

$E(X) = \sum x_i f(x_i) = 2.5$

$E(X^2) = \dfrac{12}{10} + \dfrac{18}{10} + \dfrac{125}{10} = 15.5$

$Var(X) = E(X^2) - [E(X)]^2 = 15.5 - 6.25 = 9.25$

所以 $\sigma = \sqrt{9.25} = 3.04$

2. $Var(2X - 3) = Var(2X) = 4Var(X) = 4 \times 9.25 = 37$

$\sigma_{2X-3} = \sqrt{Var(2X - 3)} = \sqrt{37} = 6.08$

7

常用機率分配

　　機率分配包含很多種類，其中以二項分配、超幾何分配和常態分配最為常用。二項分配是最重要的一種間斷型機率分配，一般為出現兩種結果的隨機實驗，諸如民意調查民眾是否支持某候選人；工廠品管人員檢驗產品是否合格；行銷部門調查顧客是否喜歡某新產品等。凡涉及「正」或「反」兩種對立結果的蒐集資料過程，可能是屬二項分配的實驗 (binominal distribution experiments)。

　　超幾何分配是與上述不同的抽樣分配，凡採用不歸回抽樣，卻每回抽樣的機率不同之情形，謂之超幾何分配。

　　常態分配是最重要的一種連續型機率分配，譬如人體的身高、體重、智商及工廠產品的使用年限，均可以用常態分配來加以解釋。此外，在統計推論中很多統計量抽樣分配，也是以常態分配作為依據而發展。因此，常態分配有推論統計靈魂之美譽。

　　本章將對二項分配、超幾何分配和常態分配的原理和應用，作詳細的介紹。

第一節　二項分配

單元 7–1　二項分配 (binomial distribution)

　　在我們生活中有許多現象，只是出現兩種對立的結果，諸如：正／反、好／壞、及格／不及格、喜歡／不喜歡等，它們大多可採用二項分配來描述其機率行為。

・請讀下一單元

單元 7–2

二項分配源於二項隨機實驗，其特性包含下列四項：

⑴每一實驗包含 n 次重複試行 (trials)。

⑵每一次試行僅有 2 種結果：其一為我們預期得到的，稱之為成功；另一種不預期得到的，稱之為失敗。

⑶每一次試行，出現成功結果的機率固定為 p，出現失敗的機率固定為 q $(= 1 - p)$。

(4)任 2 次試行之間皆相互獨立，即一次試行結果不會影響下一次結果。

任何隨機實驗，必須完全符合以上二項分配的四項性質，方才算是二項分配。讓我們來檢視下面幾個例子，看看是否符合二項分配。

・請讀下一單元

- -

 7–3

 1

投公正硬幣 3 次，出現正面表示成功，而以隨機變數 X 表示成功的次數。試問此實驗是否為二項分配？

解

讓我們討論下列問題，檢核看看是否符合二項分配的特性：

問　題	符合二項分配的哪一項特性	
①重複投公正硬幣 3 次。	符合第＿＿＿項	(1)
②令硬幣出現正面為成功，反面為失敗。	符合第＿＿＿項	(2)
③成功機率為 $p = \dfrac{1}{2}$，失敗機率為 $q = 1 - p = \dfrac{1}{2}$，並且每次都固定不變。	符合第＿＿＿項	(3)
④前後兩次的 p 均相同，彼此不相互影響。	符合第＿＿＿項	(4)

由以上四項討論得知，本例題完全符合二項分配的特性。

・請讀下一單元

- -

 7–4

 2

箱中放有 15 顆球，其中 5 顆白球、10 顆黃球，今自其

中採歸回式抽樣 3 顆（即抽取 1 顆球，然後放回去，再做下一次抽取）。令抽到白球者為中獎，試問此一問題是否屬於二項分配？＿＿＿＿＿＿（是／否）。

是

- 如果答對並能正確說明原因，請跳讀單元 7–6
- 如果不能完全正確回答，請讀下一單元解答

 單元 7–5

 解

問　題	符合二項分配的哪一項特性	
①抽樣 3 個，相當於試行 $n = 3$。	符合第＿＿＿項	(1)
②抽到白球為中獎，它是預期得到的結果，視為成功，反之抽到非白球，視為失敗。	符合第＿＿＿項	(2)
③抽到白球的機率（相對次數）為 $\frac{5}{15}$，因採歸回式抽樣，故每一次抽取的機率相等，皆是 $\frac{5}{15}$。	符合第＿＿＿項	(3)
④每一回的抽取結果不會影響到下一回的抽取結果。	符合第＿＿＿項	(4)

綜合上述的討論，本例題完全符合二項分配的特性。

- 請讀下一單元

 單元 7–6

 例 3

一箱中放有 15 顆球，其中 5 顆白球，10 顆黃球，今自其中以不歸回式抽取 3 顆球。令抽到白球為中獎，試問此一問題是否屬於二項分配？＿＿＿＿＿＿（是／否）。

否

- 如果答對，請跳讀單元 7–8
- 如果答錯，請讀下一單元解答

單元 **7-7**

解

問　題	是否符合二項分配的特性	
①抽樣 3 個，相當於試行 3 次。	_____（符合／不符合） 第(1)項特性	符合
②抽到白球算是成功，抽到黃球為失敗，二者相互對立。	_____（符合／不符合） 第(2)項特性	符合
③第一回抽取時，白球被抽到機率為____，因採不歸回抽取，第二回各球抽到機率已不再是 $\frac{5}{15}$，所以 p 值並非固定。	_____（符合／不符合） 第(3)項特性	$\frac{5}{15}$、不符合
④因採不歸回抽樣，任一回抽取機率會受到前一回影響。	_____（符合／不符合） 第(4)項特性	不符合

　　經以上分析，此例題和二項分配的第(3)項和第(4)項性質不相符，所以_____（屬於／不屬於）二項分配。

不屬於

・請讀下一單元

單元 **7-8**　二項分配的形成

　　在二項隨機實驗中，設定 X 為二項實驗 n 次試行中成功的次數，則 X 就是二項隨機變數。

　　以投公正硬幣 3 次為例，出現正面的次數為 X，則 X 是為二項隨機變數。因為 X 的可能值有 0, 1, 2, 3 等 4 種。然後再對 X 所有可能值一一計算其機率，即構成如下的二項分配：

　　📄 表 7-1　投硬幣 3 次的二項機率分配

x_i	0	1	2	3	合　計
$f(x_i)$	$\frac{1}{8}$		$\frac{3}{8}$		1

$\frac{3}{8}$、$\frac{1}{8}$

・請讀下一單元

 **7-9**

綜合上一單元的說明，可歸納為：

在試行 n 次的二項實驗中，成功的數目為 X，稱為二項隨機變數，由 X 隨機變數再發展的機率分配，是為二項機率分配。因為試行 n 次有 c 次成功，其成功機率 p，三者為二項機率分配的重要參數，故記作：

$$X \sim B(c; n, p)$$

B 是 binomial 的簡寫，意為二項分配

n 為總共試行次數，c 次成功，p 為成功機率

・請讀下一單元

 **7-10**

二項分配的機率函數 $f(x)$ 的公式為：

$$f(x) = C_x^n p^x (1-p)^{n-x}$$

n 表在二項實驗下試行的次數

x 表二項隨機變數值（或表示發生成功的次數）

p 表成功機率

$1 - p = q$ 表不成功機率

公式中出現的數學組合符號，其計算式如下：

$$C_x^n = \frac{x!}{x!(n-x)!}$$

・請讀下一單元

7-11

例 **4**

求 C_3^5 和 C_6^{10}。

(1) $C_3^5 = \dfrac{5!}{3!(5-3)!} = \dfrac{5!}{3!2!}$

$= \dfrac{5 \times 4 \times 3 \times 2 \times 1}{(3 \times 2 \times 1)(2 \times 1)} = \underline{\quad}$　　10

(2) $C_6^{10} = \dfrac{10!}{6!(10-6)!} = \dfrac{10!}{6!4!} = \underline{\quad}$　　210

當 C_x^n 中的 n 很大時，計算很麻煩，請讀者應用電子計算機協助計算。關於組合的原理，本書不擬進一步介紹，請讀者參閱高中數學的排列組合。

．請讀下一單元

 7-12

 5

投一公正骰子 5 次，求恰好出現 3 次「6 點」的機率。

⑴一公正骰子有六面，依古典機率法每一面出現的機率

　為 $\dfrac{1}{6}$，因出現「6 點」為成功，故其機率為 $p = \dfrac{1}{6}$，

　失敗的機率為 $1 - p = \underline{\quad}$。　　$\dfrac{5}{6}$

⑵投骰子 5 次，每一次機率相同，並各次間均互為獨立，

　故本題是屬於二項分配。

⑶令出現「6 點」的次數為 X，則 X 服從二項分配 $B(5$

　$,\underline{\quad})$，公式為：　　$\dfrac{1}{6}$

$$f(x) = C_x^5 \left(\dfrac{1}{6}\right)^x \left(\dfrac{5}{6}\right)^{5-x}$$

$$x = 0, 1, 2, 3, 4, 5$$

⑷當 $x = 3$ 代入上式：

$$f(3) = C_3^5 \left(\frac{1}{6}\right)\text{———}\left(\frac{5}{6}\right)\text{———}$$

$$= \frac{\text{———}}{3!2!} \times \frac{5^2}{6^5}$$

$$= \text{———}$$

3、2

5!

0.032

・請讀下一單元

 7–13

 6

　　某藥學研究中心發明治療砂眼新藥，進行臨床實驗，治癒率有 60%，今以 15 個病患進行測試，問恰好治癒 10 人的機率為多少?

答：＿＿＿。

0.186

・如果答對，請跳讀單元 7–15

・如果答錯，請讀下一單元

 7–14

　(1)此例題是否屬於二項實驗：＿＿＿＿＿＿＿（是／否）。

是

　(2) $n = 15$, $p = 0.6$, $1 - p = 0.4$：

　　X 的可能值為：$0, 1, 2, \cdots, 14, 15$，共有＿＿＿種。

16

　　X 服從二項分配，即：

$$f(x) = C_x^{15}(0.6)^x(0.4)^{15-x}$$

　(3)當 $x = 10$，代入上式得：

$$f(10) = C_{10}^{15}(0.6)^{10}(0.4)^5$$

$$= \frac{\text{———}!}{\text{——}!\text{——}!}(0.6)^{10}(0.4)^5$$

$$= \text{———}$$

$\dfrac{15!}{10!5!}$

0.186

・請讀下一單元

 **7–15 二項分配查表法**

當二項分配的 n 超過 10，計算工作變得十分繁雜，因此宜改用查表法求其機率。【附表一】內所列出的是二項分配累積機率的值。以下對二項分配機率表的查表法作簡單介紹。

・請讀下一單元

7–16

請回想二項函數的通式：

⑴ $P(X=x)=f(x)=C_x^n p^x q^{n-x}$，此式表示二項分配的隨機變數 $X=x$ 時的機率值。

⑵ $F(c)=P(X \le c)=\sum_{x=0}^{c} f(x)=\sum_{x=0}^{c} C_x^n p^x q^{n-x}=B(c;n,p)$

此式表示依序把 $x=0$（起始項）至 $x=c$（終止項）之間的所有二項分配機率值，全部累加起來。

$F(c)$ 是累加符號（注意：$F(c)$ 和 $f(c)$ 是不相同的）。

請根據下表，瞭解其運算法則：

$F(c)=P(X \le c)$	累加機率 $\sum_{x}^{c} f(x)$
$F(0)=C_0^n p^0 q^n=P(X=0)=$	$f(0)$ ······ ①
$F(1)=\sum_{x=0}^{1} C_x^n p^x q^{n-x}=P(X \le 1)=$	$f(0)+f(1)$ ······ ②
$F(2)=\sum_{x=0}^{2} C_x^n p^x q^{n-x}=P(X \le 2)=$	$f(0)+f(1)+f(2)$ ······ ③
$F(3)=\sum_{x=0}^{3} C_x^n p^x q^{n-x}=P(X \le 3)=$	$f(0)+f(1)+f(2)+f(3)$ ······ ④
$\vdots$	$\vdots$
$F(c)=\sum_{x=0}^{c} C_x^n p^x q^{n-x}=P(X \le c)=$	$f(0)+f(1)+f(2)+f(3)+\cdots+f(c)$ ······ $c+1$ 式

・請讀下一單元

 **7-17**

在【附表一】所呈現的是二項分配機率表，即 $P(X \le c)$ 的二項分配累積機率值。$P(X \le c)$ 的意義和上一單元所介紹的相同。所以，如果我們想求：

(1) $F(3) = P(X \le 3) = f(0) + f(\underline{\quad}) + f(\underline{\quad}) + f(3)$，

則直接查【附表一】中的 $c = 3$ 位置上的機率值，就可以獲得了。

1、2

(2) $f(3) = P(X = 3)$，因為無法從【附表一】直接查到相對應的機率值。但如把上一單元（單元 7-16）的④和③兩式相減，即可得到 $f(3)$。

$$f(3) = P(X \le 3) - P(X \le 2) = P(X = 3)$$

所以，我們由【附表一】查出 $P(X \le 3)$ 和 $P(X \le 2)$ 兩值，然後相減，就可得到 $f(3) = P(X = 3)$ 值。

(3)同理：

$$P(3 \le X \le 5) = f(3) + f(\underline{\quad}) + f(5)$$

4

$$= P(X \le 5) - P(X \le \underline{\quad})$$

2

所以求 $P(3 \le X \le 5)$，只要查【附表一】的 $P(X \le 5)$ 及 $P(X \le 2)$ 的數值，再相減就可以求得。

· 請讀下一單元

 7-18

 7

試利用二項分配機率表，求下列機率。

(1) $n = 15, p = 0.4, P(X \le 5) = ?$

(2) $n = 15, p = 0.4, P(X = 5) = ?$

(3) $n = 15, p = 0.4, P(5 < X \le 10) = ?$

答：(1) $P(X \le 5) =$ ＿＿＿。

0.403

　　(2) $P(X = 5) =$ ＿＿＿。

0.186

　　(3) $P(5 < X \le 10) =$ ＿＿＿＿。

0.588

・如果答對，請跳讀單元 7–20

・如果答錯，請讀下一單元解答

單元 7–19

解

(1) $P(X \le 5) = B(5;\ 15,\ 0.4)$，直接查【附表一】，從欄

　　$n = 15,\ c = 5$ 和橫列 $p = 0.4$ 之交點，得：

$$P(X \le 5) = B(5;\ 15,\ 0.4) = 0.403$$

(2) $P(X = 5) = P(X \le 5) - P(X \le \underline{\quad})$，查【附表一】得：

4

　　$B(5;\ 15,\ 0.4) = P(X \le 5) =$ ＿＿＿

0.403

　　$B(4;\ 15,\ 0.4) = P(X \le 4) =$ ＿＿＿

0.217

　　（查 $n = 15,\ c = 4$ 和 $p = 0.4$ 的交點）

　　$\therefore P(X = 5) = 0.403 - 0.217 =$ ＿＿＿

0.186

(3) $P(5 < X \le 10) = f(6) + f(7) + f(8) + f(9) + f(10)$

$$= P(X \le 10) - P(X \le \underline{\quad})$$

5

查【附表一】得：

$P(X \le 10) = B(10;\ 15,\ 0.4) =$ ＿＿＿

0.991

（查 $n = 15,\ c = 10$ 和 $p = 0.4$ 的交點）

$P(X \le 5) = 0.403$

$\therefore P(5 < X \le 10) = P(X \le 10) - P(X \le \underline{\quad})$

5

$$= F(10) - F(\underline{\quad}) = 0.991 - \underline{\quad}$$

5、0.403

$$= \underline{\quad}$$

0.588

・請讀下一單元

 7-20

例 8

假定一新藥治癒率有 60%，今 15 個病患接受測試，試求下列機率。

(1)最多 5 個人治癒。

(2)治癒人數 6 至 10 個人（包含 6 與 10 人）。

(3)恰好治癒 5 人的機率。

答：(1)＿＿＿。 0.034

(2)＿＿＿。 0.749

(3)＿＿＿。 0.025

· 如果答對，請跳讀單元 7-22

· 如果答錯，請讀下一單元解答

單元 7-21

(1)依題意，最多治癒 5 個人，即表示治癒人數 X 可能是

$x = 0, 1, 2, 3, 4, 5$ 共＿＿＿種。 6

$P(X \leq 5) = f(0) + f(1) + f(2) + f(3) + f(4) + f(5)$

直接查【附表一】求 $n = 15, c = 5$ 和 $p = 0.6$ 的交點

得：

$P(X \leq 5) = $＿＿＿ 0.034

(2)依題意，治癒人數 6 至 10 人（包含 6 及 10 人）則：

$P(6 \leq X \leq 10) = f(6) + f(7) + f(8) + f(9) + f(10)$

$= P(X \leq 10) - P(X \leq $＿＿＿$)$ 5

查表求 $n = 15, c = 10$ 和 $p = 0.6$ 的交點得：

$P(X \leq 10) = $＿＿＿ 0.783

$P(X \leq 5) = 0.034$

$$\therefore P(6 \le X \le 10) = 0.783 - \underline{\quad} \qquad 0.034$$

$$= \underline{\quad} \qquad 0.749$$

(3)依題意，恰好治癒 5 個人：

$$P(X = 5) = f(5)$$

$$= P(X \le 5) - P(X \le \underline{\quad}) \qquad 4$$

透過查表得：

$$P(X \le 5) = 0.034$$

$$P(X \le 4) = \underline{\quad} \qquad 0.009$$

$$P(X = 5) = \underline{\quad} - 0.009 = \underline{\quad} \qquad 0.034 \text{、} 0.025$$

• 請讀下一單元

7-22 二項分配——期望值（平均數）與變異數

二項分配的期望值（平均數）與變異數：

已知 X 為二項分配之隨機變數，則其平均數（或期望值）和變異數為：

$$\mu_X = E(X) = np$$

$$\sigma_X^2 = Var(X) = np(1 - p) = E(X^2) - (E(X))^2$$

• 請讀下一單元，瞭解公式的證明過程。

7-23

若 $Y \sim B(n, p)$，抽取 n 個，Y 為二項隨機變數，令：

$$Y = x_1 + x_2 + \cdots + x_n$$

$$= \sum_{i}^{n} x_i$$

則 $E(Y) = np$，$Var(Y) = np(1 - p)$。

證明：

⑴求任一個 X 的 $E(X)$ 及 $Var(X)$:

設 X 為任一個體的變數值,依二項實驗性質,X 可能值為 1(成功)及 0(失敗),其機率為 p 和 $1-p$,如表 7–2 所示,則:

$$E(X) = \sum x_i f(x_i) = p \cdots\cdots ①$$

$$Var(X) = \sum (x_i - p)^2 f(x_i) \qquad (參閱表 7–2)$$

$$= p^2(1-p) + (1-p)^2 p$$

$$= p(1-p) \cdots\cdots ② \qquad (得證)$$

🔵 表 7–2

x_i	0	1	合 計
$f(x_i)$	$1-p$	p	–
$x_i f(x_i)$	0	p	p
$(x_i - E(X))^2 = (x_i - p)^2$	p^2	$(1-p)^2$	–
$(x_i - p)^2 f(x_i)$	$p^2(1-p)$	$(1-p)^2 p$	$p(1-p)$

⑵求 $E(Y)$、$Var(Y)$:

$$E(Y) = E(\overset{n}{\sum} X) = \overset{n}{\sum} E(X) = \overset{n}{\sum}(p) \qquad (上述①式代入)$$

$$= np$$

$$Var(Y) = Var(\overset{n}{\sum} X) = \overset{n}{\sum} Var(X) = \overset{n}{\sum} p(1-p) \qquad (上述②式代入)$$

$$= np(1-p)$$

・請讀下一單元

 7–24

 9

承例 8,新藥治癒率為 60%,今 15 個病患接受測試,求其平均治癒人數及變異數為何?

依據單元 7–22,令治癒人數為 X,則公式為:

$$E(X) = np, \ Var(X) = np(1-p)$$

$n = 15, p = 0.6, (1 - p) = 0.4$，代入公式：

$$E(X) = np = 15 \times \underline{\hspace{1cm}} = \underline{\hspace{1cm}} \text{（人）}$$

$$Var(X) = np(1 - p)$$

$$= 15 \times \underline{\hspace{1cm}} \times \underline{\hspace{1cm}}$$

$$= \underline{\hspace{1cm}}$$

0.6、9

0.6、0.4

3.6

· 請練習自我評量 1

一、投公正硬幣 5 次，試求出現 3 次正面的機率為何?

二、投二枚公正骰子一次，出現「6」點為勝，問得勝的機率為何?

三、已知 $n = 15, p = 0.5$，請應用查二項機率表法，求下列機率:

　　1. $P(0 \le X \le 12)$

　　2. $P(8 < X < 12)$

四、某便當餐飲業，已知 100 人中買 A 餐有 30 人，今有 10 名消費者，令 X 為買 A 餐的人數，試求:

　　1. 機率分配、$E(X)$、$Var(X)$。

　　2. 1 到 3 人買 A 餐的機率。

　　3. 恰有 4 人買 A 餐的機率。

五、某高血壓藥治癒率為 0.3，現有 20 名病人接受該藥的治療，試求:（請應用查表法）

　　1. 恰好 5 人治癒的機率。

　　2. 5 到 10 人治癒的機率。

　　3. 至少 10 人治癒的機率。

　　4. $E(X)$ 和 $Var(X)$。

第二節　超幾何分配

 7–25 超幾何分配 (hypergeometric distribution)

一箱內有 15 顆球，其中 5 顆白球，10 顆黃球，今自其中以不歸回式抽取 3 顆球，令抽中白球為中獎，請問中獎次數的機率分配為何？

上述的問題，在單元 7–7 已討論過，不屬於二項機率分配。其原因是：

(1)第一回抽取時，每一球被抽中的機率為 ____。 $\dfrac{1}{15}(=\dfrac{1}{N})$

(2)因採不歸回式抽樣，所以第二回抽樣時，所有球（剩 14 顆）被抽取的機率改變為 ____。 $\dfrac{1}{14}(=\dfrac{1}{N-1})$

(3)所以任何前後兩回的抽樣_____（是／不是）獨立 不是
的，因為前一回抽樣結果會影響後一回抽樣結果。

在不歸回的抽樣中，因各回試行不是相互獨立，所以_____（符合／不符合）二項實驗。但是，具有如此特 不符合
性的機率分配，卻與超幾何實驗有關。

・請讀下一單元

 7–26 超幾何實驗 (hypergeometric experiment)

超幾何實驗的特性：

(1)從一個含有 N 個個體的有限母體中，採不歸回抽樣，抽出 n 個隨機樣本。

(2)N 個母體中，預期成功的個數有 S 個，另預期失敗的個數有 $N-S$ 個。

在上述的超幾何實驗中，令 X 為成功類的個數，稱為超幾何隨機變數，而 X 對應的機率函數 $f(x)$，稱之為超幾何機率函數，或超幾何分配。其公式為：

$$f(x) = \frac{C_x^S C_{n-x}^{N-S}}{C_n^N}, x = 0, 1, 2, \cdots, n$$

· 請讀下一單元

 7–27

 10

　　有一箱內裝 10 顆球，其中 2 顆紅，8 顆白，今從此箱中以不歸回式抽取 3 顆球。令 X 代表抽到紅球的個數，試求 X 的機率分配。

⑴因採不歸回式抽樣，紅球有 2 顆，所以紅球被抽到的可能情況為 $x = 0, 1, 2$ 三種，如表 7–3。

⑵計算 X 可能值之機率及其機率分配表：

$$f(0) = P(X = 0) = \frac{C_0^2 C_3^8}{C_3^{10}}$$

$$= \frac{}{120} = \frac{}{15}$$

56、7

$$f(1) = P(X = 1) = \frac{C_1^2}{C_3^{10}}$$

C_2^8

$$= \frac{}{120} = \frac{7}{15}$$

56

$$f(2) = P(X = 2) = \frac{C_2^2}{C_3^{10}}$$

C_1^8

$$= \frac{}{120} = \frac{1}{15}$$

8

○ 表 7–3

x_i	0	1	2
$f(x_i)$	$\dfrac{7}{15}$		

$\dfrac{7}{15}$、$\dfrac{1}{15}$

· 請讀下一單元

7–28

若超幾何機率函數 $f(x)$ 為:

$$f(x) = \frac{C_x^S C_{n-x}^{N-S}}{C_n^N}$$

N 表母體個數，S 表母體中所有成功的個數

n 表樣本個數，X 為抽樣中獲得成功的可能個數

令 X 為超幾何隨機變數，則其期望值（平均數）和變異數為:

$$\mu_X = E(X) = np$$

$$\sigma_X^2 = Var(X) = E(X)^2 - (E(X))^2 = np(1-p) \times \frac{N-n}{N-1}$$

$p = \dfrac{S}{N}$ 表成功機率，n 表試行次數

· 請讀下一單元

7–29

例 11

同例 10，有一箱內裝 10 顆球，其中 2 顆紅，8 顆白，今從此箱中以不歸回式抽取 3 顆球。令 X 代表抽到紅球的個數，試求 X 的機率分配，以及 X 期望值和變異數。

⑴依例 10 資料，獲得的機率分配如表 7–4:

⊤ 表 7–4

① x_i	0	1	2
② $f(x_i)$	$\dfrac{7}{15}$	$\dfrac{7}{15}$	$\dfrac{1}{15}$
③ $x_i f(x_i)$	0	___	$\dfrac{2}{15}$
④ x_i^2	0	1	___
⑤ $x_i^2 f(x_i)$	0	___	$\dfrac{4}{15}$

$\dfrac{7}{15}$

4

$\dfrac{7}{15}$

(2)應用期望值公式求 $E(X)$ 和 $Var(X)$：

$$E(X) = \sum x_i f(x_i)$$

$$= 0 \times \frac{7}{15} + \underline{\quad} \times \frac{7}{15} + \underline{\quad} \times \frac{1}{15}$$

1、2

$$= \frac{9}{15} = \frac{3}{5}$$

$$Var(X) = E(X^2) - (E(X))^2$$

$$= [0^2 \times \frac{7}{15} + 1^2 \times \frac{7}{15} + (\underline{\quad})^2 \times \frac{1}{15}] - (\underline{\quad})^2$$

2、$\dfrac{3}{5}$

$$= \frac{11}{15} - \frac{\quad}{25} = \frac{\quad}{75}$$

9、28

·請讀下一單元

單元 **7–30**

承例 11，另一種解法如下：

(3)應用單元 7–28 公式求 $E(X)$ 和 $Var(X)$：

$$n = 3, \ p = \frac{S}{N} = \frac{2}{10}, \ N = 10$$

$$E(X) = np$$

$$= 3 \times \underline{\quad} = \frac{6}{10} \quad (與上述方法的結果相同)$$

$\dfrac{2}{10}$

$$Var(X) = np(1-p) \times \frac{N-n}{N-1}$$

$$= 3 \times \frac{2}{10} \times \frac{8}{10} \times \underline{\quad}$$

$\dfrac{7}{9} \ (= \dfrac{10-3}{10-1})$

$=\underline{\qquad}$ （與上述方法的結果相同）

$\dfrac{28}{75}$

· 請讀下一單元

 7–31

 12

某公司從 6 男 3 女員工中，以不歸回方式隨機抽取 4 人組成推銷小組，令 X 表示男性人數，試求：

(1) X 的機率分配。

(2)至少有 3 個男性的機率。

(3) $E(X)$ 和 $Var(X)$。

答：(1) $\underline{\qquad}$。

(2) $\underline{\qquad}$。

(3) $E(X) = \underline{\qquad}$, $Var(X) = \underline{\qquad}$。

$f(x) = \dfrac{C_x^6 C_{4-x}^3}{C_4^9}$

$\dfrac{25}{42}$

$\dfrac{8}{3}$、$\dfrac{5}{9}$

· 如果答對，請跳讀單元 7–33

· 如果答錯，請讀下一單元解答

 7–32

(1)母體為有限母體，採不歸回抽樣，各次試行不獨立，故隨機變數 X 是為超幾何分配，其公式為：

$$f(x) = \dfrac{C_x^6 C_{4-x}^3}{C_4^9}, x = 1, 2, 3, 4$$

(2)至少有 3 個男性的機率，則 X 可能是 3, 4 兩種：

$P(X \geq 3) = f(3) + f(4)$

$= P(X = 3) + P(X = \underline{\qquad})$

$= \dfrac{C_3^6 C_1^3}{C_4^9} + \dfrac{C_4^6 C_0^3}{C_4^9} = \dfrac{\underline{\qquad}}{126} + \dfrac{15}{126} = \dfrac{25}{42}$

（含 3 和 4）

4

60

(3) $n = 4, S = 6, N = 9$，代入：

$$p = \frac{S}{N} = \frac{6}{9}, 1 - p = \frac{3}{9}$$

$$E(X) = np$$

$$= 4 \times \underline{\quad} = \frac{8}{3}$$

$$Var(X) = np(1-p) \times \frac{N-n}{N-1}$$

$$= 4 \times \frac{6}{9} \times \underline{\quad} \times \frac{9-4}{9-1} = \frac{5}{9}$$

$$\frac{6}{9}$$

$$\frac{3}{9}$$

· 請讀下一單元

單元 7-33

比較二項分配和超幾何分配的變異數：

1. 二項分配的變異數

$$Var(X) = np(1-p)$$

2. 超幾何分配的變異數

$$Var(X) = np(1-p) \times \frac{N-n}{N-1}$$

比較二項分配的變異數公式和超幾何分配的變異數公式，後者多乘 $\frac{N-n}{N-1}$，稱為有限母體的校正因子。

假若 N 夠大，將 N 和 n 相比，致使 $\frac{N-n}{N-1}$ 比值趨近於 1 時，不論是否乘上 $\frac{N-n}{N-1}$ 所造成的影響皆微乎其微，此時的二項分配變異數和超幾何分配變異數趨近於相等。

理論上，N 愈大（至無限大），則 $\frac{N-n}{N-1}$ 愈接近 1。但在實際應用上，只要 $\frac{n}{N} \leq 0.05$ 時，N 就算是夠大了。一般而言，當 $\frac{n}{N} \leq 0.05$ 時，此時可以應用二項分配求算的機率，來取代超幾何分配求算的機率了。

· 請讀下一單元

單元 7-34

 13

已知某高中全校 1,000 名學生中，400 名學生有手機，現以不歸回方式隨機抽取 20 名學生，求至多 6 名學生有手機的機率。

(1)應用超幾何解法：

令 X 為有手機的人數，今求至多 6 名學生有手機，則 $x = 0, 1, 2, 3, 4, 5, 6$ 共 ＿＿ 種情況。   7

$P(X \leq 6)$

$= f(0) + f(1) + f(2) + f(3) + f(4) + f(5) + f(6)$

$= \dfrac{C_0^{400} C_{20}^{600}}{C_{20}^{1,000}} + \dfrac{C_1^{400} C_{19}^{600}}{C_{20}^{1,000}} + \cdots + \dfrac{C_6^{400} C_{14}^{600}}{C_{20}^{1,000}}$

顯然，上述的運算十分繁雜，很不容易計算。

(2)應用二項分配解法：

$$\frac{n}{N} = \frac{20}{1,000} = \underline{} \leq 0.05$$ 0.02

故 N 和 n 相比，N 可算夠大，符合應用二項式求算機率的條件。

$$p = \frac{400}{1,000} = \underline{} \quad (母體機率 \ p)$$ 0.4

查二項分配機率表【附表一】，$n = 20, c = 6$ 和 $p = 0.4$ 之交點處，得：

$$P(X \leq 6) = 0.25$$

比較上面(1)和(2)兩種解法，應用二項分配的解法簡易多了。

・請練習自我評量 2

自我評量 2

六、已知箱中有 100 顆球，其中 10 球為紅球，今從此箱中抽取 20 球（不歸回式），試問獲得 5 顆紅球的機率為何？

七、抽獎箱中有 8 球，其中 5 紅，3 白，令抽中白球為中獎，今抽出 4 球（不歸回式），試問中獎的機率分配為何？

八、抽獎箱中有 5 紅球，4 白球，每次自箱中抽 3 球（不歸回式），今得紅球為 X，試問：

　　1. 得到紅球的機率分配。

　　2. 求 $E(X)$ 和 $Var(X)$。

九、抽獎箱有 20 張籤，其中 8 張為有獎籤，今從箱中隨機抽取 6 張（不歸回式）。

　　令抽到有獎籤者人數為 X，試求：

　　1. 該實驗的機率分配。

　　2. 求 $E(X)$ 和 $Var(X)$。

　　3. 抽中 5 張有獎籤的機率。

第三節　連續機率分配——常態分配

　　常態分配為連續機率分配中最常用的一種機率分配，諸如身高、體重、智商，以及工業及學術科學研究中出現的資料，經常使用常態曲線 (normal curve) 來描述。常態分配於在十八世紀時，由數學家高斯導出數學方程式而被確定其定義，故亦稱高斯分配 (Gauss distribution)。

　　常態分配的定義為：

一連續隨機變數 X 之平均數 μ，標準差 σ，當其能滿足下式機率函數性質時，則稱此變數 X 是服從 $f(x)$ 常態機率函數，以 $X \sim N(\mu, \sigma^2)$ 表示之。

$$f(x) = \frac{1}{\sqrt{2\pi}\sigma} e^{-\frac{1}{2}(\frac{x-\mu}{\sigma})^2}, -\infty < x < \infty$$

依據上述常態分配定義，呈現出常態分配之重要性質為：

⑴以 X 為橫軸，$f(x)$ 為縱軸，可繪出一個以 μ 為中心且左右對稱的鐘型曲線。

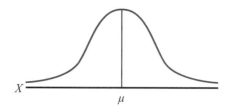

⑵常態曲線的左右雙尾與橫軸漸近，但不相交，即常態曲線在橫軸為漸近線，此乃 $-\infty < x < \infty$ 之意義所在。

⑶常態曲線 X 軸中心點為 μ_X、M_e、M_0 三種集中量數的位置。

⑷μ_X、σ_X^2 為常態曲線中的重要參數，故其表示法是 $X \sim N(\mu_X, \sigma_X^2)$，其中 N 代表常態分配 (normal distribution)，μ_X 決定常態曲線的中心位置，σ_X^2 決定曲線形狀的寬度（或胖瘦）。若 $X_1 \sim N(\mu_1, \sigma_1^2)$，$X_2 \sim N(\mu_2, \sigma_2^2)$，則比較兩者的中心位置和形狀如下（參圖 7–1）：

①當 $\sigma_1 = \sigma_2, \mu_1 < \mu_2$ 時，兩常態曲線中心位置不同，但形狀相同。

②當 $\sigma_1 < \sigma_2, \mu_1 = \mu_2$ 時，兩常態曲線中心位置相同，但形狀不同。

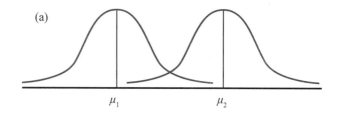

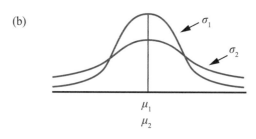

🄕 圖 7–1　各種不同常態分配圖

(5)常態曲線的 X 軸上任兩點間，與其上曲線構成的面積，代表此區間的機率值，故常態曲線的總面積為 1，表示總機率為 1。

以下將針對常態分配曲線的意義和應用，作詳細的說明。

我們在單元 2–46 曾介紹過，由分組次數分布資料繪出的相對次數多邊圖中，其 X 軸上兩點區間構成的面積，等於 _____ 次數，而其總面積等於總相對次數，即等於 ____。

當總次數 N 逐漸增大，並且組寬縮小時，多邊圖折線上的稜角就會逐漸消失，而形成圓滑的曲線（如圖 7–2）。

事實上，常態分配曲線可視為是經由此過程而形成的。

相對、1

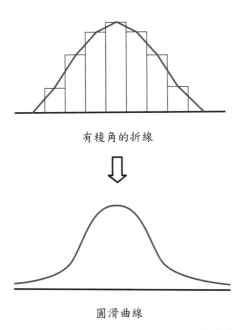

有稜角的折線

圓滑曲線

Ｆ 圖 7–2 當 N 變極大、組寬變極小，相對次數多邊圖之變化

・請讀下一單元

 **7-36**

單元 5-43 以及單元 7-35 曾提及，當 N 很大時，事件的相對次數為事件之機率的估計值，即：

$$P(E) \approx \lim_{N \to \infty} \frac{n(E)}{N}$$

· 請讀下一單元

 7-37 常態曲線的面積和機率關係

由以上兩單元得知，常態曲線既然可視為相對次數多邊圖在次數 N 無限增加時所形成之圓滑曲線，因此，常態曲線具有與相對次數多邊圖相類似的性質：

(1)常態分配曲線總面積 = 所有相對次數總和 = ＿＿＿。　　1

(2)常態分配曲線橫軸上的兩點區間所形成的面積，等於
該兩點間的＿＿＿＿。　　機率

· 請讀下一單元

 7-38 常態分配的表示法

常態分配的表示法為 $N(\mu, \sigma^2)$，N 表示 Normal distribution 即為常態分配之意，μ 和 σ 分別為構成常態的重要參數。當隨機變數 X 服從常態分配 $N(\mu, \sigma^2)$，則代表有下列性質：

(1)μ 是平均數，決定曲線中心的＿＿＿＿（位置／形　　位置
狀）。

(2)σ^2 是變異數，決定曲線分散程度，即寬窄形狀。

⑶常態曲線是以 μ 為中央，左右＿＿＿＿＿（對稱／不對　　　　對稱

稱）的鐘形曲線，粗略地繪圖如圖 7–3。

⑷常態分配的模型因 μ 和 σ 不同而異，因 μ 與 σ 均

屬＿＿＿＿＿（間斷／連續）型數值，故基本上，常態　　　連續

分配有無限多個。

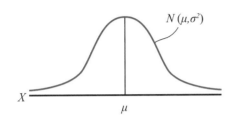

🅕 圖 7–3　常態曲線圖，μ 表示中央點

・請讀下一單元

 **7–39** 在連續型常態分配中，$P(X = a)$ 等於多

少？

在回答此一問題之前，我們先試想連續數值的性質。我

們知道，在連續數值的線上任兩點之間，是可插入無限多的

分隔點。

在幾何學中，「點」是表示位置而已，而「點」本身的寬

度和長度均為 0。當「點」移動才形成「線」，而線是有長度

但無寬度的，因此線的面積是＿＿＿。（填數字）　　　　0

・請讀下一單元

 **7–40**

連續型常態分配的隨機變數 X，是屬連續型變數，所以

從常態曲線 X 軸上任一點 a 作垂直線與其上曲線相交形成

的線段 $\overline{ab}$（如圖 7–4），此線段的面積等於＿＿＿。以機率形　　　0

統計學
可以很簡單

式表示如下：

$$a \text{ 點的機率} = f(a) = P(X = a)$$
$$= \overline{ab} \text{ 線段的面積}$$
$$= 0$$

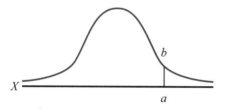

🅕 圖 7-4　線段 $\overline{ab}$ 面積為 0

・請讀下一單元

準此，在連續型常態分配曲線下，與 X 軸上任何點 a 相關的機率，有下列多種表示法：（注意有色字部分並比較等號左右兩項的不同）

(1) $P(X = a) = 0$

(2) $P(X \leq a) = P(X < a) + P(X = a) = P(X < a)$

(3) $P(X \geq a) = P(X > a) + P(X = a) = P(X > a)$

(4) $P(a \leq X \leq b) = P(a \leq X < b) = P(a < X \leq b)$
$$= P(a < X < b)$$

這些原理非常重要，請務必瞭解。

・請讀下一單元

單元 7-42 常態分配曲線下，區間面積的表達

如圖 7-4 所示，X 軸上之兩點區間所形成的面積，與其相對應機率的說明如下：

(1)如圖 7-5，a 為 X 軸上之任一點，則：

$P(X \leq a) = $ 面積 _____ （A ／ B）

$P(X \geq a) = $ 面積 _____ （A ／ B）

$P(X \leq a) + P(X \geq a) = A + B = $ _____ （總面積）

(2)如圖 7-6，c, d 為 X 軸上之任兩點，則：

$$P(c \leq X \leq d) = P(X \leq d) - P(X \leq \text{\_\_\_\_})$$
$$= (C + D) - C$$
$$= D$$

A

B

1

c

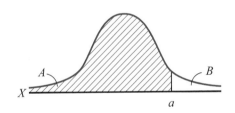

Ⓕ 圖 7-5　$A + B = 1$

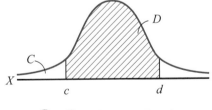

Ⓕ 圖 7-6　$C + D < 1$

・請讀下一單元

單元 7-43 常態分配兩點區間機率的求法

求常態分配機率的方法有兩種：

1.積分法

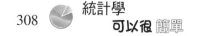

對常態機率函數上，求任兩變數值間的積分：

$$\int_a^b f(x)dx = \int_a^b \frac{1}{\sqrt{2\pi}\sigma} e^{\frac{-(x-\mu)^2}{2\sigma^2}} dx$$

此種方法求面積（機率）必須應用積分之數學運算，十分繁雜，故實際應用時很少被使用，本書不予以介紹。

2. 查表法

把常態分配所有變數值與對應機率值編列成表，如此一來，就能很快從常態分配的任何變數值查到相對應的機率值。此法操作方便，而且使用率高。以下將詳細說明之。

· 請讀下一單元

單元 7-44 為何需要標準常態機率分配表？

由於常態分配是因 μ 和 σ 之不同而異，所以理論上會有_____（有限／無限）個常態分配，那不就要編作無限多張表嗎？統計學家為了避免造成查表上的麻煩，於是特別編作與 $\mu = 0, \sigma = 1$ 相關的特殊常態機率分配表，我們稱之為標準常態機率分配表【附表二】。在應用上，只要把任何形態的常態分配的變數，轉換為 $\mu = 0, \sigma = 1$ 的標準常態分配變數，然後再查該表，即可快速查得相對應的機率值。

無限

· 請讀下一單元

單元 7-45 標準常態分配的定義

由一群數值中的任一隨機變數 X，其平均數為 μ_X，標準差為 σ_X，經下列公式轉換成 Z 值：

$$X \xrightarrow{\text{轉換}} Z = \frac{X - \mu_X}{\sigma_X}$$

轉換後的 Z 值，稱為標準數值 (standard value)，或標準分數 (standard score)，而該群新數值 Z 的平均變成____，標

0

準差變成＿＿＿。這種轉換過程稱為標準化。（參單元 6–54）　　　1

・請讀下一單元

 7–46

若隨機變數 X 服從平均數為 μ_X，標準差為 σ_X 的常態分配，即 $X \sim N(\mu_X, \sigma_X^2)$，經下列公式的標準化處理之後，就變成新的隨機變數 Z：

$$Z = \frac{X - \mu_X}{\sigma_X}$$

新的隨機變數 Z，具有下列特性：

(1)標準化為一種線性轉換。

(2)Z 如同原變數 X 一樣，是為隨機變數。

(3)所有 Z 值的平均數 $\mu_Z = $＿＿＿，標準差 $\sigma_Z = $＿＿＿。　　　0、1

(4)新的 Z 變數仍然屬於常態分配，換句話說，原變數 X
　　為常態分配，而所有變數值之間的相對關係經標準化　　　0
　　之後，仍然維持不變。所以 Z 服從平均數為＿＿＿，標
　　準差為＿＿＿的常態分配，即：　　　1

$$Z \sim N(\mu_Z, \sigma_Z^2)$$
$$或$$
$$Z \sim N(0, 1)\ 標準常態分配$$

・請讀下一單元

 7–47　標準常態曲線機率表的構成

標準常態曲線的平均數為 0，標準差為 1，其表達方式如下所示：

$$Z \sim N(0, 1^2)$$

　　將隨機變數 Z 與其對應機率的關係製成一表備用，稱之為標準常態機率分配表，如【附表二】所示。

(1)表之上方有一常態圖，其內的斜線面積表示小於 z 值的機率，記為：

$$P(Z < z) = 斜線面積$$

$$= 小於\,z\,值的機率$$

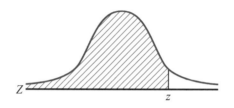

(2)依據【附表二】的左縱欄和上橫列的數值，組合成 z 值，而表內所列出的四位數值，即表示常態曲線下的斜線面積所代表的機率。

・請讀下一單元

單元 **7-48** 標準常態機率分配表的應用

　　使用標準常態機率分配表求 $Z \leq 1.21$ 的機率（面積），其過程為：

(1)首先由標準常態機率分配表找出 $z = 1.21$ 的位置：最左側的縱欄表示為 z 值中整數與第 1 位小數所代表的數值；最上方的橫列表示為 z 值第 2 位小數的數值，所以由縱欄上的 1.2 和橫列的 0.01，兩位置合成 z 值 1.21。

(2)兩位置直線相交處的數值為 ____。　　　　0.8869

　　　$P(Z \leq 1.21) =$ ____。　　　　0.8869

z	0.01
1.2	0.8869

・請讀下一單元

 **7-49**

請練習查表求 $P(Z \leq -0.24) =$ ＿＿＿。   0.4052

- 如果答對，請讀下一單元

- 如果答錯請複習單元 7-47 和單元 7-48

 **7-50** 由機率值（面積）求 z 值

與單元 7-48 相反，透過標準常態機率分配表的機率值（面積）位置反求 z 值。請練習上一單元相同的例子，$P(Z < z) = 0.8869$，求 z 值。

(1)由表內部找出 0.8869 的位置。

(2)由該位置向左沿線找到 z 值的整數與第一位小數為 1.2，向上找出 z 值的第 2 位小數為 0.01。兩者合成得 1.21。

(3) z 值為 ＿＿＿。   1.21

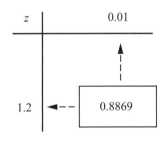

- 請讀下一單元

 7-51 應用常態分配表求機率法

解題步驟：$\boxed{z \text{ 值}} \xrightarrow{\text{查表}} \boxed{P \text{ 值}}$

例 **14**

在 $Z \sim N(0, 1)$ 下，求 $P(Z \le 0.5)$。

解

應用解題模式：

$$\boxed{z\ 值} \xrightarrow{\text{查表}} \boxed{P\ 值}$$

(1)依題意，繪圖示意（參圖 7–7），並在軸上標出 Z 軸中央點，即 $\mu_z = 0$ 的位置。

(2)因 $z = 0.5 > \mu_z = 0$，故 z 值位在 μ_z 的右側。

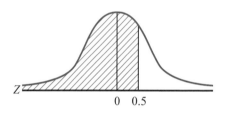

Ⓕ 圖 7–7　確定 $Z \le 0.5$ 的位置

(3)查表得：$P(Z \le 0.5) =$ ＿＿＿＿

0.6915

・請讀下一單元

單元 **7–52**

例 **15**

在 $Z \sim N(0, 1)$ 下，求 $P(Z \le -1.25)$。

(1)依題意，繪圖示意（參圖 7–8），並在 Z 軸上標出 0 和 -1.25 位置。

$Z \le -1.25$ 位於中點 $\mu_z = 0$ 之＿＿＿＿＿＿（左／右）側。

左

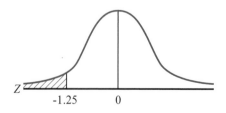

Ⓕ 圖 7–8　確定 $Z \le -1.25$ 的位置

(2) $P(Z \le -1.25) = P(Z < -1.25) + P(Z = -1.25)$

$\qquad\qquad\qquad = P(Z < -1.25)$

(3)查表得： $P(Z < -1.25) =$ ＿＿＿。　　　　　　　　　　　0.1056

・請讀下一單元

 16

在 $Z \sim N(0, 1)$ 下，求 $P(-1.25 < Z < 0.5)$。

⑴依題意，繪圖示意（參圖 7–9），並在 Z 軸上標出 $\mu_Z = 0$，

　　$z = -1.25$ 及 0.5 的位置。

　　$z = -1.25$ 和 0.5 分別位在 $\mu_Z = 0$ 之左右兩側。

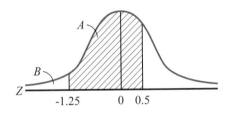

🅕 圖 7–9　確定 $-1.25 < Z < 0.5$ 的位置

⑵求 $P(-1.25 < Z < 0.5)$：

　　$P(Z < -1.25) =$ 面積＿＿＿　（A ／ B）　　　　　　　　B

　　$P(Z < 0.5) =$ 面積 $A +$ 面積 B

　　$P(-1.25 < Z < 0.5) =$ 面積＿＿＿　（A ／ B）　　　　　A

　　　　　　　　　　　$= (A + B) - B$

　　　　　　　　　　　$= P(Z < 0.5) - P(Z < -1.25)$

　　　　　　　　　　　$= 0.6915 -$ ＿＿＿　　　　　　　　　　0.1056

　　　　　　　　　　　$=$ ＿＿＿　　　　　　　　　　　　　　　0.5859

・請讀下一單元

 7–54

例 17

在 $Z \sim N(0, 1)$ 下，求 $P(Z \geq 0.5)$。

(1)依題意，繪圖示意（參圖 7–10），並在 Z 軸上標出 μ_z = 0 和 $z = 0.5$ 的位置。

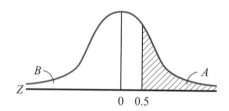

F 圖 7–10　確定 $Z \geq 0.5$ 的位置

(2)面積 $A +$ 面積 $B =$ ＿＿。

(3)求 $P(Z \geq 0.5)$：

$P(Z < 0.5) = B$

$P(Z \geq 0.5) = A = (A + B) - B =$ ＿＿$- B$

　　　　　　　　$= 1 - P(Z < 0.5)$

　　　　　　　　$= 1 -$ ＿＿　　（查表）

　　　　　　　　$=$ ＿＿

・請讀下一單元

1

1（$A + B =$ 總面積）

0.6915

0.3085

 7–55

例 18

在 $Z \sim N(0, 1)$ 下，求 $P(Z < -1.69$ 或 $Z > 1.69)$。

(1)依題意，繪圖示意（參圖 7–11），並在 Z 軸上標出 μ_z = 0, $z = -1.69$ 和 1.69 之位置。

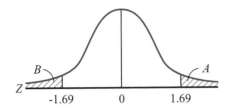

⑤ 圖 7–11　確定 $Z < -1.69$ 與 $Z > 1.69$ 的位置

(2)求解：

$P(Z < -1.69$ 或 $Z > 1.69)$

$= P(Z > 1.69) + P(Z < -1.69)$

$= [1 - P(Z < 1.69)] + P(Z < -1.69)$　　（查表）

$= (1 - \underline{\quad\quad}) + \underline{\quad\quad}$　　　　　　　　0.9545、0.0455

$= \underline{\quad\quad} + 0.0455$　　　　　　　　　　　　0.0455

$= \underline{\quad\quad}$　　　　　　　　　　　　　　　　0.0910

・請讀下一單元瞭解本題另一解法

 7–56

例 18 另解：

(1)由圖 7-11 知：

面積 $B = P(Z < -1.69)$，面積 $A = P(Z > \underline{\quad\quad})$　　　　1.69

A, B 在常態分配中，是左右對稱兩相等面積（$A = B$）。

即，$P(Z < -1.69) = P(Z > 1.69)$。

(2)求解：

$P(Z < -1.69$ 或 $Z > 1.69)$

$= P(Z < -1.69) + P(Z > \underline{\quad\quad})$　　　　　　　　1.69

$= 2 \times P(Z < -1.69)$　　（$\because P(Z < -1.69) = P(Z > 1.69)$）

$= 2 \times \underline{\quad\quad} = \underline{\quad\quad}$　　（查表）　　　　　0.0455、0.091

・請讀下一單元

單元 7-57 在 $X \sim N(\mu_X, \sigma_X^2)$ 下，由 X 求機率

欲在 $X \sim N(\mu_X, \sigma_X^2)$ 常態分配下，由隨機變數 x 值，求機率之步驟：

$$\boxed{x \text{ 值}} \xrightarrow{\text{標準化}} \boxed{z \text{ 值}} \xrightarrow{\text{查表}} \boxed{P \text{ 值}}$$

⑴繪圖示意（參圖 7-12）：包含 X 軸、Z 軸及常態曲線，並點出 μ_X 和 x 的位置。

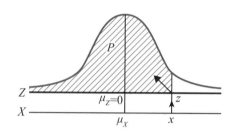

Ⓕ 圖 7-12 確定 $x \to z \to P$ 查法

⑵把 X 標準化成 Z 值：

$$X \longrightarrow Z = \frac{X - \mu_X}{\sigma_X}$$

⑶查常態表 Z 值對應之機率。

· 請讀下一單元

單元 7-58

 例 19

已知 $X \sim N(50, 10^2)$ 常態分配下，求 $P(X < 60)$。

⑴依題意，繪圖示意（參圖 7-13）：標出 μ_X、μ_Z 及 $x = 60$ 的位置。

μ_X 位於 X 軸中央，而 $\mu_Z = 0$ 位於 Z 軸中央，$x = 60$ 位於 $\mu_X = 50$ 之 _____ （左／右）側。

右

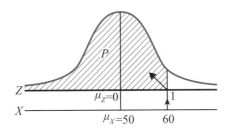

Ⓕ 圖 7–13　將 $x = 60$ 標準化成 z 值再轉換成 P 值

(2)先把 $x = 60$ 標準化成 z 值，再查表：

$$P(X < 60) = P(\frac{X - \mu_X}{\sigma_X} < \frac{60 - 50}{10}) \qquad (標準化)$$

$$= P(Z < 1)$$

$$= \underline{\qquad} \qquad\qquad 0.8413$$

・請讀下一單元

  7–59

 20

已知某研究室培植新菌種，平均壽命呈常態分配，其 μ_X = 30 分，$\sigma_X = 0.5$ 分，求該研究室培殖該菌種壽命在 29 分～ 31 分之間占總產量多少百分比？

解

(1)令菌種壽命為 X，由題意知 $X \sim N(30, 0.5^2)$，本問題為 求 $P(29 < X < 31)$ 的機率值。

(2)依題意，繪圖示意(參圖 7–14)，點出 $\mu_X = 30, \mu_Z = 0$ 及 $x = 29, 31$ 的位置。

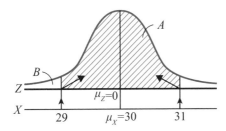

Ⓕ 圖 7–14　確定 $x = 29$, $x = 31$ 的位置，標準化成 z 值再轉 化成 P 值

(3)把 X 標準化為 Z:

$$P(29 < X < 31) = P(\frac{29-30}{0.5} < \frac{X-\mu_X}{\sigma_X} < \frac{31-30}{0.5})$$

$$= P(-2 < Z < 2) = (A+B) - B$$

$$= P(Z < \underline{\quad}) - P(Z < \underline{\quad})$$

2、−2

(4)查表 $P(Z < 2) = \underline{\quad}$，$P(Z < -2) = \underline{\quad}$，代入上式。

0.9772、0.0228

(5) $P(29 < X < 31) = 0.9772 - 0.0228$

$$= \underline{\quad} = \underline{\quad} \%$$

0.9544、95.44

所以該菌種壽命在 29～31 分間為總產量之 95.44%。

• 請讀下一單元

 7–60 從已知機率求 z 值

解題步驟：

$$\boxed{P\,值} \xrightarrow{\text{查表}} \boxed{z\,值}$$

 21

在 $Z \sim N(0, 1)$ 下，求 $P(Z < z) = 0.0721$，求 z 值。

解

(1)依題意，繪圖示意（參圖 7–15），Z 軸的中央位置為 μ_Z = 0，其左右側面積均為 $\underline{\quad}$，面積 $a = 0.0721 < 0.5$，

0.5

z 值落在 $\mu_Z = 0$ 之 $\underline{\quad}$（左／右）側。

左

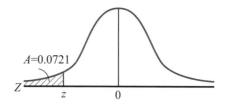

$A=0.0721$

圖 7–15 由面積 $A = 0.072$ 查表求 z 值

(2)透過查表內的機率 0.0721，即可得 $z = \underline{\quad}$。

−1.46

• 請讀下一單元

7-61

 22

已知 $P(Z > z) = 0.9279$，求 z 值。

⑴依題意，繪圖示意（參圖 7–16），面積 A 大於 0.5，z

點位在 $\mu_z = 0$ 之左側。

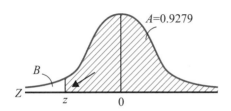

Ⓕ 圖 7–16　由面積 $A = 0.9279$ 查表求 z 值

⑵ $P(Z > z) = 0.9279$

$\qquad = $ 面積 A　　　（圖的斜線部分）

$\qquad = (A + B) - \underline{\quad}$　　（$\because A + B = 1$）　　B

$\qquad = 1 - P(Z \le z)$

⑶ $1 - P(Z \le z) = 0.9279$　　（移項）

$\qquad P(Z \le z) = 0.0721$　　（查表）

⑷透過查表內機率 0.0721，即可得 $z = \underline{\quad}$。　　-1.46

・請讀下一單元

 7-62

 23

已知 $P(-z < Z < z) = 0.95$，求 z 值。

⑴依題意，繪圖示意（參圖 7–17），令面積 $A = $

$P(-z < Z < z) = 0.95$，面積 $B = P(Z < -z) = P(Z > z)$。

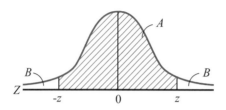

 圖 7–17　由中央斜線面積 $A = 0.95$ 查表求 z 值

(2)總面積 = ＿＿。 　　　　　　　　　　　　　　1

$A + B + B = 1, 2B = 1 - A$

$$B = \frac{(1-A)}{2} = \frac{1 - P(-z < Z < z)}{2} = \frac{1 - 0.95}{2} = 0.025$$

$P(Z < -z) = 0.025$

(3)查表得 $-z$ = ＿＿。 　　　　　　　　　　　 -1.96

　　　$\therefore z = 1.96$

・請讀下一單元

 7–63

在常態分配下從機率求 x 值。解題步驟如下：

$$\boxed{P \text{ 值}} \xrightarrow{\text{查表}} \boxed{z \text{ 值}} \xrightarrow{\text{反標準化}} \boxed{x \text{ 值}}$$

例 24

在 $X \sim N(100, 10^2)$ 下，已知面積 $A = P(X < x) = 0.4$，求 x 值。

解

(1)依題意，繪圖示意（參圖 7–18），常態 $X \sim N(100,$
$10^2)$，面積 $A = 0.4 < 0.5$，x 位在 $\mu_X = 100$ 左側。

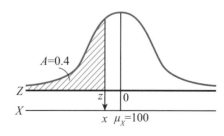

 圖 7–18　查表，由 $P \rightarrow z \rightarrow x$

(2)由圖得知：

$P(Z < z) = 0.4$ （查表取最近值）

$z = \underline{\hspace{1.5cm}}$ -0.25

$z = \dfrac{x - \mu}{\sigma}$ （標準化公式）

$x = z\sigma + \mu$

把 $\sigma = 10, \mu = 100, z = -0.25$，代入上式：

$x = \underline{\hspace{1.5cm}} \times 10 + 100$ -0.25

$= \underline{\hspace{1.5cm}}$ 97.5

・請讀下一單元

 **7–64**

 25

令某公司職員薪資為 X，呈常態分配 $\mu_X = 5$ 萬元，$\sigma_X = 0.5$ 萬元，請問該公司 90% 職員的薪資水準在多少元之下？

解

(1)以 P 型態表示如下：

$P(X < x) = 0.9$，求 x。

(2)依題意，繪圖示意（參圖 7–19）：$X \sim N(5, 0.5^2)$，x 在 $\mu_X = 5$ 右側。

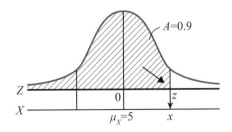

Ⓕ 圖 7–19　由已知比率，再反求 x 值

(3) $P(Z < z) = 0.9$

$z = \underline{\quad}$　（查表取最近值）	1.28
$z = \dfrac{x - \mu}{\sigma}$　（標準化公式）	
$x = z\sigma + \mu$	
把 $\sigma = 0.5$, $z = 1.28$, $\mu = 5$ 代入上式：	
$x = \underline{\quad} \times 0.5 + 5$	1.28
$\quad = \underline{\quad}$	5.64

所以該公司 90% 職員的薪資水準在 5.64 萬元之下。

・請練習自我評量 3

十、試利用標準常態機率分配表求算下列數值：

　　1. $P(Z < -1.32)$。

　　2. $P(Z > 1.85)$。

　　3. $P(-1.02 < Z < 1.02)$。

　　4. $P(-1.48 \leq Z \leq 1.48)$。

　　5. $Z_{0.975}$。

　　6. $Z_{0.05}$。

十一、在常態分配下，試求下列之 z 值：

　　1. $P(Z < z) = 0.025$。

　　2. $P(Z > z) = 0.9909$。

十二、設 X 為常態隨機變數，其分配之平均數 $\mu = 100$，標準差 $\sigma = 10$，試求下列機率：

　　1. $P(X < 90)$。

　　2. $P(X > 120)$。

　　3. $P(90 < X < 120)$。

十三、試求標準常態分配之四分位數，Q_1, Q_2, Q_3。

十四、假設某次大學聯考有 10,000 名考生，考生之分數呈常態分配，其中 $\mu = 500$，$\sigma = 100$，求下列各種情形之機率：

   1.超過 620 分。

   2.低於 350 分。

   3.介於 350 與 620 分之間。

   4.如果其中某一學校只招收成績高於 670 分之學生，則有多少學生有資格進入該校？

   5.你如何制訂一錄取標準，使得 60% 之學生被錄取？

   6.成績為 500 分的考生有多少人？

十五、有一公司員工共 500 人，其員工年資呈常態分配，平均年資為 10 年，標準差為 2 年，試求下列機率：

   1.年資在 12 年以下之人數。

   2.年資在 8 年以上之人數。

   3.年資在 8～12 年之人數。

十六、某廠臨時工資趨近於常態分配，平均每小時 120 元，標準差 10 元，試求：

   1.每小時工資 130～140 元間之人數所占的百分比？

   2.工資多少元以下的人數占總數 10%？

   3.工資多少元以上的人數占總數 10%？

 ## 第四節　常態分配與二項分配的關係

單元 7–65 二項分配的分配型態

二項分配 $B(n, p)$ 的分配形狀，受參數 p 值和 n 的大小所影響。

在二項分配 $B(n, p)$ 中，若試驗次數 n 固定，則當 $p < 0.5$，其分配呈現右偏；當 $p > 0.5$ 時，其分配呈現左偏；當 $p = 0.5$ 時，其分配呈現對稱（參圖 7–20）。若 n 愈大，則無論 p 值為何，其分配會愈接近對稱，甚至趨近於常態分配。

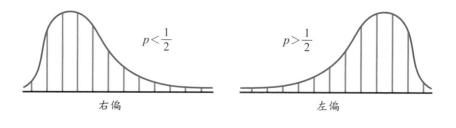

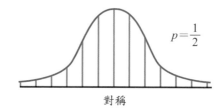

🄕 圖 7–20　p 與 n 的大小影響分配圖

・請讀下一單元

單元 7–66　在二項分配下，趨近於常態分配的 n 值

　　一般實務應用上，當 $np \geq 5$ 且 $n(1-p) \geq 5$ 時，二項分配就和常態分配非常接近。當 n 愈大時，以二項分配的機率函數計算其機率值不但繁瑣且冗長，因此，如改用常態分配來求機率值，不但過程較簡易，同時結果也和二項機率求得的值非常接近，尤其在 n 大於 25 以上，採用常態分配法來求二項分配的機率，簡易的效果更為顯著。

　　・請讀下一單元

單元 7–67　二項分配轉換成常態分配

　　二項分配是屬間斷型機率分配，常態分配則屬連續型機率分配。兩者的數值屬性不同，所以必須把二項分配「間斷型變數值」轉換成「連續型變數值」之後，才能帶入常態分配環境內計算。這種轉換過程，稱之為連續性修正 (correction for continuity)。

　　・請讀下一單元

7-68 連續性修正原理

　　二項分配可以用機率線圖 (line chart) 來表達分配狀況（參圖 7-21），以橫軸上任一點 a 對應的垂直線長度，表示為該 a 點的機率值，公式表示如下：

$$f(a) = P(X = a) = C_a^n p^a (1 - p)^{n-a}$$

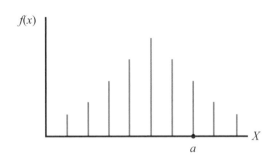

　　🄕 圖 7-21　a 點所形成垂直線段的面積為 0

　　常態機率分配常用直方圖表達分配狀況。直方圖中的長方形面積表示其機率值（參閱單元 2-45 介紹）。顯然，如果常態機率分配的 n 增到很大，並且把橫軸上的長方形底部組寬縮小成一點，則長方形就變成一條直線段。在幾何學中，直線的面積為 0。由此可知，在連續機率圖橫軸上的任一點 a 所形成垂直線段的面積為 0，故其所表示的機率值為 0（參閱單元 7-39 和 7-40），即：

$$f(a) = P(X = a) = 0$$

　　比較「二項分配的 $f(a)$」和「連續機率分配的 $f(a)$」，前者機率不為 0，後者機率為 0，兩者意義和機率值差別很大。職是之故，如果想應用連續型常態分配求得趨近於二項分配的機率值，首要的工作必須先設法把二項分配的間斷型變數值，作連續性修正為連續型變數值。

　　・請讀下一單元

單元 7-69 進行連續性修正

圖 7-22 為二項分配機率線圖，從其橫軸上的任一點 a，向左右各延 $\frac{1}{2}$ 單位，即形成 $(a-\frac{1}{2})$ 至 $(a+\frac{1}{2})$ 區間，然後以此區間作底，向上繪一長方形。集合所有長方形，就形成連續型直方圖，如圖 7-22 的虛線部分。

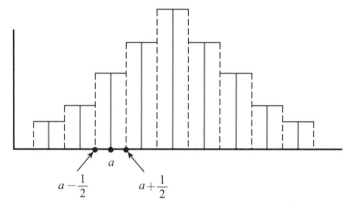

🅕 圖 7-22　由 a 點向左右各延 $\frac{1}{2}$ 單位

由於直方圖每一長方形的底寬被調整為 1 個單位長度，所以這個長方形面積即等同於二項分配 a 點的機率值 $f(a)$。

需特別注意的是，以 a 點經連續性修正而形成區間的長方形面積（機率值），和原二項分配中 a 點計算的機率值 $f(a)$ 是相等的。

・請讀下一單元

單元 7-70 比較連續性修正前、後的機率值

(1)二項分配中 a 點的機率是：

$$f(a) = P(X = a) \cdots\cdots ①$$

(2)今 a 點經過連續修正成線段 $(a-\frac{1}{2})$ 至 $(a+\frac{1}{2})$，然後把此線段拿到常態分配環境下，求此區間的面積（機率），即為：

$$P[(a-\frac{1}{2}) \leq X \leq (a+\frac{1}{2})] \cdots\cdots ②$$

公式①和②兩個機率值幾乎是相等的。如下所示：

①二項分配 a 點機率	②常態分配 $a + \frac{1}{2}$ 和 $a - \frac{1}{2}$ 區間機率
$f(a) = C_a^n p^a (1-p)^{n-a}$ （二項分配 a 點機率） $\approx$	$\displaystyle\int_{a-\frac{1}{2}}^{a+\frac{1}{2}} f(x)dx$ （常態分配 $a + \frac{1}{2}$ 至 $a - \frac{1}{2}$ 區間之機率）
或是	
$P(X = a)$ $\approx$	$P(a - \frac{1}{2} < X < a + \frac{1}{2})$

註：左欄是間斷變數下的機率，右欄是連續變數下的機率。

・請讀下一單元

單元 7-71　連續性修正時判斷加 $\frac{1}{2}$ 或減 $\frac{1}{2}$

或許讀者對在什麼狀況下的修正，須加 $\frac{1}{2}$ 或減 $\frac{1}{2}$ 感到困擾，本書建議最好以繪圖方式來輔助你的判斷，做法如下：

(1)繪圖，把 a、$a - \frac{1}{2}$ 及 $a + \frac{1}{2}$ 在水平直軸線上標記，而形成區間。

(2)從該區間的兩端點，繪出不等式（如 $a \le X$ 或 $a \ge X$）的箭頭線。

(3)檢討原不等式是否有等號。若「有等號」則選取箭頭線包含整個區間，若「無等號」則選取箭頭線不含區間。

(4)依(3)，很容易判斷作連續性修正時，二項式的不等式是否該加 $\frac{1}{2}$ 或減 $\frac{1}{2}$。

・請讀下一單元

單元 7-72

請讀者試對下列兩題不等式作連續性修正：

1. $P(X \le a)$

2. $P(X < a)$

(1)由 a 點向左右延伸 $\frac{1}{2}$，得區間 $[a - \frac{1}{2}, a + \frac{1}{2}]$，繪在

一水平直線上（如下圖）。

(2)從區間兩端點繪箭頭線：題目 1.和 2.的不等式 X 小於 a，因此箭頭向左，箭頭線有兩條，如下圖所示：

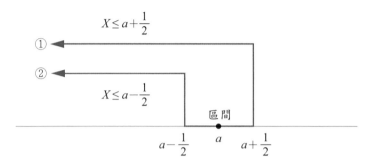

① $X \leq a + \dfrac{1}{2}$，_____（含／不含）區間。

② $X \leq a - \dfrac{1}{2}$，_____（含／不含）區間。

(3)題目 1.不等式 $X \leq a$ 帶有等號，表示修正後的新不等式須內含區間，因此選____（①／②）。

$$P(X \leq a) \xrightarrow{\text{修正}} P(\text{_____})$$　　（填不等式）

(4)題目 2.不等式 $X < a$ 沒帶等號，表示新不等式不須含區間，所以選____（①／②）。

$$P(X < a) \xrightarrow{\text{修正}} P(\text{_____})$$　　（填不等式）

· 請讀下一單元

含

不含

①

$X \leq a + \dfrac{1}{2}$

②

$X \leq a - \dfrac{1}{2}$

 **7-73**

請再對下列兩題不等式作連續性修正：

3. $P(X \geq a)$

4. $P(X > a)$

(1)把 a 點向左右延伸 $\dfrac{1}{2}$，得區間 $[a - \dfrac{1}{2}, a + \dfrac{1}{2}]$，繪在水平線上（如下圖）。

(2)從區間兩端點繪箭頭線，因題目 3.和 4.的不等式 X 大

於 a，則箭頭向右，箭頭線有兩條，如下圖所示：

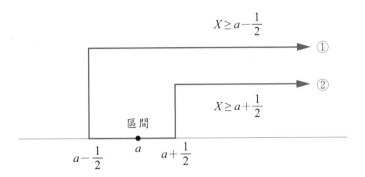

① $X \geq a - \dfrac{1}{2}$，_____（含／不含）區間　　　　　　含

② $X \geq a + \dfrac{1}{2}$，_____（含／不含）區間　　　　　　不含

(3)題目 3.不等式 $X \geq a$ 帶有等號，表示修正後的新不等

式須內含區間，因此選 _____（①／②）。　　　　　　　①

$P(X \geq a) \xrightarrow{\text{修正}} P(\underline{\qquad})$　　　（填不等式）　　$X \geq a - \dfrac{1}{2}$

(4)題目 4.不等式 $X > a$ 無等號，表示新不等式不須含區

間，因此選 _____（①／②）。　　　　　　　　　　　②

$P(X > a) \xrightarrow{\text{修正}} P(\underline{\qquad})$　　　（填不等式）　　$X \geq a + \dfrac{1}{2}$

・請讀下一單元

單元 **7-74**

請再對下題作連續性修正：

5. $P(a < X \leq b)$

(1)由 a 點向左右延伸 $\dfrac{1}{2}$，得區間 $[a - \dfrac{1}{2}, a + \dfrac{1}{2}]$。

由 b 點向左右延伸 $\dfrac{1}{2}$，得區間 $[b - \dfrac{1}{2}, b + \dfrac{1}{2}]$。

把該兩區間的四個端點繪在同一水平線上。

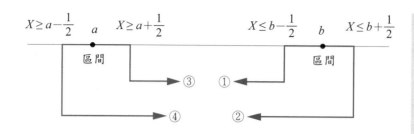

$X \geq a - \dfrac{1}{2}$　　a　　$X \geq a + \dfrac{1}{2}$　　　　　$X \leq b - \dfrac{1}{2}$　　b　　$X \leq b + \dfrac{1}{2}$

區間　　　　　　　　　　　　　　區間

(2)依題意繪箭頭線：

依題意，X 小於 b，繪兩條向左的箭頭線：

① $X \leq b - \dfrac{1}{2}$，_____（含／不含）區間。　　　　不含

② $X \leq b + \dfrac{1}{2}$，_____（含／不含）區間。　　　　含

依題意，X 大於 a，繪兩條向右的箭頭線：

③ $X \geq a + \dfrac{1}{2}$，_____（含／不含）區間。　　　　不含

④ $X \geq a - \dfrac{1}{2}$，_____（含／不含）區間。　　　　含

(3)因原題右側 $X \leq b$ 有等號，修正後須包含區間，故

選____（①／②），即 $X \leq$ _____。　　　　②、$b + \dfrac{1}{2}$

原題左側 $X > a$ 無等號，修正後不包含區間，故選____　　　③

（③／④），即 $X \geq$ _____。　　　　$a + \dfrac{1}{2}$

(4)故連續性修正後：

$$P(a < X \leq b) \xrightarrow{\text{修正}} P\left(a + \dfrac{1}{2} \leq X \leq b + \dfrac{1}{2}\right)$$

‧請讀下一單元

單元 **7-75**

請仿照上述連續性修正原理，繪圖並回答下列問題：

①二項分配　　　　　②常態分配

1. $P(X \leq b) \xrightarrow{\text{修正}} P\left(X \leq b + \dfrac{1}{2}\right)$

2. $P(X < b) \xrightarrow{\text{修正}}$ _____　　　　$P\left(X \leq b - \dfrac{1}{2}\right)$

3. $P(X \geq a)$　$\xrightarrow{修正}$　_____　　　　$P(X \geq a - \frac{1}{2})$

4. $P(X > a)$　$\xrightarrow{修正}$　_____　　　　$P(X \geq a + \frac{1}{2})$

5. $P(a < X \leq b)$　$\xrightarrow{修正}$　_____　　　$P(a + \frac{1}{2} \leq X \leq b + \frac{1}{2})$

・如果答對，請讀下一單元

・如果答錯，請複習單元 7–71 至 7–75

 **7–76**

綜合前幾單元的說明，欲應用常態分配趨近二項分配法來求機率，必須先滿足下列二條件：

(1)二項分配的試行次數 n 必須夠大，才能使此二項分配趨近常態分配。一般而言，當 $np \geq 5$ 且 $n(1-P) \geq 5$ 時，n 就是夠大的。

(2)對二項分配的間斷隨機變數值 x 作連續性的修正，即是將二項分配的 x 點，轉變成常態分配的區間，即 $[x - \frac{1}{2}, x + \frac{1}{2}]$。

・請讀下一單元

 **7–77**

試應用常態分配，計算下列二項分配的機率值。

例 26

某電器產品平均有 5% 不良品，今檢查 1,000 件，求下列機率值：(本題 n 很大，如採二項式公式，計算起來十分複雜，故最好應用常態分配法來解)

1. $P(X \geq 60)$

2. $P(40 \leq X < 60)$

答：1. $P(X \geq 60) =$ _____。　　　　　　　　0.0838

　　2. $P(40 \leq X < 60) =$ _____。　　　　　　0.8519

・如果答對，請練習自我評量 4

・如果答錯，請複習單元 7–65 至 7–75 並讀下一單元解答

承例 26 題 1.，求 $P(X \geq 60)$：

(1)先檢驗 X 是否趨近於常態分配：

$n = 1,000, p = 0.05$

$np = 1,000 \times \underline{\quad} = 50 > 5$ 0.05

$n(1-p) = 1,000 \times \underline{\quad} = 950 > 5$ 0.95

兩者均大於 5，故知該二項分配趨近於常態分配，又：

$\mu_X = E(X) = np = 1,000 \times \underline{\quad} = \underline{\quad}$ 0.05、50

$Var(X) = \sigma_X^2 = np(1-p) = 1,000 \times \underline{\quad} \times \underline{\quad}$ 0.05、0.95

$\qquad = 6.89^2$

$\qquad\qquad X \sim N(\underline{\quad}, \underline{\quad})$ 50、6.89^2

(2)對 $P(X \geq 60)$ 作連續性修正：

①把 60 修正成區間 $[59.5, 60.5]$，並繪在水平數線上。

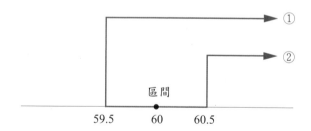

②依題意 $X \geq 60$，繪出兩條向右的箭頭線：

$X \geq 59.5$ 含區間。

$X \geq 60.5$ 不含區間。

依題意，$X \geq 60$ 有等號，修正後須含區間，故選 $\underline{\quad}$ ①

（①／②）。

$$(X \geq 60) \xrightarrow{\text{連續性修正}} (X \geq 60 - \frac{1}{2})$$

(3)求 $P(X \geq 60)$：

綜合(1)及(2)得知，在 $X \sim N(50, 6.89^2)$ 下：

$P(X \geq 60) \doteq P(X \geq 59.5)$　　（連續性修正）

$= P(Z \geq \dfrac{59.5 - \underline{\quad}}{6.89})$　　（標準化）

50

$= P(Z \geq 1.38) = 1 - P(Z < 1.38)$　　（查表）

$= 1 - \underline{\quad} = 0.0838$

0.9162

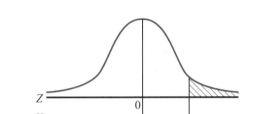

Ⓕ　圖 7–23　$P(X \geq 60)$ 的求法

‧請讀下一單元

承例 26 題 2.，求 $P(40 \leq X < 60)$：

(1)先檢驗 X 是否趨近於常態分配：

$np = 1,000 \times \underline{\quad} = 50$

0.05

$n(1-P) = 1,000 \times \underline{\quad} = 950$

0.95

兩者均大於 5，故 X 的分配趨近於常態分配，又：

$E(X) = np = \underline{\quad} \times \underline{\quad} = 50$

1,000、0.05

$Var(X) = np(1-P) = \underline{\quad} \times \underline{\quad} \times \underline{\quad}$

1,000、0.05、0.95

$= 6.89^2$

$X \sim N(50, 6.89^2)$

⑵對 $P(40 \leq X < 60)$ 作連續性修正:

①先把 40 和 60 修正成區間, 並繪在水平數線上:

$$40 \rightarrow [39.5, 40.5]$$

$$60 \rightarrow [59.5, 60.5]$$

②分別以區間的四端點作起點, 繪四條箭頭線:

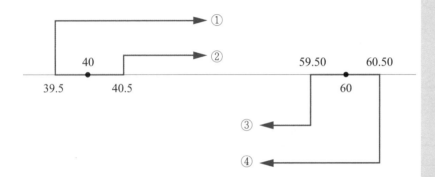

③依題意:

原題左側 $X \geq 40$ 含等號, 故修正後不等式須含區間, 選＿＿ (①／②)。　①

原題右側 $X < 60$ 不含等號, 故修正後不等式不含區間, 故選＿＿ (③／④)。　③

④原題 $P(40 \leq X < 60)$ 經連續性修正之後, 新不等式為:

$$P(\underline{} \leq X \leq 59.5)$$　39.5

⑶求 $P(40 \leq X < 60)$

綜合上面兩式得在 $X \sim N(50, 6.89^2)$ 下, 求:

$$P(39.5 \leq X \leq 59.5) = P(\frac{39.5 - \underline{}}{6.89} \leq Z \leq \frac{59.5 - 50}{\underline{}})$$　50、6.89

$$= P(-1.52 \leq Z \leq 1.38)$$

$$= P(X \leq \underline{}) - P(X < \underline{})$$　1.38、-1.52

$$= 0.9162 - \underline{} \quad (查表)$$　0.0643

$$= \underline{}$$　0.8519

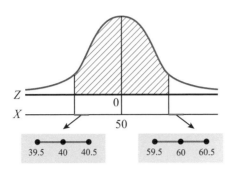

Ⓕ 圖 7–24　$P(40 \leq X < 60)$ 的值；確定從 39.5 至 59.5 的求法

・請練習自我評量 4

自我 *評量* ④

十七、設某二項分配，X 為隨機變數，其 $p = 0.6, n = 300$，試求：

　　1. 平均數與標準差。

　　2. 可利用常態分配來計算其近似值嗎? 說明之。

　　3. 小於 180 次之機率（不含 180）。

　　4. 大於 200 次之機率（不含 200）。

　　5. 180 到 200 次之機率（含 180 和 200）。

十八、擲一枚公正硬幣 400 次，試求：

　　1. 平均數與標準差。

　　2. 可利用常態分配來計算其近似值嗎? 說明之。

　　3. 小於 195 次之機率（不含 195）。

　　4. 大於 215 次之機率（不含 215）。

　　5. 195 到 215 次之機率（含 195 和 215）。

十九、工廠生產螺絲，平均有 4% 不合規格，今檢查 800 件，試求少於 35 件（含 35）不合格的機率。

二十、已知有 20% 患有高血壓的病人服用某一藥物會產生不良影響，試利用常態分配求出 120 位高血壓病患服此藥物之後，有超過 30 位（不含 30）產生

不良影響的機率。

二十一、某學校有 30% 之學生有近視，今由該校隨機抽取 200 名學生。試問其中有 50 人至 70 人（含 50 及 70）有近視之機率。

一、$f(3) = C_3^5 (\frac{1}{2})^3 (\frac{1}{2})^2 = \frac{5}{16}$

二、投二骰子，得 1 個「6」或 2 個「6」點都算獲勝，故其機率為：

$$P(6) = C_1^2 (p)^1 (q)^1 + C_2^2 (p)^2 (q)^0$$

$$= C_1^2 (\frac{1}{6})^1 (\frac{5}{6})^1 + C_2^2 (\frac{1}{6})^2 (\frac{5}{6})^0 = \frac{11}{36}$$

三、1. $P(0 \leq X \leq 12)$

$= P(X \leq 12) = B(12; 15, 0.5)$

$= 0.996$

2. $P(8 < X < 12)$

$= P(9 \leq X \leq 11) = P(X \leq 11) - P(X \leq 8)$

$= B(11; 15, 0.5) - B(8; 15, 0.5)$

$= 0.982 - 0.696 = 0.286$

四、1. $f(x) = C_x^{10} (0.3)^x (0.7)^{10-x}, x = 0, 1, 2, \cdots, 10$

$E(X) = np = 10 \times 0.3 = 3$

$Var(X) = np(1-p) = 10 \times 0.3 \times 0.7 = 2.1$

2. $P(1 \leq X \leq 3) = P(X \leq 3) - P(X \leq 0)$

$= 0.650 - 0.028 = 0.622$

3. $f(x = 4) = C_4^{10} (0.3)^4 (0.7)^6 = 0.2$

五、1. $C_5^{20} (0.3)^5 (0.7)^{15} = 0.178$

2. $P(5 \leq X \leq 10) = 0.745$

3. $P(10 \leq X) = 0.048$

4. $E(X) = np = 20 \times 0.3$

$$Var(X) = np(1-p) = 20 \times 0.3 \times 0.7$$

六、令得紅球數為 X：

$$P(X=5) = \frac{C_5^{10} C_{15}^{90}}{C_{20}^{100}} = 0.022$$

七、令抽中白球數為 x 個：

x	0	1	2	3
$f(x)$	$\frac{5}{70}$	$\frac{30}{70}$	$\frac{30}{70}$	$\frac{5}{70}$

$$f(0) = \frac{C_0^3 C_4^5}{C_4^8} = \frac{5}{70}, f(1) = \frac{C_1^3 C_3^5}{C_4^8} = \frac{30}{70}$$

$$f(2) = \frac{C_2^3 C_2^5}{C_4^8} = \frac{30}{70}, f(3) = \frac{C_3^3 C_1^5}{C_4^8} = \frac{5}{70}$$

八、1.

x	0	1	2	3
$f(x)$	$\frac{4}{84}$	$\frac{30}{84}$	$\frac{40}{84}$	$\frac{10}{84}$

2. $E(X) = \frac{5}{3}, Var(X) = \frac{5}{9}$

九、1. 超幾何分配，$f(x) = \dfrac{C_x^8 C_{6-x}^{20-8}}{C_6^{20}}, x = 0, 1, 2, \cdots, 6$

2. $E(X) = 6 \times \dfrac{8}{20} = 2.4$

$$Var(X) = np(1-p)(\frac{N-n}{N-1}) = 6 \times \frac{8}{20} \times \frac{12}{20} \times \frac{20-6}{20-1} = 1.06$$

3. $f(5) = \dfrac{C_5^8 C_1^{12}}{C_6^{20}} = 0.017$

十、1. 0.0934，2. 0.0322，3. 0.6922

4. 0.8612，5. 1.96，6. -1.645

十一、1. $z = -1.96$，2. $z = -2.36$

十二、1. 0.1587，2. 0.0228，3. 0.8185

十三、$Q_1 = Z_{0.25} = -0.67, Q_2 = Z_{0.50} = 0, Q_3 = Z_{0.75} = 0.67$

十四、1. 0.1151，2. 0.0668，3. 0.8181，4. 446 人，5. 475 分，6. 40 人

十五、 1. 421 人， 2. 421 人， 3. 341 人

十六、 1. 13.59%， 2. 低於 107.2 元， 3. 高於 132.8 元

十七、 1. $\mu = 180, \sigma = 8.49$， 2. 可以，因為 n 夠大 $(np > 5, n(1-p) > 5)$

　　　 3. 0.4761， 4. 0.0080， 5. 0.5161

十八、 1. $\mu = 200, \sigma = 10$， 2. 可以，因為 n 夠大 $(np > 5, n(1-p) > 5)$

　　　 3. 0.2912， 4. 0.0606， 5. 0.6482

十九、73.57%

二十、6.94%

二十一、89.48%

8

抽樣與抽樣分配

今天，推論統計學已廣泛應用於社會、自然、以及管理學各方面。諸如，社會問題、企業管理、經濟預測、醫藥檢測等，都可以用統計推論的方法去分析、探討和驗證，進而建立理論或模式。

推論統計學是現代統計學的核心，它是探討如何由已知的樣本特性，去推論未知的母體特徵。

抽樣，顧名思義是由母體抽出部分的個體來組合成樣本。樣本為母體的部分集合，經由樣本來推論母體特徵、結果是否精確，受到樣本大小、抽樣方法和推論方法等三個因素影響。

抽樣和抽樣分配為抽樣方法和推論方法的理論基礎，更為通往推論統計學的最重要階梯。

本章將介紹抽樣與抽樣分配的基本概念，以及一些推論常用的統計量之抽樣分配及其特質。

　第一節　隨機抽樣　

 8–1　普　查

普查 (census) 是針對母體的基本個體的某一特徵(如身高)，給予一一調查(或測試) 的過程。根據普查結果所計算出來的數值，稱之為參數或母數 (parameter)。（單元 1–6 曾提及相關定義。）

・請讀下一單元

8–2

普查的對象遍及全部個體，是一種能獲得精確母數的方法，但是如果個體的數量太多，普查就變成耗時又費錢的工程了。因此，我們常常只好以抽樣調查法來取代它。

・請讀下一單元

此外，當調查或測試母體時，受測個體會有遭受破壞的現象（如測試電燈的使用壽命），或是當母體極多時（如調查海洋魚類生態，魚類的母體數量太多，無法計數），根本無法全部被調查到。遇到類似這兩種情形，普查都是派不上用場的，此時，就不得不採用抽樣調查法了。

・請讀下一單元

單元 8-4　何謂抽樣調查？

抽樣調查，顧名思義，是指由母體中抽取一部分個體來加以調查和測試的過程，相關定義如下：

> 從母體中抽取一部分個體作為樣本 (samples)，再對樣本的某一特徵加以調查和計算，得到的數值結果稱為統計量 (statistic)，可作為推論母數之用。

一般而言，抽樣調查是推論統計不可或缺的資料蒐集方法。

・請讀下一單元

 1

某大學有 5,000 名新生，9 月初學務處為瞭解新生的平均身高，隨機抽取 100 名新生加以測量，得平均身高為 168 公分；12 月底健康中心對全校 5,000 名新生全面性一一測量身高，得平均數 170 公分。

請依據上面情況，回答下列問題：

⑴這所大學的全體新生是為_____（母體／樣本），

　有_____人，母數為_____公分。

母體

5,000、170

(2)學務處調查的一些個體，是屬＿＿＿＿（母體／樣　　　　樣本
本），有＿＿＿人，統計量為＿＿＿公分。　　　　　　　100、168

(3)健康中心實施的調查法為：＿＿＿＿＿。　　　　　　　普查法

(4)學務處實施的調查法為：＿＿＿＿＿。　　　　　　　　抽樣法

(5)母數和統計量值的差為＿＿＿－＿＿＿＝＿＿＿公分。　170、168、2

・請讀下一單元

 8-6　誤差的形成

在例 1 的問題中，母數＿＿＿公分和樣本統計量的值＿＿＿　　170、168
公分兩者不相等，這種誤差的原因是什麼? 請想想看。

・如果你已知道原因，請跳讀單元 8-8

・如果仍不甚瞭解，請讀下一單元

單元 8-7

統計量是由樣本的個體特徵計算而得。由於樣本是母體的一小部分，人數比母體總數少很多，因此依據兩者特徵計算出來的數值，必然會有差異存在（如果沒差異則為巧合），這種差異稱之為誤差 (error)。

・請讀下一單元

單元 8-8

誤差的產生，依其抽樣來源，可分成兩類：

(1)抽樣誤差 (sampling error)。

(2)非抽樣誤差 (non-sampling error)。

・請讀下一單元

 8-9　抽樣誤差的原因

樣本是母體的一小部分，個數遠比母體少，所以樣本的

統計量的值和母體的母數值兩者間經常會有誤差產生。非人為因素所引起，而是由樣本自身的不確定性所造成的誤差，則稱之為抽樣誤差。

抽樣誤差是能夠應用機率理論計算出來的。基本上，它是屬_____（可能／不可能）完全避免的一種誤差。但如果能增加樣本個數、選擇合適的抽樣方法，將可以有效地降低此種誤差量。

不可能

・請讀下一單元

單元 8–10 非抽樣誤差的原因

這類誤差主要是人為因素所引起，諸如資料登記錯誤、測試工具不佳、操作人員不熟練、受測者不願合作等。理論上，如能針對引起此類誤差的人為因素一一克服和改善，諸如加強工作人員的能力和敬業精神、採用高效能的測量工具、得到受測者的信任和合作等，就可以把非抽樣誤差減至最低，甚至完全根除掉。

總之，非抽樣誤差是_____（可以／不可以）事先避免的，或將其誤差值減至最低。

可以

・請讀下一單元

單元 8–11 隨機抽樣的意義

隨機抽樣中的「隨機」意義，是指：

母體的每一個基本單元（個體），被抽到的機率相等。

俗語「人人有機會，個個沒把握」是隨機的很好註解。假如母體不大，有 N

個基本單元，則每個單元被抽出之機率為 $\frac{1}{N}$，針對此母體的隨機抽樣，便稱為簡單隨機抽樣 (simple random sampling)。

‧請讀下一單元

單元 **8-12** 簡單隨機抽樣的實施

簡單隨機抽樣的方法大家一定很熟悉，例如摸彩活動的過程，就是簡單隨機抽樣。

一般摸彩活動的抽獎過程是：

⑴把摸彩聯放入箱子內。

⑵充分攪散。

⑶從箱子隨機抽取一張，抽中即是中獎。

⑷中獎人再以存根聯進行兌獎。

這種過程的特色是：

⑴箱內所有摸彩聯是為母體。

⑵箱內每張摸彩聯被抽出的機會相等，符合單元 8-11 所提的「隨機」原則。

隨機抽樣的方法有很多種類，除上述的方法外，尚有電腦亂數抽樣法、亂數表法等。總之，只要能符合「人人有希望，個個沒把握」的抽樣機率均等原則即可。

‧請讀下一單元

單元 **8-13** 隨機樣本

由母體中隨機抽取包含 n 個個體組成的一組樣本 $(x_1, x_2, \cdots, x_n)$，重複抽取，如果各組樣本符合下列條件，則稱為隨機樣本：

⑴均等性：各組樣本被抽到的機率相等。

⑵獨立性：各組樣本彼此間相互獨立。

‧請讀下一單元

有一母體含有 10 顆球，其表面分別刻上 A～J 的英文字母，今以不歸回式隨機抽出 2 顆球作為樣本，則：

(1)每次抽樣時，母體內每一基本單元被抽出的機率均等。

(2)從 10 顆球中抽出 2 顆組成樣本，共有 C^{10} ＿＿＿ ＝＿＿＿（組）。

2、45

(3)每一組樣本被抽到的機率為＿＿＿。

$\dfrac{1}{45}\left(=\dfrac{1}{C_2^{10}}\right)$

(4)任一組樣本被抽出的機率＿＿＿＿＿（相等／不相等）。

相等

由上述例題得知，各組樣本被抽取之機率相等，故稱為隨機樣本。

· 請讀下一單元

單元 **8–15** 無限母體的隨機抽樣性質

無限母體是指母體包含的個體數無限多，無法計數之謂。從無限母體抽樣，每一個體被抽出的機率為：

(1)以歸回式抽樣：因為每次抽樣母體的總數維持不變，所以每一次的抽樣各個體被抽出的機率＿＿＿＿＿（相等／不相等）。

相等

(2)以不歸回式抽樣：在抽出 1 個個體之後，剩下的個體被抽出的機率似乎有所變化。事實上，對無限母體而言，以不歸回式抽出 1 個後，剩餘母體的個體數目仍然是無限個，其機率絲毫不受影響，仍然和未抽時的機率幾乎一樣。換句話說，無限母體的不歸回方式抽樣，前後兩次母體內各個體被抽出的機率可視為＿＿＿＿＿（相等／不相等）。

相等

· 請讀下一單元

單元 8-16

依據上一單元的說明，結論如下：

(1)對無限母體而言，無論以歸回或不歸回式隨機抽樣，兩母體內各個體被抽取的機率皆＿＿＿＿＿（相等／不相等）。

相等

(2)相對而言，只要任何一次抽樣的母體內各個體被抽出機率，和前一次母體內個體被抽出機率＿＿＿＿＿（相等／不相等），就可以當作是無限母體的隨機抽樣。

相等

・請讀下一單元

單元 8-17 有限母體歸回式隨機抽樣

含 N 個個體的有限母體，由其中隨機抽取一個體，每一個體被抽出的機率是＿＿＿＿，歸回後再抽，因此每一個體被抽出之機率仍然相同，皆為＿＿＿＿。

$\dfrac{1}{N}$

$\dfrac{1}{N}$

> 對有限母體應用歸回式隨機抽樣，任一次抽樣，其母體內的每一基本單位（個體）被抽出的機率相同。

由於上述的性質，和上一單元所介紹的無限母體的隨機抽樣性質幾乎完全一致，所以「有限母體歸回式隨機抽樣」可以被視為等同於「無限母體的隨機抽樣」。

・請讀下一單元

單元 8-18 有限母體不歸回式隨機抽樣

對於包含 N 個個體的有限母體作不歸回式抽樣，第 1 次抽取時每一個體被抽到的機率是＿＿＿＿。因抽到的個體不歸

$\dfrac{1}{N}$

還，第 2 次抽取時，母體減少 1 個，故每一個體被抽到的機率變成＿＿＿。第 3 次抽取時，每一個體被抽到機率變成＿＿＿，其餘類推。

$$\frac{1}{(N-1)} \text{、} \frac{1}{(N-2)}$$

換句話說，每一次對有限母體採不歸回式隨機抽樣時，則每一個體被抽出的機率和前一次抽樣是不一樣的。這一點是有限母體不歸回式隨機抽樣的重要特性。

·請讀下一單元

單元 **8-19**

採用有限母體不歸回式隨機抽樣時，母體內個體被抽取的機率會隨著抽取的次數增加而逐次增大，意即第 1 次各個體被抽到機率是 $\frac{1}{N}$，第 2 次是 $\frac{1}{N-1}$，第 3 次是 $\frac{1}{N-2}$ …。顯然，如果 N 增大，將致使每次個體被抽出的機率變小，甚至可能出現毫無改變的現象，因此，在實際應用時，只要 N 夠大，不歸回式隨機抽樣就可視為歸回式隨機抽樣，也就是與無限母體隨機抽樣一樣了。

N 是否夠大取決於樣本數 n 和母體總數 N 之比值，若小於 0.05，即 $\frac{n}{N} \le 0.05$ 就表示 N 夠大。此時的有限母體以不歸回式隨機抽樣，就可視為無限母體隨機抽樣了。

·請讀下一單元

單元 **8-20**

綜合以上各單元所述，隨機抽樣方式可歸納成兩類：

1. **第一類：同無限母體的隨機抽樣**

這類抽樣的特性是指每次從母體抽樣，各個體被抽中的機率都相同（或幾乎相同）。它包含下列三種方式的隨機抽樣：

(1)無限母體隨機抽樣。　　　（參看單元 8-15）

(2)有限母體的歸回式隨機抽樣。　　（參看單元 8-17）

(3)有限母體總數和樣本數相比下，總數 N 夠大（當 $\frac{n}{N} \leq 0.05$）時的不歸回式

隨機抽樣。 （參看單元 8–19）

以上三種方式的隨機抽樣，合稱為「無限母體隨機抽樣」。

2. 第二類：對總數 N 不夠大的有限母體採不歸回式隨機抽樣

這類抽樣之特性是指有限母體的總數 N 不夠大（即 $\frac{n}{N} > 0.05$）的情況下，導

致母體內個體被抽取的機率，逐次明顯增大，第一次是 $\frac{1}{N}$，然後逐次機率分

別為 $\frac{1}{N-1}, \frac{1}{N-2}, \cdots, \frac{1}{N-k}$ 等。

由以上兩類抽樣所衍生的平均數抽樣分配的變異數公式（參看單元 8–34 介

紹）是不相同的，故請讀者須留意該兩類抽樣性質及機率特徵的相異處。

· 請反覆思考本單元中母體 N 大小對抽樣的影響，直到確實瞭解。

· 請讀下一單元

單元 **8–21** 樣本統計量

依據隨機樣本個體的特徵數值，應用統計公式加以計算而得到的量數，稱為
樣本統計量 (statistic)。

樣本統計量是從隨機樣本透過函數式計算而得（如 $\overline{X}$、$\hat{p}$ 等）。既然隨機樣本
是由一些隨機變量（如 $x_1, x_2, \cdots, x_n$）所組成，故統計量亦是隨機變數。

· 請讀下一單元

單元 **8–22**

 3

有一母體由 100 人所組成，其身高的平均數是 172 公分。
今以歸回式隨機抽取 5 個人作為樣本，測量他們的身高並計
算平均數，得 170 公分，然後又以同樣方式作第二回抽樣，
得平均數 175 公分，依此法繼續進行 k 回抽樣，獲得 k 個平
均數。請依下面敘述回答下列各問題：

(1)母體共有＿＿人，其身高的平均數（母數）是＿＿公分。	100、172
(2)第一回的樣本有＿＿人，統計量值為＿＿公分。	5、170
第二回的樣本有＿＿人，統計量值為＿＿公分。	5、175
(3)母體內的每一個體被抽出的機率是＿＿。	$\frac{1}{100}$
(4)每一組樣本被抽出的機率是＿＿。	$(\frac{1}{100})^5$
(5)k 組樣本中各組樣本被抽出的機率＿＿＿＿（相等／不相等）。	相等
(6)這些組樣本＿＿＿＿（屬於／不屬於）隨機樣本。	屬於
(7)母數和第一回統計量值之差為＿＿公分。	2 (= 172 − 170)
母數和第二回統計量值之差為＿＿公分。	−3(= 172 − 175)
(8)這種誤差被稱為＿＿＿＿（抽樣／非抽樣）誤差。	抽樣
(9)本題的抽樣過程＿＿＿＿（是／不是）簡單隨機抽樣。	是

• 恭喜你已學會隨機抽樣的基礎，請練習自我評量 1

 自我評量 1

一、請說明統計量與母數的差異之處，並解釋何者的觀測值個數較多。為何？

二、請說明隨機抽樣為何會造成誤差。

三、請列一表說明哪些種類的抽樣方式可視為無限母體的隨機抽樣。

第二節　樣本平均數抽樣分配的平均數及變異數

單元 8–23 抽樣分配 (sampling distribution)

　　在機率分配的章單元內，曾提到間斷型機率分配的定義為：「列出隨機變數的可能值，及其對應的機率值，則形成間斷型機率分配」。

　　同理，若樣本統計量為一隨機變數時，則可依照上述原理來定義樣本統計量

的抽樣分配：「列出由隨機樣本計算得到的統計量的所有可能值，及其對應的機率值，即構成該統計量的機率分配，亦稱為該統計量的抽樣分配」。

明顯地，樣本統計量的機率分配就是統計量的抽樣分配，兩者意義是相同的。因此統計量抽樣分配的表示法和機率分配表示法相同，亦有圖表及函數式等表示法（參看單元 6–12）。

・請讀下一單元

 **8–24**

常見的樣本統計量有 $\bar{X}$、S^2、$\hat{p}$ 等，由這些統計量構成的抽樣分配分別說明如下：

(1) $\bar{X}$ 的機率分配，稱為樣本平均數的抽樣分配。

(2) S^2 的機率分配，稱為樣本變異數的抽樣分配。

(3) $\hat{p}$ 的機率分配，稱為樣本比率的抽樣分配。

這些統計量構成的抽樣分配很重要，將在以下各單元詳細說明。

・請讀下一單元

8–25 樣本平均數 $\bar{X}$ 的抽樣分配特徵

自一母體隨機抽取 n 個個體組成一組隨機樣本，並計算其平均數 $\bar{X}$，依此方式，重複抽樣 k 回，而獲得 k 個平均數。這些平均數的可能數值及其對應的機率，即構成平均數 $\bar{X}$ 的抽樣分配。

・請讀下一單元

8–26 歸回式隨機抽樣，求樣本平均數 $\bar{X}$ 的抽樣分配

 4

一有限母體含有 1、2、3、4 等四張牌，以歸回式隨機抽取樣本數為 $n = 2$ 的樣本，並計算其平均數 $\bar{X}$，以此方式重複

抽樣，獲得多組樣本與其平均數（如表 8–1），試問：

(1)樣本組合為 $(1, 1)$、$(1, 2)$、$(1, 3)$、$(1, 4)$、$(2, 1)$、$(2, 2)$、$(2, 3)$、$(2, 4)$、$(3, 1)$、$(3, 2)$、$(3, 3)$、$(3, 4)$、$(4, 1)$、$(4, 2)$、$(4, 3)$、$(4, 4)$，合計有＿＿種。

$16\,(=4^2)$

(2)樣本平均數 $\overline{X}$ 的可能值是：1、1.5、2、2.5、3、3.5、4 等＿＿種。

7

(3)$\overline{X}$ 在抽樣分配的機率 $f(\overline{x})$：（參看表 8–1）

$\overline{x} = 1$ 的機率 $f(1) = $＿＿＿

$\dfrac{1}{16}$

$\overline{x} = 2.5$ 的機率 $f(2.5) = $＿＿＿

$\dfrac{4}{16}$

依此類推，並把計算結果填入抽樣分配表 8–2：

Ⓣ 表 8–1　歸回式隨機抽樣的樣本組和平均數

樣本組 (x_1, x_2)	樣本平均數 $\overline{x} = \dfrac{x_1 + x_2}{2}$	樣本組 (x_1, x_2)	樣本平均數 $\overline{x} = \dfrac{x_1 + x_2}{2}$
$(1, 1)$	1	$(3, 1)$	2
$(1, 2)$	1.5	$(3, 2)$	2.5
$(1, 3)$	2	$(3, 3)$	3
$(1, 4)$	2.5	$(3, 4)$	3.5
$(2, 1)$	1.5	$(4, 1)$	2.5
$(2, 2)$	2	$(4, 2)$	3
$(2, 3)$	2.5	$(4, 3)$	3.5
$(2, 4)$	3	$(4, 4)$	4

Ⓣ 表 8–2　抽樣分配表

平均數 $\overline{x}$	1	1.5	2	2.5	3	3.5	4	合　計
次數 f	＿＿	2	3	＿＿	3	＿＿	1	16
機率 $f(\overline{x})$	＿＿	$\dfrac{2}{16}$	$\dfrac{3}{16}$	＿＿	$\dfrac{3}{16}$	＿＿	$\dfrac{1}{16}$	1

1、4、2

$\dfrac{1}{16}$、$\dfrac{4}{16}$、$\dfrac{2}{16}$

・請讀下一單元

 8-27 不歸回式隨機抽樣，求樣本平均數 $\bar{X}$ 的
抽樣分配

 5

一有限母體含 1、2、3、4 等四張牌，以不歸回式隨機抽取樣本數 $n = 2$ 的樣本，並計算平均數 $\bar{X}$。重複如此之抽樣，獲得一些組樣本及其平均數，如表 8-3，試問：

(1) 可能組合有：(1, 2)、(1, 3)、(1, 4)、(2, 1)、(2, 3)、

　(2, 4)、(3, 1)、(3, 2)、(3, 4)、(4, 1)、(4, 2)、(4, 3)}，

　合計＿＿＿種。　　　　　　　　　　　　　　　　　12 (= 4×3)

(2) 樣本平均數 $\bar{X}$ 的可能值有 1.5、2、2.5、3、3.5，合計

　5 種。

(3) $\bar{X}$ 的抽樣分配之機率 $f(\bar{x})$ 為：（參閱表 8-3）

　$\bar{x} = 1.5$ 出現＿＿＿次，故機率 $f(1.5) =$＿＿＿　　2、$\dfrac{2}{12}$

　$\bar{x} = 2.5$ 出現＿＿＿次，故機率 $f(2.5) =$＿＿＿　　4、$\dfrac{4}{12}$

　依此類推，計算結果填入抽樣分配表 8-4：

◉ 表 8-3　不歸回式隨機抽樣的樣本組和平均數

樣本組 (x_1, x_2)	樣本平均數 $\bar{x} = \dfrac{x_1 + x_2}{2}$	樣本組 (x_1, x_2)	樣本平均數 $\bar{x} = \dfrac{x_1 + x_2}{2}$
(1, 2)	1.5	(3, 1)	2
(1, 3)	2	(3, 2)	2.5
(1, 4)	2.5	(3, 4)	3.5
(2, 1)	1.5	(4, 1)	2.5
(2, 3)	2.5	(4, 2)	3
(2, 4)	3	(4, 3)	3.5

⊤ 表 8–4　抽樣分配表

平均數 $\bar{x}$	1.5	2	2.5	3	3.5	合　計
次數 f	＿＿＿	2	＿＿＿	2	2	12
機率 $f(\bar{x})$		$\dfrac{2}{12}$		$\dfrac{2}{12}$	$\dfrac{2}{12}$	1

2、4

$\dfrac{2}{12}$、$\dfrac{4}{12}$

・請讀下一單元

 **8–28** $\overline{X}$ 抽樣分配的平均數 $\mu_{\overline{X}}$ 及變異數 $\sigma_{\overline{X}}^2$

有一含 N 個個體的有限母體，平均數為 μ，變異數為 σ^2。若由此母體隨機抽取樣本數為 n 的一組隨機樣本 $(x_1, x_2, \cdots, x_n)$，其平均數為 $\overline{X}$。重複抽樣 k 回，即獲得 k 個平均數，則：

1. **當採歸回式隨機抽樣時，$\overline{X}$ 的抽樣分配性質**

　(1) $E(\overline{X}) = \mu_{\overline{X}} = \mu_X$：表示樣本平均數 $(\overline{X})$ 的平均數 $(\mu_{\overline{X}})$ 等於母體平均數＿＿＿。

μ_X

　(2) $Var(\overline{X}) = \sigma_{\overline{X}}^2 = \dfrac{\sigma_X^2}{n}$：表示樣本平均數的變異數等於母體變異數的＿＿＿倍。

$\dfrac{1}{n}$

　(3) $SE(\overline{X}) = \sigma_{\overline{X}} = \dfrac{\sigma_X}{\sqrt{n}}$：樣本平均數的變異數平方根 $\sigma_{\overline{X}}$，稱作標準誤 (standard error, SE)。標準誤和標準差的性質相同，只是構成的基本元素不同而已。標準差是由原始個體數值作為元素計算而得，而標準誤則以＿＿＿＿作為元素計算得到。

統計量

・請讀下一單元

8–29

2. **若採不歸回式隨機抽樣時，$\overline{X}$ 的抽樣分配性質**

　(1) $E(\overline{X}) = \mu_{\overline{X}} = \mu_X$。

(2) $Var(\overline{X}) = \sigma^2_{\overline{X}} = \dfrac{\sigma^2_X}{n} \times \dfrac{N-n}{N-1}$。

・請讀下一單元

單元 **8-30**

比較單元 8-28 和單元 8-29 發現，採歸回式隨機抽樣時樣本平均數的變異數多乘上 $\dfrac{N-n}{N-1}$，它稱為有限母體校正因子 (finite population correction factor)。當 N 極大時（譬如 $N \to +\infty$），則 $\dfrac{N-n}{N-1}$ 的值會趨近於 1，此時，無論是否乘上 $\dfrac{N-n}{N-1}$，結果幾乎相同。故在實務上，當 $\dfrac{n}{N} \le 0.05$ 時，即可認定 N 夠大，便可省去乘上 $\dfrac{N-n}{N-1}$ 的步驟，故公式改為：

> 對有限母體的不歸回式隨機抽樣，當 N 夠大，即 $\dfrac{n}{N} \le 0.05$ 時，則 $\overline{X}$ 抽樣分配的變異數為：
>
> $$Var(\overline{X}) \approx \frac{\sigma^2_X}{n}$$
>
> N 為母體總數，n 為樣本總個數，σ^2_X 為母體變異數

・請讀下一單元

單元 **8-31**

 6

有一有限母體含 1、2、3、4 四張牌，以歸回式隨機抽取樣本數 $n = 2$ 的樣本，並計算平均數 $\overline{X}$，重複抽樣多回，獲得多組 $\overline{X}$，試求 $\mu_{\overline{X}}$ 及 $\sigma^2_{\overline{X}}$。

解

(1)原來母體平均數 $\mu_X = \dfrac{5}{2}$，變異數 $\sigma^2_X = \dfrac{5}{4}$。

(2)此題與例 4 相同，屬歸回式隨機抽樣，故可得 $\bar{X}$ 抽樣分配如下：

① $\bar{x}$	1	1.5	2	2.5	3	3.5	4	合　計
② $f(\bar{x})$	$\frac{1}{16}$	$\frac{2}{16}$	$\frac{3}{16}$	$\frac{4}{16}$	$\frac{3}{16}$	$\frac{2}{16}$	$\frac{1}{16}$	1
③ $\bar{x} f(\bar{x})$	$\frac{1}{16}$		$\frac{6}{16}$		$\frac{9}{16}$	$\frac{7}{16}$	$\frac{4}{16}$	$\frac{40}{16}$
④ $\bar{x}^2 f(\bar{x})$	$\frac{1}{16}$		$\frac{12}{16}$		$\frac{27}{16}$	$\frac{24.5}{16}$	$\frac{16}{16}$	$\frac{110}{16}$

$\dfrac{3}{16}$、$\dfrac{10}{16}$

$\dfrac{4.5}{16}$、$\dfrac{25}{16}$

(3)回顧單元 6–26，參看表內第③列，應用期望值公式求 $E(\bar{X})$ 和 $Var(\bar{X})$：

$$\mu_{\bar{X}} = E(\bar{X}) = \sum \bar{x} f(\bar{x}) = \frac{5}{2} = \mu_X$$

（參看單元 8–28 第(1)項的公式）

$$\sigma_{\bar{X}}^2 = Var(\bar{X}) = E[(\bar{x} - \mu)^2]$$

$$= E(\bar{X}^2) - [E(\bar{X})]^2 = \sum \bar{x}^2 f(x) - \mu_X^2$$

$$= \frac{55}{8} - \left(\frac{5}{2}\right)^2 = \underline{\qquad}$$

$$= \frac{\left(\frac{5}{4}\right)}{2} = \frac{\sigma_X^2}{n}$$

$\dfrac{5}{8}$

（參看單元 8–28 第(2)項的公式）

・請讀下一單元

 8–32

 7

有一母體含 1、2、3、4 四張牌，以不歸回式隨機抽取樣本數 $n = 2$ 的樣本，並計算平均數 $\bar{X}$，重複抽樣多回，獲得多個 $\bar{X}$，試求 $\mu_{\bar{X}}$ 及 $\sigma_{\bar{X}}^2$。

(1)母體的平均數 $\mu_X = \dfrac{5}{2}$，變異數 $\sigma_X^2 = \dfrac{5}{4}$。

(2)此題與例 5 相同，採不歸回式隨機抽樣，故可得 $\bar{X}$ 抽樣分配如下：

① $\bar{x}$	1.5	2	2.5	3	3.5	合　計
② $f(\bar{x})$	$\dfrac{2}{12}$	$\dfrac{2}{12}$	$\dfrac{4}{12}$	$\dfrac{2}{12}$	$\dfrac{2}{12}$	1
③ $\bar{x}f(\bar{x})$	$\dfrac{3}{12}$	＿＿	$\dfrac{10}{12}$	＿＿	$\dfrac{7}{12}$	$\dfrac{30}{12}$
④ $\bar{x}^2 f(\bar{x})$	$\dfrac{4.5}{12}$	$\dfrac{8}{12}$	$\dfrac{25}{12}$	$\dfrac{18}{12}$	$\dfrac{24.5}{12}$	$\dfrac{80}{12}$

$\dfrac{4}{12}$、$\dfrac{6}{12}$

(3)參看表內第③列，得：

$$E(\bar{X}) = \sum \bar{x} f(\bar{x}) = \frac{5}{2} = \mu_X$$

$$Var(\bar{X}) = E(\bar{X}^2) - [E(\bar{X})]^2 = \sum \bar{x}^2 f(\bar{x}) - \mu_{\bar{X}}^2$$

$$= \frac{80}{12} - (\frac{5}{2})^2 = \underline{\quad}$$

$\dfrac{5}{12}$

$$= \frac{(\frac{5}{4})}{2} \times (\frac{4-2}{4-1}) = \frac{\sigma_X^2}{n} \times \frac{N-n}{N-1}$$

（參看單元 8-29 的公式）

由此可知，單元 8-29 中 $\mu_{\bar{X}} = \mu_X$，$Var(\bar{X}) = \dfrac{\sigma_X^2}{n} \times \dfrac{N-n}{N-1}$，

在此題得以證明。

• 請讀下一單元

 **8-33**

在單元 8-17 中提到，無限母體的隨機抽樣等同於有限母體的歸回式抽樣，所以兩種抽樣方式得到 $\bar{X}$ 之抽樣分配是相同的。職是之故，從無限母體隨機抽取樣本數為 n 的隨機樣本，並計算平均數 $\bar{X}$，則 $\bar{X}$ 抽樣分配的 $\mu_{\bar{X}}$ 和 $Var(\bar{X})$ 為：

(1) $E(\bar{X}) = \mu_{\bar{X}} = \mu_X$。

(2) $Var(\bar{X}) = \sigma_{\bar{X}}^2 = \dfrac{\sigma_X^2}{n}$。　　　（公式證明請參看單元 8-35）

• 請讀下一單元

 **8-34**

綜合上述幾個單元, 樣本平均數 $\overline{X}$ 抽樣分配期望值（平均）和變異數的公式,
可歸納為兩類:

第一類: 由廣域的無限母體隨機抽取樣本數為 n 的樣本, 其平均數抽樣分配
性質為:

$$E(\overline{X}) = \mu_{\overline{X}} = \mu_X$$

$$Var(\overline{X}) = \sigma_{\overline{X}}^2 = \frac{\sigma_X^2}{n}$$

這裡所謂無限母體是廣域的, 包含①無限母體; ②歸回式抽樣的有
限母體; ③採不歸回式抽樣, 但母體總個數 N 夠大的有限母體。

第二類: 由總個數 N 不夠大的有限母體, 採不歸回式隨機抽取樣本數為 n 的
樣本, 其平均數 $\overline{X}$ 的抽樣分配性質為:

$$E(\overline{X}) = \mu_{\overline{X}} = \mu_X$$

$$Var(\overline{X}) = \sigma_{\overline{X}}^2 = \frac{\sigma_X^2}{n} \times \frac{N-n}{N-1}$$

$$\left(當 \ \frac{n}{N} \geq 0.05 \ 時採用此公式 \right)$$

· 欲瞭解公式證明, 請讀下一單元

單元 8-35

若 $\overline{X} = \dfrac{\sum\limits_{i=1}^{n} x_i}{n} = \dfrac{(x_1 + x_2 + \cdots + x_n)}{n}$, 證明 $\mu_{\overline{X}}$ 和 $Var(\overline{X}) = \dfrac{\sigma_X^2}{n}$。

(1) $\mu_{\overline{X}}$:

$$\mu_{\overline{X}} = E(\overline{X}) = E\left(\frac{\sum\limits_{i=1}^{n} x_i}{n}\right) = \frac{1}{n} E\left(\sum_{i=1}^{n} x_i\right) = \frac{1}{n} \sum_{i=1}^{n} E(X)$$

$$= \frac{1}{n} \sum_{i=1}^{n} \mu_X = \frac{n\mu_X}{n} = \mu_X$$

(2) $Var(\overline{X}) = \dfrac{\sigma_X^2}{n}$:

$$\sigma_{\overline{X}}^2 = Var(\overline{X}) = Var(\frac{\sum\limits_{i=1}^{n} x_i}{n}) = \frac{1}{n^2}Var(\sum_{i=1}^{n} x_i)$$

$$= \frac{1}{n^2}\sum_{i=1}^{n} Var(x_i)$$

$$= \frac{1}{n^2}\sum_{i=1}^{n} \sigma_X^2 = \frac{1}{n^2}(n\sigma_X^2)$$

$$= \frac{\sigma_X^2}{n}$$

・請讀下一單元

 8–36

 8

某汽車公司所生產的汽車耗油量平均值為 $\mu_X = 15$，標準差 $\sigma_X = 2$。今隨機抽取 16 輛汽車，令每輛車耗油量為 X，求 $E(\overline{X})$ 及 $Var(\overline{X})$。

⑴本題未提出汽車公司所產汽車數量，故可視為近似於無限多，依單元 8–34 公式：

$$E(\overline{X}) = \mu_{\overline{X}} = \underline{\hspace{3em}}$$

μ_X

$$Var(\overline{X}) = \frac{\underline{\hspace{3em}}}{n}$$

σ_X^2

⑵把 $\mu_X = 15, \sigma_X = 2, n = 16$ 代入公式：

$$E(\overline{X}) = \mu_X = \underline{\hspace{3em}}$$

15

$$Var(\overline{X}) = \frac{\sigma_X^2}{n} = \frac{\underline{\hspace{3em}}}{16}$$

4

・恭喜你已學完平均數抽樣分配的基礎，請練習自我評量 2

自我 評量 ②

四、箱中有分別標記 1、3、5 的 3 顆號碼球，今採歸回式隨機抽樣，抽取 $n = 2$ 為

一組樣本，令 $\overline{X} = \dfrac{x_1 + x_2}{2}$，試求：

　1. $\overline{X}$ 的抽樣分配表。

　2. $\mu_{\overline{X}}$ 和 $\sigma_{\overline{X}}^2$。

五、箱中有分別標記 1、3、5 的 3 顆號碼球，今採不歸回式隨機抽樣，抽取 $n = 2$ 為一組樣本，令 $\overline{X} = \dfrac{x_1 + x_2}{2}$，試求：

　1. $\overline{X}$ 的抽樣分配表。

　2. $\mu_{\overline{X}}$ 和 $\sigma_{\overline{X}}^2$。

六、某電器的平均壽命為 $\mu_X = 320$ 小時，$\sigma_X = 50$ 小時，今自該電器中抽取 $n = 36$ 為隨機樣本，試求：

　1. $\mu_{\overline{X}}$。

　2. $\sigma_{\overline{X}}^2$。

七、某公司有 1,000 名員工，已知平均月薪為 5 萬元，標準差為 5,000 元，今自該公司隨機抽 25 名員工調查其月薪，試求：

　1. $\mu_{\overline{X}}$。

　2. $\sigma_{\overline{X}}$。

八、某公司有 1,000 名員工，已知平均月薪為 8 萬元，標準差為 5,000 元，今自該公司隨機抽 100 名員工調查其月薪，試求：

　1. $\mu_{\overline{X}}$。

　2. $\sigma_{\overline{X}}$。

 第三節　樣本平均數的分配型態

單元 **8–37** 樣本平均數的分配型態——自常態母體抽樣時

　　上一節已提過，樣本平均數係抽樣自常態母體的 n 個隨機變數，經計算而得

的統計量。由於常態母體所含的隨機變數 X 為常態分配型態，所以樣本平均數（是變數 X 的線性組合）也是常態分配型態。換句話說，自常態母體隨機抽樣而構成的樣本平均數，不論樣本數或多或少，其抽樣分配亦是常態分配型態。請看下列符號表示：

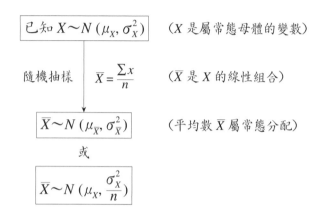

- 請讀下一單元

 **8-38**

在單元 4-41 曾介紹標準化。任一母體的隨機變數 X，經過標準化轉變成 Z 值，則這些 Z 的平均數等於＿＿＿，標準差等於＿＿＿。同理，樣本平均數 $\bar{X}$ 經標準化之後變成 Z，這些 Z 的平均數是＿＿＿，標準差是＿＿＿。以符號表示：

$$\mu_Z = E(Z) = 0$$

$$\sigma_Z^2 = Var(Z) = 1$$

0

1

0、1

- 請讀下一單元

 **8-39**

若樣本平均數 $\bar{X}$ 是常態分配，當母體標準差 σ_X 已知，那麼 $\bar{X}$ 經標準化之後，將也是維持常態分配，這是因為標準化是屬於直線轉換（公式 $Z = \dfrac{\bar{X} - \mu_X}{\sigma_{\bar{X}}}$），其中

μ_X、σ_X 都是常數，因此 Z 的分配型態也就跟 $\overline{X}$ 的分配一樣，屬於常態分配型態。

請看下列符號表示：

已知 $\overline{X} \sim N\left(\mu_X, \dfrac{\sigma_X^2}{n}\right)$

標準化 $\quad Z = \dfrac{\overline{X} - \mu}{\dfrac{\sigma_X}{\sqrt{n}}}$，其中 μ、σ_X 為已知常數

$Z \sim N(\mu_Z, \sigma_Z^2)$
或
$Z \sim N(0, 1)$

・請讀下一單元

 **8–40**

例 9

某國小六年級國語成績呈常態分配：

$$X \sim N(68, 10^2)$$

試求：

(1)若自其中抽 1 個學生為樣本，求 $P(\overline{X} \leq 70) = \underline{\quad}$。   0.5793

(2)若自該母體抽樣 25 個學生組成樣本，求 $P(\overline{X} \leq 70) = \underline{\quad}$。   0.8413

・如果答對，請跳讀單元 8–44

・如果答錯，請讀下一單元解答

 8–41

(1)求例 9 題(1)：

　　①依題意，樣本數為 $n = 1$ 的隨機抽樣，依單元 8–34

　　　和 8–37 中的公式：

$$\mu_{\overline{X}} = \mu_X = 68$$

$$\sigma_{\overline{X}}^2 = \frac{\sigma_X^2}{n} = \frac{\underline{\quad}}{1} = \underline{\quad}$$

$10^2 、 10^2$

②繪圖：在 $\overline{X}$ 軸上點出 $\mu_{\overline{X}} = 68$，$\overline{X} = 70$，並在 Z 軸上點

出 $\mu_Z = 0$，並畫斜線面積，如圖 8–1 所示：

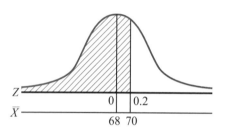

🅕 圖 8–1　繪出 $\overline{x} = 70$ 的大約位置

③計算：

$$P(\overline{X} \le 70) = P(\frac{\overline{X} - \mu_{\overline{X}}}{\sigma_{\overline{X}}} \le \frac{70 - \mu_{\overline{X}}}{\sigma_{\overline{X}}}) \qquad (標準化)$$

$$= P(Z \le \frac{70 - \underline{\quad}}{10})$$

68

$$= P(Z \le \underline{\quad}) = P(Z \le \underline{\quad}) \qquad (查表)$$

$\frac{2}{10}$、0.2

$$= \underline{\quad}$$

0.5793

・請讀下一單元

- -

單元 8–42

(2)求例 9 題(2)：

①依題意：從母體是 $X \sim N(68, 10^2)$ 抽樣 25 個，

$$\mu_{\overline{X}} = \mu_X = 68$$

$$\sigma_{\overline{X}}^2 = \frac{\sigma_X^2}{n} = \frac{\underline{\quad}}{25} \qquad (依單元 8–34 公式)$$

10^2

$$\sigma_{\overline{X}} = \sqrt{\frac{10^2}{25}} = \frac{10}{5} = 2$$

②繪圖：在 $\overline{X}$ 軸上點出 $\mu_{\overline{X}} = 68$，$\overline{x} = 70$，在 Z 軸上點出 $\mu_Z = 0$。

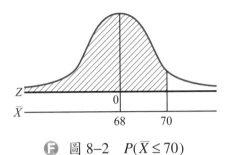

Ⓕ 圖 8–2　$P(\overline{X} \le 70)$

③計算：

$$P(\overline{X} \le 70) = P\left(\frac{\overline{X} - \mu}{\frac{\sigma_X}{\sqrt{n}}} \le \frac{70 - \mu}{\frac{\sigma_X}{\sqrt{n}}}\right) \qquad （標準化）$$

$$= P\left(Z \le \frac{70 - \underline{\quad}}{\frac{10}{\sqrt{25}}}\right) \qquad\qquad 68$$

$$= P(Z \le \underline{\quad}) \qquad （查表） \qquad 1$$

$$= \underline{\quad} \qquad\qquad\qquad\qquad 0.8413$$

・請讀下一單元

 **8–43**

承例 9：

⑶比較前兩個單元的解答，發現同樣求 $P(\overline{X} \le 70)$，其答案不同，究其原因，是由於 _____ （平均數／標準誤）不同所引起的。標準誤是 $\sigma_{\overline{X}} = \dfrac{\sigma_x}{\sqrt{n}}$，和 $\sqrt{n}$ 成反比，當樣本數 n 變大，標準誤 $\sigma_{\overline{X}}$ 就變小。本例題樣本數為 1 時，標準誤是 10；樣本數為 25 時，標準誤是 2，兩者相差 ____ 倍，這是導致 $P(\overline{X} \le 70)$ 機率值不同的原因所在。

標準誤

5

・請讀下一單元

 **8-44** 樣本平均數 $\overline{X}$ 抽樣分配——自非常態母體抽樣時

若母體為非常態分配，從其中隨機抽取樣本，其樣本平均數的抽樣分配型態為何呢? 事實上，樣本平均數的分配型態取決於母體的原有型態 (對稱或不規則的偏態)，以及樣本規模 n 的大小而決定。譬如，母體分配呈稍微偏態或對稱型，那麼抽 10 個作為樣本，其平均數 $\overline{X}$ 的抽樣分配就可能趨近常態; 如果母體是嚴重偏態，那麼抽取 10 個或 20 個作為樣本，其平均數抽樣分配也未必能趨近常態。

· 請讀下一單元

單元 **8-45** 中央極限定理

統計學家發現，對於非常態母體的抽樣，如果樣本數 n 等於或大於 30 $(n \geq 30)$，則樣本平均數抽樣分配型態就可被視為接近常態分配，隨樣本數 n 的增加，就愈接近常態分配。當 n 大到無限大時，則 $\overline{X}$ 抽樣分配的型態便成為完全的常態分配了。這種現象稱為中央極限定理。

· 請讀下一單元

單元 **8-46**

中央極限定理 (central limit theorem) 的定義為:

> 無論母體的分配為何，自其中抽取樣本數為 n 的隨機樣本，若樣本數夠大 $(n \geq 30)$，則樣本平均數 $\overline{X}$ 的抽樣分配就會趨近於常態分配，意即:
> $$\overline{X} \sim N(\mu_X, \frac{\sigma_X^2}{n})$$

這個定理非常重要，對於母體分配型態未知時，如果能抽取 $n \geq 30$ 的樣本個數，就能使其平均數 $\overline{X}$ 的抽樣分配接近於常態分配。常態分配是一種很有規律的分配，基於此，我們就能從事統計推論了。

· 請讀下一單元

 **8-47**

對於分配型態未知的母體，抽取夠大的樣本數，則其平均數抽樣分配的性質和標準化 Z 分配的性質如下：

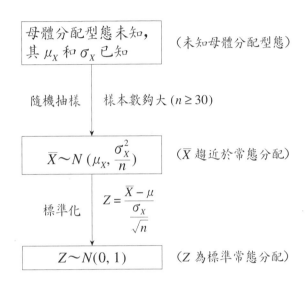

・請讀下一單元

 8-48

 10

某公司開發的新電器平均壽命為 300 小時，標準差為 30 小時，今自該公司產品中隨機抽取 $n = 36$ 作為測試樣本，試求：

(1) $P(\overline{X} \leq 305)$。

(2) $P(295 \leq \overline{X} \leq 305)$。

答：(1)＿＿＿。　　　　　　　　　　　　　　　0.8413

　　(2)＿＿＿。　　　　　　　　　　　　　　　0.6826

・如果答對，請跳讀單元 8-51

・如果答錯，請讀下一單元解答

單元 8-49

解

(1)求 $P(\overline{X} \le 305)$：

①因樣本數 $n = 36$，大於 30，屬於_____（大／小）

樣本。依中央極限定理，$\overline{X}$ 抽樣分配趨近於常態分

配：

$$\overline{X} \sim N(\mu_X, \frac{\sigma_X^2}{n})$$

$\mu_X = 300$，$\sigma_X = 30$，$n = 36$ 代入上式，結果為：

$$\overline{X} \sim N(300, \underline{\quad\quad})$$

②繪圖：在橫軸上點出 $\mu_X = 300$，$\overline{x} = 305$ 及 $\mu_Z = 0$ 的位

置，如圖 8-3 所示：

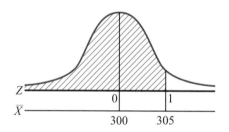

Ⓕ 圖 8-3 　繪出 $\overline{x} = 305$，再轉化為 z 值

③求 $P(\overline{X} \le 305)$：

$$P(\overline{X} \le 305) = P(Z \le \frac{305 - \underline{\quad}}{\frac{30}{\sqrt{36}}}) \qquad \text{（標準化）}$$

$$= P(Z \le \underline{\quad}) \qquad \text{（查表）}$$

$$= \underline{\quad}$$

・請讀下一單元

大

$\dfrac{30^2}{36}$

300

1

0.8413

⑵ $P(295 \leq \overline{X} \leq 305)$：

① $n = 36 > 30$ 為大樣本，故 $\overline{X}$ 趨近於常態分配：

$$\overline{X} \sim N(300, \frac{30^2}{36})$$

②繪圖：在橫軸上點出 $\mu_{\overline{X}}$、z 及 $\overline{x}$ 的位置，如圖 8-4 所示：

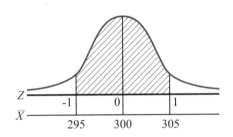

Ⓕ 圖 8-4　繪出 $\overline{x} = 295$ 和 305 的大約位置

③求 $P(295 \leq \overline{X} \leq 305)$：

$$P(295 \leq \overline{X} \leq 305) = P(\frac{\overline{x}_1 - \mu}{\frac{\sigma}{\sqrt{n}}} \leq Z \leq \frac{\overline{x}_2 - \mu}{\frac{\sigma}{\sqrt{n}}}) \quad （標準化）$$

$$= P(\frac{295 - 300}{\frac{30}{\sqrt{36}}} \leq Z \leq \frac{305 - 300}{\frac{30}{\sqrt{36}}})$$

$$= P(-1 \leq Z \leq 1)$$

$$= P(Z \leq 1) - P(Z < \underline{\quad}) \quad （查表） \qquad -1$$

$$= 0.8413 - \underline{\quad} = \underline{\quad} \qquad 0.1587、\ 0.6826$$

・請讀下一單元

單元 8-37 曾經提過，從常態母體隨機抽樣時，樣本平均數的抽樣分配為常態

型態，即：

$$\overline{X} \sim N(\mu_X, \frac{\sigma_X^2}{n})$$

⑴當進一步把 $\overline{X}$ 轉化成統計量 $\dfrac{\overline{X} - \mu_X}{\dfrac{\sigma_X}{\sqrt{n}}} = Z$ 時，由於 σ_X 和 μ_X 為已知常數，則

　　許許多多 Z 的分配，如同 $\overline{X}$ 的原分配一樣，亦是常態分配，表示如下：

$$Z = \frac{\overline{X} - \mu_X}{\dfrac{\sigma_X}{\sqrt{n}}} \sim N(0, 1)$$

⑵如果想把 $\overline{X}$ 轉化成 $Z = \dfrac{\overline{X} - \mu_X}{\dfrac{\sigma_X}{\sqrt{n}}}$ 時，其中 μ_X 已知，但 σ_X 未知，只好改以 S_X

　　取代 σ_X，此時 Z 統計量變成 t 統計量，即：

$$t = \frac{\overline{X} - \mu_X}{\dfrac{S_X}{\sqrt{n}}}$$

　　t 統計量會是什麼樣的分配呢?和 Z 標準常態分配又有何不同?請讀單元 8–52 解釋。

・恭喜你已學完統計量 Z 的抽樣分配原理，請練習自我評量 3

自我 評量 ③

九、某校學生身高呈常態分配，$\mu = 160$ 公分，$\sigma = 5$ 公分，試求：

　　1.隨機抽出 25 人，求 $\overline{X}$ 的抽樣分配的 $\mu_{\overline{X}}$、$\sigma_{\overline{X}}$。

　　2.求 $P(\overline{X} < 161)$ 和 $P(159 < \overline{X} < 161)$。

十、某市高三學生期末成績呈常態分配，$\mu = 500, \sigma = 50$，試求：

　　1. $P(X < 490)$ 的機率。

　　2.隨機抽樣 100 名學生，求 $P(\overline{X} < 490)$ 的機率。

十一、高雄市國小新生每人每天可支用零用錢的平均為 47 元，標準差為 20 元，

　　　今高雄市隨機抽取 100 名國小新生，試求：

1. $P(\overline{X} < 50)$。

2. $P(45 < \overline{X} < 50)$。

第四節　樣本平均數的 t 分配

 8-52 t 分配的形成

讓我們看看下圖說明：

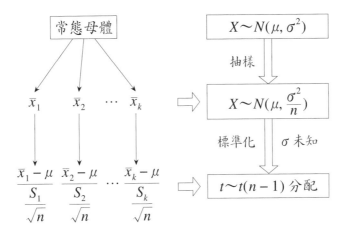

⑴由常態母體抽樣，獲得樣本平均數 $\overline{X}$ 的抽樣分配也是常態分配，即：

$$\overline{X} \sim N(\mu_X, \frac{\sigma_X^2}{n})$$

⑵當 $\overline{X}$ 轉化成 $\dfrac{\bar{x}_i - \mu}{\frac{S_i}{\sqrt{n}}}$ 統計量，其中含有 $\overline{X}$ 和 S 兩變數，在分子部分的 $\bar{x}_i$（諸

如 $\bar{x}_1, \bar{x}_2, \cdots, \bar{x}_k$ 等），其分配型態呈常態分配；另在分母部分的 S_i（如 S_1，

$S_2, \cdots, S_k$ 等），其分配型態是屬正偏態的 χ^2 分配。

⑶把 $\bar{x}_i$ 和 S_i 兩不同分配型態的變數結合在一起，就形成另一種統計量 t。該

　統計量 t 的抽樣分配，為自由度 $n-1$ 的 t 分配。

・請讀下一單元

單元 8–53 t 分配的定義

t 分配 (Student's t-distribution) 的定義為：

自一個平均數為 μ_X 及未知變異數的常態母體中，抽出樣本數為 n 的隨機樣本，其樣本平均數為 $\overline{X}$，變異數為 S_X^2，則：

$$t = \frac{\overline{X} - \mu_{\overline{X}}}{S_{\overline{X}}} = \frac{\overline{X} - \mu_X}{\dfrac{S_X}{\sqrt{n}}}$$

服從自由度 $df = n - 1$ 的 t 分配，記為：

$$t \sim t(n-1) \text{ 分配}$$

讀了以上單元後，請問 t 和 Z 的統計量公式和分配的型態有哪些不一樣？

· 請讀下一單元

單元 8–54 t 分配的性質

t 分配是高斯 (W. S. Gosset) 在 1908 年以筆名 Student 發表的機率分配，所以也稱為 Student's t 分配。

(1) t 分配為一種機率密度函數分配，公式的數學證明十分複雜，有興趣者，請參考數理統計學相關著作。

(2) t 分配與 Z 標準常態分配有一些地方類似，它亦是以平均數為 0 的鐘形對稱分配，其總面積是為總機率，等於 1。

(3) t 分配的變異數為 $\dfrac{df}{df - 2}$，由此可知 t 分配的自由度 df，不但決定變異數的大小，亦是決定 t 分配形狀的參數。當 $df > 2$ 時，變異數就大於 1，這是為何 t 分配和標準常態分配（標準差為 1）相比較，它的分散程度較大，形狀較矮胖的原因所在。

(4) 當自由度夠大時，其變異數趨近於 1，所以 t 分配也就趨近於標準常態分配

了。通常 $n \geq 30$ 就算自由度夠大。因此，此時可用標準常態分配來代替 t 分配。

· 請讀下一單元

- -

單元 **8–55** t 分配機率的求法

　　t 分配的形狀因自由度不同而異，所以如同一般常態分配，會有無限多種不同形狀的 t 分配圖產生。為方便查用，一般只把自由度 $1 \sim 30$ 的 t 分配常用的機率合編在一張表內，如【附表三】所示。

　　t 分配的表示法及圖示法如圖 8–5：

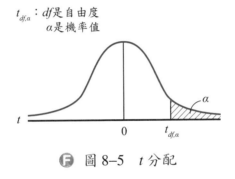

$t_{df,\alpha}$：df是自由度
　　　　α是機率值

⑤ 圖 8–5　t 分配

　　以下將以例題說明 t 分配的查表法。

· 請讀下一單元

- -

單元 **8–56**

例 **11**

　　試查表求：

(1) $t_{10,\,0.05} = $ _____。

(2) $t_{25,\,0.95} = $ _____。

· 如果答對，請跳讀單元 8–59

· 如果答錯，請讀下一單元解答

1.812

-1.708

單元 8-57

(1)求 $t_{10, 0.05}$：

　①依題意繪圖，如圖 8-6：

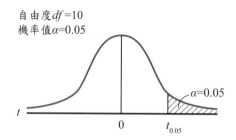

自由度 $df=10$
機率值 $\alpha=0.05$

$\alpha=0.05$

t

0　$t_{0.05}$

F 圖 8-6　$\alpha = 0.05$ 與 $t_{0.05}$ 的關係

　②查表：

　　依【附表三】 t 分配表，由縱欄找到自由度 $df = 10$，

　　由橫列找到 $\alpha = 0.05$，兩點的延線交會處即為 $t_{10, 0.05}$

　　= ＿＿＿。

1.812

・請讀下一單元

單元 8-58

(1)求 $t_{25, 0.95}$：

　①依題意繪圖，如圖 8-7：

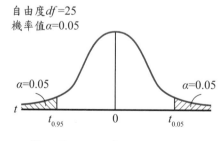

自由度 $df=25$
機率值 $\alpha=0.05$

$\alpha=0.05$　　　$\alpha=0.05$

t

$t_{0.95}$　0　$t_{0.05}$

F 圖 8-7　求 $|t_{0.05}| = |t_{0.95}|$

② t 分配為以 0 為中心的左右對稱圖形，因 t_α 落在橫軸上 0 的右側為正（如 $t_{25,\,0.05} = 1.708$），$t_{1-\alpha}$ 落在 0 之左側為負（如 $t_{25,\,0.95} = -1.708$）。t_α 和 $t_{1-\alpha}$ 取絕對值後數值＿＿＿＿＿（相同／相反），符號＿＿＿＿＿（相同／相反），因此 $t_\alpha = -t_{1-\alpha}$ 即：

相同、相反

$$t_{25,\,0.95} = -t_{25,\,0.05}$$

③查表：

$$t_{25,\,0.05} = \underline{\qquad}$$

1.708

$$t_{25,\,0.95} = -t_{25,\,0.05} = \underline{\qquad}$$

-1.708

‧請讀下一單元

8-59

 12

有一批食品含鹽量 X，呈常態分配，$\mu_X = 60$，σ_X 未知。今自該食品抽出 16 件，算出其標準差 $S_X = 5$，平均數為 $\overline{X}$。已知食品平均含鹽量 $\overline{X}$ 在某一 k 值以上（即 $\overline{X} > k$）的機率為 0.05，試求 k 值。

答：$k = \underline{\qquad}$。

62.19

‧如果答對，請跳讀單元 8-61

‧如果答錯，請讀下一單元解答

8-60

⑴依題意可知，因母體為常態分配，σ_X 未知，抽樣 $n = 16 < 30$ 為＿＿＿＿＿（大／小）樣本。依單元 8-53，符合 t 分配條件，故樣本平均數 $\overline{X}$ 的抽樣分配為 t 分配：

小

$$t = \frac{\overline{X} - \mu_X}{\frac{S_X}{\sqrt{n}}} = \frac{\overline{X} - 60}{\underline{\hspace{1cm}}} \sim t(16-1) \text{ 分配}$$

$\frac{5}{\sqrt{16}}$

(2)繪圖，如圖 8–8，點出 $\mu_X = 60$, $t = 0$ 的位置。（位於中央）

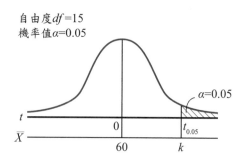

圖 8–8　由 $\alpha = 0.05$ 求 k 值

(3)依題意 $\overline{X}$ 大於 k 的機率為 0.05，即：

$$P(\overline{X} > k) = 0.05$$

$$P(\frac{\overline{X} - \mu_X}{\frac{S_X}{\sqrt{n}}} > \frac{k - 60}{\frac{5}{\sqrt{16}}}) = 0.05 \qquad （轉化為 T 值）$$

$$P(t > \frac{k - 60}{1.25}) = 0.05$$

查表 $df = \underline{\hspace{1cm}}$，$\alpha = 0.05$，得 $t_{15,\,0.05} = \underline{\hspace{1cm}}$。

15、1.753

(4)求 k：

$$\frac{k - 60}{1.25} = 1.753$$

$$k = 60 + 1.25 \times \underline{\hspace{1cm}}$$

1.753

$$= \underline{\hspace{1cm}}$$

62.19

・請讀下一單元

 **8–61**

綜合前幾單元所述，在此特別提出 t 分配在實際應用上的重要原則：

(1)當常態母體和其 σ_X 未知兩條件同時具備時，則 $\dfrac{\overline{X} - \mu_X}{\dfrac{S_X}{\sqrt{n}}}$ 統計量就可服從自

　　由度 $n-1$ 的 t 分配。

(2)當自由度 $df \geq 30$ 時，即為大樣本，t 分配趨近於 Z 標準常態分配，所以為

　　了方便計算，可以使用 Z 分配來取代 t 分配。

(3)當自由度 $df < 30$ 時，因為 t 分配和標準常態分配仍有很大的差異，所以務

　　必應用 t 分配。

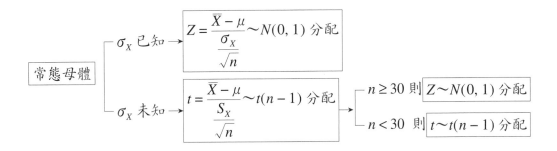

・恭喜你已學完 t 分配的基本原理，請練習自我評量 4

十二、試查表求下列各值：

　　　1. $t_{15,\,0.95}$。

　　　2. $t_{15,\,0.05}$。

　　　3. $t_{20,\,0.025}$。

　　　4. $t_{10,\,0.975}$。

十三、某公司員工月薪呈常態分配，月薪平均 $\mu_X = 1.5$ 萬元，今自該公司抽出 16

　　　名員工為一隨機樣本，標準差為 0.2 萬元，試求 $P(\overline{X} < 1.412)$。

十四、已知自由度 $df = 23$，$P(-k < t < k) = 0.95$，求 k 值。

第五節 樣本比率的抽樣分配

 8–62 樣本比率的抽樣分配

　　樣本比率的抽樣分配和樣本平均數抽樣分配，在形成和性質上有許多類似之處，以下將針對樣本比率及其抽樣分配作深入討論。

・請讀下一單元

 8–63 比率的意義和計算

　　比率與相對次數為一體兩面，本質上是一樣的。母體比率的定義為：

> 對含 N 個個體的母體，其中有 f 個個體屬某一特定類別，則該特定類別個數對母體總數的相對次數，即是母體比率 p。記作：
>
> $$p = \frac{f}{N}$$

　　樣本比率的定義為：

> 從母體中抽取 n 個個體作為樣本。樣本中含某一特定類別個數為 X，則該特定類別個數對樣本總數的相對次數，即是樣本比率 $\hat{p}$。記作：
>
> $$\hat{p} = \frac{X}{n}$$

・請讀下一單元

 8–64 屬量與屬質數值的統計量抽樣分配

　　若從母體隨機抽取樣本資料屬測量性 (measurable) 數值，諸如體重、身高、

體溫等，則可以計算其平均數，再進一步發展成樣本平均的抽樣分配。

若從母體抽取的樣本資料屬計數性 (countable) 數值，諸如男女人數、投票人數、不良品個數等，則無法計算平均數，應計算其比率（相對次數）後，再進一步發展成樣本比率的抽樣分配。

・請讀下一單元

 **8–65**

樣本比率和平均數的抽樣分配，其運算的數值類型有別，但在公式形成的原理上卻是相類似的。譬如抽樣調查高雄市 n 個市民對市政的意見，若用計數方式獲得對施政滿意的人數合計有 X 人，故得樣本內滿意人數對所有樣本數的比率為 $\hat{p}$：

$$\hat{p} = \frac{樣本內滿意人數}{樣本總人數} = \frac{X}{n} \cdots\cdots ①$$

・請讀下一單元

 **8–66**

承單元 8–65，如改以記分方式，對於選滿意者給 $y = 1$ 分，不滿意者給 $y = 0$ 分，合計所有問卷得總分如下：

$$X = \sum_{i=1}^{n} y_i = y_1 + y_2 + \cdots + y_n$$

因滿意總分為 X，則其平均數 $\overline{X}$ 為：

$$\overline{X} = \frac{滿意總分}{受調查總人數} = \frac{X}{N} \cdots\cdots ②$$

比較上述單元 8–65 的①和本單元的②，兩者在說明上雖然有異，但其公式性質相似、計算結果相同。職是之故，樣本比率和樣本平均數兩者，在抽樣分配的形成和統計性質方面，皆有許多相通之處，這一點請讀者們加以注意。以下各單元介紹樣本比率 $\hat{p}$ 的機率分配和統計公式，請讀者與樣本平均數 $\overline{X}$ 的機率分配特性相對照，將有助於學習。

・請讀下一單元

單元 8-67

比較二項分配和樣本比率抽樣分配的相似處。

在單元 6-18 提到二項實驗的性質有:

(1)每次試行有成功或失敗兩種可能結果。

(2)每次試行的機率不變,成功為 p,失敗為 $1-p$。

(3)重複 n 次試行,X 表示成功次數。

(4)二項變數 X 的期望值(平均)和變異數為:

$$E(X) = \mu_X = \underline{\hspace{2cm}} \qquad np$$

$$Var(X) = \sigma_X^2 = \underline{\hspace{2cm}} \qquad np(1-p)$$

(5)當 $np \geq 5$ 且 $n(1-p) \geq 5$ 時,抽樣個數 n 便視為大樣

本,此時二項變數 X 趨近於常態分配,即:

$$X \sim N(np, np(1-p))$$

· 如果對二項分配尚不甚瞭解,請複習單元 7-22

· 如果已瞭解,請讀下一單元

單元 8-68

二項實驗的 X 次數直接轉換成樣本比率 $\hat{p} = \dfrac{X}{n}$,兩者皆

具備下列性質:

(1)樣本比率 $\hat{p}$ 變數,如同二項分配的 X 變數,具隨機性。

(2)樣本比率 $\hat{p}$ 分配型態如同隨機變數 X 的分配型態一

樣,在大樣本下趨近於常態。

由上述可知,樣本比率 $\hat{p}$ 的抽樣分配與隨機變數 X 的二

項分配相類似,以下分別介紹隨機抽樣獲得的眾多樣本 $\hat{p}$ 的

平均數、變異數及分配型態:

$$(1)\ \mu_{\hat{p}} = E(\hat{p}) = E\left(\frac{X}{n}\right) = \frac{1}{n}E(X) = \frac{\overline{\hspace{1cm}}}{n} = p \qquad np$$

(2) $Var(\hat{p}) = Var(\dfrac{X}{n}) = \dfrac{1}{n^2} Var(X) = \dfrac{\overline{}}{n^2} = \dfrac{p(1-p)}{n}$ ......$np(1-p)$

(3)當樣本 n 夠大（即 $np \geq 5$ 且 $n(1-p) \geq 5$）時，

$$\hat{p} \sim N(\underline{}, \dfrac{\overline{}}{n})$$ ......p、$p(1-p)$

標準化成 Z，為標準常態分配：

$$Z = \dfrac{\hat{p} - p}{\sqrt{\dfrac{p(1-p)}{n}}} \sim N(0, 1)$$

・請讀下一單元

單元 8–69　無限母體的樣本比率 $\hat{p}$ 的抽樣分配

事實上，廣義的無限母體抽樣，包含(1)無限母體隨機抽樣；(2)二項式實驗；(3)有限母體歸回式隨機抽樣等多種。

所以單元 8–68 公式，完全適用於廣義無限母體的樣本比率 $\hat{p}$ 之抽樣分配：

廣義無限母體獲得樣本比率 $\hat{p}$ 之抽樣分配性質為：

(1) $\mu_{\hat{p}} = p$

(2) $\sigma_{\hat{p}}^2 = \dfrac{p(1-p)}{n}$

(3)當樣本 n 夠大（$np \geq 5$ 且 $n(1-p) \geq 5$）時，$\hat{p} \sim N(p, \dfrac{p(1-p)}{n})$

・請讀下一單元

單元 8–70　有限母體的樣本比率 $\hat{p}$ 的不歸回式隨機抽樣分配

有限母體不歸回式隨機抽樣分配屬於超幾何機率分配，其樣本平均數抽樣分配的期望值和變異數公式為（參看單元

8–34）：

$$E(\overline{X}) = \mu_{\overline{X}} = \underline{\qquad}$$

$$Var(\overline{X}) = \sigma_{\overline{X}}^2 = \frac{\sigma_X^2}{n} \times \underline{\qquad}$$

$$\mu_X$$

$$\frac{N-n}{N-1}$$

由於 $\hat{p}$ 和 $\overline{X}$ 的抽樣分配基本原理類似，對於有限母體不歸回式隨機抽樣時，其樣本 $\hat{p}$ 的抽樣分配公式為：

有限母體不歸回式隨機抽樣獲得 $\hat{p}$ 的抽樣分配性質：

$$E(\hat{p}) = \mu_{\hat{p}} = p$$

$$Var(\hat{p}) = \sigma_{\hat{p}}^2 = \frac{p(1-p)}{n} \times \frac{N-n}{N-1}$$

$\frac{N-n}{N-1}$ 稱為有限母體修正因子，是僅在有限母體不歸回式隨機抽樣分配時才要乘上去的。當然，如果 N 很大（$\frac{n}{N} \leq 0.05$），則可省略 $\frac{N-n}{N-1}$ 的修正（請參看單元 8–30 的詳細說明）。

・請讀下一單元

 **8–71**

綜合上述各單元，比較二項變數 X、樣本平均數 $\overline{X}$ 和樣本比率 $\hat{p}$ 等三者的抽樣分配性質，歸納其異同如下：

二項變數 X 的機率分配	$\overline{X}$ 抽樣分配	$\hat{p}$ 抽樣分配
二項分配	無限母體	無限母體
① $\mu_X = np$ ② $\sigma_X^2 = np(1-p)$ ③ $np \geq 5$ 且 $n(1-p) \geq 5$: $\quad X \sim N(np, np(1-p))$	① $\mu_{\overline{X}} = \mu_X$（母數） ② $\sigma_{\overline{X}}^2 = \dfrac{\sigma_X^2}{n}$ ③ $n \geq 30$: $\quad \overline{X} \sim N(\mu_X, \dfrac{\sigma_X^2}{n})$	① $\mu_{\hat{p}} = p$（母數） ② $\sigma_{\hat{p}}^2 = \dfrac{p(1-p)}{n}$ ③ $np \geq 5$ 且 $n(1-p) \geq 5$: $\quad \hat{p} \sim N(p, \dfrac{p(1-p)}{n})$
	有限母體不歸回式抽樣	有限母體不歸回式抽樣
	① $\mu_{\overline{X}} = \mu_X$ ② $\sigma_{\overline{X}}^2 = \dfrac{\sigma_X^2}{n} \times \dfrac{N-n}{N-1}$ ③ $n \geq 30$: $\quad \overline{X} \sim N(\mu_X, \dfrac{\sigma_X^2}{n} \times \dfrac{N-n}{N-1})$	① $\mu_{\hat{p}} = p$ ② $\sigma_{\hat{p}}^2 = \dfrac{p(1-p)}{n} \times \dfrac{N-n}{N-1}$ ③ $np \geq 5$ 且 $n(1-p) \geq 5$: $\quad \hat{p} \sim N(p, \dfrac{p(1-p)}{n} \times \dfrac{N-n}{N-1})$

註：N 表示母體個數，p、μ_X、σ_X 表示母數，n 表示樣本大小。

・請讀下一單元

 8–72

請再仔細比較單元 8–71 的對照表，然後回答下列問題：

(1) $\overline{X}$ 和 $\hat{p}$ 抽樣分配的變異數，在有限母體＿＿＿＿＿＿（歸回式／不歸回式）抽樣時，要乘上 $\dfrac{N-n}{N-1}$。

> 不歸回式

(2) 二項分配 X 和 $\hat{p}$ 抽樣分配，在 np ＿＿＿ 5，$n(1-p) \geq 5$ 的情況下，其分配型態趨近於常態分配。

> $\geq$

(3) $\overline{X}$ 抽樣分配的形成和 $\hat{p}$ 抽樣分配的形成，是否有相同之處？＿＿＿＿＿。

> 是

・請讀下一單元

 8–73

 13

某工廠產出之螺絲釘不良率為 0.03。今從其產品中隨機

抽出 300 支螺絲釘加以測試，問其不良率介於 0.02～0.04 之間的機率。

答：＿＿。

0.6922

- 如果答對，請跳讀單元 8–75
- 如果答錯，請讀下一單元解答

 8–74

(1)依題意可知：

①母體不良率 $p = 0.03, 1 - p =$ ＿＿＿。

0.97

②樣本數 $n = 300$，$np = 0.03 \times 300 = 9 > 5$，且 $n(1 - p) = 0.97 \times 300 = 291 > 5$，因此 n 為＿＿＿＿＿＿（大／小）

大

樣本，$\hat{p}$ 之抽樣分配呈常態，故：

$$\hat{p} \sim N(p, \frac{p(1 - p)}{n})$$

標準化：

$$Z = \frac{\hat{p} - p}{\sqrt{\frac{p(1 - p)}{n}}} \sim N(0, 1)$$

(2)繪圖示意，並在橫軸點出 $\hat{p} = 0.02$、0.03、0.04 的位置

並畫斜線：

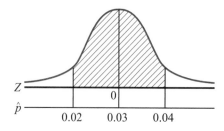

🅕 圖 8–9　由 $\hat{p} = 0.04$ 和 $\hat{p} = 0.02$ 求 z 值

(3)計算：

$P(0.02 \leq \hat{p} \leq 0.04)$

$$= P(\frac{0.02 - 0.03}{\sqrt{\dfrac{0.03 \times 0.97}{300}}} \leq \frac{\hat{p} - p}{\sqrt{\dfrac{p(1-p)}{n}}} \leq \frac{0.04 - 0.03}{\sqrt{\dfrac{0.03 \times 0.97}{300}}})$$

$= P(-1.02 \leq Z \leq 1.02)$

$= P(Z \leq \underline{\quad\quad}) - P(Z \leq \underline{\quad\quad})$ （查表）　　　1.02、-1.02

$= 0.8461 - \underline{\quad\quad} = 0.6922$　　　　　　　　　0.1539

· 請讀下一單元

 8–75

 14

　　有一含 5 張牌的母體，其中 2 張紅，2 張黑，1 張白，請分別以(1)歸回式及(2)不歸回式隨機抽樣，樣本數 $n = 2$，計算紅牌被抽到比率的樣本平均數和樣本變異數。

答：(1)歸回式隨機抽樣：$\mu_{\hat{p}} = \underline{\quad\quad}$，$\sigma_{\hat{p}}^2 = \underline{\quad\quad}$。　　　$\dfrac{2}{5}$、$\dfrac{3}{25}$

　　(2)不歸回式隨機抽樣：$\mu_{\hat{p}} = \underline{\quad\quad}$，$\sigma_{\hat{p}}^2 = \underline{\quad\quad}$。　　　$\dfrac{2}{5}$、$\dfrac{9}{100}$

· 如果答對，請練習自我評量 5

· 如果答錯，請讀下一單元解答

 8–76

解

(1)歸回式隨機抽樣：

　①因為本題為有限母體歸回式隨機抽樣，相當於無限

　　母體抽樣，故公式為：

$$\mu_{\hat{p}} = \underline{\quad\quad}$$　　　　　　　　　　p

$$\sigma_{\hat{p}}^2 = \frac{\underline{\quad\quad}}{n}$$　　　　　　　　$p(1-p)$

　②紅牌被抽到視為成功，其機率為 $p = \dfrac{2}{5}$，紅牌不被

抽到機率為 $1-p=\dfrac{3}{5}$，每回抽樣數 $n=2$。

③以上數值代入公式，樣本比率 $\hat{p}$ 的平均數和變異數為：

$$\mu_{\hat{p}}=p=\dfrac{2}{5}$$

$$\sigma^2_{\hat{p}}=\dfrac{p(1-p)}{n}=\dfrac{\dfrac{2}{5}\times\dfrac{3}{5}}{2}=\underline{\qquad}$$

$\dfrac{3}{25}$

(2)有限母體不歸回式抽樣

①首先檢核 N 是否夠大，若滿足 $\dfrac{n}{N}\le 0.05$，N 才是夠大。

本題 $\dfrac{n}{N}=\dfrac{2}{5}>0.05$，$N$ 不夠大，故變異數須乘上 $\dfrac{N-n}{N-1}$ 校正。

②公式：

$$\mu_{\hat{p}}=p$$

$$\sigma^2_{\hat{p}}=\dfrac{p(1-p)}{n}\times\underline{\qquad}$$

$\dfrac{N-n}{N-1}$

③以上數值代入公式，樣本比率 $\hat{p}$ 之平均數和變異數為：

$$\mu_{\hat{p}}=p=\dfrac{2}{5}$$

$$\sigma^2_{\hat{p}}=\dfrac{p(1-p)}{n}\times\dfrac{N-n}{N-1}=\dfrac{\dfrac{2}{5}\times\dfrac{3}{5}}{2}\times\dfrac{5-2}{5-1}=\underline{\qquad}$$

$\dfrac{9}{100}$

• 恭喜你已學完樣本比率 $\hat{p}$ 的抽樣分配原理，請練習自我評量 5

自我評量 5

十五、一箱中有 3 紅球、2 白球，自其中抽取兩球 $(n=2)$，令抽中紅球的比率為 $\hat{p}$，試求：

　　1. 若採歸回式隨機抽樣，求 $E(\hat{p}) = \mu_{\hat{p}}$ 和 $Var(\hat{p}) = \sigma^2_{\hat{p}}$。

　　2. 若採不歸回式隨機抽樣，求 $E(\hat{p}) = \mu_{\hat{p}}$ 和 $Var(\hat{p}) = \sigma^2_{\hat{p}}$。

十六、某工廠 5,000 名作業員中，已婚者有 500 名，今隨機抽取 100 名，則抽到已婚作業員的比率小於 15% 的機率為何？

十七、某工廠生產之機件合格率為 0.8，今隨機抽取 200 個機件，問合格率介於 0.75～0.85 之間的機率為何？

第六節　樣本變異數的抽樣分配

 8–77 母體變異數的意義

　　變異數是表示一組數值的分散程度，諸如：

(1)工廠產品的規格是否一致，反映出品管是否適當。

(2)學生成績的變異數大，表示成績高、低的分布懸殊。

(3)市民收入的變異數大，表示財富分配不均。

　　由以上例子可看出變異數的意義和重要性。如何從抽樣結果來推論母體變異數？讓我們先瞭解樣本變異數的抽樣分配原理。

・請讀下一單元

 8–78 卡方分配的形成

　　從常態母體中抽取一組隨機樣本 $(x_1, x_2, \cdots, x_n)$，其樣本變異數為：

$$S_X^2 = \underline{\hspace{2cm}}$$

$$\frac{\sum(x_i - \overline{X})^2}{n-1}$$

　　重複抽取眾多的隨機樣本，並分別計算其變異數。這些變異數並不屬於常態分配，而是一種不對稱的右偏分配。進而分別對各個變異數，乘以 $n-1$（n 為樣本數），再除以母體變異數 σ_X^2（常數），便形成一個新的統計量，稱為卡方變數 χ^2，即：

$$\chi^2 = \frac{(n-1)S_X^2}{\sigma_X^2} = \frac{\sum\limits_{i}^{n}(x_i - \overline{X})^2}{\sigma_X^2}$$

這種卡方統計量 χ^2 的分配型態，係由其自由度所決定，故卡方分配稱作自由度 $n-1$ 的卡方分配，記作：

$$\chi^2 = \frac{(n-1)S_X^2}{\sigma_X^2} \sim \chi^2(n-1) \text{ 分配}$$

χ^2 讀作 [Kai-Square]，χ 為希臘字母，不是英文字的 X，讀者須特別留意，不要混淆。

・請讀下一單元

 **8–79**

卡方分配 (chi-square distribution) 的定義為：

自常態母體 $X \sim N(\mu_X, \sigma_X^2)$ 下，隨機抽取 n 個樣本數的隨機樣本 $(x_1, x_2, \cdots, x_n)$，其變異數為 S_X^2，則統計量 $\chi^2 = \frac{(n-1)S_X^2}{\sigma_X^2}$ 之分配為自由度 $n-1$ 的卡方分配：

$$\chi^2 = \frac{(n-1)S_X^2}{\sigma_X^2} \sim \chi^2(n-1)$$

・請讀下一單元

單元 8–80　卡方分配的性質

卡方分配為機率密度函數，函數的形成十分複雜，本書不予以介紹 (有興趣者，請參閱數理統計學相關書籍)。在此僅介紹卡方分配的一些重要特性和應用要點：

(1) 因為卡方公式的分子、分母均為平方，所以卡方統計量之值必為正數。卡方分配圖的橫軸，乃是定義區間為 $[0, +\infty]$ 的範圍。

⑵卡方分配之期望值（平均數）和變異數為：

$$E(\chi^2) = df$$

$$Var(\chi^2) = 2df$$

由此可見，自由度 df 影響卡方分配的變異數，進而影響到卡方分配的形狀，所以自由度為卡方分配的重要參數。

⑶卡方分配為一右偏分配，其形狀因自由度而異，當自由度愈大，向右偏斜程度愈小，如圖 8–10 所示：

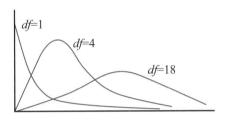

Ⓕ 圖 8–10　不同自由度的卡方分配圖形

⑷卡方分配橫軸上任兩點和曲線構成的面積，即為其機率值。卡方分配總面積（即機率）為 1。基本上，統計學家已列出常用之卡方分配機率表，以方便查用並計算機率值。

・請讀下一單元

- -

單元 8–81 卡方分配機率表

理論上，卡方分配圖隨自由度的數值不同而有非常多種，為了方便實務上的應用，統計學家僅把較常用的自由度和其相對應的面積（機率）併列在一張表內，如【附表四】，以供查用。

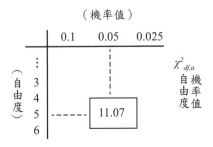

・請讀下一單元

單元 **8-82** 卡方分配機率表的使用方法

(1)請檢視【附表四】，仔細對照表內的自由度 df、機率值 α、和卡方值等三項的交互關係和位置，以及表上方的卡方圖。

(2) $\chi^2_{df,\alpha}$ 的含義為：自由度 df 的卡方分配下之特定卡方值，大於它的機率為 α。

(3)查卡方分配機率表時，依照自由度 df 和機率值 α 兩項，可獲得卡方值 $\chi^2_{df,\alpha}$，該值落在卡方圖的橫軸上，它右側的面積（機率值）為 α，如圖 8-11 所示。

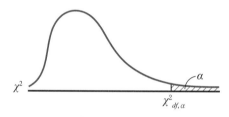

🇫 圖 8-11　由 $\chi^2_{df,\alpha}$ 得 df 和 α 之關係

・請讀下一單元

 單元 **8-83**

例 **15**

試查表求：

(1) $\chi^2_{15,0.05} =$ ＿＿＿＿。 25.00

(2) $\chi^2_{8,0.95} =$ ＿＿＿＿。 2.73

・如果答對，請跳讀單元 8-88

・如果答錯，請讀下一單元解答

 單元 **8-84**

解

(1)求 $\chi^2_{15,0.05}$：

①依題意繪自由度為 15 的卡方分配圖，記作 $\chi^2(15)$，如圖 8–12 所示。

②由 $\chi^2_{15,\,0.05}$ 可知 $df = 15, \alpha = 0.05$，以此查表即得：

$$\chi^2_{15,\,0.05} = \underline{\hspace{2cm}}$$

25.00

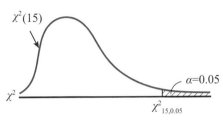

F　圖 8–12　求 $\chi^2_{15,\,0.05}$

・請讀下一單元

 單元 **8–85**

(2)求 $\chi^2_{8,\,0.95}$：

①依題意繪自由度為 8 的卡方圖，如圖 8–13 所示。

② $\chi^2_{8,\,0.95}$ 為 $df = 8, \alpha = 0.95$，以此查表即得：

$$\chi^2_{8,\,0.95} = \underline{\hspace{2cm}}$$

2.73

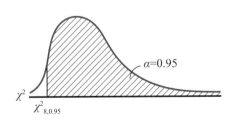

F　圖 8–13　求 $\chi^2_{8,\,0.95}$

・請讀下一單元

 單元 **8–86**

 例 **16**

已知某卡方分配的自由度為 10，求卡方分配圖中央 90%

區間兩端點的卡方值為何?

解

(1)依題意繪圖如圖 8–14 所示:

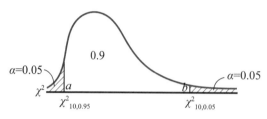

F 圖 8–14 $\chi^2_{10,\,0.95}$ 與 $\chi^2_{10,\,0.05}$ 在左右兩端

(2)自由度為 10 的卡方分配圖記作 $\chi^2(10)$，然後點出卡方圖橫軸上的 a、b 兩點，剛好占 0.9。

(3)由圖知卡方值 $a = \chi^2_{10,\,0.95}$, $b = \chi^2_{10,\,0.05}$。

(4)查表:

$$df = 10, \alpha = 0.95, \quad 得 \chi^2_{10,\,0.95} = \underline{\quad\quad} = a \qquad 3.94$$

$$df = 10, \alpha = 0.05, \quad 得 \chi^2_{10,\,0.05} = \underline{\quad\quad} = b \qquad 18.31$$

‧恭喜你已學完變異數的抽樣分配，請練習自我評量 6

自我評量 6

十八、試查表求下列卡方值:

　　1. $\chi^2_{10,\,0.95}$。

　　2. $\chi^2_{10,\,0.05}$。

　　3. $\chi^2_{20,\,0.975}$。

　　4. $\chi^2_{20,\,0.025}$。

十九、試查表求下列卡方值:

　　1.若 $P(\chi^2 < a) = 0.95$, $df = 15$, 求 a 值。

　　2.若 $P(\chi^2_{15,\,0.95} < \chi^2 < \chi^2_{15,\,0.05}) = 0.9$, $df = 15$, 求 $\chi^2_{15,\,0.05}$ 及 $\chi^2_{1,\,0.95}$。

一、參看單元 8–4 至單元 8–5 說明。

二、參看單元 8–7 至單元 8–10 說明。

三、參看單元 8–18 至單元 8–20 說明。

四、1.

樣本組	(1, 1)	(1, 3)	(1, 5)	(3, 1)	(3, 3)	(3, 5)	(5, 1)	(5, 3)	(5, 5)
$\bar{x}$	1	2	3	2	3	4	3	4	5
機　率	$\frac{1}{9}$	$\frac{1}{9}$	$\frac{1}{9}$	$\frac{1}{9}$	$\frac{1}{9}$	$\frac{1}{9}$	$\frac{1}{9}$	$\frac{1}{9}$	$\frac{1}{9}$

$\bar{x}$	1	2	3	4	5
f	1	2	3	2	1
$f(\bar{x})$	$\frac{1}{9}$	$\frac{2}{9}$	$\frac{3}{9}$	$\frac{2}{9}$	$\frac{1}{9}$
$\bar{x}f(\bar{x})$	$\frac{1}{9}$	$\frac{4}{9}$	$\frac{9}{9}$	$\frac{8}{9}$	$\frac{5}{9}$
$\bar{x}^2 f(\bar{x})$	$\frac{1}{9}$	$\frac{8}{9}$	$\frac{27}{9}$	$\frac{32}{9}$	$\frac{25}{9}$

2. $M_{\bar{X}} = E(\bar{X}) = \sum \bar{x}f(\bar{x}) = \frac{1}{9} + \frac{4}{9} + \frac{9}{9} + \frac{8}{9} + \frac{5}{9} = 3$

$\sigma^2_{\bar{X}} = Var(\bar{X}) = E(\bar{X}^2) - [E(\bar{X})]^2 = \frac{93}{9} - 3^2 = \frac{4}{3}$

五、1.

樣本組	(1, 3)	(1, 5)	(3, 1)	(3, 5)	(5, 1)	(5, 3)
$\bar{x}$	2	3	2	4	3	4
機　率	$\frac{1}{6}$	$\frac{1}{6}$	$\frac{1}{6}$	$\frac{1}{6}$	$\frac{1}{6}$	$\frac{1}{6}$

$\bar{x}$	2	3	4
f	2	2	2
$f(\bar{x})$	$\frac{1}{3}$	$\frac{1}{3}$	$\frac{1}{3}$
$\bar{x}f(\bar{x})$	$\frac{2}{3}$	$\frac{3}{3}$	$\frac{4}{3}$
$\bar{x}^2 f(\bar{x})$	$\frac{4}{3}$	$\frac{9}{3}$	$\frac{16}{3}$

2. $\mu_{\overline{X}} = E(\overline{X}) = \dfrac{2}{3} + \dfrac{3}{3} + \dfrac{4}{3} = 3$

$\sigma_{\overline{X}}^2 = Var(\overline{X}) = E(\overline{X}^2) - [E(\overline{X})]^2 = \dfrac{29}{3} - 3^2 = \dfrac{2}{3}$

六、 1. $E(\overline{X}) = \mu_X = 320$

2. 該電器之總量視為很大，為無限母體抽樣，故：

$Var(\overline{X}) = \dfrac{\sigma_X^2}{n} = \dfrac{50^2}{36} = 69.44$

七、 1. $\mu_{\overline{X}} = \mu_X = 50,000$

2. 本題屬不歸回式的有限母體抽樣，因為樣本 25 名的母體為 1,000 名：

$\dfrac{n}{N} = \dfrac{25}{1,000} = 0.025 < 0.05$

因為 N 可視為夠大，故本題屬無限母體隨機抽樣。

$\therefore \sigma_{\overline{X}} = \dfrac{\sigma_X}{\sqrt{n}} = \dfrac{5,000}{\sqrt{25}} = 1,000 \ （元）$

八、 1. $\mu_{\overline{X}} = \mu_X = 80,000$

2. 本題屬不歸回式有限母體抽樣，因 $\dfrac{n}{N} = \dfrac{100}{1,000} = 0.1 > 0.05$，故須應用有限母

體修正因子 $\dfrac{N-n}{N-1}$ 求 $\sigma_{\overline{X}}$。

$\therefore \sigma_{\overline{X}} = \dfrac{5,000}{\sqrt{100}} \times \sqrt{\dfrac{1,000-100}{1,000-1}} = 474.58$

九、 1. $\mu_{\overline{X}} = \mu_X = 160$，因母體為常態分配，$\sigma_X$ 已知，故：

$\sigma_{\overline{X}} = \dfrac{\sigma_X}{\sqrt{n}} = \dfrac{5}{\sqrt{25}} = 1, \overline{X} \sim N(160, 1^2)$

$\therefore M_{\overline{X}} = 160, \sigma_{\overline{X}} = 1$

2. $P(\overline{X} < 161) = P(Z < \dfrac{161-160}{1}) = P(Z < 1) = 0.8413$

$P(159 < \overline{X} < 161) = P(-1 < Z < 1) = P(Z < 1) - P(Z < -1) = 0.6826$

十、 1. $\mu_X = 500, \sigma_X = 50$

$P(X < 490) = P(Z < \dfrac{490-500}{50}) = P(Z < -0.2) = 0.4207$

2. $\mu_{\overline{X}} = \mu_X = 500, \sigma_{\overline{X}} = \dfrac{\sigma_X}{\sqrt{n}} = \dfrac{50}{\sqrt{100}} = 5$

$$P(\overline{X} < 490) = P(Z < \frac{490 - 500}{5}) = P(Z < -2) = 0.0228$$

十一、$\mu_{\overline{X}} = \mu_X = 47, \sigma_{\overline{X}} = \dfrac{20}{\sqrt{100}} = 2$

因樣本數夠大 $(n > 30)$，所以樣本平均數呈常態分配，$\overline{X} \sim N(47, 2^2)$

1. $P(\overline{X} < 50) = P(Z < \dfrac{50 - 47}{2}) = P(Z < 1.5) = 0.9332$

2. $P(45 < \overline{X} < 50) = P(-1 < Z < 1.5) = P(Z < 1.5) - P(Z < -1)$

$$= 0.9332 - 0.1587 = 0.7745$$

十二、 1. $t_{15, 0.95} = -t_{15, 0.05} = -1.753$

2. $t_{15, 0.05} = 1.753$

3. $t_{20, 0.025} = 2.086$

4. $t_{10, 0.975} = -t_{10, 0.025} = -2.228$

十三、母體常態分配，σ 未知：

$$t = \frac{\overline{X} - \mu_X}{\dfrac{S_X}{\sqrt{n}}} \sim t(n-1) \ 分配$$

$$P(\overline{X} < 1.412) = P(t < \frac{1.412 - 1.5}{\dfrac{0.2}{\sqrt{16}}}) = P(t < -1.76) \doteqdot 0.05 \ （查表）$$

十四、在 $df = 23$ 的 t 分配下

$P(-k < t < k) = 0.95$

由圖可知 $P(t < -k) = P(t > k)$

$P(t < -k) = \dfrac{1 - 0.95}{2} = 0.025$

查表 $-k = -2.069$

$k = 2.069$

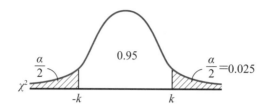

十五、依題意，母體的紅球比率 $p = \dfrac{f}{N} = \dfrac{3}{5}$

假設抽取紅球數為 X，則樣本比率為 $\hat{p} = \dfrac{X}{N}$

  1.若採歸回式抽樣，則：

$$E(\hat{p}) = p = \frac{3}{5}$$

$$Var(\hat{p}) = \sigma_{\hat{p}}^2 = \frac{p(1-p)}{n} = \frac{\dfrac{3}{5} \times \dfrac{2}{5}}{2} = \frac{3}{25}$$

  2.若採不歸回式抽樣，則：

$$E(\hat{p}) = p = \frac{3}{5}$$

$$Var(\hat{p}) = \frac{p(1-p)}{n} \times \frac{N-n}{N-1} = \frac{\dfrac{3}{5} \times \dfrac{2}{5}}{2} \times \frac{5-2}{5-1} = \frac{9}{100}$$

十六、依題意母體已婚作業員比率 $p = \dfrac{500}{5,000} = 0.1$

令 $\hat{p}$ 為抽取 100 名中已婚的比率

$E(\hat{p}) = p = 0.1$

$Var(\hat{p}) = \sigma_{\hat{p}}^2 = \dfrac{p(1-p)}{n} = \dfrac{0.1 \times 0.9}{100}$

$\because np = 100 \times 0.1 = 10 > 5$，$n(1-p) = 100 \times (1-0.1) = 90$ 亦 > 5

$\therefore$ 為大樣本，$\hat{p} \sim N(0.1, \dfrac{0.1 \times 0.9}{100})$

$$P(\hat{p} < 0.15) = P(Z < \frac{0.15 - 0.1}{\sqrt{\dfrac{0.1 \times 0.9}{100}}}) = P(Z < 1.67) = 0.9525$$

十七、機件合格率 $p = 0.8$

抽樣 $n = 200$，令其合格率為 $\hat{p}$

$\because n\hat{p} = 0.8 \times 200 = 160 > 5$，$n(1-\hat{p}) = 0.2 \times 200 = 40 > 5$

$\therefore$ 為大樣本

$$\sigma_{\hat{p}}^2 = \frac{p(1-p)}{n} = \frac{0.8 \times 0.2}{200} = 0.0008$$

$\hat{p} \sim N(0.8, 0.0008)$

$$P(0.75 < \hat{p} < 0.85) = P(\frac{0.75 - 0.8}{\sqrt{0.0008}} < Z < \frac{0.85 - 0.8}{\sqrt{0.0008}})$$

$$= P(-1.77 < Z < 1.77)$$

$$= P(Z > 1.77) - P(Z < -1.77)$$

$$= 0.9619 - 0.0384$$

$$= 0.9232$$

十八、 1. $\chi_{10, 0.95}^2 = 3.94$

2. $\chi_{10, 0.05}^2 = 18.31$

3. $\chi_{20, 0.975}^2 = 9.59$

4. $\chi_{20, 0.025}^2 = 34.17$

十九、 1. $P(\chi^2 < a) = 0.95$，$\because df = 15$

查表 $a = \chi_{15, 0.95}^2 = 7.26$

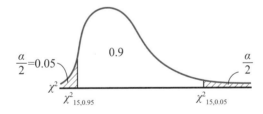

2. 依題意可知：

$P(\chi_{15, 0.95}^2 < \chi^2 < \chi_{15, 0.05}^2) = 0.9$

看圖可知：

$P(\chi^2 > \chi_{15, 0.05}^2) = 0.05$

查表 $\chi_{15, 0.05}^2 = 25.00$

$\chi_{15, 0.95}^2 = 7.26$

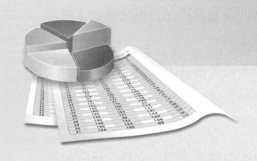

9

估 計

在第 1 至 4 章介紹的統計法，是對一群含某特質的數值資料，進行整理、計算或以圖表呈現，諸如計算平均數、變異數或編列分配表、直方圖等。由於這些統計旨在描述該群體本身所隱含特質的意義，因此，我們稱之為描述統計或敘述統計。

如果上述數值資料的來源群體，是從一個很大的母群體中隨機抽出來的，我們稱之為樣本。從已知樣本在某特徵上的統計量值，推論未知的母體對應特徵的數值，我們稱之為推論統計。

推論統計係依據樣本的敘述統計量和抽樣分配的機率原理，它是一種有數學科學根據的猜測行為。一般可分成估計和假設檢定兩類，本章將先就估計作詳細介紹。

 第一節 點估計

估計 (estimation)，顧名思義，是一種猜測的行為。我們每一個人都有過猜測或估計的經驗，譬如要猜某一同學口袋內有多少錢。一般有二種方式：

(1)你可以直接猜他口袋中有 1,000 元。

(2)你可以猜他口袋內錢數是 900 元至 1,200 元之間，並說出你猜中的可能程度。

上述第一種猜法，是以一個數值來做估計，稱之為點估計 (point estimation)，顯然，要準確猜中，很不容易。

第二種猜法，是以一段區間來猜，並說出猜中的可靠程度，稱之為區間估計 (interval estimation)。無疑地，區間相當於線段，是許許多多點的集合，以這種方式要猜中似乎要比點估計為容易，不過，如果估計的區間過長，就會喪失估計的價值。

・請讀下一單元

9-2

統計推論的估計法與上例二種方法類似，區分為點估計和區間估計兩種方式。譬如，高雄市教育局想快速瞭解今年國小一年級 1 萬多名學童的平均身高，於是從高雄市國小一年級學童中隨機抽取 100 名學童，加以測量，計算得到身高平均數 $\overline{X} = 140$ 公分，因此教育局就以 140 公分來代表全高雄市國小一年級學童的平均身高，這樣的猜測是為＿＿＿＿（點／區間）估計。

點

假設教育局以 140 公分作為基準點，應用抽樣機率原理，對 140 公分給予加或減 5 公分，而得到 135 至 145 公分的區間。教育局因此公布：高雄市國小一年級學童平均身高是在 135 至 145 公分之間，可靠度達 95%，如此的猜測方式就稱為＿＿＿＿（點／區間）估計。

區間

事實上，上述兩種估計方式，均各有其理論依據和應用價值。詳細內容請讀下列各單元的介紹。

・請讀下一單元

9-3 點估計的定義

點估計的定義為：

從欲估計的母體中抽取樣本數為 n 的一組樣本，並使用此樣本資料，透過一函數式或法則計算出一個數值，藉以估計母體參數（或母數）的一種過程。

・請讀下一單元

 **9-4**

詳細解釋上述的定義為：從欲估計的母體中隨機抽取樣本數為 n 的一組樣本，應用樣本統計量（如 $\sum \frac{x_i}{n}$）計算獲得樣本統計量值（如平均數 $\overline{X}$），以此作為母體參數 (μ) 的估計值。

透過上述的解釋我們可以得知點估計包含兩個要點：

⑴是為隨機抽樣。

⑵透過樣本統計量（即統計函數公式）獲得樣本統計量值。

關於第⑴點中的隨機抽樣，在單元 8-11 至單元 8-14 中已詳細介紹，請讀者自行複習。

・請讀下一單元

 9-5

關於上一單元第⑵點提到的樣本統計量，係指統計函數公式，由於它被用於估計的用途，稱為估計量 (estimator)，又稱點估計量。把樣本資料代入估計量而計算得到的樣本估計量值，稱為估計值 (estimate)，又稱點估計值。而估計值就是用來估計母體參數（即母數）的數值。

對一個母體參數而言，樣本統計量有許多種，是不是每一種統計量均適合作為母體參數的點估計量呢？而哪一種點估計量的效果比較適合呢？

事實上，並非所有樣本統計量都適合作為點估計量，以下將介紹如何判斷和選擇良好的點估計量。

・請讀下一單元

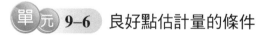 **9-6　良好點估計量的條件**

在抽樣分配章節中提過，樣本統計量是為隨機變數，由此而形成一種機率分配。既然點估計量是來自於樣本統計量，所以點估計量具有與該統計量_____（相同／不同）的機　　相同

率分配。因此，我們可以利用點估計量的機率分配性質，作為判斷點估計量好壞的依據。

・請讀下一單元

 9–7

判斷點估計量的條件有四種：

⑴不偏性 (unbiasedness)。

⑵有效性 (efficiency)。

⑶一致性 (consistency)。

⑷充分性 (sufficiency)。

・請讀下一單元

 9–8 不偏性

由母體抽取一組樣本，計算出一個點估計值，通常是不會恰巧等於母體參數的，點估計值減去母體參數的誤差，稱為_____誤差 (sampling error)。抽樣誤差的發生，是不可能完全避免的。

抽樣

但是透過重複多回抽樣，藉此得到許多的點估計值，如果它們的平均數等於母體參數，則表示點估計量的_____值等於母體參數，那我們就稱此點估計量具有不偏性。

期望

・請讀下一單元

9–9

判斷點估計量具有不偏性的條件如下：

令 θ 代表母體參數，$\hat{\theta}$ 代表點估計量，若 $E(\hat{\theta}) = \theta$，則點估計量 $\hat{\theta}$ 是為母數 θ 的不偏估計值。

・請讀下一單元

單元 9-10

我們學過的樣本平均數 $\bar{X}$，樣本比率 $\hat{p}$，都是具有不偏性的點估計量，因為：

(1) $E(\bar{X}) = \underline{\quad}$，$\bar{X}$ 是母數 μ 的不偏估計值。

(2) $E(\hat{p}) = \underline{\quad}$，$\hat{p}$ 是母數 p 的不偏估計值。

· 請讀下一單元

μ（參數）

p

單元 9-11

以下兩式都可作為樣本的變異數，但哪一公式適合作為母體 σ_X^2 的點估計量呢?

(1) $S_{n-1}^2 = \dfrac{\sum\limits_{i}^{n}(x_i - \bar{X})^2}{n-1}$

(2) $S_n^2 = \dfrac{\sum\limits_{i}^{n}(x_i - \bar{X})^2}{n}$

讓我們計算它們的期望值，看看哪一種等於母體參數 σ_X^2：

$$E[\frac{\sum\limits_{i}^{n}(x_i - \bar{X})^2}{n-1}] = \sigma_X^2$$

$$E[\frac{\sum\limits_{i}^{n}(x_i - \bar{X})^2}{n}] = (\frac{n-1}{n})\sigma_X^2 < \sigma_X^2 \qquad \text{（註：證明請參閱本章附錄）}$$

比較上述兩期望值發現，第(1)項 $S_{n-1}^2 = \dfrac{\sum\limits_{i}^{n}(x_i - \bar{X})^2}{n-1}$ 的期望值，等於母體變異數 σ_X^2，故 S_{n-1}^2 是 σ_X^2 的不偏估計值。

第(2)項 $S_n^2 = \dfrac{\sum\limits_{i}^{n}(x_i - \bar{X})^2}{n}$ 的期望值不等於 σ_X^2，具有偏低性的現象，因此 S_n^2 不適合作為 σ_X^2 的估計值。

· 請讀下一單元

 **9–12**

　　雖然 S_{n-1}^2 和 S_n^2 兩者都適合作為樣本的變異數，但是要作為母體的點估計值，則 S_{n-1}^2 _____（優／劣）於 S_n^2。比較由 S_{n-1}^2 和 S_n^2 兩者計算出的數值，如果樣本個數 n 夠大（$n \geq 30$），S_{n-1}^2 和 S_n^2 計算出的數值相差很微小，因此兩者可相互替用。但是如果 n 不夠大（$n < 30$），S_{n-1}^2 和 S_n^2 計算出的數值相差很大，此時，一定要用 S_{n-1}^2 來做點估計值。樣本數 30 是決定它是否夠大的臨界點，請讀者留意之。

優

・請讀下一單元

單元 **9–13** **有效性**

　　若一母體參數 θ 有兩種不偏估計量 $\hat{\theta}_1$ 和 $\hat{\theta}_2$，將許多組的隨機樣本資料，分別代入 $\hat{\theta}_1$ 和 $\hat{\theta}_2$ 兩種點估計量，計算出許多的 $\hat{\theta}_1$ 值和 $\hat{\theta}_2$ 值，求兩者變異數，然後比較兩者大小，變異數值較小者，較具備有效性，判斷點估計量具備有效性的條件如下：

令 $\sigma_{\hat{\theta}_1}^2 = Var(\hat{\theta}_1)$, $\sigma_{\hat{\theta}_2}^2 = Var(\hat{\theta}_2)$，若 $Var(\hat{\theta}_1) < Var(\hat{\theta}_2)$，則稱點估計量 $\hat{\theta}_1$ 比 $\hat{\theta}_2$ 較具備有效性。

　　簡單來說，許多的 $\hat{\theta}_1$ 值，較密集分布在母體參數 θ 附近，其變異數 _____（大／小），而許多的 $\hat{\theta}_2$ 值，因為離參數遠且較為分散，則其變異數 _____（大／小），我們就稱點估計量 $\hat{\theta}_1$ 比 $\hat{\theta}_2$ 較具備有效性。

小

大

・請讀下一單元

單元 9–14

樣本平均數 $\overline{X}$ 和樣本中位數 M_e，兩者都是母體參數 μ 的不偏估計值，但是兩者的變異數卻不相同，下列何者具有較高的有效性：

(1) $Var(\overline{X}) = \dfrac{\sigma_X^2}{n}$

(2) $Var(M_e) = \dfrac{\pi}{2} \times \dfrac{\sigma_X^2}{n} = 1.57 \times \dfrac{\sigma_X^2}{n}$

比較(1)和(2)發現，$Var(\overline{X}) < Var(M_e)$，所以 $\overline{X}$ 作為 μ 的點估計量，要比 M_e 作為 μ 的點估計量，具有較＿＿＿＿＿（高／低）的有效性。　　　　　　　　　　（高

・請讀下一單元

單元 9–15 一致性

樣本統計量 $\hat{\theta}$，若樣本個數 n 增大，且逐漸接近於無限大時，其點估計值會因而趨近於或等於母體參數 θ，則稱此點估計量具有一致性，判斷點估計量具備一致性的條件如下：

$$\lim_{n \to \infty}(\hat{\theta}_n) = \theta$$

我們學過的樣本平均數 $\overline{X}$，和樣本比率 $\hat{p}$，兩者均具有「一致性」的特性。

・請讀下一單元

單元 9–16 充分性

若計算樣本點估計量 $\hat{\theta}$ 時，能利用到樣本的資料訊息愈多，則稱其充分性愈高。換言之，由於樣本資料係取自於母體，所以如能充分利用樣本資料求得點估

計量，就愈能反映出母體參數訊息。

我們學過的樣本平均數 $\bar{X}$，係應用全部樣本資料來計算，而中位數卻只應用到樣本資料中的一個數值而已，因此 $\bar{X}$ 比 M_e 具有較高的充分性。

・請讀下一單元

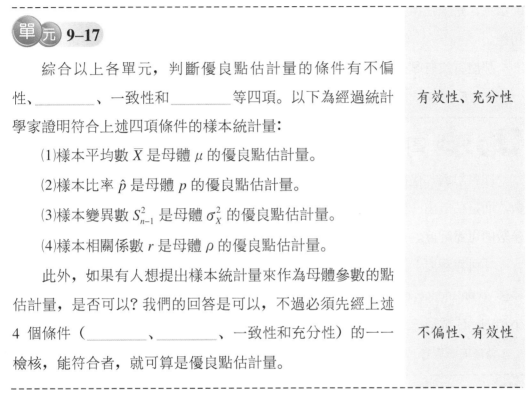

單元 9-17

綜合以上各單元，判斷優良點估計量的條件有不偏性、_____、一致性和_____等四項。以下為經過統計學家證明符合上述四項條件的樣本統計量：

(1)樣本平均數 $\bar{X}$ 是母體 μ 的優良點估計量。

(2)樣本比率 $\hat{p}$ 是母體 p 的優良點估計量。

(3)樣本變異數 S_{n-1}^2 是母體 σ_X^2 的優良點估計量。

(4)樣本相關係數 r 是母體 ρ 的優良點估計量。

此外，如果有人想提出樣本統計量來作為母體參數的點估計量，是否可以？我們的回答是可以，不過必須先經上述 4 個條件（_____、_____、一致性和充分性）的一一檢核，能符合者，就可算是優良點估計量。

有效性、充分性

不偏性、有效性

第二節 區間估計

 9-18 區間估計的形成概念

點估計有缺點嗎？隨機抽樣獲得的點估計值，是否能正確地猜測到母體的參數值呢？我們的回答是「很難」。實際上，能猜中的機率微乎其微，在單元 8-9 中曾介紹，隨機抽樣所產生的抽樣誤差（母數和統計量值的差）是不可避免的，所以大部分情形，點估計量是不可能那麼巧合地準確猜中參數的。

前幾單元中又提到，具有不偏性的點估計量，不但是為隨機變數，而且其期

望值等於母體參數，也就是說，許多點估計值的平均值會等於母體參數值，由此可知，單一估計值（如 $\bar{X}$）要恰巧等於母體參數（如 μ）的可能性非常低，不過我們確信點估計值有很大可能性會落在距母體參數不遠之處。

點估計值等於母體參數值的機會到底有多大？事實上，單單從點估計值本身的數值，是無法得知的。換句話說，點估計根本不具有告訴我們猜中機率大小的功能。

那麼有沒有哪一種估計方式可以猜中機率大小呢？

・請讀下一單元

單元 **9–19** 區間估計

顧名思義，區間估計不像點估計，僅以一個點（即一個數值）來估計母體參數，而是估計出一段能包含母體參數的上下界限之區間，並說明該區間包含母體參數的可靠程度。

「可靠程度」是表示能正確猜中母體參數的機率大小。統計學家又稱它為信賴度 (confidence degree)、信賴水準 (confidence level)、信賴係數 (confidence coefficient) 或稱信心水準。

・請讀下一單元

單元 **9–20** 區間估計的定義

依上一單元的概念，區間估計的定義為：

在 $(1-\alpha)100\%$ 信賴水準下，依據樣本資料，計算出一段能包含母體參數 θ 的區間 $[L, U]$。記作：
$$P(L < \theta < U) = 1 - \alpha$$

上述定義包含有下列重要統計名詞：

(1) $1-\alpha$，稱為信賴水準、信賴度、信心水準或信賴係數。α 代表出現錯誤的

機率。

(2)L 至 U 線段，稱為信賴區間 (confidence interval)。信賴區間是由樣本統計量及抽樣誤差所構成上下界限的區間。

(3)L 稱為信賴下限 (lower limit of confidence)。

(4)U 稱為信賴上限 (upper limit of confidence)。

・請讀下一單元

 9–21

區間估計公式的推導過程，一般有下列三步驟：

(1)選擇樣本統計量作為點估計量。

(2)應用樣本統計量的抽樣分配原理，如 Z 常態分配，t 分配或 χ^2 分配等。

(3)在 $1-\alpha$ 信賴水準下，求出信賴區間 $[L, U]$。並使在界限內可包含母體參數。

常見的母體參數有平均數、比率、變異數等多種，以下將分別介紹這些參數的區間估計之形成及涵義。

  第三節　母體平均數在大樣本下的區間估計

 **9–22**

母體平均數 μ 的區間估計公式的推導過程如下：

(1)以樣本平均數 $\overline{X}$ 作為點估計量。

(2)在 $n \geq 30$ 的大樣本下，依據中央極限定理，不論母體的分配型態為何，其樣本平均數將服從常態分配，亦即：$\overline{X} \sim N(\mu, \dfrac{\sigma^2}{n})$，再經標準化後，可得標準常態分配：

$$Z = \frac{\overline{X} - \mu}{\sigma_{\overline{X}}} \sim N(0, 1^2)$$

(3)在標準常態分配下，如圖所示，其中央 $1 - \alpha$ 機率的 Z 分布為：

$$1 - \alpha = P(-z_{1-\frac{\alpha}{2}} \leq Z \leq z_{1-\frac{\alpha}{2}})$$

$$1 - \alpha = P(-z_{1-\frac{\alpha}{2}} \leq \frac{\overline{X} - \mu}{\frac{\sigma_X}{\sqrt{n}}} \leq z_{1-\frac{\alpha}{2}})$$

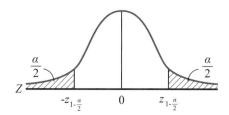

🅕 圖 9–1　兩端相等之常態分配圖

不等式兩側先乘以 $\dfrac{\sigma_X}{\sqrt{n}}$，再移項便獲得：

$$1 - \alpha = P(\overline{X} - z_{1-\frac{\alpha}{2}} \frac{\sigma_X}{\sqrt{n}} \leq \mu \leq \overline{X} + z_{1-\frac{\alpha}{2}} \frac{\sigma_X}{\sqrt{n}})$$

此式涵義：μ 落在 $\overline{X} - z_{1-\frac{\alpha}{2}} \dfrac{\sigma_X}{\sqrt{n}}$ 至 $\overline{X} + z_{1-\frac{\alpha}{2}} \dfrac{\sigma_X}{\sqrt{n}}$ 區間的機率為 $1 - \alpha$。

・請讀下一單元

 **9–23**

綜合上述之推導，獲得 μ 的區間估計公式如下：

在 $n \geq 30$ 的大樣本下，若 σ_X 已知，則母體平均數 μ 的 $(1-\alpha)100\%$ 信賴區間 $[L, U]$ 的下限及上限分別為：

$$L = \overline{X} - z_{1-\frac{\alpha}{2}} \frac{\sigma_X}{\sqrt{n}}$$

$$U = \overline{X} + z_{1-\frac{\alpha}{2}} \frac{\sigma_X}{\sqrt{n}}$$

意即: 在大樣本且 σ_X 已知的情況下, 我們有 $(1-\alpha)100\%$ 的信心推論母體平均數 μ 會落在區間:

$$[\overline{X} - z_{1-\frac{\alpha}{2}}\frac{\sigma_X}{\sqrt{n}}, \overline{X} + z_{1-\frac{\alpha}{2}}\frac{\sigma_X}{\sqrt{n}}]$$

• 請讀下一單元

 **9–24**

依上一單元公式, 若 σ_X 未知, 因在大樣本下, 樣本標準差 S_X 和母體的 σ_X 十分接近, 所以可以用 S_X 取代 σ_X, 而形成公式如下:

$$P(\overline{X} - z_{1-\frac{\alpha}{2}}\frac{S_X}{\sqrt{n}} \le \mu \le \overline{X} + z_{1-\frac{\alpha}{2}}\frac{S_X}{\sqrt{n}}) \approx 1 - \alpha$$

根據上述得到的結論為:

在大樣本下, 若 σ_X 未知, 則母體平均數 μ 的 $(1-\alpha)100\%$ 信賴區間 $[L, U]$ 的下限及上限分別為:

$$L = \overline{X} - z_{1-\frac{\alpha}{2}}\frac{S_X}{\sqrt{n}}$$

$$U = \overline{X} + z_{1-\frac{\alpha}{2}}\frac{S_X}{\sqrt{n}}$$

意即: 在大樣本但 σ_X 未知的情況下, 我們有 $(1-\alpha)100\%$ 的信心推論母體平均數 μ 會落在區間:

$$[\overline{X} - z_{1-\frac{\alpha}{2}}\frac{S_X}{\sqrt{n}}, \overline{X} + z_{1-\frac{\alpha}{2}}\frac{S_X}{\sqrt{n}}]$$

• 請讀下一單元

 **9–25**

依據單元 9–23, μ 的 $(1-\alpha)100\%$ 信賴區間為:

$$[\overline{X} - z_{1-\frac{\alpha}{2}}\frac{\sigma_X}{\sqrt{n}}, \overline{X} + z_{1-\frac{\alpha}{2}}\frac{\sigma_X}{\sqrt{n}}]$$

再仔細檢視此一信賴區間，我們進一步瞭解其所代表的意義：

(1)信賴區間包含以下 3 個重要部分：

① $\overline{X}$：為樣本平均數，作為點估計量。

② $z_{1-\frac{\alpha}{2}}$：為標準常態分配的一個變數值，由此可推測出

信賴水準是 _____。　　　　　　　　$1-\alpha$

③ $\frac{\sigma_X}{\sqrt{n}}$：為 $\overline{X}$ 抽樣分配的標準誤 $\sigma_{\overline{X}}$。

(2) $z_{1-\frac{\alpha}{2}}\frac{\sigma_X}{\sqrt{n}}$：為抽樣誤差 (sampling error)，表示樣本平均

數與母體 _____ 的差距，即 $\overline{X} - \mu$。　　$平均數$

(3)區間長度：為 $U - L = 2 \times z_{1-\frac{\alpha}{2}}\frac{\sigma_X}{\sqrt{n}}$，即是二倍的抽樣誤

差。其中 $1-\alpha$ 是影響區間長度的重要因素。當信賴水

準 $1-\alpha$ 變大，$z_{1-\frac{\alpha}{2}}$ 值也跟著變大，所以可知，信賴水

準愈大，抽樣誤差值就愈 _____（大／小），因此，　$大$

區間長度就會跟著變 _____（長／短）。　　　　　$長$

・請讀下一單元

 **9-26**

常見的信賴水準有 90%、95% 和 99%，在這些水準下 μ

的區間估計公式為：

(1)當 $1-\alpha = 0.90$, $\alpha = 0.10$, $\frac{\alpha}{2} = $ ____　　　　　　0.05

$\therefore z_{1-\frac{\alpha}{2}} = z_{0.95} = $ ____　　　（查附表二）　　1.645

μ 的 90% 信賴區間為：

$$[\overline{X} - 1.645\frac{\sigma_X}{\sqrt{n}}, \overline{X} + 1.645\frac{\sigma_X}{\sqrt{n}}]$$

(2)當 $1 - \alpha = 0.95$，$\alpha = 0.05$，$\dfrac{\alpha}{2} = $ ＿＿＿ | 0.025

$\therefore z_{1-\frac{\alpha}{2}} = z_{\underline{\quad}} = $ ＿＿＿ （查表） | 0.975、1.96

μ 的 95% 信賴區間為：

$$[\overline{X} - 1.96\frac{\sigma_X}{\sqrt{n}}, \overline{X} + 1.96\frac{\sigma_X}{\sqrt{n}}]$$

(3)當 $1 - \alpha = 0.99$，$\alpha = 0.01$，$\dfrac{\alpha}{2} = $ ＿＿＿ | 0.005

$\therefore z_{1-\frac{\alpha}{2}} = z_{0.995} = $ ＿＿＿ （查表） | 2.576

μ 的 99% 信賴區間為：

$$[\overline{X} - 2.576\frac{\sigma_X}{\sqrt{n}}, \overline{X} + 2.576\frac{\sigma_X}{\sqrt{n}}]$$

・請讀下一單元

 9–27

 1

某母體的標準差為 10，今隨機抽取 $n = 64$ 的樣本，平均數為 50。試求：1.該母體平均數的 95% 的信賴區間。2.信賴區間的長度。

答： 1. μ 的 95% 信賴區間為：＿＿＿＿。 | [47.55, 52.45]

2.區間長度為：＿＿＿。 | 4.9

・如果答對，請跳讀單元 9–29

・如果答錯，請讀下一單元解答

 9–28

1.求 μ 的 95% 信賴區間（注意：分兩步驟解題）

⑴分析題意並配合公式：

　①分析題意：

　　樣本數 $n = 64 > 30$，為 ＿＿＿＿（大／小）樣本，　**大**

　　依中央極限定理，樣本平均數抽樣分配型態

　　為 ＿＿＿＿分配。$\sigma = 10$ 已知，所以其標準常態分　**常態**

　　配為：

$$Z = \frac{\overline{X} - \mu}{\frac{\sigma_X}{\sqrt{n}}} \sim N(0, 1)$$

　②公式：

　　依上述條件，μ 的 $(1 - \alpha)100\%$ 信賴區間為：

$$[\overline{X} - z_{1-\frac{\alpha}{2}}\frac{\sigma_X}{\sqrt{n}}, \overline{X} + z_{1-\frac{\alpha}{2}}\frac{\sigma_X}{\sqrt{n}}]$$

⑵計算與結論：

　①計算：

　　$\overline{X} = 50, \sigma = 10, 1 - \alpha = 0.95$

　　$\alpha = 0.05, \dfrac{\alpha}{2} = 0.025, 1 - \dfrac{\alpha}{2} = $ ＿＿＿　**0.975**

　　$\therefore z_{1-\frac{\alpha}{2}} = z_{0.975} = $ ＿＿＿　　（查表）　**1.96**

　　以上數值代入公式：

　　$L = \overline{X} - z_{1-\frac{\alpha}{2}}\dfrac{\sigma_X}{\sqrt{n}} = $ ＿＿＿ $- 1.96 \times \dfrac{10}{\sqrt{64}} = $ ＿＿＿　**50、47.55**

　　$U = \overline{X} + z_{1-\frac{\alpha}{2}}\dfrac{\sigma_X}{\sqrt{n}} = 50 + $ ＿＿＿ $\times \dfrac{10}{\sqrt{64}} = $ ＿＿＿　**1.96、52.45**

　②結論：

　　μ 的 95% 信賴區間為：

$$[47.55, 52.45]$$

2.求區間長度

　$U - L = 52.45 - $ ＿＿＿　**47.55**

　　$= $ ＿＿＿　**4.9**

或

$$U - L = 2 \times z_{1-\frac{\alpha}{2}} \frac{\sigma_X}{\sqrt{n}} = 2 \times \underline{\hspace{1.5cm}} \times \frac{10}{\sqrt{64}} = 4.9$$

1.96

• 請讀下一單元

 9–29

 2

　　某一科技大學為探討全校 14,000 名學生平均體重 μ，隨機抽樣 100 名學生，得其平均體重為 62 公斤，標準差是 9 公斤，試求：1. 全校學生平均體重的 95% 信賴區間。2. 99% 信賴區間。 3. 何者區間長度較長。

答：　1. μ 的 95% 信賴區間：_____。　　　　[60.24, 63.76]

　　　2. μ 的 99% 信賴區間：_____。　　　　[59.68, 64.32]

　　　3.何者區間長度較長：_____。　　　　99% 的區間長度較長

• 如果答對，請跳讀單元 9–31

• 如果答錯，請讀下一單元解答

 9–30

1.求 μ 的 **95%** 信賴區間

(1)分析題意並配合公式：

①分析題意：

　　樣本數 $n = 100 > 30$，故為_____（大／小）樣本，　　大

　　依中央極限定理，$\overline{X} \sim N(\mu, \frac{\sigma_X^2}{n})$。當 σ_X 未知，但因為是為大樣本，故以 S_X 取代 σ_X，標準化後：

$$Z = \frac{\overline{X} - \mu}{\frac{S_X}{\sqrt{n}}} \sim N(0, 1) \qquad （注意：分母是 \frac{S_X}{\sqrt{n}}）$$

②公式:

依上述已知條件, μ 的 $(1 - \alpha)100\%$ 信賴區間為:

$$[\overline{X} - z_{1-\frac{\alpha}{2}}\frac{S_X}{\sqrt{n}}, \overline{X} + z_{1-\frac{\alpha}{2}}\frac{S_X}{\sqrt{n}}]$$

⑵計算與結論:

①計算:

$\overline{X} = 62, S_X = 9, n = 100, 1 - \alpha = 0.95$

$\alpha = 0.05, \dfrac{\alpha}{2} = 0.025, 1 - \dfrac{\alpha}{2} = $ _____   0.975

$\therefore z_{1-\frac{\alpha}{2}} = z_{0.975} = $ _____ （查表）   1.96

代入上述公式:

$L_1 = \overline{X} - z_{1-\frac{\alpha}{2}}\dfrac{S_X}{\sqrt{n}} = $ _____ $- 1.96 \times \dfrac{9}{\sqrt{100}} = $ _____   62、60.24

$U_1 = \overline{X} + z_{1-\frac{\alpha}{2}}\dfrac{S_X}{\sqrt{n}} = 62 + 1.96 \times$ _____ $= 63.76$ $\dfrac{9}{\sqrt{100}}$

②結論:

μ 的 95% 信賴區間為:

$$[\text{\_\_\_\_\_}, \text{\_\_\_\_\_}]$$ 60.24、63.76

2.求 μ 的 99% 信賴區間

⑴分析題意並配合公式:

$n = 100$ 為大樣本, σ_X 未知, μ 的 $(1 - \alpha)100\%$ 信賴區間為:

$$[\overline{X} - \text{\_\_\_\_\_} \times \text{\_\_\_\_\_}, \overline{X} + z_{1-\frac{\alpha}{2}}\frac{S_X}{\sqrt{n}}]$$ $z_{1-\frac{\alpha}{2}}$、$\dfrac{S_X}{\sqrt{n}}$

⑵計算與結論:

①計算:

$\overline{X} = 62, S_X = 9, n = 100, 1 - \alpha = 0.99$

$\alpha = 0.01, \dfrac{\alpha}{2} = 0.005, 1 - \dfrac{\alpha}{2} = $ _____   0.995

$$z_{1-\frac{\alpha}{2}} = z_{0.995} = \underline{\hspace{1cm}} \qquad (查表)$$

2.575

代入公式：

$$L_2 = \overline{X} - z_{1-\frac{\alpha}{2}}\frac{S_X}{\sqrt{n}} = 62 - \underline{\hspace{1cm}} \times \frac{9}{\sqrt{100}} = 59.68$$

2.575

$\dfrac{9}{\sqrt{100}}$

$$U_2 = \overline{X} + z_{1-\frac{\alpha}{2}}\frac{S_X}{\sqrt{n}} = 62 + 2.575 \times \underline{\hspace{1cm}} = 64.32$$

②結論：

μ 的 99% 信賴區間為：

$$[\underline{\hspace{1cm}}, \underline{\hspace{1cm}}]$$

59.68、64.32

3.何者區間長度較長

(1)令 μ 的 95% 信賴區間的長度為 I_1：

$$I_1 = U_1 - L_1 = 63.76 - \underline{\hspace{1cm}} = 3.52$$

60.24

令 μ 的 99% 信賴區間的長度為 I_2：

$$I_2 = U_2 - L_2 = \underline{\hspace{1cm}} - 59.68 = 4.64$$

64.32

(2)依據上述得知 $I_2 > I_1$，即 99% 信賴區間長度 $> 95\%$ 信

賴區間長度，所以我們得到結論是：信賴水準較高者，

其區間長度較 _____ （長／短），反之亦然。

長

· 請讀下一單元

 **9–31**

讓我們在此回顧 μ 的區間估計所根據的基本原理：

在大樣本下，因中央極限定理之故，不論母體之分配型態為何，樣本平均數 $\overline{X}$ 的抽樣分配都是常態（或趨近常態），即：

$$\overline{X} \sim N(\mu, \frac{\sigma_X^2}{n})$$

若 σ_X 已知，$\overline{X}$ 經過標準化變成 Z 變數，則為標準常態分配，即：

$$Z = \frac{\overline{X} - \mu}{\dfrac{\sigma_X}{\sqrt{n}}} \sim N(0, 1)$$

若 σ_X 未知，因大樣本之故，可用 S_X 取代 σ_X，其 Z 變數依然服從標準常態分配：

$$Z = \frac{\overline{X} - \mu}{\dfrac{S_X}{\sqrt{n}}} \sim N(0, 1)$$

由於標準常態分配是很有規律性的機率分配，因此我們就借助這種規律性，而推導出 μ 的區間估計，即：

當 $n \geq 30$ 時，μ 的 $(1-\alpha)100\%$ 區間估計為：

σ_X 已知：

$$\left[\overline{X} \pm z_{1-\frac{\alpha}{2}} \frac{\sigma_X}{\sqrt{n}} \right]$$

σ_X 未知：

$$\left[\overline{X} \pm z_{1-\frac{\alpha}{2}} \frac{S_X}{\sqrt{n}} \right]$$

· 恭喜你已學完母體平均數 μ 的區間估計，請練習自我評量 1

自我 評量 1

一、已知某公司生產的一新產品重量呈現常態分配，且重量之標準差為 5 公克。今隨機抽取 64 件檢查，發現平均重量為 60 公克。請問此產品平均重量的 95% 信賴區間為何？

二、最近高雄市教育局抽樣調查 2,500 名家裡擁有電腦的國中生，得知他們每週在家使用電腦平均時數為 23 小時，且標準差為 5 小時。請估計高雄市國中生在家每週使用電腦之平均時間的 98% 信賴區間。

三、某大學隨機抽出 50 位學生測其身高，得平均身高為 170 公分，標準差為 6 公分。試求該校學生平均身高的 95% 信賴區間。

第四節 母體平均數在小樣本下的區間估計

 **9–32**

上一節 μ 的區間估計公式是基於在大樣本之下，由 $\bar{X}$ 轉化成標準常態分配而推導出來。但是如果在小樣本下，樣本平均數 $\bar{X}$ 是否為常態分配？可轉化成標準常態分配嗎？如不是標準常態分配，又如何推導出估計公式呢？請讀者仔細想想此問題或複習 t 分配的形成原理。再讀下單元說明。

• 請讀下一單元

單元 **9–33**

在小樣本 $(n < 30)$ 下，樣本平均數 $\bar{X}$ 的抽樣分配型態及其進一步的轉換結果為：

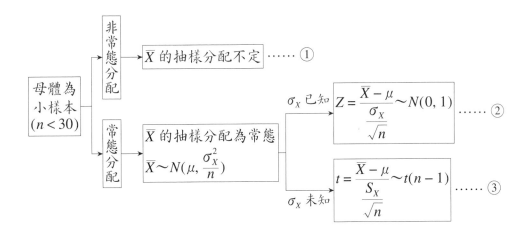

欲知該流程表的詳細原理，請複習平均數抽樣分配章節。

• 請讀下一單元

 **9–34**

依據單元 9–35 流程圖的①、②、③三條路徑，各別分析如下：

(1)路徑①：小樣本，母體為非常態分配下，$\overline{X}$ 的抽樣分配無法推導，換言之，分配型態不具機率規律性，所以我們無法藉之推導其母體的區間估計公式。

(2)路徑②：小樣本，母體為常態分配，σ_X 已知等條件下，$\overline{X}$ 抽樣分配為常態分配，並可轉化成標準常態分配，所以我們就可以借助此標準常態分配的機率規律性，推導出 μ 的區間估計公式（如同在上一節大樣本下推導 μ 的區間公式）。μ 的 $(1-\alpha)100\%$ 信賴區間為：

$$[\overline{X} - z_{1-\frac{\alpha}{2}}\frac{\sigma_X}{\sqrt{n}}, \overline{X} + z_{1-\frac{\alpha}{2}}\frac{\sigma_X}{\sqrt{n}}]$$

（欲知此公式推導過程，請參看單元 9–22）

(3)路徑③：小樣本，母體為常態分配，σ_X 未知（以 S_X 取代）等條件下，$\overline{X}$ 的轉化結果為：

$$t = \frac{\overline{X} - \mu}{\frac{S_X}{\sqrt{n}}} \sim t(n-1) \text{ 分配}$$

「t 分配」和「標準常態分配」很類似，具有機率規律性，所以我們能借助其規律性，推導出區間估計公式。

· 欲瞭解公式推導，請讀下一單元；否則請跳到 9–36 單元讀起

9–35

應用 t 分配，推導 μ 的區間估計公式。

μ 的區間估計公式推導原理同單元 9–22 的推導過程：

(1)以樣本統計量 $\overline{X}$ 作為點估計量。

(2)在小樣本、母體常態分配及變異數 σ_X^2 未知下，得到：

$$t = \frac{\overline{X} - \mu}{\frac{S_X}{\sqrt{n}}} \sim t(n-1) \text{ 分配}$$

(3)在 t 分配下，其中央 $1-\alpha$ 機率的 t 分配為：

$$P(-t_{\frac{\alpha}{2}} \leq t \leq t_{\frac{\alpha}{2}}) = 1 - \alpha$$

$$P(-t_{\frac{\alpha}{2}} \leq \frac{\overline{X} - \mu}{\frac{S_X}{\sqrt{n}}} \leq t_{\frac{\alpha}{2}}) = 1 - \alpha$$

不等式兩側乘 $\dfrac{S_X}{\sqrt{n}}$，再移項，便可獲得：

$$P(\overline{X} - t_{\frac{\alpha}{2}}\frac{S_X}{\sqrt{n}} \leq \mu \leq \overline{X} + t_{\frac{\alpha}{2}}\frac{S_X}{\sqrt{n}}) = 1 - \alpha$$

此式的涵義為：母體 μ 落在 $\overline{X} - t_{\frac{\alpha}{2}}\dfrac{S_X}{\sqrt{n}}$ 至 $\overline{X} + t_{\frac{\alpha}{2}}\dfrac{S_X}{\sqrt{n}}$ 區間的機率為 $1-\alpha$。

・請讀下一單元

 **9-36**

綜合以上兩單元所述，得到母體平均數 μ 的區間估計公式為：

在 $n < 30$ 的小樣本下，當母體呈常態分配，且 σ_X 未知時，母體平均數 μ 的 $(1-\alpha)100\%$ 信賴區間 $[L, U]$ 的下限及上限分別為：

$$L = \overline{X} - t_{\frac{\alpha}{2}}\frac{S_X}{\sqrt{n}}$$

$$U = \overline{X} + t_{\frac{\alpha}{2}}\frac{S_X}{\sqrt{n}}$$

意即：在小樣本且 σ_X 未知的情況下，我們有 $(1-\alpha)100\%$ 的信心推論母體平均數 μ 會落在區間：

$$[\overline{X} - t_{\frac{\alpha}{2}}\frac{S_X}{\sqrt{n}}, \ \overline{X} + t_{\frac{\alpha}{2}}\frac{S_X}{\sqrt{n}}]$$

・請讀下一單元

 **9-37**

進一步檢視母體 μ 區間估計公式 $[\overline{X} - t_{\frac{\alpha}{2}} \frac{S_X}{\sqrt{n}}, \overline{X} + t_{\frac{\alpha}{2}} \frac{S_X}{\sqrt{n}}]$ 的組成要素：

(1)信賴區間包含以下 3 個重要部分：

① $\overline{X}$：為樣本平均數，作為點估計量。

② $t_{\frac{\alpha}{2}}$：為 t 分配的隨機變數的值。當自由度和信賴水準 $1 - \alpha$ 一經決定，$t_{\frac{\alpha}{2}}$ 值就固定不變。

③ $\frac{S_X}{\sqrt{n}}$：為標準誤。每次抽樣的樣本個體改變，S_X 就跟著不同，所以 $\frac{S_X}{\sqrt{n}}$ 隨每一回的抽樣而異，它並非固定不變。

(2) $t_{\frac{\alpha}{2}} \frac{S_X}{\sqrt{n}}$：為抽樣誤差。其中的 S_X 會隨每次抽樣的樣本組成而變動，所以此抽樣誤差非固定不變。

(3)區間長度：為 $U - L = 2 \times t_{\frac{\alpha}{2}} \frac{S_X}{\sqrt{n}}$，即二倍的抽樣誤差。因為抽樣誤差會隨每次抽樣的樣本組成而改變，所以該區間長度並非固定不變。

· 請讀下一單元

 **9-38**

比較由 Z 分配和 t 分配所推導出母體 μ 的 $(1 - \alpha)100\%$ 信賴區間公式：

🔵 表 9-1　Z 分配和 t 分配的比較

公　式	$\overline{X} \pm z_{1-\frac{\alpha}{2}} \frac{\sigma_X}{\sqrt{n}}$	$\overline{X} \pm t_{\frac{\alpha}{2}} \frac{S_X}{\sqrt{n}}$
形成的條件	①大樣本 $(n \geq 30)$，$\overline{X}$ 標準化後呈標準常態分配 $Z \sim N(0, 1)$ ②小樣本 $(n < 30)$，母體為常態分配，σ 已知	小樣本 $(n < 30)$，母體為常態分配，σ 未知
抽樣誤差項	$z_{1-\frac{\alpha}{2}} \frac{\sigma_X}{\sqrt{n}}$ 當 n 和信賴水準一決定，此抽樣誤差項就固定不變	$t_{\frac{\alpha}{2}} \frac{S_X}{\sqrt{n}}$ 隨每次抽樣樣本的 S_X 不同，此抽樣誤差項非固定不變

區間 長度	$U - L = 2z_{1-\frac{\alpha}{2}}\dfrac{\sigma_X}{\sqrt{n}}$，長度固定不變 （理由同上）	$U - L = 2t_{\frac{\alpha}{2}}\dfrac{S_X}{\sqrt{n}}$，長度非固定不變 （理由同上）

・請讀下一單元

 9–39

 3

　　某大學為瞭解一年級新生的平均體重，隨機抽取 16 名學生，測量得其平均數 $\overline{X} = 55$ 公斤，$S_X = 10$ 公斤，假設一年級新生體重為常態分配，試求學生體重的 90% 信賴區間。

答：信賴區間為：_____ 。　　　　　　　　　　　　[50.62, 59.38]

・如果答對，請跳讀單元 9–41

・如果答錯，請讀下單元解答

 **9–40**

⑴分析題意並配合公式：

　①分析題意：

　　因 $n = 16 < 30$，屬 _____（小／大）樣本。由原　　小

　　題可知母體為 _____（常態／非常態）分配，但　　常態

　　σ_X _____（未／已）知，由以上三條件可知：　　未

$$t = \frac{\overline{X} - \mu}{\dfrac{S_X}{\sqrt{n}}} \sim t(n-1)\ 分配$$

　②公式：

　　為 $t(n-1)$ 分配，所以 μ 的 $(1-\alpha)100\%$ 信賴區間

　　為：（參看單元 9–36）

$$[\overline{X} - t_{\frac{\alpha}{2}}\frac{S_X}{\sqrt{n}}, \overline{X} + t_{\frac{\alpha}{2}}\frac{S_X}{\sqrt{n}}]$$

(2)計算與結論：

①計算：

$\overline{X} = 55, S_X = \underline{\qquad}, n = 16, df = n - 1 = \underline{\qquad}$　　　10、15

$1 - \alpha = 0.90, \alpha = 0.10, \frac{\alpha}{2} = \underline{\qquad}$　　　0.05

$t_{df, \frac{\alpha}{2}} = t_{15, 0.05} = \underline{\qquad}$　　　（查表）　　　1.753

以上數值代入公式得：

$L = \overline{X} - t_{15, 0.05}\frac{S_X}{\sqrt{n}} = 55 - \underline{\qquad} \times \frac{10}{\sqrt{16}} = \underline{\qquad}$　　　1.753、50.62

$U = \overline{X} + t_{15, 0.05}\frac{S_X}{\sqrt{n}} = \underline{\qquad} + 1.753 \times \frac{10}{\sqrt{16}} = \underline{\qquad}$　　　55、59.38

②結論：

μ 的 90% 信賴區間為：

$[\underline{\qquad}, \underline{\qquad}]$　　　50.62、59.38

・請讀下一單元

 單元 9-41

 例 4

某食品公司生產之新食品，每包重量呈常態分配。今公司品管師隨機抽取 12 包食品，每包重量如下表所示（單位：公克）：

150	151	150	152	155	154
156	155	153	152	153	154

試求： 1.該食品公司每包新食品重量平均 μ 的 90% 信賴區間。 2.信賴區間長度。

答： 1.信賴區間為：_____。　　　[151.90, 153.94]

2.信賴區間長度為：＿＿＿。　　　　　　　　　　　2.04

· 如果答對，請練習自我評量 2

· 如果答錯，請讀下一單元解答

 9-42

1. 求 μ 的 **90%** 信賴區間

(1)分析題意並配合公式：

①分析題意：

母體為＿＿＿＿（常態／非常態）分配，$n = 12 < 30$，　　常態

屬＿＿＿＿（小／大）樣本，σ_X 未知。依以上條件　　小

得知：

$$t = \frac{\overline{X} - \mu}{\frac{S_X}{\sqrt{n}}} \sim t(12 - 1) \text{ 分配}$$

②公式：

μ 的 $(1 - \alpha)100\%$ 信賴區間：

$$[\overline{X} - t_{df, \frac{\alpha}{2}} \frac{S_X}{\sqrt{n}}, \overline{X} + t_{df, \frac{\alpha}{2}} \frac{S_X}{\sqrt{n}}]$$

(2)計算與結論：

①計算：

$n = 12, df = n - 1 = 11, 1 - \alpha = 0.90$

$\alpha = 0.10, \dfrac{\alpha}{2} = $ ＿＿＿　　　　　　　　　　0.05

$t_{11, 0.05} = $ ＿＿＿　　　（查表）　　　　　　　　1.796

由原始資料計算得：

$\overline{X} = 152.92, S_X = 1.97$

以上數值代入公式，得：

$$L = \overline{X} - t_{\frac{\alpha}{2}} \frac{S_X}{\sqrt{n}} = \underline{\quad} - 1.796 \times \frac{1.97}{\sqrt{12}}$$

$$= \underline{\quad}$$

$$U = \overline{X} + t_{\frac{\alpha}{2}} \frac{S_X}{\sqrt{n}} = 152.92 + 1.796 \times \underline{\quad}$$

$$= 153.94$$

②結論：

　　μ 的 90% 信賴區間為：$[\underline{\quad}, \underline{\quad}]$

2. 求信賴區間長度

$$U - L = \underline{\quad} - 151.90 = 2.04$$

或

$$U - L = 2t_{df, \frac{\sigma}{2}} \frac{S_X}{\sqrt{n}} = 2 \times 1.796 \times \underline{\quad} = 2.04$$

・恭喜你已學完應用 t 分配求 μ 的區間估計，請練習自我評量 2

（右側欄）
152.92

151.90

$\dfrac{1.97}{\sqrt{12}}$

151.90、153.94

153.94

$\dfrac{1.97}{\sqrt{12}}$

自我評量 2

四、已知某公司推出一新產品的重量呈常態分配，且重量之標準差為 5 公克，今隨機抽取 16 件做檢查，發現平均重量為 60 公克。請問此新產品平均重量的 95% 信賴區間為何？

五、某農場從養殖 1 個月的魚池中，隨機抽取 10 尾魚樣本，得其重量（公克）如下：

8、9、12、6、5、7、6、10、7、6

已知母體重量為常態分配，試求其母體平均數 μ 之 95% 的信賴區間。

六、某校舉行學生英文閱讀訓練，由受訓學生中，隨機抽出 15 名，測其成績，得出其平均數與標準差分別為 39.3 與 2.6。在常態母體的假設下，求該校學生英文閱讀的平均成績的 90% 信賴區間。

第五節　母體比率的區間估計

單元 9-43 大樣本下的母體比率 *p* 的區間估計

某次總統選舉有甲和乙兩組候選人。有一民間團體在選前三天進行民意調查，隨機抽取 $N = 1,000$ 人，發現支持甲候選人有 $X = 600$ 個人，即支持率為 $\hat{p} = \dfrac{X}{N} = \dfrac{600}{1,000} = 0.6$，此樣本支持率 0.6 是否能預測投票當天高雄市民對甲候選人的支持率 *p* 值為何？如此推測可信程度又有多少？

上述的問題是屬於母體比率的區間估計問題，以下各單元將介紹比率的區間估計原理和公式。

• 請讀下一單元

單元 9-44 母體比率 *p* 的區間估計之原理

樣本比率 $\hat{p}$ 抽樣分配原理：由母體隨機抽取 *n* 個個體作為樣本，其中有 *X* 個具有我們預期的屬性，稱之為成功，反之，失敗的個體數為 *n - X*，其比率分別為：

樣本中成功比率 $\hat{p} = \dfrac{X}{n}$

樣本中失敗比率 $\hat{q} = 1 - \hat{p} = 1 - \dfrac{X}{n} = \dfrac{(n-X)}{n}$

依單元 8-68，樣本比率 $\hat{p}$ 的期望值和變異數為：

$$E(\hat{p}) = \underline{\quad\quad}, \quad Var(\hat{p}) = \frac{p(1-p)}{n}$$

若抽樣的個數 *n* 夠大，即 $np \geq 5$ 且 $n(1-p) \geq 5$ 成立時，則 $\hat{p}$ 將服從常態分配，如下所示：

$$\hat{p} \sim N(p, \frac{p(1-p)}{n})$$

$\hat{p}$ 經標準化後，可形成標準常態分配的隨機變數 *Z*：

$$Z = \frac{(\hat{p} - p)}{\sigma_{\hat{p}}} \sim N(0, 1), \sigma_{\hat{p}} = \underline{\qquad}$$

$$\sqrt{\frac{p(1-p)}{n}}$$

- 本單元如果仍不甚瞭解，請複習單元 8–62 至單元 8–68
- 請讀下一單元瞭解母體比率 p 的信賴區間之推導過程

 **9-45**

依上一單元得知，許多的隨機樣本比率 $\hat{p}$，在樣本個體 n 夠大的情況下，可轉化成標準常態變數 Z，即：

$$Z \sim N(0, 1)$$

由於標準常態分配是很有規律性的分配，我們能借助其規律性，推導出母體 p 的區間估計公式：

(1)依標準常態分配原理，其機率圖中央 $1 - \alpha$ 機率的 Z 分配為：

$$P(-z_{1-\frac{\alpha}{2}} \le Z \le z_{1-\frac{\alpha}{2}}) = 1 - \alpha$$

$$P(-z_{1-\frac{\alpha}{2}} \le \frac{\hat{p} - p}{\sigma_{\hat{p}}} \le z_{1-\frac{\alpha}{2}}) = 1 - \alpha$$

(2)不等式各邊乘以 $\sigma_{\hat{p}}$，然後移項得到：

$$P(\hat{p} - z_{1-\frac{\alpha}{2}}\sigma_{\hat{p}} \le p \le \hat{p} + z_{1-\frac{\alpha}{2}}\sigma_{\hat{p}}) = 1 - \alpha$$

$$P(\hat{p} - z_{1-\frac{\alpha}{2}}\sqrt{\frac{p(1-p)}{n}} \le p \le \hat{p} + z_{1-\frac{\alpha}{2}}\sqrt{\frac{p(1-p)}{n}}) = 1 - \alpha \cdots\cdots ①$$

因為上式中的標準誤 $\sqrt{\frac{p(1-p)}{n}}$ 含有 p，它是未知數（為被估計的母數），

因此以樣本比率 $\hat{p}$ 來代替 p。因為在大樣本下，取代後的 $\sqrt{\frac{\hat{p}(1-\hat{p})}{n}}$ 和原

$\sqrt{\frac{p(1-p)}{n}}$ 兩值的差距是很小的。因此①式變成如下②式：

$$P(\hat{p} - z_{1-\frac{\alpha}{2}}\sqrt{\frac{\hat{p}(1-\hat{p})}{n}} \le p \le \hat{p} + z_{1-\frac{\alpha}{2}}\sqrt{\frac{\hat{p}(1-\hat{p})}{n}}) = 1 - \alpha \cdots\cdots ②$$

(3)此式的涵義為：p 落在 $\hat{p} - z_{1-\frac{\alpha}{2}}\sqrt{\frac{\hat{p}(1-\hat{p})}{n}}$ 和 $\hat{p} + z_{1-\frac{\alpha}{2}}\sqrt{\frac{\hat{p}(1-\hat{p})}{n}}$ 之間的機率

為 $1 - \alpha$。

- 以上母體比率 p 的區間估計公式的推導過程，類似於前述母體平均數 μ 信賴區間的推導過程，讀者如果不甚瞭解，請複習單元 9-22

- 如果已瞭解，請讀下一單元

 **9-46**

綜合以上單元得母體比率 p 的區間估計公式為：

在大樣本下，當 $n\hat{p} \geq 5$ 且 $n(1-\hat{p}) \geq 5$ 時，母體比率 p 的 $(1-\alpha)100\%$ 信賴區間 $[L, U]$ 的下限及上限分別為：

$$L = \hat{p} - z_{1-\frac{\alpha}{2}}\sqrt{\frac{\hat{p}(1-\hat{p})}{n}}$$

$$U = \hat{p} + z_{1-\frac{\alpha}{2}}\sqrt{\frac{\hat{p}(1-\hat{p})}{n}}$$

意即：我們有 $(1-\alpha)100\%$ 信心推論，母體比率 p 落在區間：

$$[\hat{p} - z_{1-\frac{\alpha}{2}}\sqrt{\frac{\hat{p}(1-\hat{p})}{n}}, \hat{p} + z_{1-\frac{\alpha}{2}}\sqrt{\frac{\hat{p}(1-\hat{p})}{n}}]$$

- 請讀下一單元

 **9-47**

 5

高雄市今年有甲、乙兩市長候選人，有一民調團體，隨機抽取 1,000 名市民作調查，其中支持甲候選人的有 600 人，試求高雄市支持甲候選人的 95% 信賴區間。（此題解法的過程，和前述例 4 求 μ 信賴區間的過程相類似。）

答：_____。

[0.5696, 0.6304]

- 如果答對，請跳讀單元 9-49

- 如果答錯，請讀下一單元解答

 9–48

解

(1)分析題意並配合公式：

①分析題意：

$\hat{p} = \dfrac{600}{1,000} = 0.6$, $1 - \hat{p} = 0.4$ 因 為 $n\hat{p} = 1,000 \times 0.6$

$= 600$ 且 $n(1 - \hat{p}) = 1,000 \times 0.4 = 400$，兩者均大於 5，

故為 _____ （大／小） 樣本。   大

$\therefore \hat{p}$ 轉換成 Z 後，成為標準常態分配，即：

$$Z = \dfrac{\hat{p} - p}{\sqrt{\dfrac{p(1 - p)}{n}}} \sim N(0, 1)$$

②公式：

基於標準常態，p 的 $(1 - \alpha)100\%$ 信賴區間為：

$$\left[\hat{p} - z_{1-\frac{\alpha}{2}} \sqrt{\dfrac{\hat{p}(1 - \hat{p})}{n}}, \hat{p} + \underline{\quad\quad} \right]$$ $z_{1-\frac{\alpha}{2}} \sqrt{\dfrac{\hat{p}(1 - \hat{p})}{n}}$

(2)計算與結論：

①計算：

$\hat{p} = 0.6$, $1 - \hat{p} =$ _____   0.4

$1 - \alpha = 0.95$, $\alpha =$ _____, $\dfrac{\alpha}{2} = 0.025$ 0.05

$z_{1-\frac{\alpha}{2}} = z_{0.975} =$ _____   （查表）   1.96

以上數值代入公式，得：

$L = \hat{p} - z_{1-\frac{\alpha}{2}} \sqrt{\dfrac{\hat{p}(1 - \hat{p})}{n}} =$ _____ $- 1.96 \times \sqrt{\dfrac{0.6(1 - 0.6)}{1,000}}$ 0.6

$= 0.5696$

$U = \hat{p} + z_{1-\frac{\alpha}{2}} \sqrt{\dfrac{\hat{p}(1 - \hat{p})}{n}} = 0.6 +$ _____ $\times \sqrt{\dfrac{0.6(1 - 0.6)}{1,000}}$ 1.96

$= 0.6304$

②結論：

母體比率 p 的 95% 信賴區間為 [0.5696, 0.6304]。

因此，我們有 95% 信心宣稱高雄市選民對甲候選人

的支持率介於 56.96% 至 63.04% 之間。

・請讀下一單元

 9–49

 6

工廠品管師自一生產線製造的產品中，隨機抽出 60 個，

發現其中有 9 個不良品，試求該生產線所製造產品不良率的

90% 信賴區間。

答：_____。 　　　　　　　　　　　　　　[0.0741, 0.2258]

・如果答對，恭喜你已學會母體比率 p 的區間估計，請練習自我評

量 3

・如果答錯，請讀下一單元解答

 9–50

(1)分析題意並配合公式：

①分析題意：

$$\hat{p} = \frac{9}{60} = 0.15 \text{，} n\hat{p} = 60 \times 0.15 = 9 \text{，} \text{且 } n(1 - \hat{p})$$

$$= 60 \times (1 - \frac{9}{60}) = 51 \text{。}$$

$\hat{p}$ 及 $n\hat{p}$ 均大於 5，因此該樣本屬_____（大／小）　　大

樣本。

$\hat{p}$ 在大樣本下，可轉換成標準常態分配。

②公式：

因此大樣本下的母體比率 p 的 $(1 - \alpha)100\%$ 信賴區

間為:

$$[\hat{p} \pm \underline{\hspace{2cm}}]$$

(2)計算與結論:

①計算:

$\hat{p} = \underline{\hspace{1cm}}, \hat{q} = 1 - \hat{p} = 0.85$ | 0.15

$1 - \alpha = 0.90, \alpha = 0.10, 1 - \dfrac{\alpha}{2} = \underline{\hspace{1cm}}$ | 0.95

$z_{1-\frac{\alpha}{2}} = z_{0.95} = \underline{\hspace{1cm}}$ （查表） | 1.645

以上數值代入公式:

$L = \hat{p} - z_{1-\frac{\alpha}{2}}\sqrt{\dfrac{\hat{p}(1-\hat{p})}{n}} = \underline{\hspace{1cm}} - 1.645 \times \sqrt{\dfrac{0.15 \times 0.85}{60}}$ | 0.15

$= \underline{\hspace{1cm}}$ | 0.0741

$U = \hat{p} + z_{1-\frac{\alpha}{2}}\sqrt{\dfrac{\hat{p}(1-\hat{p})}{n}} = 0.15 + \underline{\hspace{1cm}} \times \sqrt{\dfrac{0.15 \times 0.85}{60}}$ | 1.645

$= \underline{\hspace{1cm}}$ | 0.2258

右側欄: $z_{1-\frac{\alpha}{2}}\sqrt{\dfrac{\hat{p}(1-\hat{p})}{n}}$

②結論:

該生產線製造產品出現不良率的 90% 信賴區間為 7.41% 至 22.58% 之間。

· 恭喜你已學完母體比率 p 的區間估計，請練習自我評量 3

自我評量 3

七、 高雄市高中聯合招生,由英文試卷中,隨機抽查 100 人,其中及格者為 80 人, 試估計全體考生中, 英文成績及格者比率的 99% 信賴區間。

八、 某市調查 600 個家庭,有電腦家庭計 366 家,試求該市有電腦家庭占總家庭 比率的 95% 信賴區間。

九、 某市進行民意調查, 隨機抽查 200 人中, 發現滿意戶政服務者有 110 人, 試 求該市民眾滿意戶政服務比率的 99% 信賴區間。

第六節　母體變異數的區間估計

 **9-51**

變異數是表示一群數值彼此分散的程度。譬如工廠品管員要求一機器製造出來的零件，其尺寸愈一致愈好（即差異程度愈小愈好）；學校老師認為學生程度愈整齊（即能力分班），教起來較不費力。本例中的一致性、整齊度，都可用變異數來表示其程度大小，因為其應用範圍甚廣，具有相當的重要性。如何估計母體變異數大小? 其區間估計公式為何? 以下各單元將詳細說明之。

· 請讀下一單元

9-52 母體變異數 σ_X^2 的區間估計之原理

在常態母體下，隨機抽取樣本數為 n 的樣本，計算得樣本變異數 S_X^2，經轉換成統計量 $\dfrac{(n-1)S_X^2}{\sigma_X^2}$，它是服從自由度為 $n-1$ 的卡方分配，即是:

$$\frac{(n-1)S_X^2}{\sigma_X^2} \sim \chi^2(n-1) \text{ 分配} \qquad (n-1 \text{ 為自由度})$$

卡方分配是一種有規則性的右偏型態機率分配，我們能利用其規則性，推導出 σ_X^2 的信賴區間公式。

· 請讀下一單元

9-53 母體變異數 σ_X^2 的區間估計公式之形成

當 S_X^2 服從自由度 $(n-1)$ 的卡方分配時，其中央 $1-\alpha$ 面積（機率）的兩端值為 $\chi^2_{n-1,\,1-\frac{\alpha}{2}}$ 和 $\chi^2_{n-1,\,\frac{\alpha}{2}}$。

$$P(\chi^2_{n-1,\,1-\frac{\alpha}{2}} \le \chi^2 \le \chi^2_{n-1,\,\frac{\alpha}{2}}) = 1-\alpha$$

$$P(\chi^2_{n-1,\,1-\frac{\alpha}{2}} \le \frac{(n-1)S^2_X}{\sigma^2_X} \le \chi^2_{n-1,\,\frac{\alpha}{2}}) = 1 - \alpha$$

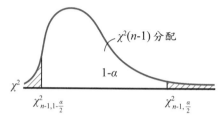

$\chi^2(n-1)$ 分配

$1-\alpha$

χ^2

$\chi^2_{n-1,1-\frac{\alpha}{2}}$　　　$\chi^2_{n-1,\frac{\alpha}{2}}$

F 圖 9-2　把 $\frac{\alpha}{2}$ 繪在圖之兩端

不等式兩側各除以 $(n-1)S^2_X$，然後取其倒數，就可以變成下式：

$$P(\frac{(n-1)S^2_X}{\chi^2_{n-1,\,\frac{\alpha}{2}}} \le \sigma^2_X \le \frac{(n-1)S^2_X}{\chi^2_{n-1,\,1-\frac{\alpha}{2}}}) = 1 - \alpha$$

此式的涵義為：母體 σ^2_X 落在 $\dfrac{(n-1)S^2_X}{\chi^2_{n-1,\,\frac{\alpha}{2}}}$ 和 $\dfrac{(n-1)S^2_X}{\chi^2_{n-1,\,1-\frac{\alpha}{2}}}$ 之間的機率為 $1-\alpha$。

・請讀下一單元

 **9-54**

綜合以上單元得母體變異數 σ^2_X 的區間估計公式為：

> 當母體為常態分配,母體變異數 σ^2_X 的 $(1-\alpha)100\%$ 信賴區間 $[L, U]$ 的下限
> 及上限分別為：
>
> $$L = \frac{(n-1)S^2_X}{\chi^2_{n-1,\,\frac{\alpha}{2}}}$$
>
> $$U = \frac{(n-1)S^2_X}{\chi^2_{n-1,\,1-\frac{\alpha}{2}}}$$

意即：我們有 $(1-\alpha)100\%$ 信心推論，母體變異數 σ^2_X 落在區間：

$$\left[\frac{(n-1)S_X^2}{\chi_{n-1,\,\frac{\alpha}{2}}^2},\,\frac{(n-1)S_X^2}{\chi_{n-1,\,1-\frac{\alpha}{2}}^2}\right]$$

• 請讀下一單元

 9-55

 7

　　某一工廠所製造的食品重量呈常態分配，今由一批食品中，抽取 10 件，測其重量，得變異數 $S_X^2 = 0.037$，試求：

　　(1)工廠製造該一批食品重量的變異數 σ_X^2 的點估計值。

　　(2)該一批食品重量變異數的 95% 信賴區間。

　　(3)該一批食品重量標準差的 95% 信賴區間。

答：(1)母體變異數 σ_X^2 的點估計值：_____。　　　　0.037

　　(2)母體變異數 σ_X^2 的 95% 信賴區間：_____。　[0.0175, 0.1233]

　　(3)母體標準差 σ_X 的 95% 信賴區間：_____。　　[0.13, 0.35]

• 如果答對，請跳讀單元 9-57

• 如果答錯，請讀下一單元解答

 9-56

　　(1)求點估計值：從母體隨機抽取 10 個為樣本，計算變異數：

$$S_X^2 = \frac{\sum(x_i - \overline{X})^2}{n-1} = 0.037$$

　　因樣本變異數是母體變異數的不偏估計值，所以點估計值為 $S_X^2 = 0.037$。

　　(2)求 σ_X^2 的 95% 信賴區間，過程如下：

　　①分析題意並配合公式：因為母體呈_____（常態　　　常態

／非常態）分配，故 σ_X^2 的 $(1-\alpha)100\%$ 信賴區間公

式為：

$$\left[\frac{(n-1)S_X^2}{\chi^2_{df,\frac{\alpha}{2}}}, \frac{(n-1)S_X^2}{\chi^2_{df,1-\frac{\alpha}{2}}}\right]$$

②計算與結論：

　　$1-\alpha=0.95$, $\alpha=0.05$, $\dfrac{\alpha}{2}=0.025$, $1-\dfrac{\alpha}{2}=$ ＿＿＿　　0.975

　　自由度 $df=n-1=$ ＿＿＿ $-1=$ ＿＿＿　　10、9

　　$\chi^2_{df,1-\frac{\alpha}{2}} = \chi^2_{9,0.975} =$ ＿＿＿　　（查表）　　2.70

　　$\chi^2_{df,\frac{\alpha}{2}} = \chi^2_{9,0.025} =$ ＿＿＿　　19.02

　　$S^2=0.037$　　（點估計值）

　　以上數值代入公式，計算得：

　　$L=\dfrac{(n-1)S_X^2}{\chi^2_{df,\frac{\alpha}{2}}} = \dfrac{\underline{\quad}\times\underline{\quad}}{19.02} = 0.0175$　　9、0.037

　　$U=\dfrac{(n-1)S_X^2}{\chi^2_{df,1-\frac{\alpha}{2}}} = \dfrac{9\times0.037}{2.70} =$ ＿＿＿　　0.1233

　　所以母體 σ_X^2 的 95% 信賴區間為 $[0.0175, 0.1233]$

(3)求標準差 σ_X 的 95% 信賴區間：

　　變異數的開根號就是標準差，依上述答案得知母體標

　　準差 σ_X 的 95% 信賴區間為：

$$[\sqrt{0.0175}, \sqrt{0.1233}] = [0.13, 0.35]$$

・請讀下一單元

 9-57

表 9-2 為母體參數 θ 的 $(1-\alpha)100\%$ 信賴區間公式之整理：

表 9–2 μ、p、σ^2 之信賴區間

母體參數	基本條件（假設）	依據之機率分配	信賴區間
μ 信賴區間	· n 為大樣本 $(n \geq 30)$ · 母體分配型態不拘 · σ_X 已知 · n 為小樣本 $(n < 30)$ · 母體為常態分配 · σ_X 已知	$Z = \dfrac{\overline{X} - \mu}{\dfrac{\sigma_X}{\sqrt{n}}}$ $Z \sim N(0, 1)$ 分配	μ 介於 $(\overline{X} \pm z_{1-\frac{\alpha}{2}} \dfrac{\sigma_X}{\sqrt{n}})$ 之間
	· n 為大樣本 $(n \geq 30)$ · 母體分配型態不拘 · σ_X 未知	$Z = \dfrac{\overline{X} - \mu}{\dfrac{S_X}{\sqrt{n}}}$ $Z \sim N(0, 1)$ 分配	μ 介於 $(\overline{X} \pm z_{1-\frac{\alpha}{2}} \dfrac{S_X}{\sqrt{n}})$ 之間
	· n 為小樣本 $(n < 30)$ · 母體為常態分配 · σ_X 未知	$t = \dfrac{\overline{X} - \mu}{\dfrac{S_X}{\sqrt{n}}}$ $t \sim t(n-1)$ 分配	μ 介於 $(\overline{X} \pm t_{df, \frac{\alpha}{2}} \dfrac{S_X}{\sqrt{n}})$ 之間
p 信賴區間	n 為大樣本，$np \geq 5$ 且 $nq \geq 5$ （或 $n\hat{p} \geq 5$ 且 $n\hat{q} \geq 5$）	$Z = \dfrac{\hat{p} - p}{\sqrt{\dfrac{p(1-p)}{n}}}$ $Z \sim N(0, 1)$	p 介於 $(\hat{p} \pm z_{1-\frac{\alpha}{2}} \sqrt{\dfrac{\hat{p}(1-\hat{p})}{n}})$ 之間
σ^2 信賴區間	母體為常態分配 樣本 $S_X^2 = \dfrac{\sum(x - \overline{X})^2}{n-1}$	$\dfrac{(n-1)S_X^2}{\sigma_X^2} \sim \chi^2(n-1)$ 分配	σ^2 介於 $\dfrac{(n-1)S_X^2}{\chi^2_{n-1, \frac{\alpha}{2}}}$ 和 $\dfrac{(n-1)S_X^2}{\chi^2_{n-1, 1-\frac{\alpha}{2}}}$ 之間

· 恭喜你已學完母體變異數 σ_X^2 的區間估計，請練習自我評量 4

自我評量 4

十、消費者文教基金會對某種廠牌之冷氣機品質作檢測，隨機抽出 10 臺測其效率，得樣本標準差 $S_X = 2.74$。設母體為常態分配，試求母體標準差 σ_X 之 95% 信賴區間。

十一、隨機抽取 5 名學生的英文成績，如下所示：

70, 80, 60, 90, 75

已知母體呈常態分配，請依據上述 5 個樣本，估計學生英文成績變異數 σ_X^2 的 95% 信賴區間。

第七節　應用 SPSS 求單一母體的信賴區間

 9–58

 8

從某校隨機抽取 10 名學生，測其身高和體重，結果如下表。試求該校學生身高平均的 95% 信賴區間。

⬤ 表 9–3　男、女身高體重

性　別	男	女	女	男	男	女	男	男	女	女
身　高	151	143	156	139	148	151	145	153	141	149
體　重	44	42	47	41	42	45	40	48	44	46

1. **SPSS 操作步驟**

Step 1

⑴開啟 SPSS，進入「變數檢視」工作表（圖 9–3 ❶）。然後定義各「變數」的所有屬性。

⑵性別變數：在「名稱」格輸入「sex」；在「標記」格輸入性別；在「數值」格輸入「1」為「男生」，「2」為「女生」。

　　身高變數：在「名稱」格輸入「height」；在「標記」格輸入「身高」。

　　體重變數：在「名稱」格輸入「weight」；在「標記」格輸入「體重」。

　　未經設定的屬性，則採用系統「內定值」。

⑶按左下角切換標籤（圖 9–3 ❷），轉換叫出「資料檢視」工作表（圖 9–4）。

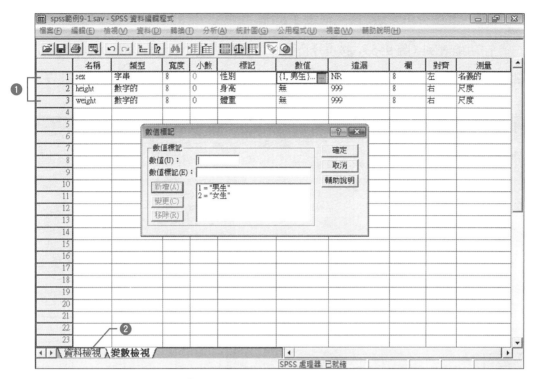

⬤ 圖 9–3 界定變數屬性

Step 2 輸入資料

⑴依表 9–3 資料，分別輸入資料到「資料檢視」工作表的儲存格內 (圖 9–4)。

⑵在第一縱欄「sex」格輸入「1」時，會出現「男生」，輸入「2」時，會出現「女生」。

⬤ 圖 9–4 輸入數值資料

Step 3　選擇分析方法: 單一樣本 T 檢定

在功能表列 (圖 9–5)，按「分析」→「比較平均數法」→「單一樣本 T 檢定」，開啟主對話盒:「單一樣本 T 檢定」(圖 9–6)。

spss範例9-1.sav - SPSS 資料編輯程式

檔案(F)　編輯(E)　檢視(V)　資料(D)　轉換(T)　分析(A)　統計圖(G)　公用程式(U)　視窗(W)　輔助說明(H)

			報表(P)	▶			var	var
			敘述統計(E)	▶				
			表格(T)	▶				
10 :								
	sex	height	weig	比較平均數法(M)	▶	平均數(M)...		
1	男生	151		一般線性模式(G)	▶	單一樣本 T 檢定(S)...		
2	女生	143		混合模式(X)	▶	獨立樣本 T 檢定(T)...		
3	女生	156		相關(C)	▶	成對樣本 T 檢定(P)...		
4	男生	139		迴歸方法(R)	▶	單因子變異數分析(O)...		
5	男生	148		對數線性(O)	▶			
6	女生	151		分類(Y)	▶			
7	男生	145		資料縮減(D)	▶			
8	男生	153		尺度(A)	▶			
9	女生	141		無母數檢定(N)	▶			
10	女生	149		時間數列(I)	▶			
11				存活分析(S)	▶			
12				複選題分析(U)	▶			
13				遺漏值分析(V)...				
14				複合樣本(L)	▶			
15								
16								
17								
18								
19								

🄕 圖 9–5　選擇分析法: 單一樣本 T 檢定

Step 4

⑴在主對話盒「單一樣本 T 檢定」(圖 9–6)，把左側清單框內的變數「身高」(圖 9–6 ❶)，移入右側「檢定變數」框內 (圖 9–6 ❷)。

⑵在「檢定值」框內，輸入「0」。

⑶點選「選項」鈕 (圖 9–6 ❸)，開啟次對話盒:「單一樣本 T 檢定: 選項」(圖 9–7)。

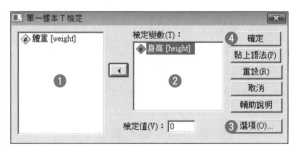

🄕 圖 9–6　主對話盒: 單一樣本 T 檢定

Step 5

(1)在次對話盒「單一樣本 T 檢定：選項」（圖 9–7），於「信賴區間」框內，輸入「95」。

(2)點選「依分析排除觀察值」。

(3)按「繼續」鈕，回到主對話盒（圖 9–6）。

（F） 圖 9–7　次對話盒：選項

Step 6

(1)在主對話盒（圖 9–6）核對完所有操作之後，按「確定」鈕（圖 9–6 ❹）。

(2) SPSS 立即執行計算，匯出報表。

2. **解釋報表**

(1)由圖 9–8 獲得學生身高平均數為 147.60，標準差為 5.481。

(2)由圖 9–9，得到全校學生身高（母體）平均數的 95% 信賴區間為 [143.68，151.52]。

單一樣本統計量				
	個數	平均數	標準差	平均數的標準誤
身高	10	147.60	5.481	1.733

（F） 圖 9–8　單一樣本統計量

單一樣本檢定						
	檢定值 = 0					
					差異的95% 信賴區間	
	t	自由度	顯著性 (雙尾)	平均差異	下界	上界
身高	85.154	9	.000	147.600	143.68	151.52

（F） 圖 9–9　單一樣本檢定

附 錄 公式證明

證明：(1) $S_{n-1}^2 = \dfrac{1}{n-1}\sum\limits_{i=1}^{n}(x-\overline{X})^2$ 是母數 σ_X^2 的不偏估計值

(2) $E(S_{n-1}^2) \geq E(S_n^2)$

樣本離均差平方和 $SS_X = \sum\limits_{i=1}^{n}(x-\overline{X})^2$，其期望值推導如下：

$$E(SS_X) = E\{\sum_{i=1}^{n}(x-\overline{X})^2\} = E\{\sum_{i=1}^{n}[(x-\mu)-(\overline{X}-\mu)]^2\}$$

$$= E\{\sum_{i=1}^{n}[(x-\mu)^2+(\overline{X}-\mu)^2-2(x-\mu)(\overline{X}-\mu)]\}$$

$$= E\{\sum_{i=1}^{n}(x-\mu)^2+n(\overline{X}-\mu)^2-2(\overline{X}-\mu)\sum_{i=1}^{n}(x-\mu)\} \cdots\cdots ①$$

$\because \sum\limits_{i=1}^{n}(x-\mu) = \sum\limits_{i=1}^{n}x - \sum\limits_{i=1}^{n}\mu = n \times \overline{X} - n \times \mu = n(\overline{X}-\mu)$ 代入上式①

$$E(SS_X) = E\{\sum_{i=1}^{n}(x-\mu)^2+n(\overline{X}-\mu)^2-2n(\overline{X}-\mu)^2\} = E\{\sum_{i=1}^{n}(x-\mu)^2-n(\overline{X}-\mu)^2\}$$

$$= \sum_{i=1}^{n}E(x-\mu)^2 - E[n(\overline{X}-\mu)^2] = \sum_{i=1}^{n}\sigma_X^2 - nE(\overline{X}-\mu)^2 = n \times \sigma_X^2 - n \times \frac{\sigma_X^2}{n}$$

$$= \sigma_X^2(n-1)$$

當以 $(n-1)$ 做分母的變異數為 S_{n-1}^2，其期望值是：

$$E(S_{n-1}^2) = E(\frac{SS_X}{n-1}) = \frac{1}{n-1}E(SS_X) = \frac{1}{n-1}[\sigma_X^2(n-1)] = \sigma_X^2 \cdots\cdots ②$$

當以 n 做分母的變異數為 S_n^2，其期望值是：

$$E(S_n^2) = E(\frac{SS_X}{n}) = \frac{1}{n}E(SS_X) = \frac{1}{n}[\sigma_X^2(n-1)] = (\frac{n-1}{n})\sigma_X^2 \cdots\cdots ③$$

由②得證(1)： $S_{n-1}^2 = \dfrac{1}{n-1}\sum\limits_{i=1}^{n}(x-\overline{X})^2$ 是母數 σ_X^2 的不偏估計量。

比較②和③得證(2)： $E(S_{n-1}^2) \geq E(S_n^2)$

自我評量 解答

一、母體常態，大樣本 $(n = 64 > 30)$，σ_X 已知，故 μ 的 95% 信賴區間為：

$$\overline{X} \pm z_{0.975} \frac{\sigma_X}{\sqrt{n}} = 60 \pm 1.96 \times \frac{5}{\sqrt{64}}$$

$$= [58.78, 61.23]$$

二、$n = 2,500 > 30$ 為大樣本，σ_X 未知，以 S_X 取代，所以國中生每週使用電腦時數的 98% 信賴區間為：

$$\overline{X} \pm z_{0.99} \frac{S_X}{\sqrt{n}} = 23 \pm 2.33 \times \frac{5}{\sqrt{50}}$$

$$= [21.36, 24.64]$$

三、$n = 50 > 30$ 為大樣本，σ_X 未知，以 S_X 取代，該校學生平均身高 95% 的信賴區間為：

$$\overline{X} \pm z_{0.975} \frac{S_X}{\sqrt{n}} = 170 \pm 1.96 \times \frac{6}{\sqrt{50}}$$

$$= [168.34, \quad 171.66]$$

四、母體常態，σ_X 已知，故 μ 的 95% 信賴區間為：

$$\overline{X} \pm z_{0.975} \frac{\sigma_X}{\sqrt{n}} = 60 \pm 1.96 \times \frac{5}{\sqrt{16}}$$

$$= [57.55, 62.45]$$

五、由資料計算得 $\overline{X} = 7.6, S_X = 2.17$

∵ $n = 10$ 為小樣本，σ_X 未知，故 $t \sim t(n-1)$ 分配，$df = n - 1 = 9$

∴ μ 的 95% 信賴區間為：

$$\overline{X} \pm t_{df, \frac{\alpha}{2}} \frac{S_X}{\sqrt{n}} = 7.6 \pm 2.262 \times \frac{2.17}{\sqrt{10}}$$

$$= [6.05, 9.15]$$

六、母體常態，σ_X 未知，$n = 15$ 為小樣本，故 $t \sim t(n-1)$ 分配，$df = n - 1 = 14$

∴ μ 的 90% 信賴區間為：

$$\overline{X} \pm t_{14, 0.05} \frac{S_X}{\sqrt{n}} = 39.3 \pm 1.761 \times \frac{2.6}{\sqrt{15}} = [38.12, 40.48]$$

七、$n\hat{p} = 100 \times \frac{80}{100} = 80$，$n(1 - \hat{p}) = 20$，兩者皆大於 5，$n$ 屬於大樣本，$\hat{p}$ 趨近於常態分配，p 的 99% 信賴區間為：

$$\hat{p} \pm z_{1-\frac{\alpha}{2}} \sqrt{\frac{\hat{p}(1 - \hat{p})}{n}} = 0.8 \pm 2.575 \times \sqrt{\frac{0.8 \times 0.2}{100}} = [0.697, 0.903]$$

八、$n\hat{p} = 600 \times \frac{366}{600} = 366$，$n(1 - \hat{p}) = 234$，兩者皆大於 5，$n$ 屬於大樣本。$\hat{p}$ 趨近於常態分配，p 的 95% 信賴區間為：

$$\hat{p} \pm z_{1-\frac{\alpha}{2}} \sqrt{\frac{\hat{p}(1 - \hat{p})}{n}} = 0.61 \pm 1.96 \times \sqrt{\frac{0.61 \times 0.39}{600}} = [0.5709, 0.6490]$$

九、$n\hat{p} = 200 \times \frac{110}{200} = 110$，$n(1 - \hat{p}) = 90$，兩者皆大於 5，$n$ 屬於大樣本。$\hat{p}$ 趨近常態分配，p 的 99% 信賴區間為：

$$\hat{p} \pm z_{1-\frac{\alpha}{2}} \sqrt{\frac{\hat{p}(1 - \hat{p})}{n}} = 0.55 \pm 2.575 \times \sqrt{\frac{0.55 \times 0.45}{200}} = [0.4594, 0.6405]$$

十、母體為常態分配，$S_X = 2.74$

σ_X^2 的 95% 信賴區間為：

$$[\frac{(n-1)S_X^2}{\chi^2_{\frac{\alpha}{2}, df}}, \frac{(n-1)S_X^2}{\chi^2_{1-\frac{\alpha}{2}, df}}] = [\frac{9 \times 7.5076}{\chi^2_{0.025, 9}}, \frac{9 \times 7.5076}{\chi^2_{0.975, 9}}] = [3.5525, 25.0253]$$

$\therefore \sigma_X$ 的 95% 信賴區間為：

$$[\sqrt{3.5525}, \sqrt{25.0253}] = [1.88, 5.00]$$

十一、計算樣本資料，得 $S_X^2 = 125$

$\because$ 母體為常態分配，$\therefore \sigma_X^2$ 的 $(1 - \alpha)100\%$ 信賴區間為：

$$[\frac{(n-1)S_X^2}{\chi^2_{\frac{\alpha}{2}, n-1}}, \frac{(n-1)S_X^2}{\chi^2_{1-\frac{\alpha}{2}, n-1}}]$$

$\therefore \sigma_X^2$ 的 95% 信賴區間為：

$$[\frac{4 \times 125}{11.14}, \frac{4 \times 125}{0.48}] = [44.88, 1{,}041.67]$$

10

假設檢定

推論母體參數有兩種方式：

1. 估 計

係依據樣本資料，求出代表參數的估計值，或以估計值為中心，建構出母體參數所在的範圍。

2. 假設檢定

在尚未進行推論之前，先對母體參數做一假設性的敘述，再利用樣本資料和其抽樣分配呈現的訊息，加以檢測此假設的真偽。

這兩種推論方式，基本上，都是藉由樣本資料的抽樣分配原理和機率理論，來推論母體特徵。不過，在推論的方法和過程方面，兩者是大同小異。估計的推論原理和過程，已於第九章介紹，請讀者自行參閱。

關於假設檢定，其推論的過程主要包含擬定統計假設、選擇檢定統計量、建立決策法則，以及判斷假設真偽等重要部分。本章將分別詳述之。

 第一節　假設檢定原理

單元 10–1 假設檢定 (hypothesis testing) 的意義

假設檢定是一種利用樣本資料提供的訊息，推論母體參數的統計方法。這種推論方法經常發生在我們生活中，請看看以下範例：

⑴王媽媽到菜市場買肉鬆，由於擔心買到不好吃的肉鬆，於是先從店內陳列的一大箱肉鬆中，舀出三匙肉鬆試吃，吃過之後覺得滿意，決定購買三斤肉鬆。

⑵某一公司進口一批標示甜度為 3 的食品，因懷疑食品的甜度值不足，特要求品管員隨機抽取 10 件食品測試。依照測試報告，公司同意接受該食品。

⑶法官對某一被告，懷疑他犯罪，但心中先假設他無罪。經研判檢察官所提供的一些可能犯罪證據之後，法官檢核這些證據，然後判定所有證據不足以推翻事先預定的無罪假設，因此判決被告無罪釋放。

• 請讀下一單元

 **10-2**

上一單元的 3 個案例具有共同的性質：

⑴當事人對問題有所懷疑，心中產生某種假設。譬如：

　①王媽媽懷疑肉鬆不可口。

　②公司懷疑食品甜度值不足。

　③法官懷疑被告犯罪。

⑵以抽樣方式獲得基本資訊：

　①王媽媽舀三匙試吃。

　②品管員隨機抽取 10 件食品測試。

　③法官檢核犯罪證據。

⑶依據樣本呈現的資訊，判斷心中假設的真偽，並作決策：

　①王媽媽試吃結果，決定購買。

　②公司測試結果，同意進貨。

　③法官研判證據結果，判決被告無罪。

　由上述案例的解決問題過程是，先由假設開始，繼而抽取一組樣本資料，依據樣本呈現的訊息，透過研究者心中的判斷機制，最後做成決策。這樣的解決問題模式，是為假設檢定。

・請讀下一單元

 **10-3**

　假設檢定是一種很嚴謹的解決問題方法。為探討母體參數的特性，它應用隨機抽樣分配、機率分配等原理作為基礎，然後進一步發展出一種合乎科學和邏輯的推論程序。

　假設檢定過程涉及幾個重要統計術語，諸如假設、檢定統計量、決策法則、錯誤率等，以下先說明它們的涵義。

・請讀下一單元

單元 10-4 假設的種類——一般假設

對於一群體的未知特性，給予猜測性的描述，即為一般假設 (general hypothesis)。譬如：

⑴新開發的燈泡可能品質優良。

⑵新式教學法可能有助於學習。

⑶新品種蘋果可能好吃。

這些例子是我們常見的假設性描述，但其內容中有些語詞不夠嚴謹，含意模糊且籠統，譬如燈泡的「品質」是否指外型美觀、壽命長，或光線柔和等；蘋果「好吃」是否指果肉脆或軟、果汁甜或香等，顯然語意交代不清。無疑的，假設的內容一旦出現多種解讀，必然導致後續研究方向和內容的迥異。所以在嚴謹的學術研究上，有必要把語意模糊的假設內容，改以更明確、具體且可操作的用語來描述，以利研究工作之順利進行。這樣為後續研究之需要，將一般假設敘述給予明確敘述的假設，稱之為研究假設 (research hypothesis)。

‧請讀下一單元

單元 10-5 假設的種類——研究假設

把單元 10-4 的一般假設，修改成下列的研究假設 (research hypothesis)：

⑴新開發的燈泡使用壽命比一般燈泡為長。

⑵新式教學法能提高全班學生的數學平均成績。

⑶新品種蘋果的甜度低於一般蘋果。

對照上一單元的一般假設，研究假設的用語不但明確，而且內容具有可操作性。因此依此種假設，所發展出來的後續研究內容和方向，必然是一致的，不會再因人而異了。

‧請讀下一單元

10–6 假設的種類——統計假設

對於研究假設，應用數量或統計術語的陳述句加以表達，並對未知母體參數的性質作相關的陳述，便是統計假設 (statistical hypothesis)。統計假設包含虛無假設 (null hypothesis) 和對立假設 (alternative hypothesis) 兩種。

• 請讀下一單元

 10–7 設立假設的原則

1. 對立假設

是由研究假設直接發展而來，而且不含等號在內的假設。對立假設是研究者想要支持的假設，以 H_1 表示。譬如研究者想探討「新式燈泡平均使用壽命為 μ_1，可以超過一般燈泡的使用壽命 1,000 小時」，其對立假設可寫成：

$$H_1: \mu_1 > 1,000 \qquad (不含等號)$$

2. 虛無假設

是對立假設相反的假設，亦是研究者想要否定的假設，它含有等號在內，以 H_0 表示。譬如上述新式燈泡問題的虛無假設寫成：

$$H_0: \mu_1 \leq 1,000 \qquad (含有等號)$$

• 請讀下一單元

 10–8

例 1

請寫出下列問題的 H_0 和 H_1 統計假設：

(1) 60 分為一般教學法的學生數學平均成績，研究假設
「新式教學法能提高全班學生的數學成績」。
令 μ 為接受新式教學法的學生數學平均成績，故統計
假設為：

$$H_0: \mu \underline{\quad\quad} 60$$

$$H_1: \mu \underline{\quad\quad} 60$$

$\leq$

$>$

(2)一般蘋果的平均甜度為 4 度，研究假設「新品種蘋果
的甜度低於一般蘋果」。

令新品種蘋果的平均甜度為 μ，則其統計假設為：

$$H_0 : \mu \underline{\quad\quad} 4$$　　　　　　　　$\geq$

$$H_1 : \mu \underline{\quad\quad} 4$$　　　　　　　　$<$

・如果答對，請跳讀單元 10–11

・如果答錯，請讀下一單元

 10–9

(1)令新式教學法的數學平均成績為 μ，一般教學法下的
數學平均成績是 60 分。依題意，接受新式教學法學生
數學成績 μ 高於一般教學法下的學生數學成績 60
分，即 $\mu > 60$，所以對立假設是：

$$H_1 : \mu \underline{\quad\quad} 60$$　　　（未含等號）　　　$>$

與 $\mu > 60$ 正好相反是 $\mu \leq 60$，故虛無假設為：

$$H_0 : \mu \underline{\quad\quad} 60$$　　　（含等號）　　　$\leq$

・請讀下一單元

 10–10

(2)令新品種蘋果的甜度為 μ，一般蘋果的甜度為 4 度，
依題意，新品種蘋果甜度 μ 低於一般蘋果甜度 4 度，
即 $\mu < 4$ 度，所以對立假設為：

$$H_1 : \mu \underline{\quad\quad} 4$$　　　（未含等號）　　　$<$

與 $\mu < 4$ 相反是 $\mu \geq 4$，所以虛無假設為：

$$H_0 : \mu \underline{\quad\quad} 4$$　　　（含等號）　　　$\geq$

・請讀下一單元

 **10–11**

請就下列情況，寫出其虛無假設 H_0 和對立假設 H_1：

(1)衛生署驗證降血壓新藥是否有療效。

(2)法官在法庭上審判被告是否有罪。

(3)工廠廠長抽測某一工件長度，以檢定其尺寸是否為 60 mm。

(4)某校宣稱其實施新的英語訓練課程，能使學生的英語檢定考成績，高於一般學生的平均成績 300 分。

答：(1) H_0：新藥 _____（無／有）療效。   無

      H_1：新藥 _____（無／有）療效。   有

(2) H_0：被告 _____（無／有）罪。   無

      H_1：被告 _____（無／有）罪。   有

(3) H_0：工件長度 _____（＝／≠）60 mm。   ＝

      H_1：工件長度 _____（＝／≠）60 mm。   ≠

(4) H_0：新課程學生的英文成績_____（高／低）於、   低
等於 300 分。

      H_1：新課程學生的英文成績_____（高／低）於 300   高
分。

• 如果答對並確認已完全瞭解 H_0、H_1 的編寫，請跳讀單元 10–18

• 如果答錯並覺得仍不甚瞭解，請讀下一單元

 **10–12** 建立統計假設的參考原則

通常研究者會依照問題的內容提出兩個互斥的假設敘述，然後分派它們為虛無假設和對立假設。事實上在分派時，到底哪一假設敘述應派為虛無假設或對立假設，初學者常會感到困惑。以下列舉數項參考原則，供初學者參考。

• 請讀下一單元

單元 10–13 建立假設的步驟

Step 1 依題意提出兩互斥假設敘述

依單元 10–11，寫出兩互斥假設敘述 A 和 B：

①衛生署的假設：

A.新藥有效。

B.新藥_____效。　　　　　　　　　　　　　無

②法官的假設：

A.被告_____罪。　　　　　　　　　　　　　有

B.被告無罪。

③工廠的假設：

A.工件長度等於 60 mm。

B.工件長度_____60 mm。　　　　　　　　　不等於

④學校的假設：

A.接受新教材的學生成績_____於一般學生成　　高

績 300 分。

B.接受新教材學生成績不高於一般學生成績。

‧請讀下一單元

單元 10–14

Step 2 分派兩互斥假設為 H_1 和 H_0 的原則：

原則一：兩互斥的假設中，明顯含有等號的假設敘述，
設為虛無假設，而明顯不含有等號的假設，
設為對立假設。

譬如在單元 10–11 第(3)例，因「工件長度等於 60 mm」

含有等號，故須派為＿＿＿＿＿＿＿假設。又譬如檢定某公司中級

員工月薪 (μ) 不低於 5 萬元。因月薪 (μ) 不低於 5 萬，表示

「高於或＿＿＿＿＿5 萬」，含有等號，故 $H_0 : \mu \geq 5$ 萬。

　　此一原則須優先遵守。如果互斥的兩假設敘述中，未能

顯現何者含有等號，則再參考下列各項原則。

・請讀下一單元

虛無

等於

 **10–15**

> 原則二： 兩假設敘述中，錯誤地接受某一種假設會造
> 成較嚴重的後果，將此假設作為對立假設。

　　譬如單元 10–11 第(1)例，關於衛生署測試新藥的例子，

請比較下列可能後果何者較嚴重：

　　A.錯誤地接受「新藥有療效」假設，其後果是讓劣藥可

　　　上市。

　　B.錯誤地接受「新藥無療效」假設，其後果是良藥不准

　　　上市。

　　比較 A.和 B.兩種後果，顯然，讓「劣藥上市」造成危害

的嚴重性較大，故須把「新藥有療效」視為＿＿＿＿＿＿＿假設。

　　又以法官審判被告案件為例，想想下面哪一種後果較嚴

重：

　　A.錯誤地接受「被告有罪」假設，其後果是把無罪者判

　　　有罪而造成「冤獄」。

　　B.錯誤地接受「被告無罪」假設，其後果是把有罪者判

　　　無罪而「縱放壞人」。

　　比較 A.和 B.兩後果，站在人權至上的觀點，A.會造成冤

對立

獄（重者可能判死刑）比較嚴重，故法官須把 A.「被告有罪」

的假設敘述，設為＿＿＿＿＿假設，把 B.「被告無罪」設 　對立

為＿＿＿＿假設。 　虛無

　　・請讀下一單元

 **10–16**

> 原則三：分析問題中抽樣的目的，把研究者所致力要
>
> 　　　　　支持的假設敘述設為對立假設，想要否定的
>
> 　　　　　假設敘述設為虛無假設。

　　譬如單元 10–11 第(1)例，衛生署抽樣工作的目的，是想

要支持「新藥有療效」，故把「新藥有療效」設為＿＿＿＿＿ 　對立

假設，而想否定的假設「新藥無療效」，則設為虛無假設。

　　・請讀下一單元

 10–17

> 原則四：把與通用理論、常模、存在事實或一般現狀
>
> 　　　　　相反的假設敘述，視為對立假設。

　　譬如單元 10–11 中第(4)例，學校宣稱新課程的成效高於

一般課程，因一般課程的學生平均成績 300 分，屬「已存在

事實或一般現狀」，故把與之相異的假設為「新教材學生平均

成績高於 300 分」作為＿＿＿＿＿假設，而「平均成績不高於 　對立

300 分」作為虛無假設。

此外，凡是問題出現類似「有人宣告新產品特質 (μ) 優於（高於或低於）某一現有產品特質」的內容，因現有產品特質屬「存在事實或一般現狀」，故須把與之不同的「新產品特質優於現有產品特質」作為 _____ 假設。

對立

・請讀下一單元

 **10–18**　檢定的決策法則和錯誤率

　　假設檢定的最終目的，是要推斷出統計假設（虛無假設和對立假設）的真偽。在進行檢定工作時，研究者在心中先選定一個基準值（又稱臨界值），並藉之推導出判斷假設真偽的規則，我們稱之為「決策法則」。

　　再者，假設檢定乃根據樣本資料的訊息來作判斷，樣本資料是從母體隨機抽取，具有不確定性（因每一組樣本資料的個體不相同），抽樣誤差無法避免，因此想依據單一組隨機樣本資料來檢定假設的真偽，可能會發生誤差。

　　上述的「決策法則」、「錯誤率」兩個統計術語的意義，對於初學者而言，或許有些抽象難懂，因此以下將舉例來說明。

・請讀下一單元

 **10–19**

 2

　　一盒中有 A、B 兩種外形且重量相同的硬幣各一枚，已知 A 為公正硬幣，其出現正面的機率為 $p_A = 0.5$，B 為不公正硬幣，其出現正面的機率為 $p_B = 0.7$。今甲生從盒中隨意抽一枚硬幣（不知是 A 或 B），連投 20 次，得到正面次數 $x_甲 = 18$ 次。甲生將硬幣放回後，乙生也從盒中隨機抽取一枚硬幣，連投 20 次，得到正面次數 $x_乙 = 12$ 次。請王老師作以下判斷：檢定甲生所投的硬幣是否公正（即 $p = 0.5$）？其錯誤率為多少？檢定乙生所投的硬幣是否公正（即 $p = 0.5$）？其錯誤率為多少？

・請讀下一單元解答

單元 10-20

要回答單元 10-19 的問題之前，讓我們先回想 A、B 兩硬幣的機率分配：

1. 投公正硬幣之機率分配

依二項分配原理，計算投一枚公正硬幣 20 次之機率分配：

(1) 若硬幣為公正，其出現正面的機率為 $p_A = 0.5$，連投 20 次，令出現正面次數為 X，則 X 的期望值為：

$$E(X) = \mu = n \times p_A = 20 \times 0.5 = 10 \text{（次）}$$

X 的可能值為 $0, 1, 2, \cdots, 20$，其機率分配如表 10-1 所示：

表 10-1　$p = 0.5, n = 20$ 下之機率分配（查附表一）

x	0	$\cdots$	12	13	14	15	16	17	18	19	20
$f(x)$	0.000	$\cdots$	0.120	0.074	0.037	0.015	0.005	0.001	0.000	0.000	0.000
累積次數 $P(X \geq x)$	1.000	$\cdots$	0.252	0.132	0.058	0.021	0.006	0.001	0.000	0.000	0.000

(2) 表 10-1 和圖 10-1 是基於一枚公正硬幣 ($p = 0.5$)，連投 20 次的機率分配之結果。令 P 是投出正面次數 17 次或以上（即 $X \geq 17$）的累積機率為：

$$P(X \geq 17 \mid p = 0.5) = 0.001 \qquad \text{（計算請參考單元 7-10 說明）}$$

$P(X \geq 17 \mid p = 0.5)$ 的口語應讀為：在 $p = 0.5$ 的條件下，X 大於或等於 17 的機率。

反之，投出正面次數在 17 次以下（不含 17，即 $X < 17$）的累積機率為：

$$P(X < 17 \mid p = 0.5) = 1 - P(X \geq 17)$$
$$= 1 - 0.001$$
$$= 0.999$$

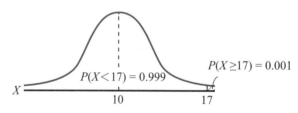

圖 10-1　在 $p = 0.5$ 時，$P(X < 17)$ 和 $P(X \geq 17)$ 的機率

(3)連投公正硬幣 20 次，出現正面 17 次或以上的累積機率 $P(X \geq 17) = 0.001$，僅千分之一而已，機率值非常低，不過，如果我們因其機率低，就因而推斷此硬幣不是公正的（即 $p \neq 0.5$），顯然這樣的推論是錯誤的，其錯誤率為 0.001，請讀者注意之。

2.投不公正硬幣之機率分配

(1)若硬幣為不公正，其出現正面的機率為 $p_B = 0.7$，連投 20 次。令出現正面次數為 X，則 X 的機率分配如表 10–2，其期望值為：

$$E(X) = \mu = n \times p_B = 20 \times 0.7 = 14$$

🅣 表 10–2　$p = 0.7, n = 20$ 下之機率分配

x	0	…	12	13	14	15	16	17	18	19	20
$f(x)$	0.000	…	0.115	0.164	0.192	0.178	0.131	0.072	0.027	0.007	0.001
$P(X \leq x)$	0.000	…	0.228	0.392	0.584	0.762	0.893	0.965	0.992	0.999	1.000
$P(X \geq x)$	1.000	…	0.887	0.772	0.608	0.416	0.238	0.107	0.035	0.008	0.001

(2)表 10–2 和圖 10–2 是基於一枚不公正硬幣 $(p = 0.7)$，連投 20 次的機率分配表，令投出正面次數在 17 次以下（不含 17，即 $X < 17$）的累積機率為：

$$P(X < 17 \mid p = 0.7) = P(X \leq 16 \mid p = 0.7) = 0.893$$

反之，連投 20 次得到正面次數在 17 次或以上 $(X \geq 17)$ 的累積機率為：

$$P(X \geq 17 \mid p = 0.7) = 1 - P(X < 17) = 1 - 0.893 = 0.107$$

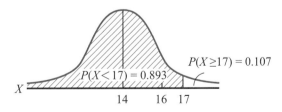

🅕 圖 10–2　在 $p = 0.7$ 時，$P(X < 17)$ 和 $P(X \geq 17)$ 的機率

3.決策的臨界點和規則

讓我們看看王老師如何藉由假設檢定判斷甲生所投的硬幣是否公正，其步驟：

(1)首先王老師設定一虛無假設，認為甲生所投的硬幣是公正的，即：

H_0: $p = 0.5$（或 $\mu = 10$ 次）　　　（虛無假設含等號）

(2)因為王老師有鑑於在硬幣公正 $(p = 0.5)$ 的前提下，投出正面次數 17 次或以上的機率分配為：

$$P(X \geq 17 \mid p = 0.5) = 0.001 \qquad （查表 10\text{--}1）$$

因為其代表錯誤的機率很低，所以王老師選擇 $X = 17$ 作為臨界值 C(critical value)，並且設定了這樣的決策規則：

連投硬幣 20 次，如果出現正面次數等於或大於臨界值 17（即 $X \geq 17$），則推論該硬幣不公正（即拒絕 H_0 為真）；如果投出正面次數小於 17（即 $X \leq 16$），則推論該硬幣為公正（即接受 H_0 為真）。

4.決策錯誤的機率計算

(1)王老師基於硬幣公正的角度，看到甲生投出正面 18 次，因大於臨界值 C（17 次正面），故王老師依他預定的決策法則，拒絕 H_0 成立，所以他判斷硬幣不公正，換句話說，拒絕硬幣的參數（機率 p）等於 0.5。而此判斷的錯誤率為：

$$P(X \geq 17 \mid p = 0.5) = 0.001$$

(2)當王老師基於硬幣公正的角度看到乙生投出 12 次正面，因小於臨界值 C，因此推論乙生所投的硬幣是公正的，接受虛無假設 $p = 0.5$ 成立。反之，若乙生所持硬幣是不公正的，即 $p_B = 0.7$，那麼王老師所作的判斷就錯誤了，此時的錯誤率為：

$$P(X \leq 16 \mid p = 0.7) = 0.893$$

(3)由此可知，當投出硬幣的 X 值大於或等於臨界值 C，則拒絕虛無假設，可能錯誤率為 0.001，我們稱之為型 I 錯誤 (type I error)；當 X 值小於臨界值 C，則接受虛無假設，可能錯誤率為 0.893，我們稱之為型 II 錯誤 (type II error)。

5.歸納和結論

由以上各單元的分析，可獲得假設檢定的一些重要概念。

(1)假設檢定是在虛無假設為真的前提下，發展出機率分配。

(2)決策法則：假設檢定是以臨界值 C 作為判斷的基點。當 X 大於或等於臨界值 C 的區域，即 X 落入拒絕域 (rejection region) 內，則拒絕 H_0 為真，此時的可能犯錯稱為型 I 錯誤；當 X 小於臨界值 C，即 X 落入接受域 (acceptance region) 內，則接受 H_0 為真，此時的可能犯錯稱為型 II 錯誤。

(3)在統計學上，把型 I 錯誤的錯誤率，稱為顯著水準 (significant level)，又稱作 α；而把型 II 錯誤的錯誤率，稱作 β。

・請讀下一單元

單元 **10–21** 型 I 錯誤率 α 和型 II 錯誤率 β 的關係

(1)茲再以例 2 比較 α 和 β 兩類型錯誤率的關係：

①若 $H_0: \mu = 10$（即 $p = 0.5$）為真的情況下，當 $X \geq C_1$ 時，拒絕 H_0 而造成型 I 錯誤的機率為：

$$\alpha_1 = P(X \geq C_1 \mid p = 0.5) \qquad \text{（圖 10–3 (a)上圖所示）}$$

②若 $H_1: \mu = 14$（即 $p = 0.7$）為真的情況下（即 H_0 為假），當 $X < C_1$ 時，接受 $H_0: \mu = 10$ 而造成型 II 錯誤的機率為：

$$\beta_1 = P(X < C_1 \mid p = 0.7) \qquad \text{（圖 10–3 (a)下圖所示）}$$

α 和 β 兩者的關係如表 10–3 和圖 10–3 所示

表 10–3

決　策	真實狀況	
	H_0 為真	H_0 為假
接受 H_0	正確判斷 $(1 - \alpha)$	型 II 錯誤 (β)
拒絕 H_0	型 I 錯誤（顯著水準 α）	正確判斷 $(1 - \beta)$

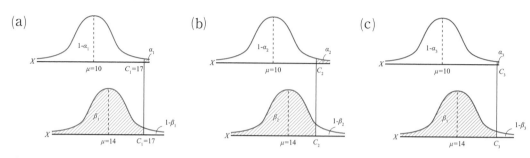

(a)　　　　　　　　　　(b)　　　　　　　　　　(c)

🅕 圖 10–3　上排為 $H_0: \mu = 10$ 為真的分配圖；下排為 $H_1: \mu = 14$ 為真的分配圖；臨界值 $C = 17$

(2)參看表 10–3 及圖 10–3，若選定小一點的臨界值 C_2（圖 10–3 (b)是由 C_1 向左移至 C_2 點，即 $C_2 < C_1$），可增加犯型 I 錯誤的機率值（$\alpha_2 > \alpha_1$），卻減少了犯型 II 錯誤率值（$\beta_2 < \beta_1$）；相反地，若選定大一點臨界值 C_3（圖 10–3 (c)是由 C_1 向右移至 C_3，即 $C_3 > C_1$），雖可減少犯型 I 錯誤率（$\alpha_3 < \alpha_1$），但卻提高了犯型 II 錯誤率（$\beta_3 > \beta_1$）。可見 α、β 兩值是相互連動消長的。

(3)唯一可以同時降低 α 值和 β 值的辦法，是增加樣本數 n。譬如改成投 30 次硬幣，當次數 n 增加，將使變異數（$\sigma_{\hat{P}}^2 = \dfrac{pq}{n}$）變小，$\hat{p}$ 抽樣分配的圖形會變得較為高聳，將使 α 和 β 兩值明顯同時變小。

・請讀下一單元

- -

單元 10–22　α 值和 β 值之決定

　　假設檢定是對未知母數作推斷的工作，因為真正的母數值是未知的，而且隨機樣本資料又具有不確定性，因此不論是拒絕或接受 H_0，是否有犯錯誤（型 I 或型 II）是無法知道的。因為犯型 I 錯誤的後果，一般比犯型 II 錯誤的後果為嚴重，而且我們必須設法把錯誤機率控制在一個很低或可接受的水準。故決定 α 值、β 值的原則是：先選定型 I 錯誤率 α 值在可容忍的水準內，然後再選型 II 錯誤率 β 值，並讓 β 值愈小愈好。

　　應用在統計學上，α 值通常分為三級：

(1) $\alpha = 0.01$，稱極顯著。

(2) $\alpha = 0.05$，稱很顯著。

(3) $\alpha = 0.10$，稱顯著。

・請讀下一單元

單元 10–23　假設檢定的三種形式

假設檢定，依對立假設的敘述形式，可分為三種類型：

1. 右尾檢定 (right-tailed test)

$$H_0 : \mu \leq \mu_0$$
$$H_1 : \mu > \mu_0$$

在 H_1 中，μ 大於特定值 μ_0，將來的 α 須位在曲線圖的右尾端，即拒絕域在抽樣分配的右尾稱為右尾檢定。譬如某校宣稱新的英文訓練課程使學生平均成績 μ 高於一般學生平均 μ_0（300 分），則對立假設為：

$$H_1 : \mu > \mu_0$$

則為右尾檢定，如圖 10–4 所示：

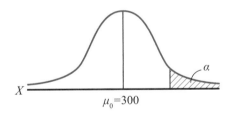

Ｆ　圖 10–4　右尾檢定

2. 左尾檢定 (left-tailed test)

$$H_0 : \mu \geq \mu_0$$
$$H_1 : \mu < \mu_0$$

在 H_1 中，μ 小於特定值 μ_0，將來 α 值須位在曲線圖的左尾端，即拒絕域在抽樣分配的左尾稱為左尾檢定。譬如新降血壓藥有效，即能使病人血壓降低。假設未服藥病人之血壓 $\mu_0 = 120$，服藥後之血壓為 μ，則對立假設為：

$$H_1 : \mu < 120$$

則為左尾檢定，如圖 10–5 所示：

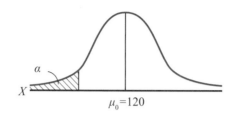

　　 Ⓕ 圖 10–5　左尾檢定

3. 雙尾檢定 (two-tailed test)

$$H_0 : \mu = \mu_0$$

$$H_1 : \mu \neq \mu_0$$

因 H_1 中 μ 是不等於 μ_0（大於或小於），將來 α 須平分為 $\dfrac{\alpha}{2}$ 位在曲線圖的兩

尾端，即拒絕域 $\dfrac{\alpha}{2}$ 各占抽樣分配的左右兩端，稱為雙尾檢定。譬如工廠新機

器製造的工件長度等於 0.001 m，則對立假設 $H_1 : \mu \neq 0.001$ 是屬於雙尾檢定，

如圖 10–6 所示：

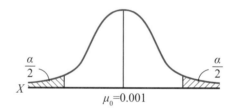

　　 Ⓕ 圖 10–6　雙尾檢定

・請讀下一單元

 10–24 假設檢定的過程

一般而言，我們可以應用下列五步驟來進行假設檢定的工作：

⑴擬定虛無假設和對立假設。

⑵選擇合適的檢定統計量（式）。

⑶選定顯著水準和臨界值，並擬定決策法則。

⑷依據樣本資料，計算檢定統計量值。

⑸比較與結論：比較檢定統計量值和決策法則，判斷拒絕或接受虛無假設。

・請讀下一單元

單元 10–25　母體平均數 μ 假設檢定的原理和決策法則

常見母體 μ 的檢定方法，有 Z 值檢定、t 值檢定和 P 值檢定三種，我們先介紹 Z 值檢定的原理和決策法則。

Z 值檢定 (Z-test) 的原理是：

> 由顯著水準 α 轉換成臨界值 z_α，然後把樣本平均值標準化成 z 值，最後比較 z_α 值和 z 值，以判斷是否可以拒絕虛無假設。

・請讀下一單元

單元 10–26　Z 值檢定的臨界值和決策法則

依 Z 值檢定的臨界值，把 Z 軸分成拒絕域和接受域，然後依下列法則來作判斷。

1. 左尾檢定

> 若 $Z \geq -|z_\alpha|$，即 Z 值落入接受域，則接受虛無假設。
> 若 $Z < -|z_\alpha|$，即 Z 值落入拒絕域，則拒絕虛無假設。

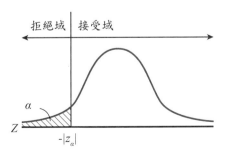

🇫 圖 10–7　左尾檢定的左邊為拒絕域

2.右尾檢定

若 $Z \leq |z_\alpha|$，即 Z 值落入接受域，則接受虛無假設。

若 $Z > |z_\alpha|$，即 Z 值落入拒絕域，則拒絕虛無假設。

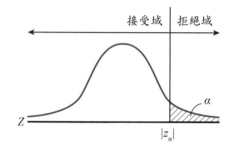

🄵 圖 10-8　右尾檢定的右邊為拒絕域

3.雙尾檢定

若 $-\left|z_{\frac{\alpha}{2}}\right| \leq Z \leq \left|z_{\frac{\alpha}{2}}\right|$，即 Z 值落入接受域，則接受虛無假設。

若 $Z < -\left|z_{\frac{\alpha}{2}}\right|$ 或 $Z > \left|z_{\frac{\alpha}{2}}\right|$，即 Z 值落入拒絕域，則拒絕虛無假設。

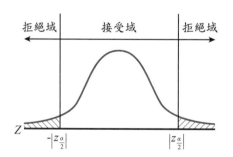

🄵 圖 10-9　雙尾檢定的兩邊為拒絕域

第二節 母體平均數在大樣本下的假設檢定

當大樣本 $(n \geq 30)$ 時，樣本平均數的抽樣分配為何?

依樣本平均數的抽樣分配為:

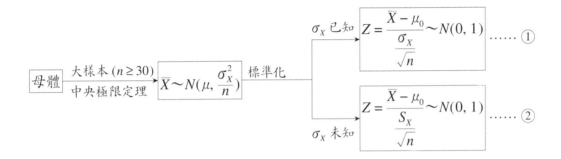

σ_X 已知 $\quad Z = \dfrac{\overline{X} - \mu_0}{\dfrac{\sigma_X}{\sqrt{n}}} \sim N(0, 1) \quad \cdots\cdots ①$

母體 $\xrightarrow[\text{中央極限定理}]{\text{大樣本} (n \geq 30)}$ $\overline{X} \sim N(\mu, \dfrac{\sigma_X^2}{n})$ 標準化

σ_X 未知 $\quad Z = \dfrac{\overline{X} - \mu_0}{\dfrac{S_X}{\sqrt{n}}} \sim N(0, 1) \quad \cdots\cdots ②$

(1)路徑①:

母體分配型態不拘，在大樣本 $(n \geq 30)$ 下，當 σ_X 已知，則樣本平均數 $\overline{X}$ 可標準化成標準常態分配。因此 μ 的假設檢定是，以 $Z = \dfrac{\overline{X} - \mu_0}{\dfrac{\sigma_X}{\sqrt{n}}}$ 作為檢定統計量，稱之為「Z 檢定」。

(2)路徑②:

母體分配型態不拘，在大樣本 $(n \geq 30)$ 下，當 σ_X 未知，則以樣本標準差 S_X 代替 σ_X，此時 $\overline{X}$ 照樣可標準化成 Z，因此 μ 的假設檢定是以 $Z = \dfrac{\overline{X} - \mu_0}{\dfrac{S_X}{\sqrt{n}}}$ 作為檢定統計量，此時也稱為「Z 檢定」。

・請讀下一單元

 3

臺北市某連鎖商店的月營業額呈常態分配。總公司宣稱月營業額為 150 萬元，標準差為 45 萬。今隨機抽取 36 家連鎖店，計算其月平均營業額為 165 萬。請試以 $\alpha = 0.05$，檢定該公司所宣稱的月營業額是否屬實。

· 練習應用假設檢定的五步驟解此問題，並請看下一單元解答

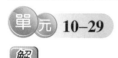

 解

依檢定的五步驟如下：

⑴擬定統計假設：

　　本題的目的為檢定公司宣稱月營業額是否為 150 萬，

　　其假設敘述是 $\mu = 150$ 及 $\mu \neq 150$ 兩種，把含等號者，

　　設為虛無假設：（依假設檢定原則一）

$$H_0 : \mu \underline{\hspace{1.5cm}} 150$$
$$H_1 : \mu \underline{\hspace{1.5cm}} 150$$

$=$

$\neq$

⑵選擇檢定統計量：

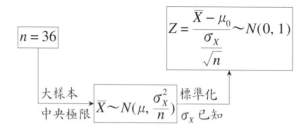

　　所以本檢定將是以 $Z = \underline{\hspace{2cm}}$ 作為檢定統計量。

$\dfrac{\overline{X} - \mu}{\dfrac{\sigma_X}{\sqrt{n}}}$

⑶選定臨界值並擬定決策法則：

　　①繪圖：採用「Z 檢定法」雙尾檢定。描繪 H_0 成立下

　　　的常態分配圖（如圖 10–6 所示）。

因 $\mu_z = 0$ 位在 Z 軸中央。$\mu_0 = 150$ 位在 $\overline{X}$ 軸中央。

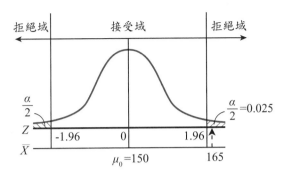

● 圖 10–10 由 $\alpha = 0.05$ 得知常態分配下兩端之 z 值

②求臨界值：因 $\alpha = 0.05$，$\dfrac{\alpha}{2} = 0.025$，$1 - \dfrac{\alpha}{2} = $ ＿＿＿，臨

界值 $z_{0.975} = $ ＿＿＿，$z_{0.025} = $ ＿＿＿。 （查表）   0.975

1.96、−1.96

③決策法則：

當計算的 Z 值，大於臨界值 1.96 或小於 −1.96，則

拒絕 ＿＿＿＿ 假設；當計算之 Z 值介於 −1.96～   虛無

1.96 之間，則接受 ＿＿＿＿ 假設。   虛無

(4)計算檢定統計量的值：

$$Z = \dfrac{\overline{X} - \mu_0}{\dfrac{\sigma_X}{\sqrt{n}}}$$

因 $\mu_0 = 150$，$\overline{X} = 165$，$\sigma_X = 45$，$n = 36$，代入公式得： $\dfrac{165 - 150}{\dfrac{45}{\sqrt{36}}}$

$$Z = \underline{\qquad} = 2.0$$

(5)比較與結論：

①比較：計算結果 $Z = 2.0$，大於臨界值＿＿＿，$\overline{X}$ 落入   1.96

拒絕域，達 $\alpha = 0.05$ 顯著水準，故 ＿＿＿＿（接受   拒絕

／拒絕）虛無假設。

②結論：該公司的宣稱月營業額為 150 萬並非屬實，如

此的推論仍有可能犯型 I 錯誤，錯誤率為 0.05。

・請讀下一單元

10–30

例 4

　　某飲料工廠宣稱其製造之罐裝飲料平均重量不少於 200 公克，今消基會隨機抽取 81 罐加以測量，得平均重量為 195 公克，標準差 25 公克，試以 $\alpha = 0.01$ 的顯著水準，檢定工廠宣稱是否屬實（已知該罐裝飲料的重量呈常態分配）。

答：(1)擬定統計假設：H_0：_____。

　　　　　　　　　　H_1：_____。

　(2)選擇檢定統計量：_____。

　(3)選定臨界值：_____。

　(4)計算檢定統計量的值____。

　(5)結論：_____（接受／拒絕）虛無假設。

· 如果答對，請跳讀單元 10–32

· 如果答錯，請讀下一單元解答

$\mu \geq 200$

$\mu < 200$

$\dfrac{\overline{X} - \mu_0}{\dfrac{\sigma_X}{\sqrt{n}}}$

$z_{0.01} = -2.33$

-1.80

接受

 **10–31**

　(1)擬定統計假設：

　　消基會對工廠的宣稱有所懷疑，其抽樣目的是想要支持 $\mu < 200$，故把它設為對立假設。

　　　　　$H_0 : \mu$____200

　　　　　$H_1 : \mu$____200

　(2)檢定統計量：

$\geq$

$<$

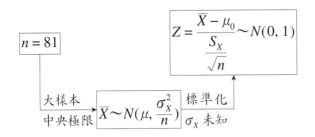

所以本檢定將是以 $Z = \dfrac{\overline{X} - \mu_0}{\dfrac{S_X}{\sqrt{n}}}$ 作為統計量。

(3)選定臨界值並擬定決策法則:

① Z 值檢定（常態分配）: 描繪 H_0 成立下的常態分配

　圖。

左尾檢定, α 在左側。

$\mu_0 = 200, \mu_Z = 0$。

把以上特徵繪入圖內:

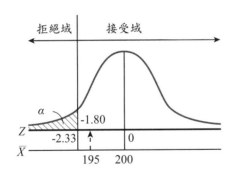

Ｆ 圖 10–11　左尾檢定的 α 在左邊

②臨界值:

$\alpha = 0.01$。

$z_{0.01} = \underline{\quad\quad}$。　　　（查表）　　　　　　−2.33

把此臨界值繪入圖內。

③決策法則: 若計算得到的 Z 值 _____（大／小）　　小

　於臨界值 −2.33, 則拒絕虛無假設 H_0。反之, 接受

　H_0。

(4)計算檢定統計量的值：

$$Z = \frac{\overline{X} - \mu_0}{\frac{S_X}{\sqrt{n}}}$$

$\mu_0 = 200, \overline{X} = 195, S_X = 25, n = 81$

上面各值代入公式：

$$Z = \frac{195 - \underline{\quad\quad}}{\frac{25}{\sqrt{81}}} = \underline{\quad\quad}$$

$200、\ -1.80$

(5)比較與結論：

① 比較：計算 Z 值 -1.80，大於臨界點 -2.33，落

在 _____ 域，故接受 _____ 假設。

接受、虛無

② 結論：工廠的宣稱屬實，換言之，罐裝飲料的平均重

量不少於 200 公克的宣稱得到支持。但此推論仍有

犯型 II 錯誤的可能。

第三節　P 值檢定

 10-32 *P* 值檢定的概念

　　一般而言，當我們要比較多個不同數值大小時，必須要在相同尺度單位的基礎上，才能分辨它們的大小關係。譬如一個班級中，甲是 120 公分高，乙是 4 呎高，丙是高矮排名的前第 5%。由於 120 公分、4 呎和 5% 等三數值的單位不同，因此不能比較它們的身高。

　　如果能把甲的身高轉化成英制單位，丙的 5% 也轉化成英制單位，那麼三人都變成以英制單位計算身高，這樣一來就可以比較出三人的高矮關係了。

・請讀下一單元

單元 **10-33**

樣本平均數 $\bar{X}$ 值、標準值 Z 值和顯著水準 α 值，三者的尺度單位不同，所以如同上單元所述原理，我們是無法比較 $\bar{X}$、Z 和 α 三者的大小關係。

不過，如果能把它們轉化成同一單位，就可以比較其大小了。

在「Z 值檢定」中，比較 $\bar{X}$ 和 α，就是應用了這種原理：

⑴把 $\bar{X}$ 轉化成標準值 Z。

⑵已知顯著水準 α，再透過查表獲得臨界值 Z_α。

⑶因為計算的 Z 值和查表的臨界值 Z_α，兩者是同樣的尺度單位，故可比較它們的大小。

⑷最後藉由比較 Z 和 Z_α 之差距，然後作決策。

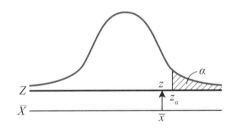

🄕 圖 10-12 將 $\bar{X}$ 轉化成 Z 值、α 值查表得 Z_α 值，再比較大小

・請讀下一單元

單元 **10-34**

另一種檢驗法「P 值檢定」，也是應用上述「相同單位才能比較的原理」，來比較 $\bar{X}$ 和 α 的大小關係，其作法是：

⑴把樣本平均數 $\bar{X}$，轉化成 Z 值，再把 Z 值透過查表轉化成機率 P 值。

⑵原訂的顯著水準值 α，因屬機率值，維持不變。

⑶因為轉化的 P 值和 α 值是_____（一樣／不一樣）　　一樣
的單位尺度，故可以比較兩者的大小關係。

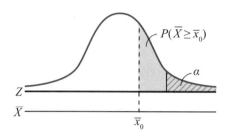

⑤ 圖 10–13　把 $\bar{x}_0$ 轉化成 P 值，再與 α 值比較

· 請讀下一單元

單元 10–35　P 值檢定的原理

P 值檢定是藉由比較 P 值和 α 值的大小，進而形成決策法則：

1. 左尾檢定

在 $H_1 : \mu < \mu_0$ 下，把 $\bar{x}_0$ 轉化成 P 值：

$$P \text{ 值} = P(\bar{X} \le \bar{x}_0) \qquad (\bar{x}_0 \text{ 為樣本平均值})$$

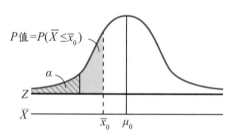

⑤ 圖 10–14　把 $\bar{x}_0$ 轉化成 P 值

2. 右尾檢定

在 $H_1 : \mu > \mu_0$ 下，把 $\bar{x}_0$ 轉化成 P 值：

$$P \text{ 值} = P(\bar{X} \ge \bar{x}_0) \qquad (\bar{x}_0 \text{ 為樣本平均值})$$

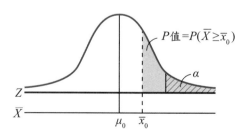

⑤ 圖 10–15　把 $\bar{x}_0$ 轉化成 P 值

3. 雙尾檢定

在 $H_1: \mu \neq \mu_0$ 下，把 $\bar{x}_0$ 轉化成 P 值：

⑴當 $\bar{x}_0 > \mu_0$ 時，$\bar{x}_0$ 在右尾，$P(\bar{X} \geq \bar{x}_0) = \dfrac{P \text{ 值}}{2}$，則：

$$P \text{ 值} = 2 \times P(\bar{X} \geq \bar{x}_0)$$

⑵當 $\bar{x}_0 < \mu_0$ 時，$\bar{x}_0$ 在左尾，$P(\bar{X} \leq \bar{x}_0) = \dfrac{P \text{ 值}}{2}$，則：

$$P \text{ 值} = 2 \times P(\bar{X} \leq \bar{x}_0)$$

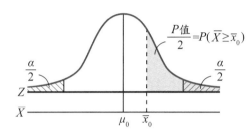

Ⓕ 圖 10–16 把 $\bar{x}_0$ 轉化成 P 值

比較由上述計算的 P 值和預定的 α 值，並依以下決策法則作判斷：

> 決策法則：若 P 值 $< \alpha$，則拒絕虛無假設。
> 若 P 值 $> \alpha$，則接受虛無假設。

・請讀下一單元

 10–36 應用 P 值檢定法

 5

某飲料工廠宣稱其製造之罐裝飲料平均重量不少於 200 公克，今消基會隨機抽取 81 罐加以測量，得平均重量為 195 公克，標準差 25 公克（已知該罐裝飲料的重量呈常態分配），試應用 P 值檢定法，以 0.01 的顯著水準，檢定工廠宣稱是否

屬實。

答：(1)擬定統計假設：H_0：_____。 $\quad\quad\quad\quad\quad\quad\mu \geq 200$

$\quad\quad\quad\quad\quad\quad\quad\quad H_1$：_____。 $\quad\quad\quad\quad\quad\quad\mu < 200$

(2)選擇檢定統計量：$Z =$ _____。 $\quad\quad\quad\quad\dfrac{\overline{X} - \mu_0}{\dfrac{S_X}{\sqrt{n}}}$

(3)擬定決策法則：_____。 $\quad\quad\quad P < 0.01, 拒絕 H_0$

$\quad\quad\quad\quad\quad\quad\quad\quad\quad\quad\quad\quad\quad\quad\quad\quad\quad\quad P \geq 0.01, 接受 H_0$

(4)計算 P 值：____。 $\quad\quad\quad\quad\quad\quad\quad\quad\quad\quad 0.0358$

(5)結論：_____（接受／拒絕）虛無假設。 $\quad\quad$ 接受

・如果答對，請跳讀單元 10–38

・如果答錯，請複習單元 10–30～10–31，並讀下一單元解答

 **10–37**

詳細說明請參看例 4。

(1)擬定統計假設：

$$H_0 : \mu \underline{\quad\quad} 200$$ $\quad\quad\quad\quad\quad\quad \geq$

$$H_1 : \mu \underline{\quad\quad} 200$$ $\quad\quad\quad\quad\quad\quad <$

(2)選擇檢定統計量：

$$Z = \dfrac{\overline{X} - \mu_0}{\dfrac{S_X}{\sqrt{n}}} \sim N(0, 1)$$

(3)擬定決策法則：

①繪圖：此題為_____（左／右）尾檢定，將 $\quad$ 左

$\alpha = 0.01$，$\mu = 200$ 繪入圖內。

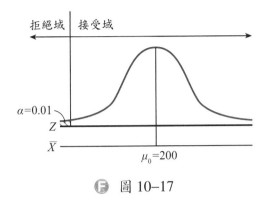

　　　　🄕 圖 10–17

　　②決策法則：P 值 $= P(\overline{X} \le \overline{x}_0)$，若 P 值 $< \alpha$，則拒絕 H_0；

　　　若 P 值 $\ge \alpha$，則接受 H_0。

(4)計算 P 值：把 $\overline{x}_0$ 轉化成 Z，再轉化成 P 值。因 $\overline{x}_0 = 195$，

　　轉化成 P 值，得：

　　P 值 $= P(\overline{X} \le \overline{x}_0) = P(\overline{X} \le 195)$

　　　　　$= P(\dfrac{\overline{X} - \mu_0}{\dfrac{S_X}{\sqrt{n}}} \le \dfrac{195 - \underline{}}{\dfrac{25}{\sqrt{81}}})$　　　（標準化）　　　200

　　　　　$= P(Z \le -1.80)$

　　　　　$= \underline{}$　　　（查表）　　　0.0359

(5)比較與結論：

　　①比較：因 P 值 0.0359 大於 $\alpha = 0.01$，落在 $\underline{}$　　　接受

　　　（接受／拒絕）域，故接受虛無假設。

　　②結論：工廠的宣告「罐裝飲料平均不少於 200 克」，

　　　得到支持，但也有可能犯型 II 錯誤。

・請讀下一單元

- -

 10–38 **應用 P 值檢定法**

 6

　　臺北市某連鎖商店的月營業額呈常態分配。總公司宣稱月

營業額為 150 萬元，標準差為 45 萬元。今隨機抽取 36 家連鎖店，計算其月平均營業額為 165 萬元。請試以 $\alpha = 0.05$，檢定該公司所宣稱的月營業額為 150 萬元是否屬實（同例 2）。

答：(1)擬定統計假設：$H_0 : \mu$ ＿＿＿ 150。
　　　　　　　　　　　$H_1 : \mu$ ＿＿＿ 150。

　　(2)選擇檢定統計量：＿＿＿＿＿＿。

　　(3)擬定決策法則：＿＿＿＿＿。

　　(4)計算 P 值 = ＿＿＿。

　　(5)結論：＿＿＿＿（接受／拒絕）虛無假設。

・如果答對，請練習自我評量 1

・如果答錯，請讀下一單元解答

$=$

$\neq$

$Z = \dfrac{\overline{X} - \mu}{\dfrac{\sigma_X}{\sqrt{n}}}$

$P < 0.05,$ 拒絕 H_0
$P \geq 0.05,$ 接受 H_0
0.0456

拒絕

 單元 10–39

 解

　　因擬檢定 $\mu = 150$ 萬元，或 $\mu \neq 150$ 萬元兩項，其中 $\mu = 150$ 有等號，故必為虛無假設 H_0。

　　(1)擬定統計假設：

$$H_0 : \mu \underline{\quad\quad} 150$$
$$H_1 : \mu \underline{\quad\quad} 150$$

　　(2)選擇檢定統計量：

$$Z = \frac{\overline{X} - \mu_0}{\dfrac{\sigma_X}{\sqrt{n}}} \sim N(0, 1)$$

　　(3)擬定決策法則：

　　　①繪圖：此題為雙尾檢定，將 $\mu_0 = 150, \alpha = 0.05$ 繪入圖內。

$=$

$\neq$

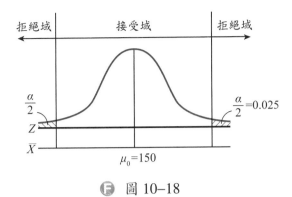

圖中標示：拒絕域　接受域　拒絕域；$\dfrac{\alpha}{2}$；$\dfrac{\alpha}{2}=0.025$；Z；$\overline{X}$；$\mu_0=150$

⑥ 圖 10–18

②決策法則：由樣本平均數 $\bar{x}_0$ 轉換得到的 P 值，若大

　　於或等於 $\alpha = 0.05$，則 _____（接受／拒絕）虛　　　接受

　　無假設 H_0。若 P 值 _____（大／小）於 $\alpha = 0.05$，　　小

　　則拒絕虛無假設 H_0。

⑷計算 P 值：把 $\overline{X}$ 轉換成 Z 值再轉換成 P 值，$\bar{x}_0 = 165$,

　$\mu_0 = 150, \sigma_X = 45, n = 36$：

$P(\overline{X} \geq \bar{x}_0) = P(\overline{X} \geq 165)$

$$= P\left(\dfrac{\overline{X} - \mu_0}{\dfrac{\sigma_X}{\sqrt{n}}} \geq \dfrac{165 - \mu_0}{\dfrac{\sigma_X}{\sqrt{n}}}\right) \qquad (標準化)$$

$$= P\left(Z \geq \dfrac{165 - 150}{\dfrac{45}{\sqrt{36}}}\right) = P(Z \geq \underline{\quad}) \qquad 2.0$$

$$= 1 - P(Z < 2.0) \qquad (查表)$$

$$= 1 - \underline{\quad} = 0.0228 \qquad\qquad 0.9772$$

P 值 $= 2 \times P(\overline{X} \geq 165) = 2 \times 0.0228 = \underline{\quad}$　　　0.0456

⑸比較與結論：

①比較：計算的 P 值 0.0456，小於 $\alpha = 0.05$，落

　　入 _____（接受／拒絕）域，故拒絕虛無假設。　　　拒絕

②結論：總公司宣稱連鎖店月營業額為 150 萬元，並不

　　屬實。此推論尚有犯型 _____（I／II）錯誤的可能。　　　I

・恭喜你已學完母體平均數 μ 的假設檢定，請練習自我評量 1

自我評量 ①

一、某校教師利用智力量表，測驗 98 名高一學生，得平均智力為 103，已知一般學生智力平均數 $\mu = 100$，$\sigma_X = 16$。試以 $\alpha = 0.05$ 檢定該校高一學生的智力是否高於一般學生。

二、某教育機構今年隨意調查 485 名研究生之每月支出，求得其平均數為 105 元，標準差 35 元，假設往年研究生每月支出之平均數為 100 元，在 $\alpha = 0.05$ 的情況下，試問此一差數是否顯著？

三、設某工廠開發一種新電器產品，根據市場情況，合乎規定的同型電器可用 1,200 小時，正式生產後，抽驗該電器產品 64 個，得其平均數 1,194 小時，標準差 36 小時，在 $\alpha = 0.05$ 的情況下，試問該廠新產品是否合乎規定？

四、依以往統計，某一小學其六年級國語平均分數為 120 分（總分 180 分），今於六年級學生中抽取 100 名得平均分數為 123 分，變異數為 25 分，試以 $\alpha = 0.05$ 檢定六年級學生國語程度是否已進步？

第四節　母體平均數在小樣本下的假設檢定

單元 10-40　母體常態且小樣本

當母體呈常態分配且為小樣本的情況下，抽樣分配是如何呢？檢定統計量為何呢？請參考以下的結構圖：

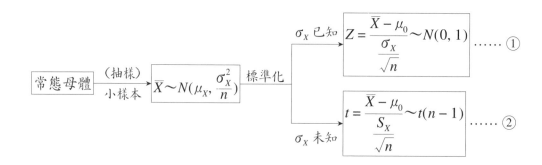

常態母體 $\xrightarrow[\text{小樣本}]{(\text{抽樣})}$ $\overline{X} \sim N\left(\mu_X, \dfrac{\sigma_X^2}{n}\right)$ $\xrightarrow{\text{標準化}}$

σ_X 已知：$Z = \dfrac{\overline{X} - \mu_0}{\dfrac{\sigma_X}{\sqrt{n}}} \sim N(0, 1)$ …… ①

σ_X 未知：$t = \dfrac{\overline{X} - \mu_0}{\dfrac{S_X}{\sqrt{n}}} \sim t(n - 1)$ …… ②

⑴路徑①:

在常態母體、小樣本、σ_X 已知等三必要條件下，$\overline{X}$ 轉換成 Z 值:

$$Z = \frac{\overline{X} - \mu_0}{\frac{\sigma_X}{\sqrt{n}}} \sim N(0, 1)$$

所以 μ 的假設檢定，將以 $\dfrac{\overline{X} - \mu_0}{\frac{\sigma_X}{\sqrt{n}}}$ 作為檢定統計量，稱之為 Z 值檢定。

⑵路徑②:

在常態母體、小樣本、σ_X 未知等三必要條件下，$\overline{X}$ 轉換成 t 值:

$$t = \frac{\overline{X} - \mu_0}{\frac{S_X}{\sqrt{n}}} \sim t(n-1) \text{ 分配}$$

所以 μ 的假設檢定，將以 $\dfrac{\overline{X} - \mu_0}{\frac{S_X}{\sqrt{n}}}$ 作為檢定統計量，稱作 t 值檢定。

・請讀下一單元

單元 **10–41** t 值檢定法和 P 值檢定法

能用 Z 值檢定法，就能用 P 值檢定法來取代 (參看單元 10–32)，因為 P 值能透過標準常態機率分配表求得之故。

能用 t 值檢定法，基本上，也能用 P 值檢定法來取代。但實際上在手工計算時，P 值檢定法卻很少被使用，這是因為透過「t 機率分配表」查不到 P 值之故。不過，如應用電腦統計軟體，就沒有查不到的顧慮了。

本書在以下問題的假設檢定，將只介紹 t 值檢定法。

・請讀下一單元

單元 **10–42**

7

某餐廳想瞭解在某一週末顧客平均消費額是否受經濟不

景氣影響而有減少現象。於是隨機抽取 9 張帳單，計算其平均數為 134.4 元，已知顧客週末的消費額呈常態分配，標準差 σ_X 為 7.68，試以 $\alpha = 0.01$ 檢定該餐廳週末平均消費額是否低於往年的顧客平均消費額 150 元。

答：(1)擬定統計假設：H_0：_____。 $\qquad\qquad$ $\mu \geq 150$

$\qquad\qquad\qquad\quad$ H_1：_____。 $\qquad\qquad$ $\mu < 150$

(2)選擇檢定統計量：$Z =$ _____。 $\qquad$ $\dfrac{\overline{X} - \mu_0}{\dfrac{\sigma_X}{\sqrt{n}}}$

(3)臨界值：_____。 $\qquad\qquad\qquad\qquad\qquad$ -2.33

(4)計算檢定統計量的值：_____。 $\qquad\qquad$ -6.09

(5)結論：_____（接受／拒絕）虛無假設。 $\quad$ 拒絕

· 如果答對，請跳讀單元 10–44

· 如果答錯，請讀下一單元解答

 10–43

(1)擬定統計假設：

$$H_0 : \mu \underline{\qquad} 150$$ $\qquad\qquad$ $\geq$

$$H_1 : \mu \underline{\qquad} 150$$ $\qquad\qquad$ $<$

餐廳懷疑該週末營業額低於往年顧客平均消費額 150 元，所以研究者想由樣本來檢定敘述假設 $\mu < 150$，故設之為對立假設。

(2)選擇檢定統計量：母體為常態，且母體之 σ_X 已知，小樣本（$n = 9$），依單元 10–46 路徑①得知，採「Z 值檢定」，以_____作為檢定統計量。 $\quad$ $\dfrac{\overline{X} - \mu_0}{\dfrac{\sigma_X}{\sqrt{n}}}$

(3)選定臨界值並擬定決策法則：

①繪圖：

本題將採 Z 值檢定，且由 H_1 知為＿＿＿＿＿（左／
右）尾檢定。$\mu_Z = 0$, $\mu_0 = 150$，將此特徵繪入圖內。

左

②臨界值：$\alpha = 0.01$

$$z_{0.01} = \underline{\quad} \qquad （查表）$$

-2.33

把臨界值繪入圖內。

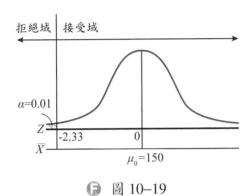

⑤ 圖 10–19

③決策法則：如果 Z 值小於臨界值＿＿＿，則拒絕 H_0。

-2.33

(4)計算檢定統計量的值：

$$Z = \frac{\overline{X} - \mu_0}{\dfrac{\sigma_X}{\sqrt{n}}}$$

$\mu_0 = \underline{\quad}$, $\overline{X} = 134.4$, $\sigma_X = \underline{\quad}$, $n = 9$

150、7.68

代入公式得到：

$$Z = \frac{134.4 - 150}{\dfrac{7.68}{\sqrt{9}}} = \underline{\quad}$$

-6.09

(5)比較與結論：

①比較：計算 Z 值得 -6.09，＿＿＿＿＿（大／小）於臨

界值 $z_{0.01} = -2.33$，落入拒絕域，故＿＿＿＿＿（接受

／拒絕）H_0。

小

拒絕

②結論：餐廳該週末的顧客平均消費額低於往年的顧

客平均消費額 150 元，但也有可能犯型 I 錯誤。

・請讀下一單元

10-44

 8

　　某校今年應用新法教授統計學，學校想瞭解該新教學法是否優於傳統教學法。已知傳統教學法的學生平均成績 55 分。今隨機從接受新教學法的學生中抽選 16 人接受測驗，得平均數 59.31，標準差 13.19 分。試在 $\alpha = 0.05$ 下，由此資料檢定新教學法的學生成績是否優於傳統教學法（假設學生成績呈常態分配）。

答：(1)擬定統計假設：H_0：＿＿＿＿＿。　　　　　　　$\mu \le 55$

　　　　　　　　　　H_1：＿＿＿＿＿。　　　　　　　$\mu > 55$

　　(2)選擇檢定統計量：＿＿＿值檢定。　　　　　　　t

　　(3)臨界值：$t_{15,\,0.05} = $ ＿＿＿。　　　　　　　　1.753

　　(4)計算檢定統計量的值：＿＿＿。　　　　　　　　1.308

　　(5)結論：＿＿＿＿＿（接受／拒絕）虛無假設 H_0。　接受

・如果答對，請跳讀單元 10-46

・如果答錯，請讀下一單元解答

 10-45

解

　(1)擬定統計假設：

$$H_0 : \mu \underline{\quad\quad} 55$$ 　　　　　$\le$

$$H_1 : \mu \underline{\quad\quad} 55$$ 　　　　　$>$

　　依據假設檢定單元 10-17 原則四，傳統教學法的學生平均成績 55 分，屬「已存在的事實或一般現狀」，故 $\mu \le 55$ 設為虛無假設。

　(2)選擇檢定統計量：

母體呈常態分配，母數標準差 σ_X_____（未／已）　未

知，$n = 16$ 屬小樣本，以上三條件符合 t 值的分配條

件。

$$\dfrac{\overline{X} - \mu_0}{\dfrac{S_X}{\sqrt{n}}}$$

所以 μ 的假設檢定將採 t 值檢定，而以_____作為

檢定統計量。

(3)選定臨界值並擬定決策法則：

①繪圖：

t 值檢定，_____（右／左）尾檢定，$\mu_t = 0$，$\mu_0 = 55$，　右

把以上數值繪入圖內。

②臨界值：

$\alpha = 0.05$，自由度 $df = n - 1 =$ ＿＿＿　15

$t_{15,\,\alpha} = t_{15,\,0.05} =$ ＿＿＿　（查表）　1.753

（把此臨界值繪入圖內）

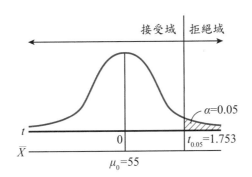

ⓕ 圖 10–20　將 $t_{0.05} = 1.753$ 繪在圖上

③決策法則：若計算之 t 值_____（大／小）於臨界　大

值 1.753，則拒絕虛無假設。若 t 值小於或等於

1.753，則接受 H_0。

(4)計算檢定統計量的值：

$$t = \dfrac{\overline{X} - \mu_0}{\dfrac{S_X}{\sqrt{n}}}$$

$\because \mu_0 = 55, \overline{X} = 59.31, S_X = \underline{\quad\quad}, n = 16$　　　　　13.19

代入公式得到：

$$t = \frac{59.31 - 55}{\dfrac{13.19}{\sqrt{16}}} = \underline{\quad\quad}$$　　1.308

(5)比較與結論：

①比較：計算 t 值得 1.308，_____（大／小）於臨界　　小

值 1.753，所以接受虛無假設 H_0。

②結論：根據樣本資料的檢定結果，今年接受新教學法

學習統計學的學生之成績表現並沒有優於傳統教學

法。所以新教學法_____（有效／無效）。不過　　無效

此推論有犯型 II 錯誤之可能。

・請讀下一單元

單元 **10–46** 綜合結論

母數 μ 之樣本檢定統計量的抽樣分配：

合併單元 10–27 與單元 10–40，對於樣本平均數 $\overline{X}$ 的抽樣分配及 μ 的檢定統計量分配，整理成如下路徑：

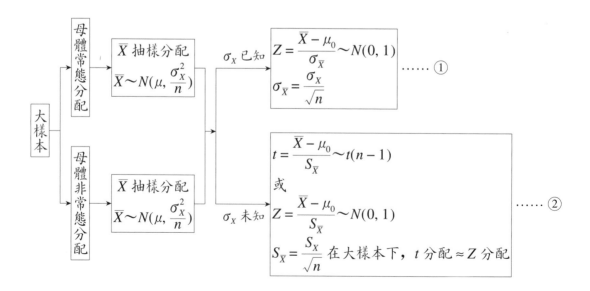

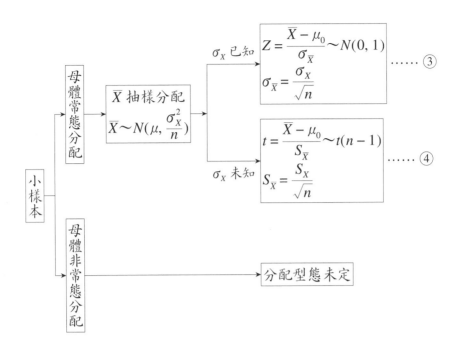

路徑②：t 分配的必要條件是：(1)母體為常態分配或母體為非常態分配在大樣本下，樣本為常態分配；(2) σ_X 未知；(3)大樣本時，因為 $S_X \approx \sigma_X$，以 $S_{\bar{X}}$ 取代 $\sigma_{\bar{X}}$，因此 $\bar{X}$ 標準化成 Z，趨近於標準常態分配，故 t 分配和 Z 分配相接近；路徑④：當小樣本時，S_X 和 σ_X 相差大，所以必須採用 t 分配。

・恭喜你已學完 t 檢定法，請練習自我評量 2

自我評量 2

五、某工廠製造電棒，規定長度為 3 公分。經抽驗 5 根，計算得其平均數為 2.97 公分，變異數為 0.0036 平方公分，已知該廠製造的電棒長度呈常態分配，問在 $\alpha = 0.05$ 下，該廠產品是否符合規定？

六、某外銷水果一級品平均重量為 23.2 公克，今從貨櫃中，隨機抽取 6 個，重量如下：

25.7, 23.5, 26.2, 28.8, 25.4, 22.4

若該水果重量呈常態分配，試以 $\alpha = 0.05$，檢定該水果平均重量是否符合規定。

七、教育局調查 10 位課後在補習班補習的國三學生，測得體重為：

46, 42, 39, 44, 49, 50, 42, 45, 40, 43

今已知國三學生體重呈常態分配，平均體重為 47.19 公斤，在 $\alpha = 0.01$ 的情況下，試問參加課後補習的國三學生的體重是否比一般國三學生為輕。

第五節　母體比率的假設檢定

 單元 10–47　母體比率 p 的假設檢定──大樣本

從一母體中抽取含樣本數 n 的一組樣本，令其含有某一特質的個數為 X，則形成樣本比率 $\hat{p}$ 為

$$\hat{p} = \frac{X}{n}$$

當樣本數夠大，即 $np > 5$ 且 $n(1 - p) > 5$ 時，$\hat{p}$ 的抽樣分配為常態分配，即：

$$\hat{p} \sim N(p, \frac{p(1 - p)}{n})$$

其中 $\mu_{\hat{p}} = E(\hat{p}) = p$，$\sigma_{\hat{p}}^2 = Var(\hat{p}) = \frac{p(1 - p)}{n}$。

標準化之後，就成為 Z 值，是標準常態分配：

$$Z = \frac{\hat{p} - p}{\sqrt{\dfrac{p(1 - p)}{n}}} \sim N(0, 1)$$

由以上可得，當檢定母體 p 時，可採用 Z 值檢定，而其檢定統計量為：

$$Z = \frac{\hat{p} - p}{\sqrt{\dfrac{p(1 - p)}{n}}}$$

· 請讀下一單元

 **單元 10–48**

 例 9

有一盒硬幣，某人懷疑硬幣公正性，特隨機抽取 20 個出來投擲，結果出現 16 個正面，請在 $\alpha = 0.01$ 的水準下，檢定

此盒硬幣出現正面的可能性是否比反面高(令母體比率為 p，樣本比率為 $\hat{p}$)。

答：(1)擬定統計假設：H_0：_____。　　　　　　　$p \le 0.5$

　　　　　　　　　　　H_1：_____。　　　　　　　$p > 0.5$

　　(2)選擇檢定統計量：$Z =$ _____。　　　　　$\dfrac{\hat{p} - p}{\sqrt{\dfrac{p(1-p)}{n}}}$

　　(3)臨界值：_____。　　　　　　　　　　　　　　2.33

　　(4)計算檢定統計量的值：_____。　　　　　　　　2.68

　　(5)結論：_____（接受／拒絕）虛無假設。　　拒絕

・如果答對，請跳讀單元 10–50

・如果答錯，請讀下一單元解答

10–49

解

(1)擬定統計假設：

$$H_0 : p \le 0.5$$

$$H_1 : p > 0.5$$

依題意知，樣本目的在擬檢定硬幣出現比率是否大於一般的 0.5，故 $p > 0.5$ 設為對立假設。

(2)選擇檢定統計量：

因為 $np =$ _____ × _____ $= 10, n(1-p) = 20 \times 0.5 = 10$　　20，0.5

以上兩者都大於 5，故 n 屬_____（大／小）樣本，　　大

母體 p 的假設檢定，將以 $\dfrac{\hat{p} - p}{\sqrt{\dfrac{p(1-p)}{n}}}$ 作為檢定統計

量。

(3)選定臨界值並擬定決策法則：

　①繪圖：

本檢定屬 Z 值檢定。並屬於＿＿＿＿＿（右尾／左尾）　　　　　右尾

檢定。$\mu_0 = 10, \mu_z = 0, \alpha = 0.01$。最後把以上特徵繪入

圖內。

②臨界值：

$\alpha = 0.01, 1 - \alpha = 0.99$

$z_{0.99} = \underline{\quad\quad}$ （查表）　　　　　　　　　2.33

（把此臨界值繪入圖內）

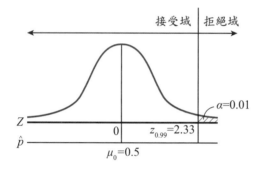

⑤ 圖 10–21 把 $\alpha = 0.01$ 轉化成 $z = 2.33$

③決策法則：若計算的 Z 值大於 2.33，則＿＿＿＿＿（接　　拒絕

受／拒絕）虛無假設 H_0；若 Z 值 ≤ 2.33 則接受 H_0。

⑷計算檢定統計檢定量的值：

$$Z = \frac{\hat{p} - p}{\sqrt{\dfrac{p(1 - p)}{n}}}$$

∵ $p = 0.5, \hat{p} = \dfrac{X}{n} = \dfrac{16}{20} = \underline{\quad\quad}$　　　　　　0.8

代入公式：

$$Z = \frac{0.8 - \underline{\quad\quad}}{\sqrt{\dfrac{0.5 \times 0.5}{20}}} = 2.68$$　　　　0.5

⑸比較與結論：

①比較：計算的 $Z = 2.68$，大於臨界值 2.33，落入拒絕

域，依決策法則，＿＿＿＿（接受／拒絕）虛無假

設。

　　②結論:此盒硬幣的公正性不被支持,但此推論仍可能

　　　犯型 I 錯誤, 錯誤率為 0.01。

・請讀下一單元

 **10–50**

 10

　　大樂透彩券採 42 選 6 的組合。若由電腦選號，每一號碼

出現在每一張簽注單上的機率為 $\frac{1}{42}$。今某研究員自資料庫中

隨機抽取 2,500 張簽注單，發現有 71 張的號碼含有 10 號。

問簽注民眾對 10 號是否呈現有所偏的情形,試以 $\alpha = 0.05$ 檢

定之。

答：(1)擬定統計假設： H_0: ＿＿＿＿＿。

　　　　　　　　　　 H_1: ＿＿＿＿＿。

　　(2)選擇檢定統計量： $Z =$ ＿＿＿＿＿。

　　(3)臨界值：＿＿＿＿＿。

　　(4)計算檢定統計量的值：＿＿＿＿。

　　(5)結論：＿＿＿＿＿（接受／拒絕）虛無假設。

・如果答對，請練習自我評量 3

・如果答錯，請讀下一單元解答

右側欄：

拒絕

$p = \frac{1}{42}$

$p \neq \frac{1}{42}$

$\dfrac{\hat{p} - p}{\sqrt{\dfrac{p(1-p)}{n}}}$

1.96 及 −1.96

1.53

接受

 10–51

(1)擬定統計假設:

　　因電腦選號是屬完全隨機的選法，故每個數字被選擇

的機率為 $\frac{1}{42}$。

令 p 為民眾選 10 號的機率（表示對 10 號無所偏）。

$$H_0 : p = \frac{1}{42}$$

$$H_1 : p \neq \frac{1}{42}$$

(2)選擇檢定統計量：

因為 $np = \underline{\quad} \times \frac{1}{42} = \underline{\quad}$　　　　　　2,500、60

$n(1 - p) = 2,500 \times \underline{\quad} = 2,440$　　　　$\dfrac{41}{42}$

兩者均大於 5，故 n 為 _____（大／小）樣本。　　　大

(3)選定臨界值並擬定決策法則：

①繪圖：

本假設檢定為 Z 值檢定，屬 _____尾檢定：　　　雙

$$p = \frac{1}{42} = 0.0238,\ \mu_z = 0$$

$$\alpha = 0.05,\ \frac{\alpha}{2} = 0.025$$

把以上數值繪入圖內。

②臨界值：

① $\alpha = 0.05,\ \dfrac{\alpha}{2} = 0.025$

$z_{0.025} = \underline{\quad},\ z_{0.975} = \underline{\quad}$　　　（查表）　　　-1.96、1.96

把此臨界值繪入圖內。

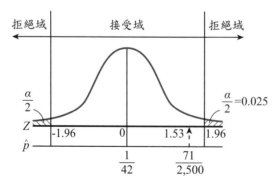

Ⓕ 圖 10-22　把 $z_{0.025} = z_{0.975} = 1.96$ 繪入圖內

③決策法則：若計算之 Z 值，大於 1.96 或小於 -1.96

落入 _____（接受／拒絕）域，則拒絕虛無假設。　　拒絕

如 Z 值介於 -1.96 至 1.96 之間，則 _____（接　　接受

受／拒絕）虛無假設。

(4)計算檢定統計量的值：

$$Z = \frac{\hat{p} - p}{\sqrt{\dfrac{p(1-p)}{n}}}$$

$\because \hat{p} = \dfrac{X}{n} = \dfrac{71}{2,500} = 0.0284, n = 2,500$

$p = \dfrac{1}{42} = 0.0238, 1 - p = \dfrac{41}{42} = 0.9762$

代入公式：

$$Z = \frac{0.0284 - \rule{1cm}{0.4pt}}{\sqrt{\dfrac{0.0238 \times 0.9762}{2,500}}} = \frac{0.0046}{0.0030} = 1.53 \qquad 0.0238$$

(5)比較與結論：

①比較計算得 $Z = 1.53$ 介於 -1.96 至 1.96 之間，落

入 _____（接受／拒絕）域，所以接受虛無假設　　接受

H_0。

②結論：民眾對於選 10 號，並無所偏。

· 恭喜你已學完母體比率 p 的假設檢定，請練習自我評量 3

自我評量 3

八、某大型公司員工之缺席率為 5%，在 8 月份公司全體 155 名員工中有 14 名缺

席，在 $\alpha = 0.05$ 的情況下，試問該月之缺席者是否特別多？

九、某工廠製造螺絲釘不合格者占 10%，經改變製造程序後，抽查 100 件中發現

5 件不合格，試問在 $\alpha = 0.05$ 下，是否能否認為該工廠產品已有改進？

十、高雄市今年市長選舉有甲乙兩候選人，某民調隨機選出 400 人作調查，其中

220 人選甲，請試以 $\alpha = 0.05$ 檢定甲候選人得票率是否不同於乙。

第六節　母體變異數的假設檢定

 **10-52**

樣本變異數 S_X^2 的抽樣分配為何呢? 依單元 8-78 所述, 若母體是常態分配時, 即:

$$X \sim N(\mu, \sigma_X^2)$$

從中隨機抽取 n 個樣本數的一組樣本, 求得樣本標準差 S_X^2, 經轉化成統計量 $\dfrac{(n-1)S_X^2}{\sigma_X^2}$, 則成為卡方分配, 如下:

$$\chi^2 = \frac{(n-1)S_X^2}{\sigma_X^2} \sim \chi^2(n-1) \text{ 分配}$$

以此 χ^2 統計量作為檢定統計量, 就可以進行母體變異數 σ_X^2 的假設檢定。茲以下一單元的例子來說明 σ_X^2 的假設檢定過程。

• 請讀下一單元

 **10-53**

 11

某電器公司在其充電式的電池上標示充電電池的使用壽命標準差為 5 小時, 今隨機抽取 30 個充電電池, 測試其使用壽命得到標準差 4.5 小時。已知該電池壽命呈常態分配, 試在 $\alpha = 0.05$ 下, 檢定該公司電池的標示是否屬實。

答: (1)擬定統計假設: H_0: _____。

H_1: _____。

(2)選擇檢定統計量: $\chi^2 = $ _____。

$\sigma = 5$

$\sigma \neq 5$

$\dfrac{(n-1)S_X^2}{\sigma_X^2}$

(3)臨界值：_____。 　　　　　45.72、16.05

(4)計算檢定統計量的值：_____。 　　$\chi^2 = 23.49$

(5)結論：_____（接受／拒絕）虛無假設。 　接受

- 如果答對，請練習自我評量 4

- 如果答錯，請讀下一單元解答

單元 10–54

解

(1)擬定統計假設：

$$H_0 : \sigma_X = \text{\_\_\_\_}$$ 　　　　5

$$H_1 : \sigma_X \neq 5$$

因本題是欲藉樣本來檢定電池壽命標準差 σ_X 是否為

5，故假設敘述 $\sigma_X = 5$，設為虛無假設。

(2)選擇檢定統計量：

母體為常態分配，且母體變異數為 σ_X^2，樣本變異數為 　$\dfrac{(n-1)S_X^2}{\sigma_X^2}$

S_X^2，依單元 10–52 檢定統計量為 $\chi^2 =$ _____。

(3)決策法則：

①繪圖：

此假設檢定屬「χ^2 檢定」。屬_____尾檢定。 　雙

$\alpha = 0.05, \dfrac{\alpha}{2} = 0.025$。把以上數值繪入圖內。

②臨界值：

自由度 $= n - 1 =$ ____ $- 1 = 29$ 　　　　30

$\chi^2_{n-1, \frac{\alpha}{2}} = \chi^2_{29, 0.025} =$ ____ 　（查表） 　45.72

$\chi^2_{n-1, 1-\frac{\alpha}{2}} = \chi^2_{29, 0.975} =$ ____ 　　　16.05

把此臨界值繪入圖內。

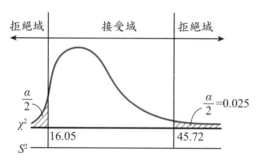

⑤ 圖 10–23

③決策法則：若計算的 χ^2 值，大於 45.72 或小於

16.05，則 _____（拒絕／接受）虛無假設 H_0。　　　　拒絕

若計算之 χ^2 值介於 45.72 至 16.05 之間，則接受

H_0。

(4)計算統計檢定量的值：

$$\chi^2 = \frac{(n-1)S_X^2}{\sigma_X^2}$$

$S_X^2 = 4.5^2, \sigma_X^2 = 25, n = 30$

代入公式：

$$\chi^2 = \frac{(30-1)(4.5)^2}{\underline{}} = 23.49$$　　　　25

(5)比較與結論：

①比較：計算的 $\chi^2 = 23.49$，介於 16.05 至 45.72 之間，

落入 _____（接受／拒絕）域，故 _____ 虛無　　　接受、接受

假設 H_0。

②結論：該充電電池上標示的標準差值屬實，但此推論

仍有可能犯型 II 錯誤。

· 恭喜你已學完母體變異數 σ_X^2 的假設檢定，請練習自我評量 4

十一、去年某校國一新生體重標準差為 $\sigma_X = 4$ 公斤，今年 6 月從該新生中隨機抽取 $n = 10$ 之樣本，得 $S_X = 5$，已知新生體重呈常態分配，在 $\alpha = 0.05$ 的情況下，試檢定其體重標準差是否有改變。

十二、某工廠往年螺絲釘製品的半徑長度變異數為 8.5 平方公分。今年改善操作方法後，以隨機方法抽得 10 個樣本，得其變異數為 7.2 平方公分，已知螺絲釘半徑長度呈常態分配，試用 $\alpha = 0.05$ 檢定螺絲釘製品有無改進。

十三、某工廠規定所生產之食品的重量標準差不得超過 0.1 公克。今於其產品中抽查 10 個，求得其標準差為 0.15 公克。若該食品重量呈常態分配，試以 $\alpha = 0.025$ 檢定該食品重量標準差是否符合規定。

第七節　應用 SPSS 求單一樣本平均數的假設檢定

 **10–55**

例 12

　　由某校隨機抽取 10 名學生，測其身高與體重，得資料如表 10–4。試檢定全校學生體重在 $\alpha = 0.1$ 之下，是否不同於一般學生體重 46 公斤。

表 10–4

性　別	男	女	女	男	男	女	男	男	女	女
身　高	151	143	156	139	148	151	145	153	141	149
體　重	44	42	47	41	42	45	40	48	44	46

1. 擬定統計假設

$$H_0 : \mu_X = 46$$

$$H_1 : \mu_X \neq 46$$

2. SPSS 操作步驟

⑴開啟 SPSS，進入「變數檢視」工作表（圖 10–24）。然後定義各「變數」
　的所有屬性。

⑵性別變數：在「名稱」格輸入「sex」；在「類型」格選擇「字串」；在「標記」
　格輸入「性別」；在「數值」格輸入「1」為「男生」，「2」為「女生」。
　身高變數：在「名稱」格輸入「height」；在「標記」格輸入「身高」。
　體重變數：在「名稱」格輸入「weight」；在「標記」格輸入「體重」。
　未經設定的屬性，則採用系統「內定值」。

⑶按左下角切換標籤（圖 10–24 ❷），轉換叫出「資料檢視」工作表（圖 10–25）。

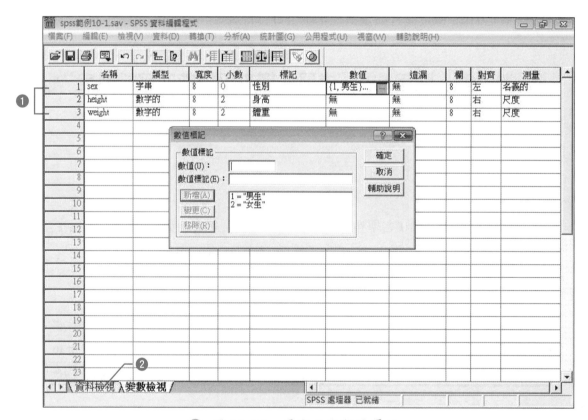

❻ 圖 10–24　界定各變數的屬性

Step 2　輸入資料

把例 11 中表 10–4 的數值資料，輸入「資料檢視」表內的儲存格（圖 10–25）。

🄕 圖 10–25　輸入數值資料

Step 3　點選分析法：單一樣本 T 檢定

⑴在功能表列，依圖 10–26 所示，點選「分析」→「比較平均數法」→「單一樣本 T 檢定」。

⑵開啟「單一樣本 T 檢定」主對話盒（圖 10–27）。

🄕 圖 10–26　點選統計分析法：單一樣本 T 檢定

Step 4　主對話盒

⑴在主對話盒「單一樣本 T 檢定」（圖 10–27），把左側清單框內的變數「體重」（圖 10–27 ❶），移入右側的「檢定變數」框（圖 10–27 ❷）內。

2.在「檢定值」框內，輸入「46」（圖 10–27 ❸）。

3.點選「選項」鈕（圖 10–27 ❹），打開次對話盒：「單一樣本 T 檢定：選項」（圖 10–28）。

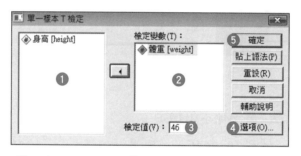

Ⓕ 圖 10–27　主對話盒：單一樣本 T 檢定

Step 5

⑴在次對話盒「單一樣本 T 檢定：選項」（圖 10–28 ❶）的「信賴區間」框內，輸入「90」。

⑵點選「依分析排除觀察值」。

⑶按「繼續」鈕（圖 10–28 ❷），回到主對話盒（圖 10–27）。

Ⓕ 圖 10–28　次對話盒：選項

Step 6

⑴在主對話盒「單一樣本 T 檢定：選項」（圖 10–27），確認已完成所有操作之後，按「確定」鈕（圖 10–27 ❺）。

⑵SPSS 立即執行計算，匯出報表。

3.解釋報表

⑴由圖 10–29 得知體重平均數為 43.90，標準差為 2.644。

⑵由圖 10–30 得知，檢定結果 t 值為 -2.512，其 p 值 $= 0.033$（雙尾），小於 $\alpha = 0.01$，因此拒絕 $\mu_x = 46$ 的虛無假設。

⑶所以支持全校學生的體重平均不等於 46 公斤的論點。

單一樣本統計量				
	個數	平均數	標準差	平均數的標準誤
體重	10	43.90	2.644	.836

Ｆ 圖 10–29　單一樣本統計量

單一樣本檢定						
	檢定值 = 46					
					差異的90% 信賴區間	
	t	自由度	顯著性 (雙尾)	平均差異	下界	上界
體重	-2.512	9	.033	-2.100	-3.63	-.57

Ｆ 圖 10–30　單一樣本檢定

一、$H_0 : \mu \le 100, H_1 : \mu > 100$

$$Z = \frac{103 - 100}{\dfrac{16}{\sqrt{98}}} = 1.86, z_{1-\alpha} = z_{0.95} = 1.645$$

$\because Z = 1.86 >$ 臨界值 1.645

$\therefore$ 拒絕 H_0，該校高一學生智力高於一般學生智力。

二、$H_0 : \mu = 100, H_1 : \mu \ne 100$

$$Z = \frac{105 - 100}{\dfrac{35}{\sqrt{485}}} = 3.146, z_{\frac{\alpha}{2}} = 0.025 = -1.96, z_{1-\frac{\alpha}{2}} = z_{0.975} = 1.96$$

$\because Z = 3.146 >$ 臨界值 1.96

$\therefore$ 拒絕 H_0，今年研究生每月支出不同於往年。

三、$H_0 : \mu = 1,200, H_1 : \mu \ne 1,200$

$$Z = \frac{1,194 - 1,200}{\frac{36}{\sqrt{64}}} = -1.33, z_{\frac{\alpha}{2}} = 0.025 = -1.96, z_{1-\frac{\alpha}{2}} = z_{0.975} = 1.96$$

$\because Z = -1.33$ 介於臨界值 -1.96 與 1.96 之間

$\therefore$ 接受 H_0，該新產品符合規定。

四、$H_0 : \mu \leq 120, H_1 : \mu > 120$

$$Z = \frac{123 - 120}{\frac{5}{\sqrt{100}}} = 6, z_{1-\alpha} = z_{0.95} = 1.645$$

$\because Z = 6 >$ 臨界值 1.645

$\therefore$ 拒絕 H_0，即今年六年級學生國語程度已進步。

五、$H_0 : \mu = 3, H_1 : \mu \neq 3$

$$df = 5 - 1 = 4, t = \frac{2.97 - 3}{\frac{0.6}{\sqrt{5}}} = -0.112, t_{4, 0.025} = 2.776, t_{4, 0.975} = -2.776$$

$\because t = -0.112$ 介於臨界值 -2.776 與 2.776 之間

$\therefore$ 接受 H_0，即該產品長度符合規定。

六、$H_0 : \mu = 23.2, H_1 : \mu \neq 23.2$

$\bar{x} = 25.33, S_X = 2.230$

$$df = 6 - 1 = 5, t = \frac{25.33 - 23.2}{\frac{2.230}{\sqrt{6}}} = 2.340, t_{5, 0.975} = -2.571, t_{5, 0.025} = 2.571$$

$\because t = 2.340$ 介於臨界值 -2.571 與 2.571 之間

$\therefore$ 接受 H_0，即讓水果重量符合規定。

七、$H_0 : \mu \geq 47.19, H_1 : \mu < 47.19$

$\bar{x} = 44, S_X = 3.59$

$$t = \frac{44 - 47.19}{\frac{3.59}{\sqrt{10}}} = -2.81, t_{9, 0.99} = -2.821$$

$\because t = -2.81 >$ 臨界值 -2.821

$\therefore$ 接受 H_0，參加課後補習的國三學生體重不比一般學生輕。

八、令缺席率為 p

$H_0: p \leq 0.05, H_1: p > 0.05$

$$Z = \frac{\frac{14}{155} - 0.05}{\sqrt{\frac{(0.05)(1 - 0.05)}{155}}} = 2.30, z_{1-\alpha} = z_{0.95} = 1.645$$

$\because Z = 2.30 >$ 臨界值 1.645

$\therefore$ 拒絕 H_0，8 月份員工缺席率高於 5%。

九、令不合格率為 p

$H_0: p \geq 0.1, H_1: p < 0.1$

$$Z = \frac{\frac{5}{100} - 0.1}{\sqrt{\frac{(0.1)(1 - 0.1)}{100}}} = -1.67, z_{0.05} = -1.645$$

$\because Z = -1.67 <$ 臨界值 -1.645

$\therefore$ 拒絕 H_0，工廠產品已有改善。

十、令甲之得票率為 p

$H_0: p = 0.5, H_1: p \neq 0.5$

$$Z = \frac{\frac{220}{400} - 0.5}{\sqrt{\frac{(0.5)(1 - 0.5)}{400}}} = 2, z_{0.025} = -1.96, z_{0.975} = 1.96$$

$\because Z = 2$ 不介於臨界值 -1.96 與 1.96 之間

$\therefore$ 拒絕 H_0，甲、乙兩候選人得票率不等。

十一、令體重標準差為 σ_X

$H_0: \sigma_X = 4, H_1: \sigma_X \neq 4$

$$\chi^2 = \frac{(10 - 1)(5)^2}{(4)^2} = 14.06, \chi^2_{9, 0.975} = 2.70, \chi^2_{9, 0.025} = 19.02$$

$\because \chi^2 = 14.06$ 介於臨界值 2.70 與 19.02 之間

$\therefore$ 接受 H_0，即今年體重標準差並未改變。

十二、令長度變異數為 σ_X^2

$H_0: \sigma_X^2 \geq 8.5,\ H_1: \sigma_X^2 < 8.5$

$\chi^2 = \dfrac{(10-1)(7.2)}{8.5} = 7.62,\ \chi^2_{9,\,0.95} = 3.33$

$\because \chi^2 = 7.62 > $ 臨界值 3.33

$\therefore$ 接受 H_0，今年製品並無改善。

十三、令食品重量標準差為 σ

$H_0: \sigma \leq 0.1,\ H_1: \sigma > 0.1$

$\chi^2 = \dfrac{(10-1)(0.15)^2}{(0.1)^2} = 20.25,\ \chi^2_{9,\,0.025} = 19.02$

$\because \chi^2 = 20.25 > $ 臨界值 19.02

$\therefore$ 拒絕 H_0，產品重量標準差超過標準值 0.1 公克，即產品不符合規定。

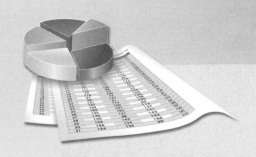

11

兩母體的統計估計
和假設檢定

在前述兩章，我們討論的是單一母體的估計和假設檢定。但是，在很多情況，我們遇到的問題卻是涉及到兩個母體的統計分析，譬如：

(1)臺北市和高雄市高中生的英文程度是否相等？

(2)美國紐約和臺灣臺北的房屋平均價格的比較？

(3)病人在服藥前後血壓的變化是如何？

諸如此類，各問題中均出現兩個母體，所以前述的單一母體估計和假設檢定就無法解決了，而必須應用兩個母體參數的估計和檢定方法才行。

有關兩母體性質的推論，包含兩母體平均數 (μ_1, μ_2)、兩比率 (P_1, P_2)、變異數 (σ_1^2, σ_2^2) 比值，以及兩變數間相關和迴歸等多種。本章將對前三種作詳細介紹。

第一節　兩母體平均數差在獨立大樣本下的統計推論

 11-1 兩獨立母體和不獨立母體

要判別兩母體是獨立或不獨立，並不困難，我們憑經驗就能區別的。就以下列的例子來進行討論：

 1

比較甲校學生的平均智商和乙校學生的平均智商是否相關。

 2

屏東蕉農平均收入和養殖漁民平均收入有無差異。

請憑個人的經驗判斷，在例 1 中，甲校學生和乙校學生分屬兩個不同團體，甲校學生的智商高或低，絲毫不會影響到乙校學生的智商變化。所以甲校學生智商的母體和乙校學生智商的母體彼此是不相干，故稱兩母體互不相關而獨立。

同理，在例 2 中，蕉農和漁民也是分屬兩種不同性質、毫無相關的母體，所以兩者母體亦是獨立的。

・請讀下一單元

 **11–2**

請再思考下列的例子:

 3

一群人參加減肥計畫，每一人在接受減肥療程計畫之前體重為 X，在完成減肥療程之後，體重為 Y，試檢定該群人減肥前後體重的變化。

 4

一群病患在服用新藥物之前之平均血壓值為 $\bar{X}$，服藥後之平均血壓值為 $\bar{Y}$，試檢定該新藥物對病患血壓的影響。

在例 3 中，減肥計畫前後兩母體都是同一群人，所以這群人原有的身體特質（如體質、遺傳基因、生理反應等），會同時影響到減肥前後的母體，所以此時的兩母體是有相關、非獨立的。

同理，例 4 中，服藥前後的母體，因屬同一群人，他們在體質上具有相同性，所以服藥前的母體和服藥後的母體，是為有相關的母體。

・請讀下一單元

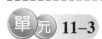 **11–3**

再仔細思考另一個例子，如果某實驗機構，在臺北對一群人測試服用新藥後血壓之變化，並在高雄對另一群人測試服用新藥後的血壓變化，這種方式的測試，臺北受測者母體和高雄受測者母體，分屬＿＿＿＿＿（相同／不相同）團體，　　　　　　　不相同
彼此的體質不會互相影響對方，所以臺北母體和高雄母體，
彼此是＿＿＿＿＿（獨立／相關）的。　　　　　　　　　獨立

・請讀下一單元

單元 11–4　兩母體平均數差統計推論的基本概念

我們再舉一例子來說明兩母體平均數差的推論概念:

5

設臺北市國小一年級的平均智商為 μ_X、標準差為 σ_X，由其中隨機抽取 n_X 個學生測量智商，得 $x_1, x_2, \cdots, x_n$ 等 n_X 個值，其平均數為 $\overline{X}$。同時在高雄市國小一年級的平均智商為 μ_Y、標準差為 σ_Y，由其中隨機抽取 n_Y 個學生，測量其智商得 $y_1, y_2, \cdots, y_m$ 等 n_Y 個值，其平均數為 $\overline{Y}$。試求兩市樣本平均數差 $\overline{X} - \overline{Y}$ 的抽樣分配（已知學生智商呈常態分配）。

• 請讀下一單元

 **11–5**

首先，讓我們分別計算臺北市和高雄市一年級學童平均智商的抽樣分配：

(1)臺北市一年級學生平均智商 μ_X，抽樣人數 n_X，平均數 $\overline{X}$，依單元 8–39 得知，多回抽樣的結果，其 $\overline{X}$ 的抽樣分配性質為：

① $E(\overline{X}) = \mu_{\overline{X}} = $ ＿＿＿。　　　　　　　　　　　　μ_X

② $Var(\overline{X}) = \sigma_{\overline{X}}^2 = \dfrac{\quad}{n}$。　　　　　　　　　σ_X^2

③當 $n_X \geq 30$ 時，眾多樣本平均數 $\overline{X}$，趨向於常態分配，

即：$\overline{X} \sim N(\underline{\quad}, \dfrac{\sigma_X^2}{n})$。　　　　　　　　　μ_X

經標準化後，變成標準常態分配，即：

$$\frac{\overline{X} - \mu_X}{\sigma_{\overline{X}}} \sim N(\underline{\quad}, \underline{\quad}) \text{ 分配}$$　　　　　　0、1

• 如果答對，請讀下一單元

• 如果答錯，請複習單元 8–39

 **11–6**

(2)同理，高雄市一年級學生平均智商 μ_Y，抽樣人數 n_Y，

樣本平均數 $\overline{Y}$，則多回抽樣的結果，其 $\overline{Y}$ 的抽樣分配
為：

① $E(\overline{Y}) = \mu_{\overline{Y}} = $ _____ 。

② $Var(\overline{Y}) = \sigma_{\overline{Y}}^2 = \dfrac{}{n_Y}$ 。

③當 $n_Y \geq 30$ 時，許多樣本平均數 $\overline{Y}$，趨向於常態分配，

即 $\overline{Y} \sim N(\mu_Y, $ _____ $)$ 。

標準化之後，為標準常態分配：

$$\frac{\overline{Y} - \mu_Y}{\sigma_{\overline{Y}}} \sim N(0, 1) \text{ 分配}$$

μ_Y

σ_Y^2

$\dfrac{\sigma_Y^2}{n_Y}$

・如果答對，請讀下一單元

・如果答錯，請複習單元 8-39

 11-7

(3)兩樣本平均數差 $\overline{X} - \overline{Y}$ 的抽樣分配

①已知臺北市和高雄市兩獨立母體，今從臺北市隨機抽出樣本數 n_X 的一組
樣本，得平均數為 $\overline{x}_1$；從高雄市抽出樣本數為 n_Y 的一組樣本，得平均數
為 $\overline{y}_1$。兩平均數相減得平均數差 d_1：

$$\overline{x}_1 - \overline{y}_1 = d_1 \qquad \text{（第一回抽樣）}$$

把第一組樣本放回去再依相同方式做第二回抽樣，得平均數差為 d_2：

$$\overline{x}_2 - \overline{y}_2 = d_2 \qquad \text{（第二回抽樣）}$$

重複相同的抽樣，至 k 回為止，如下表示：

$$\overline{x}_3 - \overline{y}_3 = d_3 \qquad \text{（第三回抽樣）}$$

$$\vdots$$

$$\overline{x}_k - \overline{y}_k = d_k \qquad \text{（第 } k \text{ 回抽樣）}$$

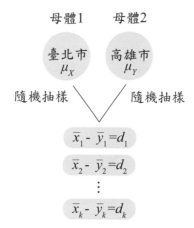

母體1　　母體2

臺北市　　高雄市
μ_X　　　μ_Y

隨機抽樣　　　隨機抽樣

$\overline{x}_1 - \overline{y}_1 = d_1$

$\overline{x}_2 - \overline{y}_2 = d_2$

$\vdots$

$\overline{x}_k - \overline{y}_k = d_k$

ⓕ 圖 11–1　母體 1 及母體 2 之差，發展出的關係圖

・請讀下一單元

單元 11–8

②由以上的抽樣結果，獲得 k 對平均數差：

$$\overline{x}_i - \overline{y}_i = d_i, i = 1, 2, 3, \cdots, k$$

那麼 k 個平均數差的次數分配為何呢？請讀者參看表 11–1。

ⓣ 表 11–1　$D = \overline{X} - \overline{Y}$ 的次數分配表

i	d_i	$(d_i - \mu_d)^2$
1	d_1	$(d_1 - \mu_d)^2$
2	d_2	$(d_2 - \mu_d)^2$
$\vdots$	$\vdots$	$\vdots$
k	d_k	$(d_k - \mu_d)^2$
合　計	$\sum\limits_{i=1}^{k} d_i$	$\sum\limits_{i=1}^{k}(d_i - \mu_d)^2$

由表 11－1 可求得 μ_d 和 σ_d^2：

$$\mu_d = \frac{\sum\limits_{i=1}^{k} d_i}{k}$$

$$\sigma_d^2 = \frac{\sum\limits_{i=1}^{k}(d_i - \mu_d)^2}{k}$$

・請讀下一單元

 **11-9**

③兩樣本平均數差 (d_i) 的機率分配之期望值和變異數，依前一單元所述，抽樣共有 k 回，形成以 d_i 為個體的新母體，則其平均數（期望值）和變異數為：

$$\mu_D = \mu_{\overline{X}-\overline{Y}} = E(D) = E(\overline{X} - \overline{Y})$$

$$= E(\overline{X}) - E(\overline{Y}) \qquad （請參看單元 6\text{--}47）$$

$$= \mu_X - \mu_Y$$

$$\sigma_D^2 = \sigma_{\overline{X}-\overline{Y}}^2 = Var(D) = Var(\overline{X} - \overline{Y}) = Var(\overline{X}) + Var(\overline{Y})$$

$$= \frac{\sigma_X^2}{n_X} + \frac{\sigma_Y^2}{n_Y} \qquad （請參看單元 6\text{--}48）$$

・請讀下一單元

 **11-10**

⑷兩樣本平均數差 $d_i = \overline{x}_i - \overline{y}_i$ 的分配型態敘述如下：

當抽樣的樣本數夠大時，依中央極限定理，眾多組的樣本平均數差 $D(= \overline{X} - \overline{Y})$，會趨近於常態分配，即：

$$D \sim N(\mu_{\overline{X}-\overline{Y}},\ \sigma_{\overline{X}-\overline{Y}}^2) \text{ 分配}$$

$$或\ (\overline{X} - \overline{Y}) \sim N(\mu_X - \mu_Y,\ \frac{\sigma_X^2}{n_X} + \frac{\sigma_Y^2}{n_Y}) \text{ 分配}$$

$\overline{X} - \overline{Y}$ 經標準化為隨機變數 Z，就成為標準常態分配：

$$Z = \frac{(\overline{X} - \overline{Y}) - (\mu_X - \mu_Y)}{\sqrt{\dfrac{\sigma_X^2}{n_X} + \dfrac{\sigma_Y^2}{n_Y}}} \sim N(0,\ 1) \text{ 分配}$$

若 σ_X^2 和 σ_Y^2 未知，在大樣本 $(n_X \geq 30, n_Y \geq 30)$ 的情況下，因樣本變異數和母

體變異數很接近，即 $S_X^2 \approx \sigma_X^2, S_Y^2 \approx \sigma_Y^2$。所以 $S_{\overline{X}-\overline{Y}}^2 \approx \sigma_{\overline{X}-\overline{Y}}^2$，因此可用樣本變異數取代母體變異數，依然是標準常態分配：

$$Z = \frac{(\overline{X}-\overline{Y})-(\mu_X-\mu_Y)}{\sqrt{\dfrac{S_X^2}{n_X}+\dfrac{S_Y^2}{n_Y}}} \sim N(0,1) \text{ 分配}$$

• 請讀下一單元

 **11–11**

歸納以上數個單元，$\overline{X}-\overline{Y}$ 的抽樣分配性質可獲得結論如下：

從兩個獨立母體抽取兩個獨立的隨機大樣本，則 $\overline{X}-\overline{Y}$ 的抽樣分配性質為：

(1) $E(\overline{X}-\overline{Y}) = \mu_{\overline{X}-\overline{Y}} = \mu_{\overline{X}} - \mu_{\overline{Y}} = \mu_X - \mu_Y$

(2) $Var(\overline{X}-\overline{Y}) = \sigma_{\overline{X}-\overline{Y}}^2 = \sigma_{\overline{X}}^2 + \sigma_{\overline{Y}}^2 = \dfrac{\sigma_X^2}{n_X} + \dfrac{\sigma_Y^2}{n_Y}$

(3) 當 $n_X \geq 30$ 且 $n_Y \geq 30$ 時，依中央極限定理，不論兩母體的原分配是否為常態，$\overline{X}-\overline{Y}$ 的分配型態趨近於常態分配：

$$(\overline{X}-\overline{Y}) \sim N(\mu_X-\mu_Y, \dfrac{\sigma_X^2}{n_X}+\dfrac{\sigma_Y^2}{n_Y}) \text{ 常態分配}$$

(4) $\overline{X}-\overline{Y}$ 標準化之後成 Z 值，其分配變為標準常態分配：

$$Z = \frac{(\overline{X}-\overline{Y})-(\mu_X-\mu_Y)}{\sqrt{\dfrac{\sigma_X^2}{n_X}+\dfrac{\sigma_Y^2}{n_Y}}} \sim N(0,1) \text{ 標準常態分配}$$

若 σ_X^2 和 σ_Y^2 未知，在大樣本下，分別以 S_X^2 和 S_Y^2 取代，Z 的分配依然是標準常態分配：

$$Z = \frac{(\overline{X}-\overline{Y})-(\mu_X-\mu_Y)}{\sqrt{\dfrac{S_X^2}{n_X}+\dfrac{S_Y^2}{n_Y}}} \sim N(0,1) \text{ 標準常態分配}$$

• 請讀下一單元

 **11-12** 兩母體平均數差 $\mu_X - \mu_Y$ 的區間估計公式

推導過程如同「從單一母體的樣本平均數 $\overline{X}$ 推導 μ_X 的區間估計原理」（請參看單元 9-22），兩母體平均數差 $\mu_X - \mu_Y$ 區間估計的推導過程，是基於 $\overline{X} - \overline{Y}$ 抽樣分配的標準常態分配性質逐步推導而成，其區間估計公式為：

大樣本下，兩獨立母體平均數差 $\mu_X - \mu_Y$ 的 $(1 - \alpha)100\%$ 信賴區間為 $[L, U]$：

(1)當兩母體變異數已知，則：

$$L = (\overline{X} - \overline{Y}) - z_{1-\frac{\alpha}{2}}\sigma_{\overline{X}-\overline{Y}}$$

$$U = (\overline{X} - \overline{Y}) + z_{1-\frac{\alpha}{2}}\sigma_{\overline{X}-\overline{Y}}$$

式中：$\sigma_{\overline{X}-\overline{Y}} = \sqrt{\dfrac{\sigma_X^2}{n_X} + \dfrac{\sigma_Y^2}{n_Y}}$

(2)當兩母體的變異數未知，為大樣本的情況下，$S_{\overline{X}-\overline{Y}} \approx \sigma_{\overline{X}-\overline{Y}}$，則：

$$L = (\overline{X} - \overline{Y}) - z_{1-\frac{\alpha}{2}}S_{\overline{X}-\overline{Y}}$$

$$U = (\overline{X} - \overline{Y}) + z_{1-\frac{\alpha}{2}}S_{\overline{X}-\overline{Y}}$$

式中：$S_{\overline{X}-\overline{Y}} = \sqrt{\dfrac{S_X^2}{n_X} + \dfrac{S_Y^2}{n_Y}}$

・請讀下一單元瞭解公式之推導過程

 **11-13**

在大樣本的情況下，兩母體平均數差 $\mu_X - \mu_Y$ 估計公式的推導原理和過程：

在大樣本下，兩樣本平均數差的抽樣分配是常態分配：

$$D(= \overline{X} - \overline{Y}) \sim N(\mu_d, \sigma_d^2)$$

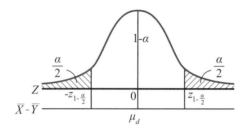

$$\frac{\alpha}{2} \qquad 1-\alpha \qquad \frac{\alpha}{2}$$

$$Z \quad\quad -z_{1-\frac{\alpha}{2}} \qquad 0 \qquad z_{1-\frac{\alpha}{2}}$$

$$\overline{X}-\overline{Y} \quad\quad\quad\quad\quad \mu_d$$

Ｆ 圖 11–2　$D(\overline{X}-\overline{Y})$ 之常態分配圖

依常態機率分配性質可知：

$$P(-z_{1-\frac{\alpha}{2}} < Z < z_{1-\frac{\alpha}{2}}) = 1-\alpha$$

$$P(-z_{1-\frac{\alpha}{2}} < \frac{d-\mu_d}{\sigma_d} < z_{1-\frac{\alpha}{2}}) = 1-\alpha$$

$$P(d - z_{1-\frac{\alpha}{2}}\sigma_d < \mu_d < d + z_{1-\frac{\alpha}{2}}\sigma_d) = 1-\alpha$$

$$d = \overline{X}-\overline{Y}, \sigma_d = \sigma_{\overline{X}-\overline{Y}} = \sqrt{\frac{\sigma_X^2}{n_X} + \frac{\sigma_Y^2}{n_Y}} \qquad （代入上式）$$

$$\therefore P[(\overline{X}-\overline{Y}) - z_{1-\frac{\alpha}{2}}\sqrt{\frac{\sigma_X^2}{n_X}+\frac{\sigma_Y^2}{n_Y}} \le \mu_X - \mu_Y \le (\overline{X}-\overline{Y}) + z_{1-\frac{\alpha}{2}}\sqrt{\frac{\sigma_X^2}{n_X}+\frac{\sigma_Y^2}{n_Y}}] = 1-\alpha$$

由上式得到 $\mu_X - \mu_Y$ 的 $(1-\alpha)100\%$ 信賴區間為 $[L, U]$：

$$L = (\overline{X}-\overline{Y}) - z_{1-\frac{\alpha}{2}}\sqrt{\frac{\sigma_X^2}{n_X}+\frac{\sigma_Y^2}{n_Y}}$$

$$U = (\overline{X}-\overline{Y}) + z_{1-\frac{\alpha}{2}}\sqrt{\frac{\sigma_X^2}{n_X}+\frac{\sigma_Y^2}{n_Y}}$$

在大樣本下，若 σ_X^2 和 σ_Y^2 未知，可以用 S_X^2 取代 σ_X^2, S_Y^2 取代 σ_Y^2，因此 $\mu_X - \mu_Y$ 的 $(1-\alpha)100\%$ 信賴區間為 $[L, U]$ 為：

$$L = (\overline{X}-\overline{Y}) - z_{1-\frac{\alpha}{2}}\sqrt{\frac{S_X^2}{n_X}+\frac{S_Y^2}{n_Y}}$$

$$U = (\overline{X}-\overline{Y}) + z_{1-\frac{\alpha}{2}}\sqrt{\frac{S_X^2}{n_X}+\frac{S_Y^2}{n_Y}}$$

・請讀下一單元

11–14

 6

　　某校使用普通分類智力測驗,對隨機抽出的 45 名男生和 40 名女生進行測量，結果男生得 $\overline{X} = 89.60$，女生得 $\overline{Y} = 85.25$。由該測驗常模得知男生的 $\sigma_X = 20.43$，女生的 $\sigma_Y = 19.54$。試求該校男女生該測驗平均數差的 95% 信賴區間。

答: (1) $\overline{X} - \overline{Y}$ 之標準誤: $\sigma_{\overline{X}-\overline{Y}} = \sqrt{\underline{} + \underline{}} = \underline{}$。

$\dfrac{\sigma_X^2}{n_X}$、$\dfrac{\sigma_Y^2}{n_Y}$、4.34

　　(2) $\mu_X - \mu_Y$ 的 95% 信賴區間: [____ , ____]。

-4.16、12.86

· 如果答對，請跳讀單元 11–16

· 如果答錯，請讀下一單元解答

 11–15

 解

(1)分析題意並配合公式:

　　①樣本數 $n_X = 45$，$n_Y = 40$，均大於 30，故同屬 _____（大／小）樣本，σ_X 和 σ_Y 為已知常模，依中央極限定理，$\overline{X} - \overline{Y}$ 抽樣分配為 _____ 分配，因此:

大
常態

$$(\overline{X} - \overline{Y}) \sim N(\mu_{\overline{X}-\overline{Y}}, \sigma_{\overline{X}-\overline{Y}}^2) \text{ 分配}$$

標準化後 Z 值依然呈標準常態分配:

$$Z = \frac{(\overline{X} - \overline{Y}) - (\mu_X - \mu_Y)}{\sigma_{\overline{X}-\overline{Y}}} \sim N(0, 1) \text{ 分配}$$

　　②依上述條件，$\mu_X - \mu_Y$ 的 $(1-\alpha)100\%$ 信賴區間為:

$$[(\overline{X} - \overline{Y}) \pm z_{1-\frac{\alpha}{2}} \sigma_{\overline{X}-\overline{Y}}]$$

　　　式中: $\sigma_{\overline{X}-\overline{Y}} = \sqrt{\underline{} + \underline{}}$

$\dfrac{\sigma_X^2}{n_X}$、$\dfrac{\sigma_Y^2}{n_Y}$

(2)計算與結論:

①計算：$\overline{X} - \overline{Y} = 89.60 - \underline{\qquad} = 4.35$　　　　85.25

$$\sigma_{\overline{X}-\overline{Y}}^2 = \frac{\sigma_X^2}{n_X} + \frac{\sigma_Y^2}{n_Y} = \frac{\underline{\qquad}}{45} + \frac{19.54^2}{40} = \underline{\qquad}$$　　　20.43^2、18.82

$\therefore \sigma_{\overline{X}-\overline{Y}} = 4.34$

$\alpha = 0.05$，$\dfrac{\alpha}{2} = 0.025$，$1 - \dfrac{\alpha}{2} = \underline{\qquad}$　　　0.975

$z_{1-\frac{\alpha}{2}} = z_{0.975} = \underline{\qquad}$　　　（查表）　　　1.96

代入公式得區間下限和上限為 $[L, U]$：

$$L = (\overline{X} - \overline{Y}) - z_{1-\frac{\alpha}{2}} \sigma_{\overline{X}-\overline{Y}}$$

$\quad = \underline{\qquad} - 1.96 \times 4.34 = -4.16$　　　4.35

$$U = (\overline{X} - \overline{Y}) + z_{1-\frac{\alpha}{2}} \sigma_{\overline{X}-\overline{Y}}$$

$\quad = 4.35 + 1.96 \times \underline{\qquad} = 12.86$　　　4.34

②結論：男、女生的普通分類測驗的平均分數差，在 95% 信賴水準下，落在 −4.16 至 12.86 之間。換言之，我們有 95% 信心，推論男、女生的普通分類智力測驗平均分數的差距是在 −4.16 分至 12.86 分之間。

・請讀下一單元

單元 **11–16**

 7

某研究員探討甲乙兩大型公司中級職員的月薪平均差異為 $\mu_X - \mu_Y$。今從甲公司隨機抽取 80 人，計算月薪平均為 10.5 萬元，變異數 $S_X^2 = 60$；從乙公司抽取 100 人，得其月薪平均為 8.3 萬元，變異數 $S_Y^2 = 48$。試求兩公司中級職員月薪平均差距的 90% 信賴區間。

答：(1)標準誤：$\underline{\qquad}$。　　　1.11

(2) 90% 信賴區間為： _____ 。   [0.37, 4.03]

· 如果答對，請跳讀單元 11–18

· 如果答錯，請讀下一單元解答

 11–17

(1) 分析題意並配合公式：

① 由甲公司抽樣的樣本數 $n_X = 80$，由乙公司抽樣的樣
本數 $n_Y = 100$，兩者均大於 30，所以為 _____（大   大
／小）樣本。依中央極限定理，$\overline{X} - \overline{Y}$ 的抽樣分配為
常態分配。

② 因為 σ_X 和 σ_Y 未知，在大樣本下，經標準化結果為：

$$Z = \frac{(\overline{X} - \overline{Y}) - (\mu_X - \mu_Y)}{\sqrt{\dfrac{S_X^2}{n_X} + \dfrac{S_Y^2}{n_Y}}} \sim N(0,1) \ 分配$$

③ 依上述條件，$\mu_X - \mu_Y$ 的 $(1-\alpha)100\%$ 信賴區間為：
（參看單元 11–12）

$$\left[(\overline{X} - \overline{Y}) - z_{1-\frac{\alpha}{2}} \sqrt{\frac{S_X^2}{n_X} + \frac{S_Y^2}{n_Y}}, \ (\overline{X} - \overline{Y}) + z_{1-\frac{\alpha}{2}} \sqrt{\underline{\quad} + \underline{\quad}} \right]$$

$\dfrac{S_X^2}{n_X}$、$\dfrac{S_Y^2}{n_Y}$

(2) 計算與結論：

① 計算：$\overline{X} - \overline{Y} = 10.5 - \underline{\quad} = \underline{\quad}$ 8.3、2.2

$1 - \alpha = 0.90, \ \dfrac{\alpha}{2} = 0.05, \ 1 - \dfrac{\alpha}{2} = 0.95$

$z_{1-\frac{\alpha}{2}} = z_{0.95} = \underline{\quad}$ 1.645

將 $S_X^2 = 60, \ S_Y^2 = 48, \ n_X = 80, \ n_Y = 100$，代入下式：

$$S_{\overline{X}-\overline{Y}}^2 = \frac{S_X^2}{n_X} + \frac{S_Y^2}{n_Y} = \underline{\quad} + \underline{\quad} = 1.23$$

$\dfrac{60}{80}$、$\dfrac{48}{100}$

$\therefore S_{\overline{X}-\overline{Y}} = \sqrt{1.23} = 1.11$

以上各數值代入公式：

$$L = (\overline{X} - \overline{Y}) - z_{1-\frac{\alpha}{2}} S_{\overline{X}-\overline{Y}} = 2.2 - \underline{} \times 1.11 = 0.37$$

1.645

$$U = (\overline{X} - \overline{Y}) + z_{1-\frac{\alpha}{2}} S_{\overline{X}-\overline{Y}} = 2.2 + 1.645 \times \underline{} = 4.03$$

1.11

②結論：在 90% 信賴水準下，甲、乙公司中級職員平

均月薪差距介於 0.37 萬元至 4.03 萬元之間。

· 請讀下一單元

單元 11-18 兩母體平均數差 $\mu_X - \mu_Y$ 的假設檢定

兩母體平均數差 $\mu_X - \mu_Y$ 的假設檢定方法，有 Z 值檢定、t 值檢定、P 值檢定及區間估計法等多種，以下將介紹 Z 值檢定和 t 值檢定兩種方法。

事實上，「$\mu_X - \mu_Y$ 的假設檢定」原理和過程與「單一母體的假設檢定」是大同小異的，我們將在以下各單元舉例來說明其檢定原理和過程。

· 請讀下一單元

 **11-19**

 8

某校使用普通分類智力測驗,對隨機抽出的 45 名男生和 40 名女生進行測量，結果男生得 $\overline{X} = 89.60$，女生得 $\overline{Y} = 85.25$。由該測驗常模查知男生的 $\sigma_X = 20.43$，女生的 $\sigma_Y = 19.54$。令 $\alpha = 0.05$，μ_X 為男生測驗之平均，μ_Y 為女生測驗之平均，問該測驗男女生平均數是否不同。

答：(1)擬定統計假設：H_0：_____。

H_1：_____。

$\mu_X = \mu_Y$

$\mu_X \neq \mu_Y$

(2)選擇檢定統計量：

$Z = $ _____。

(3)選定臨界值：_____。

$$\frac{(\overline{X} - \overline{Y}) - (\mu_X - \mu_Y)}{\sigma_{\overline{X}-\overline{Y}}}$$

1.96、-1.96

(4)計算檢定統計量的值：＿＿＿。

1.002

(5)結論：＿＿＿＿＿（接受／拒絕）虛無假設。

接受

‧如果答對，請跳讀單元 11–21

‧如果答錯，請讀下一單元解答

單元 **11–20**

解

(1)擬定統計假設：

因本題旨在檢定兩母體平均數是否有差異（即 $\mu_X \neq \mu_Y$ 或 $\mu_X = \mu_Y$），因此把含等號者設為虛無假設：

$$H_0: \underline{\hspace{3cm}}$$

$\mu_X = \mu_Y$

$$H_1: \underline{\hspace{3cm}}$$

$\mu_X \neq \mu_Y$

(2)選擇檢定統計量：

兩母體之分配是常態分配，且 σ_X 和 σ_Y 為已知，樣本數 $n_X = 45, n_Y = 40$，均大於 30，同屬於＿＿＿＿（大／小）樣本。$\overline{X}$ 和 $\overline{Y}$ 為隨機抽取的獨立樣本。依單元 11–11 得知，$\overline{X} - \overline{Y}$ 的抽樣分配為常態分配：

大

$$\overline{X} - \overline{Y} \sim N(\mu_X - \mu_Y, \frac{\sigma_X^2}{n_X} + \frac{\sigma_Y^2}{n_Y}) \text{ 分配}$$

標準化之後成為 Z 值，是為檢定統計量：

$$Z = \frac{(\overline{X} - \overline{Y}) - (\mu_X - \mu_Y)}{\sigma_{\overline{X} - \overline{Y}}} \sim N(0, 1)$$

$$\text{式中：} \sigma_{\overline{X} - \overline{Y}}^2 = \underline{\hspace{1.5cm}} + \underline{\hspace{1.5cm}}$$

$\dfrac{\sigma_X^2}{n_X}$、$\dfrac{\sigma_Y^2}{n_Y}$

(3)選定臨界值並擬定決策法則：

①臨界值：

由虛無假設得知，本題屬於＿＿＿＿尾檢定。

雙

$\alpha = 0.05, \frac{\alpha}{2} = 0.025, 1 - \frac{\alpha}{2} = \underline{\hspace{1.5cm}}$

0.975

$$z_{1-\frac{\alpha}{2}} = z_{0.975} = \underline{\hspace{1.5cm}} \qquad （查表）$$

1.96

$$z_{\frac{\alpha}{2}} = z_{0.025} = \underline{\hspace{1cm}}$$

−1.96

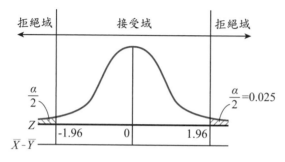

🄕 圖 11-3 $z_{0.975}$ 與 $z_{0.025}$ 化成常態值

②決策法則：

　計算之 Z 值，若大於 1.96 或小於 −1.96，則拒絕 H_0，

　若落在 −1.96 至 1.96 之間，則 ＿＿＿＿（接受／拒　　接受

　絕）H_0。

⑷計算統計檢定量的值：

　依虛無假設知 $\mu_X - \mu_Y = 0$。

　$\overline{X} = 89.60$, $\overline{Y} = 85.25$, $\sigma_X = 20.43$, $\sigma_Y = 19.54$

　$\therefore \overline{X} - \overline{Y} = 89.60 - 85.25 = 4.35$

　$\sigma_{\overline{X}-\overline{Y}}^2 = \dfrac{\sigma_X^2}{n_X} + \dfrac{\sigma_Y^2}{n_Y} = \dfrac{20.43^2}{45} + \underline{\hspace{1cm}} = \underline{\hspace{1cm}}$ 　　$\dfrac{19.54^2}{40}$、18.82

　$\therefore \sigma_{\overline{X}-\overline{Y}} = 4.34$

　以上數值代入公式得：

　$Z = \dfrac{(\overline{X} - \overline{Y}) - (\mu_X - \mu_Y)}{\sigma_{\overline{X}-\overline{Y}}} = \dfrac{(\underline{\hspace{0.6cm}} - \underline{\hspace{0.6cm}}) - \underline{\hspace{0.6cm}}}{\underline{\hspace{1.5cm}}}$ 　　$\dfrac{(89.60 - 85.25) - 0}{4.34}$

　$= \dfrac{4.35}{4.34} = \underline{\hspace{1cm}}$ 　　1.002

⑸比較與結論：

　①比較：Z 值為 1.002，介於 −1.96 與 1.96 之間，落入

接受域，故 ＿＿＿＿＿（接受／拒絕）H_0，即 $\mu_X = \mu_Y$

的假設得到支持。

接受

②結論: 男生和女生在普通分類測驗的平均分數沒有
　　　不同。

・請讀下一單元

 **11–21**

 9

　　某研究員為瞭解甲公司中級職員的平均月薪是否較乙公
司中級職員的平均月薪高出 1 萬元。他從甲公司隨機抽取 80
人，從乙公司隨機抽取 100 人，計算其平均及標準差如下:

$$甲公司:\ \overline{X} = 10.5, S_X^2 = 60$$

$$乙公司:\ \overline{Y} = 8.3, S_Y^2 = 48$$

試以 $\alpha = 0.05$，檢定甲公司中級職員的平均月薪 μ_X 是否

比乙公司中級職員的平均月薪 μ_Y 多出 1 萬元。

答: (1)擬定統計假設: H_0: ＿＿＿＿＿。

$\mu_X - \mu_Y \leq 1$

H_1: ＿＿＿＿＿。

$\mu_X - \mu_Y > 1$

(2)選擇檢定統計量:

$Z =$ ＿＿＿＿＿

$$\dfrac{(\overline{X} - \overline{Y}) - (\mu_X - \mu_Y)}{S_{\overline{X}-\overline{Y}}}$$

(3)選定臨界值: ＿＿＿＿＿。

1.645

(4)計算檢定統計量的值: ＿＿＿＿＿。

1.08

(5)結論: ＿＿＿＿＿（接受／拒絕）虛無假設。

接受

・如果答對，請練習自我評量 1

・如果答錯，請讀下一單元解答

 11–22

(1)擬定統計假設:

題意旨在檢定甲公司職員平均月薪是否比乙公司職員
月薪多出 1 萬元,即 $\mu_X - \mu_Y > 1$,故把它設為_____   對立
(虛無/對立)假設:

$$H_0: \mu_X - \mu_Y \leq \underline{\quad}$$ 1

$$H_1: \mu_X - \mu_Y > \underline{\quad}$$ 1

(2)選擇檢定統計量:

①因 $n_X = 80$, $n_Y = 100$,兩者數值均大於____,故   30
為_____(大/小)樣本,依單元 11–11 得知,   大
$\overline{X} - \overline{Y}$ 的抽樣分配為:

$$\overline{X} - \overline{Y} \sim N(\mu_X - \mu_Y, \frac{\sigma_X^2}{n_X} + \frac{\sigma_Y^2}{n_Y})$$

②因 σ_X 和 σ_Y 未知,標準化之後,檢定統計量為標準
常態分配:

$$Z = \frac{(\overline{X} - \overline{Y}) - (\mu_X - \mu_Y)}{\underline{\qquad}} \sim N(0, 1)$$ $S_{\overline{X}-\overline{Y}}$

$$式中:S_{\overline{X}-\overline{Y}} = \sqrt{\frac{\underline{\quad}}{n_X} + \frac{\underline{\quad}}{n_Y}}$$ $S_X^2 、 S_Y^2$

(3)選定臨界值並擬定決策法則:

①臨界值:

本題是_____(左/右)尾檢定。   右

$\alpha = 0.05$, $z_{1-\alpha} = z_{0.95} = \underline{\quad}$ (查表)   1.645

$\mu_X - \mu_Y = 1$(依虛無假設 H_0)繪入圖內。

Ⓕ 圖 11–4　把 $z_{0.05} = 1.645$ 繪在圖上,顯示拒絕域

②決策法則：

計算之 Z 值，若大於臨界值 1.645，則拒絕

_____，若等於或小於 1.645，則接受 H_0。　　　H_0

⑷計算統計量的值：

當虛無假設為真時，已知 $\overline{X} - \overline{Y} = 10.5 - 8.3 = 2.2$，

$$S_{\overline{X}-\overline{Y}}^2 = \frac{S_X^2}{n_X} + \frac{S_Y^2}{n_Y} = \underline{\quad\quad} + \frac{48}{100} = \underline{\quad\quad}$$　　$\dfrac{60}{80}$、1.23

$$\therefore S_{\overline{X}-\overline{Y}} = \sqrt{1.23} = 1.11$$

代入公式：

$$Z = \frac{(\overline{X} - \overline{Y}) - (\mu_X - \mu_Y)}{S_{\overline{X}-\overline{Y}}} = \frac{\underline{\quad} - \underline{\quad}}{1.11} = 1.08$$　　2.2、1

⑸比較與結論：

①比較：計算結果 $Z = 1.08$，小於臨界值 1.645，落

入_____（接受／拒絕）域，所以接受虛無假設。　　接受

②結論：甲公司中級職員的平均月薪比乙公司中級職

員的平均月薪多出 1 萬元之假設，_____（得到

／未得到）支持。　　未得到

・恭喜你已學完兩母體平均數差 $\mu_X - \mu_Y$ 的檢定法，請練習自我評
　量 1

自我評量 ①

一、已知一創造力測驗試題，男、女性測驗成績均為常態分配，男性測驗成績標
　　準差為 9 分，女性測驗成績標準差為 8 分。今由某公司隨機抽出男性員工 81
　　名，女性員工 64 名，施予該創造力測驗，得到男性員工平均成績 80 分，女
　　性員工平均成績 77 分。問在 $\alpha = 0.01$ 下，該公司男性員工平均成績是否優於
　　女性？

二、抽查甲、乙兩公司員工之年齡，甲公司抽查 64 人，乙公司抽查 81 人，統計

結果得: 甲公司員工平均年齡 32 歲, 標準差 3.2 歲, 乙公司員工年齡平均 34 歲, 標準差 3.6 歲。

1. 問甲、乙兩公司員工平均年齡有無顯著差異? ($\alpha = 0.05$)

2. 求兩平均數差之 95% 信賴區間。

三、某超商為明瞭 A、B 兩廠牌之電燈泡之耐用時數有無顯著差異, 特從兩廠牌燈泡中分別隨機選出 31 個, 加以試驗, 獲得結果如下:

	試驗數	平均時數	標準差
A 廠牌	31 個	1,054 小時	40 小時
B 廠牌	31 個	1,000 小時	37 小時

試以 $\alpha = 0.05$, 檢定 A 廠牌燈泡平均時數, 是否比 B 廠牌為耐久。

第二節　兩母體平均數差在獨立小樣本下的統計推論

單元 11-23　小樣本下 $\overline{X} - \overline{Y}$ 的抽樣分配

從兩個獨立的 X 常態母體和 Y 常態母體中, 分別隨機抽取 $n_X \leq 30, n_Y \leq 30$ (小樣本) 的兩組獨立樣本, 其平均數差 $\overline{X} - \overline{Y}$ 的抽樣分配性質為:

(1) $E(\overline{X} - \overline{Y}) = \mu_{\overline{X} - \overline{Y}} = \mu_{\overline{X}} - \mu_{\overline{Y}} = \mu_X - \mu_Y$

(2) $Var(\overline{X} - \overline{Y}) = \sigma^2_{\overline{X} - \overline{Y}} = \sigma^2_{\overline{X}} + \sigma^2_{\overline{Y}} = \dfrac{\sigma^2_X}{n_X} + \dfrac{\sigma^2_Y}{n_Y}$

(3) $\overline{X} - \overline{Y}$ 的分配型態為常態分配, 記作:

$$\overline{X} - \overline{Y} \sim N(\mu_X - \mu_Y, \frac{\sigma^2_X}{n_X} + \frac{\sigma^2_Y}{n_Y})$$

(4) 當進一步把 $\overline{X} - \overline{Y}$ 標準化, 則其分配型態, 將因 σ_X、σ_Y 是否已知而異。

・請讀下一單元

單元 11–24　$\overline{X} - \overline{Y}$ 標準化後的分配性質和 $\mu_X - \mu_Y$ 的區間估計

若兩獨立母體為常態分配，分別從其中抽取樣本數 $n_X < 30$ 和 $n_Y < 30$ 的兩隨機樣本，則樣本平均數差 $\overline{X} - \overline{Y}$ 的抽樣分配是常態分配，為：

$$\overline{X} - \overline{Y} \sim N(\mu_X - \mu_Y, \frac{\sigma_X^2}{n_X} + \frac{\sigma_Y^2}{n_Y})$$

當欲進一步對 $\overline{X} - \overline{Y}$ 標準化時，將因 σ_X 和 σ_Y 是否已知，而有下列不同的變化：

(1)兩母體為常態分配，其變異數 σ_X^2 和 σ_Y^2 已知時，$\overline{X} - \overline{Y}$ 標準化之後成為 Z 值，呈現標準常態分配，故檢定統計量為：

$$Z = \frac{(\overline{X} - \overline{Y}) - (\mu_X - \mu_Y)}{\sigma_{\overline{X} - \overline{Y}}} \sim N(0, 1)$$

$$式中：\sigma_{\overline{X} - \overline{Y}} = \sqrt{\frac{\sigma_X^2}{n} + \frac{\sigma_Y^2}{n}}$$

由上式的標準常態分配性質，仿照單元 11–13「大樣本下，$\mu_X - \mu_Y$ 的區間估計原理」，可以推導出 $\mu_X - \mu_Y$ 的區間估計公式為：

當兩獨立母體為常態分配、小樣本，且 σ_X 和 σ_Y 已知時，$\mu_X - \mu_Y$ 的 $(1 - \alpha)100\%$ 信賴區間為 $[L, U]$：

$$L = (\overline{X} - \overline{Y}) - z_{1 - \frac{\alpha}{2}} \sqrt{\frac{\sigma_X^2}{n_X} + \frac{\sigma_Y^2}{n_Y}}$$

$$U = (\overline{X} - \overline{Y}) + z_{1 - \frac{\alpha}{2}} \sqrt{\frac{\sigma_X^2}{n_X} + \frac{\sigma_Y^2}{n_Y}}$$

(2)若 σ_X^2 和 σ_Y^2 未知，將 $\overline{X} - \overline{Y}$ 標準化時，將因 σ_X^2 和 σ_Y^2 是否相等，有不同結果：

①常態分配的兩獨立母體，σ_X^2 和 σ_Y^2 未知，但 $\sigma_X^2 = \sigma_Y^2$ 時，$\overline{X} - \overline{Y}$ 標準化就

形成自由度為 $(n_X + n_Y - 2)$ 的 t 分配，其檢定統計量如下：

$$t = \frac{(\overline{X} - \overline{Y}) - (\mu_X - \mu_Y)}{\sqrt{S_P^2(\frac{1}{n_X} + \frac{1}{n_Y})}} \sim t(n_X + n_Y - 2) \text{ 分配}$$

$$\text{式中：} S_P^2 = \frac{S_X^2(n_X - 1) + S_Y^2(n_Y - 1)}{n_X + n_Y - 2}$$

S_P^2 稱為混合樣本變異數 (pooled sample variance)，是兩母體變異數的共

同估計值，關於 S_P^2 的形成原理，請讀單元 11–25 至單元 11–28。

由上述 t 分配的性質，配合區間估計的推導原理，我們可以推導出 $\mu_X - \mu_Y$

的區間估計公式為：

當兩獨立母體為常態分配、小樣本，且 σ_X 和 σ_Y 未知但相等時，$\mu_X - \mu_Y$ 的

$(1 - \alpha)100\%$ 信賴區間為：

$$L = (\overline{X} - \overline{Y}) - t_{df, \frac{\alpha}{2}} \sqrt{S_P^2(\frac{1}{n_X} + \frac{1}{n_Y})}$$

$$U = (\overline{X} - \overline{Y}) + t_{df, \frac{\alpha}{2}} \sqrt{S_P^2(\frac{1}{n_X} + \frac{1}{n_Y})}$$

$$\text{式中：} S_P^2 = \frac{S_X^2(n_X - 1) + S_Y^2(n_Y - 1)}{n_X + n_Y - 2}$$

$$df = n_X + n_Y - 2$$

②小樣本，兩母體為常態分配，σ_X^2 和 σ_Y^2 未知，但 $\sigma_X^2 \neq \sigma_Y^2$ 時，$\overline{X} - \overline{Y}$ 標準

化形成 t 分配，其檢定統計量為：

$$t = \frac{(\overline{X} - \overline{Y}) - (\mu_X - \mu_Y)}{\sqrt{\dfrac{S_X^2}{n_X} + \dfrac{S_Y^2}{n_Y}}} \sim t(df^*) \ 分配$$

$$式中：調整後自由度 \ df^* = \frac{\left(\dfrac{S_X^2}{n_X} + \dfrac{S_Y^2}{n_Y}\right)^2}{\dfrac{\left(\dfrac{S_X^2}{n_X}\right)^2}{(n_X - 1)} + \dfrac{\left(\dfrac{S_Y^2}{n_Y}\right)^2}{(n_Y - 1)}}$$

由上述 t 分配性質，可以推導出 $\mu_X - \mu_Y$ 的區間估計公式：

當兩獨立母體為常態分配、小樣本、σ_X 和 σ_Y 未知，且 $\sigma_X \neq \sigma_Y$，$\mu_X - \mu_Y$ 的 $(1 - \alpha)100\%$ 信賴區間為 $[L, U]$：

$$L = (\overline{X} - \overline{Y}) - t_{df^*, \frac{\alpha}{2}} \sqrt{\frac{S_X^2}{n_X} + \frac{S_Y^2}{n_Y}}$$

$$U = (\overline{X} - \overline{Y}) + t_{df^*, \frac{\alpha}{2}} \sqrt{\frac{S_X^2}{n_X} + \frac{S_Y^2}{n_Y}}$$

$$式中：df^* \ 為調整後之自由度$$

· 請讀下一單元瞭解 S_P^2 的形成原理

單元 **11–25** 混合樣本平均數、變異數、比率的形成原理

1. 混合樣本平均數 (pooled sample average)

兩個樣本平均數，混合併成一個樣本平均數，以作為母體平均數的估計值。

2. 混合樣本變異數 (pooled sample variance)

兩個樣本變異數，混合併成一個變異數，以作為母體變異數的估計值。

3. 混合樣本比率 (pooled sample proportion)

兩個樣本比率，混合併成一個樣本比率，以作為母體比率的估計值。

以上三者的形成原理相同，我們將在下一單元舉例來說明其形成過程。

・請讀下一單元

單元 11–26　混合樣本平均數的形成原理

原理同單元 3–14 的合併平均數。

已知兩母體平均數相等，$\mu_X = \mu_Y = \mu$（共同平均數）。$\bar{X}$ 是 μ_X 的不偏估計值，$\bar{Y}$ 是 μ_Y 的不偏估計值。樣本平均數 $\bar{X}$ 和 $\bar{Y}$，到底哪一個平均數比較接近母體共同平均數 μ？事實上，我們不曉得用樣本平均數 $\bar{X}$ 或 $\bar{Y}$ 來估計母數的誤差最小，因此只好把兩者（$\bar{X}$ 和 $\bar{Y}$）混合併成一個數值（以各樣本數 n 作為權重的加權平均），來作為共同平均數的估計值。作法如下：

$$\bar{X} = M_X = \frac{\sum X}{n_X}, \quad \therefore M_X \times n_X = \sum X \qquad (X \text{ 的總和})$$

$$\bar{Y} = M_Y = \frac{\sum Y}{n_Y}, \quad \therefore M_Y \times n_Y = \sum Y \qquad (Y \text{ 的總和})$$

混合樣本平均數 M_P（加權平均數）的公式為：

$$M_P = \frac{(X \text{ 的總和}) + (Y \text{ 的總和})}{(X \text{ 的個數}) + (Y \text{ 的個數})} = \frac{M_X \times n_X + M_Y \times n_Y}{n_X + n_Y} = \frac{\sum X + \sum Y}{n_X + n_Y}$$

茲以下例來說明混合樣本平均數的形成原理。

單元 11–27

例 10

有一桶裝 9 公斤的牛奶，成本為每公斤 20 元，另一桶裝 1 公斤蜂蜜，成本為每公斤 40 元。今把兩桶混合成一大桶，問其成本是每公斤多少元？（註：每公斤的成本相當於平均數。）

此問題是求牛奶和蜂蜜的混合平均數，因此我們應用上述公式來解此題：

$$牛奶每公斤價\ M_X = \frac{牛奶總價}{牛奶總公斤數} = \frac{\sum X}{n_X}$$

$$M_X = \frac{\sum X}{n_X}, \quad \therefore \sum X = M_X \times n_X$$

$$蜂蜜每公斤價\ M_Y = \frac{蜂蜜總價}{蜂蜜的總公斤數} = \frac{\sum Y}{n_Y}$$

$$M_Y = \frac{\sum Y}{n_Y}, \quad \therefore \sum Y = M_Y \times n_Y$$

依上述公式可得到：

$$混合的平均值\ M_P = \frac{(牛奶總價) + (蜂蜜總價)}{(牛奶總公斤數) + (蜂蜜總公斤數)}$$

$$= \frac{M_X \times n_X + M_Y \times n_Y}{n_X + n_Y} = \frac{\sum X + \sum Y}{n_X + n_Y}$$

$$= \frac{20 \times 9 + 40 \times 1}{9 + 1} = 22 \ (元／公斤)$$

‧如果已瞭解上述的計算原理，請讀下一單元

單元 11–28　混合樣本變異數的形成原理

如同上一單元「混合樣本平均數的形成原理」，混合樣本變異數 S_P^2 的形成原理如下：

已知 $\sigma_X^2 = \sigma_Y^2 = \sigma^2$（共同變異數），$S_X^2$ 為 σ_X^2 的不偏估計值，S_Y^2 為 σ_Y^2 的不偏估計值。

$$S_X^2 = \frac{\sum(x - \overline{X})^2}{n_X - 1} \qquad （此相當於\ X\ 的離均差平方\ (x - \overline{X})^2\ 的平均數）$$

$$S_Y^2 = \frac{\sum(y - \overline{Y})^2}{n_Y - 1} \qquad （此相當於\ Y\ 的離均差平方\ (y - \overline{Y})^2\ 的平均數）$$

如同單元 11–26 的形成原理，混合樣本變異數 S_P^2 的公式為：

$$S_P^2 = \frac{S_X^2(n_X - 1) + S_Y^2(n_Y - 1)}{(n_X - 1) + (n_Y - 1)}$$

$$= \frac{\sum(x - \overline{X})^2 + \sum(y - \overline{Y})^2}{n_X + n_Y - 2}$$

此一混合樣本變異數 S_P^2，相當於兩樣本變異數 S_X^2 與 S_Y^2 以各別的自由度作為權重的加權平均數，是為母體共同變異數 σ^2 的不偏估計值。

• 請讀下一單元

單元 11–29 混合樣本比率的形成原理

如同「混合樣本平均數的形成原理」，混合樣本比率 $\hat{p}$ 的形成原理為：

已知 $p_X = p_Y = p$（共同比率），$\hat{p}_X$ 為 p_X 的不偏估計值，$\hat{p}_Y$ 為 p_Y 的不偏估計值。

$$\hat{p}_X = \frac{\text{成功次數}}{\text{樣本總數}} = \frac{X}{n_X}, \quad \therefore \hat{p}_X \times n_X = X$$

$$\hat{p}_Y = \frac{\text{成功次數}}{\text{樣本總數}} = \frac{Y}{n_Y}, \quad \therefore \hat{p}_Y \times n_Y = Y$$

如同單元 11–25 的形成原理，混合樣本比率 $\hat{p}$ 的公式為：

$$\hat{p} = \frac{\hat{p}_X \times n_X + \hat{p}_Y \times n_Y}{n_X + n_Y}$$

$$= \frac{X + Y}{n_X + n_Y}$$

此混合樣本比率 $\hat{p}$（相當於以各樣本總數作為權重的加權平均數），為母體共同比率 p 的不偏估計值。

• 請讀下一單元

單元 11–30 獨立小樣本下，兩母體平均數差 $\mu_X - \mu_Y$ 的信賴區間估計公式推導過程

兩獨立常態母體小樣本 $n_X < 30$，$n_Y < 30$，且 σ_X^2 和 σ_Y^2 未知但相等時，

$$t = \frac{(\bar{X} - \bar{Y}) - (\mu_X - \mu_Y)}{S_{\bar{X} - \bar{Y}}} \sim t(n_X + n_Y - 2) \text{ 分配}$$

$$式中：S_{\overline{X}-\overline{Y}} = \sqrt{S_P^2(\frac{1}{n_X} + \frac{1}{n_Y})}$$

依 t 分配原理，如下圖所示：

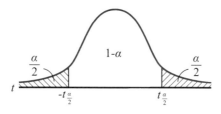

🄕 圖 11–5　t 分配之比率

$$1 - \alpha = P(-t_{n_X+n_Y-2, \frac{\alpha}{2}} < t < t_{n_X+n_Y-2, \frac{\alpha}{2}})$$

$$1 - \alpha = P[-t_{\frac{\alpha}{2}} < \frac{(\overline{X} - \overline{Y}) - (\mu_X - \mu_Y)}{S_{\overline{X}-\overline{Y}}} < t_{\frac{\alpha}{2}}] \qquad （把 T 還原）$$

透過交叉相乘並移項得：

$$1 - \alpha = P[(\overline{X} - \overline{Y}) - t_{\frac{\alpha}{2}} \times S_{\overline{X}-\overline{Y}} < \mu_X - \mu_Y < (\overline{X} - \overline{Y}) + t_{\frac{\alpha}{2}} \times S_{\overline{X}-\overline{Y}}]$$

$$1 - \alpha = P[(\overline{X} - \overline{Y}) - t_{\frac{\alpha}{2}}\sqrt{S_P^2(\frac{1}{n_X} + \frac{1}{n_Y})} < \mu_X - \mu_Y < (\overline{X} - \overline{Y}) + t_{\frac{\alpha}{2}}\sqrt{S_P^2(\frac{1}{n_X} + \frac{1}{n_Y})}]$$

由上式得知：

$\mu_X - \mu_Y$ 的 $(1 - \alpha)100\%$ 信賴區間為：

$$[(\overline{X} - \overline{Y}) - t_{n_X+n_Y-2, \frac{\alpha}{2}}\sqrt{S_P^2(\frac{1}{n_X} + \frac{1}{n_Y})}, (\overline{X} - \overline{Y}) + t_{n_X+n_Y-2, \frac{\alpha}{2}}\sqrt{S_P^2(\frac{1}{n_X} + \frac{1}{n_Y})}]$$

$$式中：S_P^2 = \frac{S_X^2(n_X - 1) + S_Y^2(n_Y - 1)}{n_X + n_Y - 2}$$

・請讀下一單元

 **11–31**

 11

有一高中學校隨機抽取甲、乙兩組學生進行教學實驗，

甲組為新教學法組，乙組為傳統教學法組，期末測驗其英文成績如下：

$$甲組：\overline{X} = 75, S_X = 12, n_X = 9$$

$$乙組：\overline{Y} = 67, S_Y = 11.16, n_Y = 9$$

已知兩組母體呈常態分配，且變異數相同，試在 $\alpha = 0.05$ 下 1. 檢定新教學法是否不同於傳統教學法。 2. 求 $\mu_X - \mu_Y$ 的 95% 信賴區間。

答： 1.(1)信賴區間公式：

$$[(\overline{X} - \overline{Y}) \pm t_{n_X + n_Y - 2, \frac{\alpha}{2}} \sqrt{\underline{\quad\quad}(\frac{1}{n_X} + \frac{1}{n_Y})}]$$

S_P^2

(2)_____ （接受／拒絕）虛無假設。

接受

2. $\mu_X - \mu_Y$ 的 95% 信賴區間為_____。

$[-3.58, 19.58]$

· 如果答對，請跳讀單元 11–34

· 如果答錯，請讀下一單元解答

 **11–32**

承例 11 題 1.，根據假設檢定五步驟：

(1)擬定統計假設：

令 μ_X 為新教學法甲母體平均數，μ_Y 為傳統教學法乙母體平均數。

由題意知,旨在檢定新教學法成效 μ_X 是否不同於傳統教學法 μ_Y，故把 $\mu_X \neq \mu_Y$ 設為對立假設。

$$H_0: \mu_X \underline{\quad\quad} \mu_Y$$

$=$

$$H_1: \mu_X \underline{\quad\quad} \mu_Y$$

$\neq$

(2)選擇檢定統計量：

因兩母體均為常態分配，σ_X 和 σ_Y 未知但相等，又是

小樣本，具備此三條件，故 $\bar{X} - \bar{Y}$ 可標準化為 t 分配。

因此檢定統計量為：

$$t = \frac{(\bar{X} - \bar{Y}) - (\mu_X - \mu_Y)}{S_{\bar{X} - \bar{Y}}} \sim t(n_X + n_Y - 2) \text{ 分配}$$

$$\text{式中：} S_{\bar{X} - \bar{Y}} = \sqrt{S_P^2 (\frac{1}{n_X} + \frac{1}{n_Y})}$$

$$S_P^2 = \frac{+}{}$$

　　　　　　　　　　　　　　$\dfrac{(n_X - 1)S_X^2 + (n_Y - 1)S_Y^2}{n_X + n_Y - 2}$

⑶選定臨界值並擬定決策法則：

　①臨界值：

　　此題為 _____ 尾檢定　　　　　　　　　　　　雙

　　$\alpha = 0.05, \dfrac{\alpha}{2} = 0.025$

　　自由度 $df = n_X + n_Y - 2 = $ ____ $+ 9 - 2 = $ ____　　9、16

　　$\therefore t_{df, 1 - \frac{\alpha}{2}} = t_{16, 0.975} = $ ____ 　（查表）　　　-2.12

　　$t_{df, \frac{\alpha}{2}} = t_{16, 0.025} = $ ____　　　　　　　　　2.12

　　把以上數值繪入下圖內：

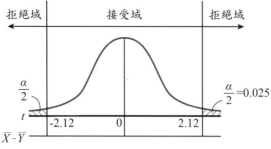

Ｆ 圖 11–6　將 $t_{16, 0.975} = -2.12$ 與 $t_{16, 0.025} = 2.12$ 繪在圖上

　②決策法則：

　　計算之 t 值，若大於臨界值 2.12 或小於 -2.12，

　　則 _____（拒絕／接受）H_0；若介於 $-2.12 \sim 2.12$　　拒絕

　　之間，則接受 H_0。

(4)計算統計量的值：

$\overline{X} = 75, \overline{Y} = 67, S_X = 12, S_Y = 11.16, n_X = 9, n_Y = 9$

代入以下式子：

$$S_P^2 = \frac{S_X^2(n_X - 1) + S_Y^2(n_Y - 1)}{n_X + n_Y - 2}$$

$$= \frac{12^2(\underline{\quad} - 1) + (\underline{\quad})(9 - 1)}{9 + 9 - 2} = 134.25$$

當虛無假設 H_0 為真時（即 $\mu_X - \mu_Y = 0$），把各數值代入公式：

$$t = \frac{(\overline{X} - \overline{Y}) - (\mu_X - \mu_Y)}{\sqrt{S_P^2(\frac{1}{n_X} + \frac{1}{n_Y})}} = \frac{(\underline{\quad} - \underline{\quad}) - 0}{\sqrt{134.25(\frac{1}{9} + \frac{1}{9})}}$$

$$= 1.46$$

(5)比較與結論：

　①比較：t 值 $= 1.46$，介於 -2.12 至 2.12 之間，落在 _____ 域，故接受虛無假設 H_0。

　②結論：新教學法和傳統教學法兩平均成績，未有顯著差異。換言之，新教學法和傳統教學法兩者的教學績效，_____（是／不是）一致的。

・請讀下一單元

右側批註： 9、11.16^2

右側批註： 75、67

右側批註： 接受

右側批註： 是

 11-33 求 $\mu_X - \mu_Y$ 之 **95%** 信賴區間

承例 11 題 2. 求 $\mu_X - \mu_Y$ 的 95% 信賴區間：

(1)分析題意並配合公式

　兩母體為常態分配，σ_X 和 σ_Y 未知但相同，又為小樣本（$n_X < 30, n_Y < 30$），所以由此三條件，可知：

$$t = \frac{(\overline{X} - \overline{Y}) - (\mu_X - \mu_Y)}{\sqrt{S_P^2(\frac{1}{n_X} + \frac{1}{n_Y})}} \sim t(n_X + n_Y - 2) \text{ 分配}$$

因此，$\mu_X - \mu_Y$ 的 $(1-\alpha)100\%$ 信賴區間為：

$$[(\overline{X} - \overline{Y}) \pm t_{n_X+n_Y-2, \frac{\alpha}{2}} \sqrt{S_P^2(\frac{1}{n_X} + \frac{1}{n_Y})}]$$

式中：$S_P^2 = \dfrac{\underline{\qquad} + \underline{\qquad}}{n_X + n_Y - 2}$

　　　　　　　　　　　　　　　　　　$S_X^2(n_X - 1) \cdot S_Y^2(n_Y - 1)$

⑵計算與結論

　①計算：

　　$\overline{X} = 75, S_X = 12, n_X = 9$

　　$\overline{Y} = 67, S_Y = 11.16, n_Y = 9$

　　$S_P^2 = \dfrac{S_X^2(n_X - 1) + S_Y^2(n_Y - 1)}{n_X + n_Y - 2}$

　　　　$= \dfrac{(9 - 1)12^2 + \underline{\qquad}}{9 + 9 - 2}$　　　　　　　$(9-1)11.16^2$

　　　　$= 134.27$

　　$df = n_X + n_Y - 2 = \underline{\qquad} + 9 - \underline{\qquad} = 16$　　　9、2

　　$t_{n_X+n_Y-2, \frac{\alpha}{2}} = t_{16, 0.025} = 2.12, t_{16, 0.975} = \underline{\qquad}$　　　-2.12

代入公式：

　$L = (75 - 67) - 2.12\sqrt{\underline{\qquad}(\frac{1}{9} + \frac{1}{9})}$　　　134.27

　　$= -3.58$

　$U = (\overline{X} - \overline{Y}) + t_{\frac{\alpha}{2}}\sqrt{S_P^2(\frac{1}{n_X} + \frac{1}{n_Y})}$

　　$= (75 - 67) + \underline{\qquad} \times \sqrt{134.27(\frac{1}{9} + \frac{1}{9})}$　　　2.12

　　$= 19.58$

　②結論：新教學法和傳統教學法，兩者學生平均成績差

　　　距之 95% 信賴區間為 $\underline{\qquad}$ 。由於「0」落在區　　　$[-3.58, 19.58]$

　　　間內，所以可推論兩教學法的績效是一致的，這樣

　　　的推論結果和上單元 t 值檢定的結果相同。

・請讀下一單元

單元 11–34

 例 12

已知兩母體服從常態分配 $X \sim N(\mu_X, \sigma_X^2)$、$Y \sim N(\mu_Y, \sigma_Y^2)$，現從兩母體隨機抽取兩組獨立樣本，其資料如下表所示。 1. 試在顯著水準 $\alpha = 0.05$ 下，檢定兩母體平均數是否相等。 2. 試求兩平均數差的 95% 信賴區間。

$n_X = 20$	$n_Y = 15$
$\overline{X} = 123$	$\overline{Y} = 116$
$S_X^2 = 31.3$	$S_Y^2 = 120.1$

答： 1.統計假設： H_0: _____。 $\mu_X = \mu_Y$

　　　　　　　 H_1: _____。 $\mu_X \neq \mu_Y$

　　 2. _____（接受／拒絕）虛無假設。   拒絕

　　 3. $\mu_X - \mu_Y$ 的 95% 信賴區間：_____。 $[0.525, 13.475]$

・如果答對，請練習自我評量 2

・如果答錯，請讀下一單元解答

 單元 11–35

 解

承例 12 題 1.。

⑴擬定統計假設：

　依題意，旨在檢定兩母體平均數 μ_X 和 μ_Y 是否相等，故把有等號部分，設為虛無假設 H_0。

$$H_0: \mu_X - \mu_Y = 0$$

$$H_1: \mu_X - \mu_Y \neq 0$$

⑵選擇檢定統計量：

此題為 _____（小／大）樣本（$n_X = 20$，$n_Y = 15$，均

小於 30），母體為常態分配，σ_X 和 σ_Y _____（已

知／未知），因兩者相差甚大，因此推測 $\sigma_X \neq \sigma_Y$。

基於以上三條件，其檢定統計量為：

$$t = \frac{(\overline{X} - \overline{Y}) - (\mu_X - \mu_Y)}{\sqrt{\dfrac{S_X^2}{n_X} + \dfrac{S_Y^2}{n_Y}}} \sim t(df^*) \text{ 分配}$$

$$\text{式中：} \quad df^* = \frac{(\dfrac{S_X^2}{n_X} + \dfrac{S_Y^2}{n_Y})^2}{\dfrac{(\dfrac{S_X^2}{n_X})^2}{(n_X - 1)} + \dfrac{(\dfrac{S_Y^2}{n_Y})^2}{(n_Y - 1)}}$$

⑶選定臨界值並擬定決策法則：

①臨界值：

依假設可知，屬 _____尾檢定。

$\alpha = 0.05$，$\dfrac{\alpha}{2} = 0.025$

$$\text{自由度 } df^* = \frac{(\dfrac{31.3}{20} + \dfrac{120.1}{15})^2}{\dfrac{(\dfrac{31.3}{20})^2}{19} + \dfrac{(\dfrac{120.1}{15})^2}{14}}$$

$$= 19.46 \approx 19 \quad \text{（取整數）}$$

$\therefore t_{df^*, \frac{\alpha}{2}} = t_{19, 0.025} = $ _____ 　　（查表）

$t_{df^*, 1-\frac{\alpha}{2}} = t_{19, 0.975} = $ _____

把以上數值繪入下圖內：

小

未知

雙

2.093

−2.093

拒絕域　　接受域　　拒絕域

$\dfrac{\alpha}{2}$　　　　　　　　$\dfrac{\alpha}{2} = 0.025$

t　-2.093　　0　　2.093

$\overline{X} - \overline{Y}$

Ｆ 圖 11–7　將 $t_{19, 0.975} = -2.093$ 與 $t_{19, 0.025} = 2.093$ 繪在圖上

②決策法則：

　　計算的 t 值，如介於 -2.093 至 2.093 之間，則接受

　　H_0，如大於 2.093 或小於 -2.093，則 _____（接

　　受／拒絕）H_0。

拒絕

(4)計算檢定統計量的值：

$\bar{X} = 123$，$\bar{Y} = 116$ 代入公式：

$$t = \frac{(\bar{X} - \bar{Y}) - (\mu_X - \mu_Y)}{\sqrt{\dfrac{S_X^2}{n_X} + \dfrac{S_y^2}{n_y}}} = \frac{123 - 116 - 0}{\sqrt{\dfrac{\rule{1.5em}{0.4pt}}{20} + \dfrac{\rule{1.5em}{0.4pt}}{15}}} = 2.263$$

31.3、120.1

(5)比較與結論：

①比較：計算的 t 值 2.263，大於臨界值 2.093，落

　　在 _____（接受／拒絕）域，拒絕虛無假設 H_0。

拒絕

②結論：該兩母體平均數不相等，達 $\alpha = 0.05$ 的顯著水

　　準。換言之，有相當證據 _____（支持／不支持）

　　兩母體平均數不相等。

支持

・請讀下一單元

  單元 11–36

解

承例 12 題 2. 求 $\mu_X - \mu_Y$ 的 95% 信賴區間：

(1)分析題意並配合公式：

依題意得知，本題為小樣本，母體為常態，σ_X 和 σ_Y 未

知且不相等。

所以 $\mu_X - \mu_Y$ 的 $(1 - \alpha)100\%$ 信賴區間為：

$$[(\bar{X} - \bar{Y}) \pm t_{df^*, \frac{\alpha}{2}} \sqrt{\frac{S_X^2}{n_X} + \frac{S_Y^2}{n_Y}}]$$

式中：$df^* = \dfrac{(\dfrac{S_X^2}{n_X} + \dfrac{S_Y^2}{n_Y})^2}{\dfrac{(\dfrac{S_X^2}{n_X})^2}{(n_X - 1)} + \dfrac{(\dfrac{S_Y^2}{n_Y})^2}{(n_Y - 1)}}$

⑵計算與結論：

①計算：

$\overline{X} = 123, S_X^2 = \underline{\quad}, n_X = 20$　　　　　　　　　31.3

$\overline{Y} = \underline{\quad}, S_Y^2 = 120.1, n_Y = 15$　　　　　　　　116

$df^* = \dfrac{(\dfrac{31.3}{20} + \dfrac{120.1}{15})^2}{\dfrac{(\dfrac{31.3}{20})^2}{19} + \dfrac{(\dfrac{120.1}{15})^2}{14}}$

　　　$= 19.5 \approx 19$（捨去小數部分）

$t_{df^*, \frac{\alpha}{2}} = t_{19, 0.025} = \underline{\quad}$　　　　　（查表）　　　2.093

代入公式：$\mu_X - \mu_Y$ 的 95% 信賴區間為 $[L, U]$：

$L = (\overline{X} - \overline{Y}) - t_{df^*, \frac{\alpha}{2}}\sqrt{\dfrac{S_X^2}{n_X} + \dfrac{S_Y^2}{n_Y}}$

　　$= (123 - 116) - (\underline{\quad})\sqrt{\dfrac{31.3}{20} + \dfrac{120.1}{15}}$　　　2.093

　　$= 0.525$

$U = (\overline{X} - \overline{Y}) + t_{df^*, \frac{\alpha}{2}}\sqrt{\dfrac{S_X^2}{n_X} + \dfrac{S_Y^2}{n_Y}}$

　　$= (\underline{\quad} - \underline{\quad}) + 2.093\sqrt{\dfrac{31.3}{20} + \dfrac{120.1}{15}}$　　123、116

　　$= 7 + 6.475 = \underline{\quad}$　　　　　　　　　　　　13.475

②結論：兩母體平均數差 $\mu_X - \mu_Y$ 的 95% 信賴區間為：

$$[0.525, 13.475]$$

由於上面推估的兩母體平均數差的區間不含 0，所以可進一步推論兩母體平均數是不相等的。換言之，我們有 95% 信心推論兩母體平均數不相等。

・恭喜你已學完兩母體平均數差 $\mu_X - \mu_Y$ 的 t 檢定法，請練習自我

評量 2

自我評量 ②

四、已知某國中一年級男、女生身高皆為常態分配，且變異數皆為 32。今隨機抽
取男生 12 名，得平均數為 156，抽取女生 12 名，得平均數為 152。在 $\alpha = 0.05$
下，檢定該校國一男生的平均身高是否高於女生的平均身高。

五、某校實施英文教學法實驗，以甲教學法對 12 名學生施教，乙教學法對 10 名
學生施教，學期結束時，兩組學生參加同一考試。甲組學生之平均成績為 85
分；標準差 4 分，乙組學生平均成績為 81 分，標準差 5 分，假設兩母體近於
常態分配且其變異數相等。

  1. 以 $\alpha = 0.1$，檢定甲、乙兩法對學生施教之效果是否相同。

  2. 求甲、乙兩平均數差的 90% 信賴區間。

六、為探討 A、B 兩種工作法之效能，隨機抽取 20 人，並隨機分成 A、B 兩組。

  然後測量 A、B 兩工作法完成同樣工作所需之時間，資料如下：

A 法	15	20	11	23	16	21	18	16	27	24
B 法	23	31	13	19	23	17	28	26	25	28

  依據以上資料，求下列問題：

  1. 試以 $\alpha = 0.05$，檢定 A 法和 B 法完成工作時間是否不相同。

  2. 求兩工作法完成工作時間差之 95% 信賴區間。

第三節　兩成對母體平均數差在相關樣本下的統計推論

單元 **11-37** 比較獨立樣本和成對樣本的標準誤

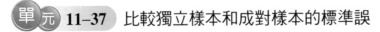

在前述各單元所討論的兩母體平均數差檢定公式，都是針對獨立樣本而發展

出來。如果抽樣的兩樣本不是獨立（即有相關），其檢定公式會有什麼不同呢？讓我們回顧前述的兩母體平均數差檢定公式的構成：

$$Z = \frac{(\overline{X} - \overline{Y}) - \mu_{\overline{X}-\overline{Y}}}{\sigma_{\overline{X}-\overline{Y}}}, \sigma_{\overline{X}-\overline{Y}} = \sqrt{\sigma_{\overline{X}}^2 + \sigma_{\overline{Y}}^2}$$

$\sigma_{\overline{X}-\overline{Y}}$ 稱為標準誤，當 $\sigma_{\overline{X}-\overline{Y}}$ 值變大，Z 的絕對值會變小，因此檢定時不容易達到顯著水準；反之，$\sigma_{\overline{X}-\overline{Y}}$ 值變小，Z 會變大，因此檢定時容易達顯著水準。由此知道，標準誤 $\sigma_{\overline{X}-\overline{Y}}$ 值的變大或變小，對檢定的最後結果有重要的影響。然而，$\sigma_{\overline{X}-\overline{Y}}^2$ 的值，受到兩樣本是否獨立或相關而有所變化。請看下列兩樣本平均數差的標準誤公式之形成：

$$\sigma_{\overline{X}-\overline{Y}}^2 = \frac{\sum_{}^{N}[(\overline{X} - \overline{Y}) - \mu_{\overline{X}-\overline{Y}}]^2}{N}$$

$$= \frac{1}{N}\sum[(\overline{X} - \overline{Y}) - (\mu_{\overline{X}} - \mu_{\overline{Y}})]^2$$

$$= \frac{1}{N}\sum[(\overline{X} - \mu_{\overline{X}}) - (\overline{Y} - \mu_{\overline{Y}})]^2$$

$$= \frac{1}{N}[\sum(\overline{X} - \mu_{\overline{X}})^2 + \sum(\overline{Y} - \mu_{\overline{Y}})^2 - 2\sum(\overline{X} - \mu_{\overline{X}})(\overline{Y} - \mu_{\overline{Y}})]$$

$$= \sigma_{\overline{X}}^2 + \sigma_{\overline{Y}}^2 - 2\frac{\sum(\overline{X} - \mu_{\overline{X}})(\overline{Y} - \mu_{\overline{Y}})}{N}$$

上式中 $\frac{\sum(\overline{X} - \mu_{\overline{X}})(\overline{Y} - \mu_{\overline{Y}})}{N}$，稱為共變數 (covariance)。兩樣本 $\overline{X}$ 和 $\overline{Y}$ 的共變數是它們相關與否的指標。若共變數等於 0，則稱樣本 $\overline{X}$ 和樣本 $\overline{Y}$ 無相關（即獨立）；若共變數不等於 0，則稱兩樣本 $\overline{X}$ 和 $\overline{Y}$ 有相關：

> 若兩樣本 $\overline{X}$ 和 $\overline{Y}$ 沒有相關，則 $\sigma_{\overline{X}-\overline{Y}}^2 = \sigma_{\overline{X}}^2 + \sigma_{\overline{Y}}^2$
>
> 若兩樣本 $\overline{X}$ 和 $\overline{Y}$ 有相關，則 $\sigma_{\overline{X}-\overline{Y}}^2 \neq \sigma_{\overline{X}}^2 + \sigma_{\overline{Y}}^2$。

綜合上述的分析，我們可以得到結論：兩組樣本的相關或獨立，會影響標準誤 $\sigma_{\overline{X}-\overline{Y}}$ 值的變化，進而影響 Z 值和最後檢定的結果。

・請讀下一單元

單元 11-38 成對樣本抽樣的觀念形成

舉個例子來說明兩相關樣本對檢定結果的影響：

某藥品檢驗機構進行降血壓新藥的藥效檢測。隨機抽取一群人作為樣本，測量每一個人在服新藥前後的血壓值變化。測試結果獲得兩組樣本，樣本組 X 是服藥前血壓值，樣本組 Y 為服藥後血壓值，然後檢定該兩組的血壓平均值，藉以推論藥效。

樣本組 X 中每一個人的血壓值，僅受到個人先天體質（年齡、遺傳、基因、健康狀況等）的影響，而樣本組 Y 中的每一個人的血壓值，卻受到個人先天體質和藥效的綜合影響。

假如兩組樣本有相關（共變數不等於 0），我們卻把該兩組樣本當作獨立樣本來加以檢定，那麼計算出來的標準誤，因未能排除先天體質因素影響，致使標準誤 $\sigma_{\bar{X}-\bar{Y}}$ 變大或變小，如此作法不但增加檢定結果的錯誤率，同時對於檢定結果到底應歸因於藥效或是先天體質的作用，無法做出明確的辨別。

由此例我們可以得知，對於有相關（非獨立）的兩組樣本，不可使用前述的獨立樣本母體平均數差檢定公式來檢定，必須改用成對樣本（matching）或集區（blocking）方式的抽樣和統計處理才適當。

・請讀下一單元

單元 11-39 相關樣本的三種成對抽樣方式

為了能排除兩樣本擁有共同因素的影響力，常見的抽樣法有三種方式：

1.配對法

以具有相同特質（如年齡）的兩人編成一對，再將其中一人分派至 X 組，另一人分派至 Y 組。例如 22 歲的兩人編成一對，30 歲兩人編成一對⋯⋯。如此的配對方式，將使各對內沒有年齡的差異，但各對之間仍有差異存在。最後再把每對的數值分派到 X 和 Y 兩組內。

2.重複量數法

同一個人接受兩種處理和測試，如同前例所示，同一個人接受降血壓藥物實驗和測試，因為每一對是由同一人擔任，所以各對內是同質的（包含相同的年齡、血型、基因等），但各對之間，則有個別差異。

3. 同胎法

由於雙胞胎（或三胞胎）有極相似的體質，所以雙胞胎接受兩種處理或測試，可視為重複量數的特例。

・請讀下一單元

單元 **11–40** 成對樣本觀察值的資料結構

分別由母體 X 和母體 Y 隨機抽取 n 個觀察值，依某相同特徵配對（x_1 與 y_1，x_2 與 y_2，$\cdots$，x_n 與 y_n），再分派成兩組。最後對兩組進行實驗處理和測試，即可獲得 n 對平均差（d_i），即：

$$第一對\ x_1 - y_1 = d_1$$
$$第二對\ x_2 - y_2 = d_2$$
$$\vdots$$
$$第 n 對\ x_n - y_n = d_n$$

表 11–2

編號	處理 X	處理 Y	差異 $D = X - Y$
1	x_1	y_1	$d_1 = x_1 - y_1$
2	x_2	y_2	$d_2 = x_2 - y_2$
$\vdots$	$\vdots$	$\vdots$	$\vdots$
n	x_n	y_n	$d_n = x_n - y_n$

上面 n 對差異（$d_1, d_2, \cdots, d_n$），可視為從平均數 μ_D、標準差 σ_D 的新母體中，隨機抽出的一組隨機樣本。依該組樣本資料，計算的樣本平均數差和標準差為：

$$\overline{D} = \frac{1}{n}(\sum_{i=1}^{n} d_i) = \frac{1}{n}\sum_{i=1}^{n}(x_i - y_i) = \frac{\sum_{i=1}^{n} x_i}{n} - \frac{\sum_{i=1}^{n} y_i}{n} = \overline{X} - \overline{Y}$$

$$S_D^2 = \frac{1}{n-1}\sum_{i=1}^{n}(d_i - \overline{D})^2 = \frac{1}{n-1}[\sum_{i=1}^{n} d_i^2 - \frac{(\sum_{i=1}^{n} d_i)^2}{n}]$$

・請讀下一單元

單元 11–41 成對樣本平均數 $\overline{D}$ 的抽樣分配

從兩母體 μ_X 和 μ_Y 中，分別隨機抽取 n 個樣本，然後相減而成 n 對新變數 D，如表 11–2 所示。此 n 對變數 D，可視為抽樣自平均數 μ_D 與變異數 σ_D^2 的新母體之中的一組隨機樣本。由此可知，重複執行此抽樣方式，就可得到許多的成對樣本平均數 $\overline{D}$，其抽樣分配性質為：

$$\mu_{\overline{D}} = E(\overline{D}) = E(\overline{X} - \overline{Y}) = \mu_X - \mu_Y = \mu_D$$

$$\sigma_{\overline{D}}^2 = Var(\overline{D}) = \frac{\sigma_D^2}{n}$$

此抽樣分配與在單元 8–61 所介紹由母體 (μ_X, σ_X^2) 中隨機抽取含 n 個樣本數的抽樣原理相同。

・請讀下一單元

單元 11–42 成對樣本平均數 $\overline{D}$ 的分配型態

(1)若抽樣數為大樣本 $(n \geq 30)$，依中央極限定理，不論母體的分配型態為何，樣本平均數 $\overline{D}$ 的分配型態會趨近於常態分配，即：

$$\overline{D} \sim N(\mu_{\overline{D}}, \sigma_{\overline{D}}^2) \text{ 或 } N(\mu_D, \frac{\sigma_D^2}{n})$$

把 $\overline{D}$ 標準化成 Z 值，成為標準常態分配：

$$Z = \frac{\overline{D} - \mu_D}{\dfrac{\sigma_D}{\sqrt{n}}} \sim N(0, 1) \cdots\cdots \text{①}$$

若 σ_D^2 未知，在大樣本下，$S_D^2 \approx \sigma_D^2$，故：

$$Z = \frac{\overline{D} - \mu_D}{\dfrac{S_D}{\sqrt{n}}} \sim N(0, 1) \cdots\cdots \text{②}$$

⑵若抽樣的個數為小樣本 $(n < 30)$、母體呈常態分配、σ_D 未知時，則樣本平均數 $\overline{D}$ 經標準化之後，其分配型態為 $t(n-1)$ 分配，以上原理與單元 8–52 所介紹的 t 分配形成原理相同。

$$t = \frac{\overline{D} - \mu_D}{\dfrac{S_D}{\sqrt{n}}} \sim t(n-1) \text{ 分配} \cdots\cdots \text{③}$$

‧請讀下一單元

 **11–43**

依上一單元所示，成對母體平均數差 μ_D 的區間估計和檢定統計量如下所述：

⑴大樣本 $(n \geq 30)$ 下，成對樣本平均數差 $\overline{D}$ 的抽樣分配為：

$$\overline{D} \sim N(\mu_D, \frac{\sigma_D^2}{n})$$

①當 σ_D 已知，其成對母體平均數差 μ_D 的 $(1-\alpha)100\%$ 信賴區間為：

$$[\overline{D} - z_{1-\frac{\alpha}{2}} \frac{\sigma_D}{\sqrt{n}}, \overline{D} + z_{1-\frac{\alpha}{2}} \frac{\sigma_D}{\sqrt{n}}]$$

當 σ_D 未知，以 S_D 取代之：

$$[\overline{D} - z_{1-\frac{\alpha}{2}} \frac{S_D}{\sqrt{n}}, \overline{D} + z_{1-\frac{\alpha}{2}} \frac{S_D}{\sqrt{n}}]$$

②當 $H_0: \mu_D = 0$，σ_D 已知，則檢定統計量為：

$$Z = \frac{\overline{D} - \mu_D}{\dfrac{\sigma_D}{\sqrt{n}}} \sim N(0, 1)$$

當 σ_D 未知，則以 S_D 取代之：

$$Z = \frac{\overline{D} - \mu_D}{\dfrac{S_D}{\sqrt{n}}} \sim N(0, 1)$$

⑵小樣本 $(n < 30)$，母體常態、σ_D 未知等條件下，成對樣本平均數差 $\overline{D}$ 的抽

樣分配為：（參看單元 11–42）

$$t = \frac{\overline{D} - \mu_D}{\dfrac{S_D}{\sqrt{n}}} \sim t(n-1) \text{ 分配}$$

①其成對母體平均數差 μ_D 的 $(1 - \alpha)100\%$ 信賴區間為：

$$[\overline{D} - t_{n-1, \frac{\alpha}{2}} \frac{S_D}{\sqrt{n}}, \overline{D} + t_{n-1, \frac{\alpha}{2}} \frac{S_D}{\sqrt{n}}]$$

②假設檢定的統計量為：

$$t = \frac{\overline{D} - \mu_D}{\dfrac{S_D}{\sqrt{n}}}, df = n - 1$$

・請讀下一單元

 11–44

 13

　　某國中一年級 5 位學生參加「減重班」，經 1 個月飲食控
制，其體重變化如下表，假設學生體重的母體為常態分配，
試求減重前後體重差的 95% 信賴區間。

🟠 表 11–3

學生編號	減重前 x_i	減重後 y_i	體重差 $d_i = x_i - y_i$
1	82	68	14
2	61	53	8
3	75	65	10
4	62	57	5
5	77	62	15

・請讀下一單元解析

(1)分析題意並配合公式：

①題目中每一人均接受兩種體重測量（即每一對由同一個人擔任）。令減重前體重 X、減重後體重 Y，因此，兩組變數 X 和 Y 是 _____（有／沒有）相關。　　有

②把減重前的樣本平均數 $\overline{X}$ 和減重後的樣本平均數 $\overline{Y}$，轉化為成對的樣本平均數差 $\overline{D} = \overline{X} - \overline{Y}$。

③因為已知母體為常態分配，σ_D 未知，且 $n = 5$ 為小樣本 $(n < 30)$，所以樣本平均數差 $\overline{D}$，經標準化之後的統計量，是為 $t(n-1)$ 分配：

$$t = \frac{\overline{D} - \mu_D}{\dfrac{S_D}{\sqrt{n}}} \sim t(n-1) \text{ 分配}$$

④信賴區間公式為 $\mu_D\ (=\mu_X - \mu_Y)$ 的 $(1-\alpha)100\%$ 信賴區間：

$$[\overline{D} \pm t_{n-1, \frac{\alpha}{2}} \frac{S_D}{\sqrt{n}}]$$

(2)計算與結論：

①計算：

依表 11–3，計算得到表 11–4：

🔴 表 11–4

學生編號	d_i	d_i^2
1	14	196
2	8	_____ 64
3	10	100
4	5	_____ 25
5	15	225
合　計	52	610

$$\overline{D} = \frac{1}{n}\sum_{i=1}^{5} d_i = \frac{1}{5}(\underline{\quad}) = 10.4$$

52

$$S_D^2 = \frac{1}{n-1}[\sum_{i=1}^{5} d_i^2 - \frac{(\sum_{i=1}^{5} d_i)^2}{n}]$$

$$= \frac{1}{5-1}(\underline{\quad} - \frac{52^2}{5}) = 17.3$$

610

$$S_D = 4.16$$

$$S_{\overline{D}} = \frac{S_D}{\sqrt{n}} = \frac{\underline{\quad}}{\sqrt{5}} = \underline{\quad}$$

4.16、1.86

又 $1 - \alpha = 0.95$，$\alpha = 0.05$，$\frac{\alpha}{2} = 0.025$

$$t_{n-1,\frac{\alpha}{2}} = t_{4,0.025} = \underline{\quad} \qquad （查表）$$

2.776

以上數值代入公式得：

$$L = \overline{D} - t_{n-1,\frac{\alpha}{2}}\frac{S_D}{\sqrt{n}} = \underline{\quad} - 2.776 \times 1.86 = \underline{\quad}$$

10.4、5.237

$$U = \overline{D} + t_{n-1,\frac{\alpha}{2}}\frac{S_D}{\sqrt{n}} = 10.4 + \underline{\quad} \times \underline{\quad} = 15.563$$

2.776、1.86

②結論：學生接受減重班前後體重差異的 95% 信賴區

間為 5.237 至 15.563 公斤。因為該區間未包含 0，

故表示減重有效。

・請讀下一單元

 11-46

 **14**

某國中一年級 5 名學生參加 1 個月的減重班，其參加減

重班前後體重變化如下表，已知母體為常態分配；試在

$\alpha = 0.05$ 水準下，檢定學生在減重班前後體重是否有差異。

🏆 表 11-5

學生編號	減重前 x_i	減重後 y_i	體重差 $d_i = x_i - y_i$
1	82	68	____
2	61	53	8

14

3	75	65	10	
4	62	57	＿＿＿	5
5	77	62	15	
合　計			＿＿＿	52

・請讀下一單元解答

 11–47

應用檢定五步驟:

⑴擬定統計假設:

　　令減胖前體重母數為 μ_X，減胖後體重母數為 μ_Y，依題

　　意，欲檢定減胖前後體重差是否相等，故把含等號的

　　$\mu_X = \mu_Y$ 設為虛無假設:

$$H_0: \mu_X \underline{\quad\quad} \mu_Y \quad (\text{或 } \mu_X - \mu_Y = 0)$$　=

$$H_1: \mu_X \underline{\quad\quad} \mu_Y \quad (\text{或 } \mu_X - \mu_Y \neq 0)$$　≠

⑵選擇檢定統計量:

　　此題屬成對樣本平均數檢定。

　　令減重前個人體重為 X 和減重後個人體重為 Y。已知

　　該兩母體為常態分配，因此減重前後體重差 D 的母體

　　亦為常態分配。樣本數 $n = 5$，屬＿＿＿＿（大／小）　小

　　樣本，σ_D^2 ＿＿＿＿（未／已）知，故依單元 11–42 得　未

　　知，檢定統計量為:

$$t = \frac{\overline{D} - \mu_D}{\dfrac{S_D}{\sqrt{n}}} \sim t(n-1) \text{ 分配}$$

⑶選定臨界值並擬定決策法則:

　　①臨界值:

　　　　本題是＿＿＿＿尾檢定。　雙

$\mu_D = 0$（依假設得知）

$\alpha = 0.05, \dfrac{\alpha}{2} = 0.025$

自由度 $n - 1 = \underline{\quad} - 1 = \underline{\quad}$ 5、4

$t_{n-1, \frac{\alpha}{2}} = t_{4, 0.025} = \underline{\quad}$ 2.776

$t_{n-1, 1-\frac{\alpha}{2}} = t_{4, 0.975} = \underline{\quad}$ -2.776

將以上數值，繪入圖內。

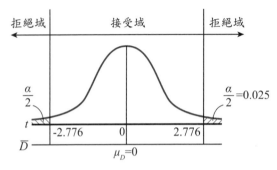

Ⓕ 圖 11-8　將 $t_{4, 0.975}$、$t_{4, 0.025}$、μ_D 分別繪在圖上

②決策法則：

　計算的 t 值，若大於 2.776 或小於 -2.776，

　則 _____（拒絕／接受）虛無假設；若介於 -2.776　　　拒絕

　與 2.776 之間，則接受虛無假設。

⑷計算檢定統計量的值：

$$t = \dfrac{\overline{D} - \mu_D}{\dfrac{S_D}{\sqrt{n}}}$$

由表 11-5 計算得到：

$\overline{D} = \dfrac{\sum d_i}{n} = \underline{\quad} = 10.4$　　　$\dfrac{52}{5}$

$S_D = \underline{\quad}$　　　4.16

$n = 5$

$\mu_D = 0$

代入公式：

$$t = \frac{\overline{} - 0}{\frac{4.16}{\sqrt{5}}} = 5.59$$

10.4

⑤比較與結論：

　①比　較：計　算　的　t　值　為 ____，　大　於　2.776，　故　落

　　　　　入 _____（拒絕／接受）域，拒絕虛無假設。

5.59

拒絕

　②結論：學生在減重班前後之體重變化有顯著的不同。

・請讀下一單元

 **11-48**

 15

　某裝配廠引進新的裝配法，為瞭解新裝配法是否有效，
乃抽出 10 名員工，施以新裝配法講習，然後分別測量每個人
應用新法與舊法的裝配時間如下表，已知新舊法裝配時間母
體為常態分配，1.求新舊法裝配時間差的 95% 信賴區間。2.
已知 $\alpha = 0.05$，試檢定新法和舊法的裝配時間是否不一樣。

 表 11-6

員工編號	1	2	3	4	5	6	7	8	9	10	合　計
新法 y_i	15	13	18	17	19	12	12	13	18	20	－
舊法 x_i	16	13	15	22	20	11	14	15	17	16	－
$d_i = y_i - x_i$	-1	0	3	-5	-1	1	-2	-2	1	4	-2
d_i^2	1	0	9	25	1	1	4	4	1	16	62

答：　1. $\mu_X - \mu_Y$ 的 95% 信賴區間為：_____。

$[-2.071, 1.671]$

　　2.⑴擬定統計假設：H_0：_____。

$\mu_X - \mu_Y \leq 0$

　　　　　　　　　　H_1：_____。

$\mu_X - \mu_Y > 0$

　　⑵計算檢定統計量的值：____。

-0.242

　　⑶結論：_____（接受／拒絕）虛無假設。

接受

・如果答對，請練習自我練習 3

・如果答錯，請讀下一單元解答

11–49

承例 15，求新舊裝配法時間差之 95% 信賴區間：

(1)分析題意並配合公式：

①此題樣本數 10 個人，每個員工接受兩種測量，然後配成一對樣本，故此題為成對樣本平均數的假設檢定。

② $n = 10$ 屬 _____（小／大）樣本，母體 D 為常態分配，σ_D^2 _____（未／已）知，基於上述條件，$\overline{D}$ 將轉化成 t 分配。

小

未

$$t = \frac{\overline{D} - \mu_D}{\dfrac{S_D}{\sqrt{n}}} \sim t(n-1) \text{ 分配}$$

③因此依單元 11–43 得知，μ_D 的 $(1-\alpha)100\%$ 信賴區間為：

$$\left[\overline{D} \pm t_{n-1, \frac{\alpha}{2}} \frac{S_D}{\sqrt{n}}\right]$$

(2)計算與結論：

①計算：由表 11–6 計算得：

$$\overline{D} = \frac{1}{n}\sum d_i = \frac{-2}{10} = -0.2$$

$$S_D^2 = \frac{1}{n-1}\left[\sum d_i^2 - \frac{(\sum d_i)^2}{n}\right]$$

$$= \frac{1}{10-1}\left[62 - \frac{(\underline{})^2}{10}\right] = \underline{}$$

−2、6.8444

$$S_D = \sqrt{S_D^2} = 2.62$$

$1 - \alpha = 0.95,\ \alpha = 0.05,\ \dfrac{\alpha}{2} = \underline{}$

0.025

$df = n - 1 = \underline{} - 1 = 9$

10

$$t_{n-1, \frac{\alpha}{2}} = t_{9, 0.025} = \underline{\qquad} \qquad （查表）$$

2.262

$$U = \bar{D} + t_{n-1, \frac{\alpha}{2}} \frac{S_D}{\sqrt{n}}$$

$$= -0.2 + \underline{\qquad} \times \frac{2.62}{\sqrt{10}}$$

2.262

$$= \underline{\qquad}$$

1.671

$$L = \bar{D} - t_{n-1, \frac{\alpha}{2}} \frac{S_D}{\sqrt{n}}$$

$$= -0.2 - 2.262 \times \frac{\underline{\qquad}}{\sqrt{10}} = -2.071$$

2.62

②結論: 員工在新舊法裝配時間平均差的 95% 信賴區
間為 −2.071 至 1.671 之間。由於信賴區間包含 0,
所以新舊法裝配平均時間, 在 $\alpha = 0.05$ 下, 無顯著
不同, 換句話說, 引進的新法所花的裝配平均時間
比起舊法所花的裝配平均時間, 沒有不一樣。

・請讀下一單元

- -

 **11–50**

承例 15, 檢定新法和舊法的裝配時間是否不一樣。

(1)擬定統計假設:

　令舊法裝配時間平均數 μ_X, 新法裝配時間平均數 μ_Y,
　依題意, 欲檢定新法和舊法的裝配平均時間是否不一
　樣, 故把 $\mu_Y \neq \mu_X$, 設為對立假設。

　$H_0 : \mu_Y \underline{\qquad} \mu_X$ 　（或 $\mu_Y - \mu_X = 0$ 或 $\mu_D = 0$）

=

　$H_1 : \mu_Y \underline{\qquad} \mu_X$ 　（或 $\mu_Y - \mu_X \neq 0$ 或 $\mu_D \neq 0$）

≠

(2)選擇檢定統計量:

　①由於同一員工分別接受兩種裝配時數的測量, 故為

成對樣本。

②樣本數 $n = 10$，小於 30，故為 _____ （小／大）

　　樣本。

③已知母體 D 為常態分配、σ_D 未知、小樣本，依這些

　　條件，樣本平均數 $\overline{D}$ 將可轉化成檢定統計量：

$$t = \frac{\overline{D} - \mu_D}{\dfrac{S_D}{\sqrt{n}}} \sim t(n-1) \text{ 分配}$$

⑶選定臨界值並擬定決策法則：

①臨界值：

　　本題是 _____ 尾檢定

　　$\alpha = 0.05$，$\dfrac{\alpha}{2} = 0.025$

　　自由度 $n - 1 = $ ____ $- 1 = 9$

　　臨界值為：

　　$t_{n-1, \frac{\alpha}{2}} = t_{9, 0.025} = $ _____

　　$t_{9, 0.975} = $ _____

　　把以上數值繪入圖內。

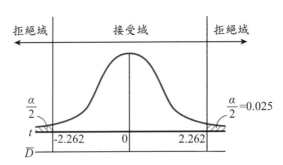

小

雙

10

2.262

−2.262

F 圖 11-9　把 $t_{9, 0.025}$、$t_{9, 0.975}$ 繪在圖上

②決策法則：

　　計算之 t 值，若 小 於 -2.262 或 大 於 2.262，

　　則 _____ （拒絕／接受）虛無假設，反之，則接

拒絕

受虛無假設。

⑷計算統計量的值:

依表 11–6，計算得:

$\mu_D = 0$ （依虛無假設），$n = $ ＿＿＿　　10

$\overline{D} = \frac{1}{n}\sum d_i = -0.2$　　　（參看單元 11–49 計算過程）

$S_D = \sqrt{\frac{1}{n-1}(\sum d_i^2 - \frac{(\sum d_i)^2}{n})}$

$= \sqrt{\frac{1}{10-1}(62 - \underline{\quad})} = 2.62$　　$\dfrac{(-0.2)^2}{10}$

代入公式:

$t = \dfrac{-0.2 - 0}{\dfrac{2.62}{\sqrt{10}}} = \underline{\quad}$　　-0.241

⑸比較與結論:

①比較: 計算得 $t = -0.241$，介於臨界值 -2.262 和

2.262 之間，落入 ＿＿＿＿＿（接受／拒絕）域，故　接受

接受虛無假設。

②結論: 新法裝配時間，未能顯著不同於舊法裝配時

間，換言之，新法和舊法裝配時間沒有不一樣。

比較本題與單元 11–48 的區間估計，兩種結果相同，

可見區間估計和假設檢定在統計推論上可以互相通

用。

· 恭喜你已學完對母體平均差的檢定，請練習自我評量 3

七、某校欲從兩種記憶訓練法中選用一種。今依學生的 IQ 和年級相同者，配成一

對，共選取 6 對，每一對的二人分別接受方法 A 及方法 B 的記憶訓練法，訓

練結束，進行測驗，所得成績如下:

對　別	1	2	3	4	5	6
方法 A	12	29	16	37	28	15
方法 B	10	28	17	35	25	16

已知母體為常態分配，請以 $\alpha = 0.05$，檢定兩法是否不同。

八、某校實施為期 1 個月的減重計畫，隨機抽取 15 名學生參加計畫，減重計畫前後的體重紀錄如下，問：

1. 求減重計畫前後，體重平均差的 95% 信賴區間。

2. 試以 $\alpha = 0.05$，檢定減重計畫前後學生體重平均是否不一樣。

	參加減重計畫學生														
學生編號	1	2	3	4	5	6	7	8	9	10	11	12	13	14	15
計畫之前 x_i	70	80	72	76	76	76	72	78	82	64	74	92	74	68	84
計畫之後 y_i	68	72	62	70	58	66	68	52	64	72	74	60	74	72	74
$d_i = x_i - y_i$	2	8	10	6	18	10	4	26	18	−8	0	32	0	−4	10

第四節　兩母體比率差在大樣本下的統計推論

 11–51　兩母體比率差的統計推論

1.回顧單一樣本比率的抽樣分配

在前一章已介紹過單一母體樣本比率的抽樣分配性質，在一母體（比率為 p_A）中，抽取 n_A 個個體組成一隨機樣本，令出現成功（預期出現特性者）的個數為 X_A，則此樣本比率為：

$$\hat{p}_A = \frac{X_A}{n_A}$$

若 n_A 夠大（即 $n_A \hat{p}_A \geq 5$，且 $n_A(1 - \hat{p}_A) \geq 5$），則樣本比率 $\hat{p}_A$ 的抽樣分配性質為：

(1) $\mu_{\hat{p}_A} = E(\hat{p}_A) = p_A$

(2) $\sigma^2_{\hat{p}_A} = Var(\hat{p}_A) = \dfrac{p_A(1 - p_A)}{n_A}$

(3)許多的 $\hat{p}_A$ 之分配型態為常態分配，即：

$$\hat{p}_A \sim N(p_A, \frac{p_A(1 - p_A)}{n_A}) \text{ 分配}$$

同理，由比率為 p_B 的母體中，抽取樣本數 n_B 的一組樣本，其比率為 $\hat{p}_B = \dfrac{X_B}{n_B}$，

而在樣本 n_B 夠大的情況下，樣本比率 $\hat{p}_B$ 的抽樣分配性質為：

(1) $\mu_{\hat{p}_B} = E(\hat{p}_B) = p_B$

(2) $\sigma^2_{\hat{p}_B} = Var(\hat{p}_B) = \dfrac{p_B(1 - p_B)}{n_B}$

(3) $\hat{p}_B \sim N(p_B, \dfrac{p_B(1 - p_B)}{n_B}) \text{ 分配}$

2. 兩樣本比率差的抽樣分配

依上一單元所述，從兩個母體中，分別隨機抽出兩隨機樣本，求其比率為：

$$\hat{p}_A = \frac{X_A}{n_A}$$

$$\hat{p}_B = \frac{X_B}{n_B}$$

令此兩樣本比率差為 $\hat{p}_d$，即：

$$\hat{p}_A - \hat{p}_B = \hat{p}_d$$

重複實施如此的抽樣 k 次，可得到 k 對樣本比率差 $\hat{p}_d$，如下所示：

$$\hat{p}_A - \hat{p}_B = \hat{p}_d$$
$$\hat{p}_{A_1} - \hat{p}_{B_1} = \hat{p}_{d_1}$$
$$\hat{p}_{A_2} - \hat{p}_{B_2} = \hat{p}_{d_2}$$
$$\vdots$$
$$\hat{p}_{A_k} - \hat{p}_{B_k} = \hat{p}_{d_k}$$

當 k 很大時，所獲得許多對的樣本比率差 $\hat{p}_d$，就可形成一個新的母體，因此，

我們可把任一對樣本比率差 $\hat{p}_A - \hat{p}_B$，看作是新母體的一組隨機樣本 $\hat{p}_d$，而此

對樣本比率差 $\hat{p}_A - \hat{p}_B = \hat{p}_d$ 的抽樣分配（如同 $\overline{X} - \overline{Y}$ 的抽樣分配），具有三項

重要特性。

$\hat{p}_A - \hat{p}_B$ 的抽樣分配特性：

(1) $\mu_{\hat{p}_A-\hat{p}_B} = E(\hat{p}_A - \hat{p}_B) = E(\hat{p}_A) - E(\hat{p}_B) = p_A - p_B$

(2) $\sigma^2_{\hat{p}_A-\hat{p}_B} = Var(\hat{p}_A - \hat{p}_B) = Var(\hat{p}_A) + Var(\hat{p}_B) = \dfrac{p_A(1-p_A)}{n_A} + \dfrac{p_B(1-p_B)}{n_B}$ （因 $\hat{p}_A$

和 $\hat{p}_B$ 為兩獨立隨機樣本）

(3)在大樣本下（即 $n_A\hat{p}_A \geq 5$ 且 $n_A(1-\hat{p}_A) \geq 5$，$n_B\hat{p}_B \geq 5$ 且 $n_B(1-\hat{p}_B) \geq 5$），則

$\hat{p}_A - \hat{p}_B$ 的抽樣分配會趨近於常態分配，即：

$$\hat{p}_A - \hat{p}_B \sim N(p_A - p_B, \dfrac{p_A(1-p_A)}{n_A} + \dfrac{p_B(1-p_B)}{n_B}) \text{ 分配}$$

經標準化之後變成為 Z 值，為標準常態分配：

$$Z = \dfrac{(\hat{p}_A - \hat{p}_B) - (p_A - p_B)}{\sigma_{\hat{p}_A-\hat{p}_B}} \sim N(0, 1)$$

$$\text{式中：} \sigma_{\hat{p}_A-\hat{p}_B} = \sqrt{\dfrac{p_A(1-p_A)}{n_A} + \dfrac{p_B(1-p_B)}{n_B}}$$

以上 $\hat{p}_A - \hat{p}_B$ 的抽樣分配性質，將成為區間估計和假設檢定的重要理論基礎。

・請讀下一單元

單元 11-52 兩個母體比率差的估計

1.兩母體比率差 $p_A - p_B$ 的點估計值

由於以樣本比率差 $\hat{p}_A - \hat{p}_B$ 估計母體比率差 $p_A - p_B$ 差時，能滿足不偏性、有效性、充分性和一致性等四條件，故 $\hat{p}_A - \hat{p}_B$ 是 $p_A - p_B$ 的最佳點估計值。

在單元 8-66 曾提及，若把二項分配中成功次數當作分數，則比率 $\hat{p}_A$ 相當於平均數 $\bar{X}_A$，$\hat{p}_B$ 相當於 $\bar{X}_B$。既然 $\bar{X}_A - \bar{X}_B$ 是 $\mu_X - \mu_Y$ 的最佳點估計值，同理可知，$\hat{p}_A - \hat{p}_B$ 亦是 $p_A - p_B$ 的最佳點估計值。

2.兩母體比率差的區間估計公式

依前一單元得知，在大樣本下，兩隨機樣本的比率差 $\hat{p}_A - \hat{p}_B$ 的抽樣分配為常態分配：

$$(\hat{p}_A - \hat{p}_B) \sim N(p_A - p_B, \sigma^2_{\hat{p}_A - \hat{p}_B}), \ \text{經標準化成 } Z, \ \text{則：}$$

$$Z = \frac{(\hat{p}_A - \hat{p}_B) - (p_A - p_B)}{\sigma_{\hat{p}_A - \hat{p}_B}} \sim N(0, 1) \ \text{標準常態分配}$$

依上述常態分配原理，我們能仿效大樣本下 $\mu_X - \mu_Y$ 的區間估計公式的推導，獲得 $\hat{p}_A - \hat{p}_B$ 的區間估計公式如下：

由母體 A 抽取 n_A 樣本數，獲得樣本比率 $\hat{p}_A = \dfrac{X_A}{n_A}$，由母體 B 抽取 n_B 樣本數中，獲得樣本比率 $\hat{p}_B = \dfrac{X_B}{n_B}$。

當 n_A 和 n_B 為大樣本時，母體比率差 $p_A - p_B$ 的 $(1-\alpha)100\%$ 信賴區間為 $[L, U]$：

$$L = (\hat{p}_A - \hat{p}_B) - z_{1-\frac{\alpha}{2}} \times \sqrt{\frac{\hat{p}_A(1 - \hat{p}_A)}{n_A} + \frac{\hat{p}_B(1 - \hat{p}_B)}{n_B}}$$

$$U = (\hat{p}_A - \hat{p}_B) + z_{1-\frac{\alpha}{2}} \times \sqrt{\frac{\hat{p}_A(1 - \hat{p}_A)}{n_A} + \frac{\hat{p}_B(1 - \hat{p}_B)}{n_B}}$$

式中：　大樣本是指當 $n_A\hat{p}_A \geq 5$，且 $n_A(1 - \hat{p}_A) \geq 5$，以及 $n_B\hat{p}_B \geq 5$，且 $n_B(1 - \hat{p}_B) \geq 5$ 成立時，則 n_A 和 n_B 均為大樣本。

・請讀下一單元瞭解公式推導過程

單元 11–53 $\hat{p}_A - \hat{p}_B$ 信賴區間公式之推導：

在大樣本下，兩母體的樣本比率差 $\hat{p}_A - \hat{p}_B$ 的抽樣分配呈現常態分配時，即：

$$\hat{p}_A - \hat{p}_B \sim N(p_A - p_B, \sigma^2_{\hat{p}_A - \hat{p}_B})$$

標準化成 Z，得標準常態分配：

$$Z = \frac{(\hat{p}_A - \hat{p}_B) - (p_A - p_B)}{\sigma_{\hat{p}_A - \hat{p}_B}} \sim N(0, 1)$$

依 Z 常態分配原理，得：

$$P(-z_{1-\frac{\alpha}{2}} < Z < z_{1-\frac{\alpha}{2}}) = 1 - \alpha$$

$$P(-z_{1-\frac{\alpha}{2}} < \frac{(\hat{p}_A - \hat{p}_B) - (p_A - p_B)}{\sigma_{\hat{p}_A - \hat{p}_B}} < z_{1-\frac{\alpha}{2}}) = 1 - \alpha$$

上面不等式兩邊交乘，然後移項後，可得到：

$$P[(\hat{p}_A - \hat{p}_B) - z_{1-\frac{\alpha}{2}}\sigma_{\hat{p}_A - \hat{p}_B} < (p_A - p_B) < (\hat{p}_A - \hat{p}_B) + z_{1-\frac{\alpha}{2}}\sigma_{\hat{p}_A - \hat{p}_B}] = 1 - \alpha$$

$$式中：標準誤 \ \sigma_{\hat{p}_A - \hat{p}_B} = \sqrt{\frac{p_A(1 - p_A)}{n_A} + \frac{P_B(1 - p_B)}{n_B}}$$

因上式標準誤內部的 p_A 和 p_B 為正被估計之未知母數，不宜出現在估計式中。

由於在大樣本下，$\hat{p}_A \approx p_A, \hat{p}_B \approx p_B$，相差很小，故上式標準誤可被修改為：

$$\sigma_{\hat{p}_A - \hat{p}_B} \approx \sqrt{\frac{\hat{p}_A(1 - \hat{p}_A)}{n_A} + \frac{\hat{p}_B(1 - \hat{p}_B)}{n_B}}$$

代入公式，得：

$$P[(\hat{p}_A - \hat{p}_B) - z_{1-\frac{\alpha}{2}}\sqrt{\frac{\hat{p}_A(1 - \hat{p}_A)}{n_A} + \frac{\hat{p}_B(1 - \hat{p}_B)}{n_B}} < (p_A - p_B) < (\hat{p}_A - \hat{p}_B) +$$

$$z_{1-\frac{\alpha}{2}}\sqrt{\frac{\hat{p}_A(1 - \hat{p}_A)}{n_A} + \frac{\hat{p}_B(1 - \hat{p}_B)}{n_B}}] = 1 - \alpha$$

因此上面式子的涵義：$p_A - p_B$ 的 $(1 - \alpha)100\%$ 信賴區間為：

$$[(\hat{p}_A - \hat{p}_B) \pm z_{1-\frac{\alpha}{2}}\sqrt{\frac{\hat{p}_A(1 - \hat{p}_A)}{n_A} + \frac{\hat{p}_B(1 - \hat{p}_B)}{n_B}}]$$

・請讀下一單元

單元 11–54

例 16

為瞭解臺北市和高雄市兩市市民對交通警察的滿意度。

調查臺北市民眾 5,000 人，其中 2,400 人認為滿意。以同樣方

式調查高雄市民眾 2,000 人,其中 1,200 人認為滿意。試求臺

北市和高雄市民眾對交通警察滿意比率差的 90% 信賴區間。

答:(1)此題為_____(小／大)樣本。 大

　　(2) 90% 信賴區間為:_____。 $[-0.1414, -0.0986]$

　・如果答對,請跳讀單元 11-56

　・如果答錯,請讀下一單元解答

 11-55

(1)分析題意並配合公式:

　①臺北市民眾對交警的滿意比率為 $\hat{p}_A = \dfrac{2,400}{5,000} = 0.48$,

　　高雄市民眾對交警的滿意比率為 $\hat{p}_B = \underline{\quad} = 0.60$。 $\dfrac{1,200}{2,000}$

　②因 $n_A \hat{p}_A = 5,000 \times (\dfrac{2,400}{5,000}) = 2,400$, $n_A(1 - \hat{p}_A) =$

　　$2,600$,兩者都大於 5,同理 $n_B \hat{p}_B = 1,200$, $n_B(1 -$

　　$\hat{p}_B) = 800$,同樣均大於 5,故兩樣本數均屬_____ 大

　　(小／大)樣本。

　③依公式得知 $p_A - p_B$ 的 $(1-\alpha)100\%$ 信賴區間為:

　　(參看單元 11-52)

$$\left[(\hat{p}_A - \hat{p}_B) \pm z_{1-\frac{\alpha}{2}} \sqrt{\dfrac{\hat{p}_A(1 - \hat{p}_A)}{n_A} + \dfrac{\hat{p}_B(1 - \hat{p}_B)}{n_B}} \right]$$

(2)計算與結論:

　①計算:

　　$\hat{p}_A = 0.48$, $1 - \hat{p}_A = \underline{\quad}$ 0.52

　　$\hat{p}_B = 0.60$, $1 - \hat{p}_B = 0.40$

　　$1 - \alpha = 0.90$, $\alpha = 0.10$, $\dfrac{\alpha}{2} = 0.05$

　　$z_{1-\frac{\alpha}{2}} = z_{0.95} = \underline{\quad}$ 1.645

以上數值代入公式得：

$$L = (\hat{p}_A - \hat{p}_B) - z_{1-\frac{\alpha}{2}}\sqrt{\frac{\hat{p}_A(1-\hat{p}_A)}{n_A} + \frac{\hat{p}_B(1-\hat{p}_B)}{n_B}}$$

$$= (0.48 - 0.60) - 1.645\sqrt{\frac{0.48 \times 0.52}{5,000} + \frac{\times}{2,000}}$$

0.60、0.40

$$= -0.1414$$

$$U = (\hat{p}_A - \hat{p}_B) + z_{1-\frac{\alpha}{2}}\sqrt{\frac{\hat{p}_A(1-\hat{p}_A)}{n_A} + \frac{\hat{p}_B(1-\hat{p}_B)}{n_B}}$$

$$= (0.48 - 0.60) + (\underline{\quad})\sqrt{\frac{\times 0.52}{5,000} + \frac{0.6 \times 0.4}{2,000}}$$

1.645、0.48

$$= -0.0986$$

②結論：臺北市和高雄市民眾對交通警察的滿意度比率之差，為 -0.1414 至 -0.0986。由於區間不包括 0，且均為負值，故可推論高雄市民眾對交警的滿意度高於臺北市民眾。

・請讀下一單元

單元 **11–56** 兩母體比率 p_A 和 p_B 的假設檢定

　　母體比率 p_A 和 p_B 的假設檢定原理和過程，跟 μ_X 和 μ_Y 之假設檢定原理大同小異，下列為進行 p_A 和 p_B 假設檢定時，須留意的數項重要性質：

1. **假設之設立**

　　兩母體比率差檢定的假設形式有三種：

雙尾檢定：$H_0: p_A - p_B = p_0$, $H_1: p_A - p_B \neq p_0$

左尾檢定：$H_0: p_A - p_B \geq p_0$, $H_1: p_A - p_B < p_0$

右尾檢定：$H_0: p_A - p_B \leq p_0$, $H_1: p_A - p_B > p_0$

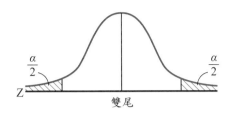

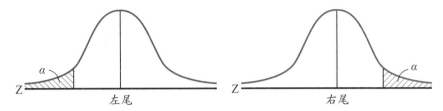

🄕 圖 11–10 p_A 和 p_B 構成三種統計假設

2. $\hat{p}_A - \hat{p}_B$ 的抽樣分配

$p_A - p_B$ 的假設檢定，乃建基於 $\hat{p}_A - \hat{p}_B$ 的抽樣分配性質：

⑴ $E(\hat{p}_A - \hat{p}_B) = \mu_{\hat{p}_A - \hat{p}_B} = p_A - p_B$

⑵ $Var(\hat{p}_A - \hat{p}_B) = \sigma^2_{\hat{p}_A - \hat{p}_B} = \dfrac{p_A(1 - p_A)}{n_A} + \dfrac{p_B(1 - p_B)}{n_B}$ （註：兩母體互為獨立）

⑶在大樣本下，$\hat{p}_A - \hat{p}_B$ 趨近於常態分配：

$$\hat{p}_A - \hat{p}_B \sim N(\mu_{\hat{p}_A - \hat{p}_B}, \sigma^2_{\hat{p}_A - \hat{p}_B}), \quad \text{式中的 } \sigma^2_{\hat{p}_A - \hat{p}_B} = \dfrac{p_A(1 - p_A)}{n_A} + \dfrac{p_B(1 - p_B)}{n_B}$$

3. 檢定統計量

依上一單元 $\hat{p}_A - \hat{p}_B$ 抽樣分配性質得知，當 H_0 為真時，檢定統計量為：

$$Z = \dfrac{(\hat{p}_A - \hat{p}_B) - (p_0)}{\sigma_{\hat{p}_A - \hat{p}_B}}, \quad \text{式中 } p_0 = p_A - p_B$$

式中的標準誤 $\sigma_{\hat{p}_A - \hat{p}_B}$，因 $p_0 = 0$ 或 $p_0 \neq 0$ 而不一樣，請看以下分析：

⑴若 $p_0 \neq 0$ 時，即：

$$p_A - p_B = p_0 \neq 0$$

∴ $p_A \neq p_B$，此時 $\sigma^2_{\hat{p}_A - \hat{p}_B}$ 的公式是：

$$\sigma^2_{\hat{p}_A - \hat{p}_B} = \dfrac{p_A(1 - p_A)}{n_A} + \dfrac{p_B(1 - p_B)}{n_B}$$

當以 $\hat{p}_A$ 和 $\hat{p}_B$ 分別作為 p_A 和 p_B 的估計值時，則公式改為：

$$\sigma^2_{\hat{p}_A - \hat{p}_B} \approx \frac{\hat{p}_A(1 - \hat{p}_A)}{n_A} + \frac{\hat{p}_B(1 - \hat{p}_B)}{n_B}$$

(2)若 $p_0 = 0$ 時,即:

$$p_A - p_B = p_0 = 0$$

$\therefore p_A = p_B = p$ （令 p 為共同比率）

因為由抽樣實際得到兩樣本 $\hat{p}_A$ 和 $\hat{p}_B$ 並不相等,到底要以哪一個作為 p（共同比率）的點估計值較恰當呢?依單元 11–29 知,宜採用 $\hat{p}_A$ 和 $\hat{p}_B$ 的混合估計值 $\hat{p}$（或稱加權比率）,來作為 p（共同比率）的估計值,其公式為:

$$\hat{p} = \frac{(樣本\,A\,的成功次數) + (樣本\,B\,的成功次數)}{(樣本\,A\,的總次數) + (樣本\,B\,的總次數)} = \frac{X_A + X_B}{n_A + n_B}$$

代入 $\sigma_{\hat{p}_A - \hat{p}_B}$ 公式得:

$$\sigma^2_{\hat{p}_A - \hat{p}_B} = \frac{\hat{p}(1 - \hat{p})}{n_A} + \frac{\hat{p}(1 - \hat{p})}{n_B} = \hat{p}(1 - \hat{p})\left(\frac{1}{n_A} + \frac{1}{n_B}\right)$$

· 如欲深入瞭解 $\hat{p}$ 的形成原理,請複習單元 11–29

· 請讀下一單元

 **11–57**

 17

調查臺北市和高雄市民眾對交通警察的滿意度,分別從臺北市調查 5,000 人,有 2,400 人認為滿意,高雄市調查 2,000 人,有 1,200 人認為滿意,試在 $\alpha = 0.10$ 下,檢定高雄市和臺北市民眾對交通警察滿意比率是否相等。

答:(1)擬定統計假設: H_0: _____ 。

H_1: _____ 。

(2)選擇檢定統計量: $Z = $ _____ 。

(3)臨界值: $z_{\frac{\alpha}{2}} = $ _____ , $z_{1 - \frac{\alpha}{2}} = $ _____ 。

(4)計算檢定統計量的值: _____ 。

$p_A = p_B$

$p_A \neq p_B$

$\dfrac{\hat{p}_A - \hat{p}_B - 0}{\sigma_{\hat{p}_A - \hat{p}_B}}$

-1.645、1.645

-9.07

(5)結論：_____（接受／拒絕）虛無假設。　　　拒絕

・如果答對，請練習自我評量 4

・如果答錯，請讀下一單元解答

 **11–58**

(1)擬定統計假設：

高雄市樣本的滿意比率為 $p_B = \dfrac{1,200}{2,000}$，臺北市樣本的

滿意比率為 $p_A = \dfrac{2,400}{5,000}$。該題欲檢定高雄市母數 p_B 和

臺北市母數 p_A 是否相等，即 $p_A = p_B$ 或 $p_A \neq p_B$，故把

帶有等號者，設為虛無假設，因此：

$$H_0: p_A = p_B \text{（或 } p_A - p_B = 0\text{）}$$
$$H_1: p_A \neq p_B \text{（或 } p_A - p_B \neq 0\text{）}$$

(2)選擇檢定統計量：

①因 $n_A \hat{p}_A, n_A(1 - \hat{p}_A), n_B \hat{p}_B$ 及 $n_B(1 - \hat{p}_B)$，全部大於 5，

因此兩個樣本數為_____（小／大）樣本。　　　大

②依單元 11–56，其統計量公式為：

$$Z = \frac{\hat{p}_A - \hat{p}_B - 0}{\sigma_{\hat{p}_A - \hat{p}_B}}$$

式中 $\sigma^2_{\hat{p}_A - \hat{p}_B}$，由於虛無假設中 $p_A = p_B$，依單元 11–56

知，須求混合估計量 $\hat{p}$（即為共同比率）。

$$\hat{p} = \frac{\underline{\quad\quad} + \underline{\quad\quad}}{n_A + n_B}$$　　　X_A、X_B

$$\therefore \sigma^2_{\hat{p}_A - \hat{p}_B} \approx \hat{p}(1 - \hat{p})(\frac{1}{n_A} + \frac{1}{n_B})$$

(3)選定臨界值並擬定決策法則：

①臨界值：

依假設知，本題為＿＿＿＿＿＿尾檢定。

$\alpha = 0.10, \dfrac{\alpha}{2} = 0.05$

臨界值為 $z_{1-\frac{\alpha}{2}} = z_{0.95} = $ ＿＿＿ 1.645

$z_{\frac{\alpha}{2}} = z_{0.05} = $ ＿＿＿ -1.645

雙

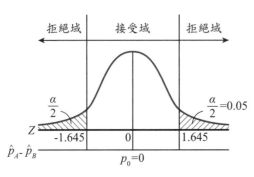

F　圖 11-11

②決策法則：

　　計算之 Z 值，若小於 -1.645 或大於 1.645 則拒絕

　　H_0，若介於 -1.645 至 1.645 間，則接受 H_0。

⑷計算檢定統計量的值：

$$Z = \frac{\hat{p}_A - \hat{p}_B - 0}{\sqrt{\hat{p}(1-\hat{p})(\dfrac{1}{n_A} + \dfrac{1}{n_B})}}, \quad \hat{p} = \frac{X_A + X_B}{n_A + n_B}$$

$\hat{p}_A = \dfrac{X_A}{n_A} = $ ＿＿＿ $= 0.48, 1 - \hat{p}_A = 1 - 0.48 = 0.52$
$\dfrac{2,400}{5,000}$

$\hat{p}_B = \dfrac{X_B}{n_A} = \dfrac{1,200}{2,000} = 0.60, 1 - \hat{p}_B = $ ＿＿＿
0.40

$\hat{p} = \dfrac{X_A + X_B}{n_A + n_B} = \dfrac{\_\_\_ + \_\_\_}{5,000 + 2,000} = \dfrac{3,600}{7,000} = 0.514$
2,400、1,200

$1 - \hat{p} = 0.486$

$Z = \dfrac{0.48 - \_\_\_ - 0}{\sqrt{0.514 \times (\_\_\_)(\dfrac{1}{5,000} + \dfrac{1}{2,000})}} = -9.07$
0.60

0.486

(5)比較與結論：

　　①比較：計算 Z 值 −9.07，小於臨界值 −1.645，落入拒

　　　　絕域，_____（接受／拒絕）虛無假設。

　　②結論：高雄市民眾對交通警察的滿意度和臺北市民

　　　　眾不一樣。

拒絕

・恭喜你已學完兩母體比率差的統計推論，請練習自我評量 4

九、從 A 機器抽出 100 個產品，從 B 機器抽出 200 個產品，檢查兩者不合格率如

　　下表，試以 $\alpha = 0.05$ 檢定 A、B 機器產品不合格率是否相同。

	A	B
合　格	94	170
不合格	6	30

十、電視臺欲探討男女觀眾對兩種新推出電視節目的喜好程度，隨機抽取男、女

　　觀眾各 100 名，調查資料如下表。試以 $\alpha = 0.05$ 檢定他們對兩電視節目的喜

　　好程度是否有明確的不同。

	男	女
節目 A	40	45
節目 B	60	55

 第五節　兩母體變異數比的統計推論

 11–59　兩個母體變異數比值的意義

　　變異數是表示一群數據彼此間的差異和分散程度，譬如生產一批電器，其品

質的變異數低，表示該批電器的品質一致而穩定。當我們想對兩工廠所生產電器

的品質穩定性（一致性）有所區別時，我們須針對兩工廠電器的變異數作比較，變異數較小者，表示穩定性較高。

兩母體變異數的大小是透過兩變異數的比值進行比較，當 $\dfrac{\sigma_X^2}{\sigma_Y^2} > 1$，表示 $\sigma_X^2 > \sigma_Y^2$；當 $\dfrac{\sigma_X^2}{\sigma_Y^2} < 1$，表示 $\sigma_X^2 < \sigma_Y^2$；當 $\dfrac{\sigma_X^2}{\sigma_Y^2} = 1$，表示 $\sigma_X^2 = \sigma_Y^2$。

若想透過兩母體樣本變異數的比值 $\dfrac{S_X^2}{S_Y^2}$，來推論兩母體變異數的大小關係，必須先瞭解 $\dfrac{S_X^2}{S_Y^2}$ 的抽樣分配，找出該抽樣分配的性質和規律性為何。

・欲知其詳，請讀下一單元

單元 11–60　F 分配的形成原理

我們曾在單元 8–78 中介紹，對於一常態母體中抽取的許多組隨機樣本，計算其變異數 S^2，然後乘以自由度 $n-1$，再除以母體變異數 σ^2，透過此過程所得的新統計量的抽樣分配，是為自由度為 $n-1$ 的卡方分配，即：

$$\chi^2 = \frac{(n-1)S^2}{\sigma^2} \sim \chi^2(n-1) \text{ 分配}$$

同理，依這種抽樣原理，分別從兩常態母體抽樣而獲得以下兩卡方的隨機變數：

$X_1 \sim N(\mu_1, \sigma_1^2)$，從 X_1 抽取 n_1，樣本計算得 S_1^2，再轉化成卡方統計量：

$$\chi_1^2 = \frac{(n_1-1)S_1^2}{\sigma_1^2} \sim \chi^2(n_1-1) \text{ 分配}$$

$X_2 \sim N(\mu_2, \sigma_2^2)$，從 X_2 抽取 n_2，樣本計算得 S_2^2，再轉化成卡方統計量：

$$\chi_2^2 = \frac{(n_2-1)S_2^2}{\sigma_2^2} \sim \chi^2(n_2-1) \text{ 分配}$$

將兩卡方統計量 χ_1^2 和 χ_2^2，再分別除以各自的自由度 $df_1 = n_1-1, df_2 = n_2-1$，然後相除，就得到另一新統計量 F，即：

$$F = \frac{\dfrac{\chi_1^2}{(n_1-1)}}{\dfrac{\chi_2^2}{(n_2-1)}} = \frac{\dfrac{\left[\dfrac{(n_1-1)S_1^2}{\sigma_1^2}\right]}{(n_1-1)}}{\dfrac{\left[\dfrac{(n_2-1)S_2^2}{\sigma_2^2}\right]}{(n_2-1)}} = \frac{\dfrac{S_1^2}{\sigma_1^2}}{\dfrac{S_2^2}{\sigma_2^2}}$$

新統計量 F 是為自由度為 (df_1, df_2) 的 F 分配，即：

$$F = \frac{\dfrac{S_1^2}{\sigma_1^2}}{\dfrac{S_2^2}{\sigma_2^2}} = \frac{S_1^2}{S_2^2} \times \frac{\sigma_2^2}{\sigma_1^2} \sim F(df_1, df_2) \text{ 分配}$$

如同 χ^2 分配、t 分配一樣，F 分配是一種有規律性的機率分配，在統計學上，它的應用很廣，以下將對於有關 F 分配的性質作說明。

・請讀下一單元

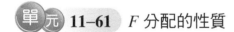 **11–61** F 分配的性質

F 分配是 1924 年由英國統計學家費雪 (R. A. Fisher) 所提出，是一種連續性機率密度分配，其性質為：

1. **F 分配的平均數和變異數**

$$E(F) = \frac{df_2}{df_2 - 2}$$

$$Var(F) = \frac{2df_2^2(df_1 + df_2 - 2)}{df_1(df_2 - 2)^2(df_2 - 4)}$$

以上兩式看起來十分複雜，事實上，該兩者僅是自由度 df_1 和 df_2 的組合而已。由此可知，F 分配的一些特性和形狀主要是由兩個自由度 df_1 和 df_2 作為參數決定的。

2. **F 機率分配中的 F 值為正值**

亦即 $F \geq 0$，F 值的範圍是由 0 至 ∞。

3. **F 分配的形狀因自由度而異**

基本上，F 分配是屬右偏形態，但隨自由度變大，偏態漸緩，最終以常態分配為其極限。

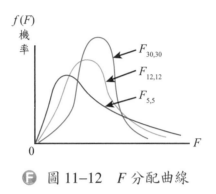

⒡ 圖 11–12　F 分配曲線

4. **令 F 機率分配曲線的總面積為 1**

如同 t 分配和 χ^2 分配一樣，從曲線的橫軸 (F) 上任兩點所構成的面積，求其機率值。

‧請讀下一單元

單元 11–62　查表求 F 機率值

當我們欲求 $P(F \geq F_{df_1, df_2, \alpha})$ 機率值時，可以直接查 F 分配機率表（附表五）求得。F 分配機率表有 3 個關鍵詞，即機率值 α、自由度和 F 值，其各別意義如下：

1. **機率值**

表的上方繪有 F 分配機率圖，在圖右尾斜線部分的面積，即表示機率值 α。

2. **自由度 df_1 和 df_2**

自由度 df_1 在表的第一橫列上，自由度 df_2 在表的第一縱行上。

3. **F 值**

在表的內部數值，代表滿足 $P(F > F_\alpha) = \alpha$ 時的 F 軸上特定值。F_α 位在曲線右尾端斜線部分的左邊端點。讓我們練習應用 F 分配機率表，求 $F_{df_1, df_2, \alpha}$：

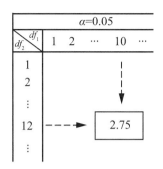

$\alpha = 0.05, df_1 = 10, df_2 = 12$。查 F 分配機率表，找出上述三數值的交會處，恰是 2.75。所以 $F_{10,12,0.05} = 2.75$ 的意義是：「在 $F_{10,12}$ 的機率分配中，大於 F 軸上點 2.75 的曲線面積（機率值）為 0.05，換言之，$P(F > 2.75) = 0.05$」。

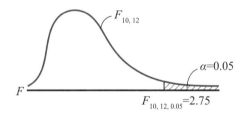

ⓕ 圖 11–13　$F_{10,12}$ 是指整個曲線圖；$F_{10,12,0.05}$ 是指橫軸上一個點

・請讀下一單元

一般 F 機率表未列出曲線圖左尾部分的機率，所以必須再應用下列轉換式計算求得。轉換公式為：

$$F_{df_1, df_2, 1-\alpha} = \frac{1}{F_{df_2, df_1, \alpha}} \qquad （注意：df_1 及 df_2 的位置變化）$$

例 18

所以如果我們想求：$F_{10,12,0.95}$，該 F 值無法直接查表得到，必須應用轉換公式計算：

$$F_{10,\,12,\,0.95} = \frac{1}{F_{12,\,10,\,0.05}}$$

$$= \frac{1}{2.91} = 0.34$$

（查表，$\alpha = 0.05$，$df_1 = 12$，$df_2 = 10$ 三點交會處）

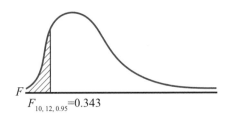

F

$F_{10,\,12,\,0.95} = 0.343$

🅕 圖 11–14　$F_{10,\,12,\,0.95}$

・請讀下一單元

單元 11–64

例 19

查表，求下列 F 值：

答：(1) $F_{5,\,10,\,0.05} = $ _____。　　　　　　3.33

(2) $F_{5,\,10,\,0.95} = $ _____。　　　　　　0.21

(3) $F_{7,\,5,\,0.025} = $ _____。　　　　　　6.85

(4) $F_{7,\,5,\,0.975} = $ _____。　　　　　　0.19

・透過查表即可獲得解答，故不另作解析

・請讀下一單元

單元 11–65

兩母體變異數比 $\dfrac{\sigma_1^2}{\sigma_2^2}$ 的估計值：

1. $\dfrac{\sigma_1^2}{\sigma_2^2}$ 比的點估計值

依據之前所學的觀念，S_1^2 是從母體 1 隨機抽樣而求得的樣本變異數，則 S_1^2 為 σ_1^2 的良好估計值；同理，S_2^2 亦為母體 2 的變異數 σ_2^2 的良好估計值。統計學家已證明 S_1^2 和 S_2^2 的比值 $\dfrac{S_1^2}{S_2^2}$ 亦是 $\dfrac{\sigma_1^2}{\sigma_2^2}$ 的良好估計值。

2. $\dfrac{\sigma_1^2}{\sigma_2^2}$ **比的區間估計公式推導**

根據單元 11–60，兩樣本變異數比 $\dfrac{S_1^2}{S_2^2}$ 經轉換之後，可獲得統計量 F 的抽樣分配，即：

$$F = \frac{S_1^2}{S_2^2} \times \frac{\sigma_2^2}{\sigma_1^2} \sim F(df_1, df_2) \text{ 分配}$$

依照 F 分配的機率分配性質，得到圖 11–15：

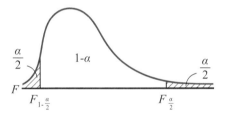

Ⓕ 圖 11–15　F 分配之兩端之和等於 α

$$P(F_{df_1, df_2, 1-\frac{\alpha}{2}} \leq F \leq F_{df_1, df_2, \frac{\alpha}{2}}) = 1 - \alpha$$

$$P(F_{df_1, df_2, 1-\frac{\alpha}{2}} \leq \frac{S_1^2 \sigma_2^2}{S_2^2 \sigma_1^2} \leq F_{df_1, df_2, \frac{\alpha}{2}}) = 1 - \alpha$$

括號內不等式各除以 $\dfrac{S_1^2}{S_2^2}$，然後再取其倒數，得到：

$$P(\frac{S_1^2}{S_2^2} \times \frac{1}{F_{df_1, df_2, 1-\frac{\alpha}{2}}} \leq \frac{\sigma_1^2}{\sigma_2^2} \leq \frac{S_1^2}{S_2^2} \times \frac{1}{F_{df_1, df_2, \frac{\alpha}{2}}}) = 1 - \alpha$$

透過上式可以得知兩常態母體 $\dfrac{\sigma_1^2}{\sigma_2^2}$ 的 $(1-\alpha)100\%$ 信賴區間為：

$$[\frac{S_1^2}{S_2^2} \times \frac{1}{F_{df_1, df_2, 1-\frac{\alpha}{2}}}, \frac{S_1^2}{S_2^2} \times \frac{1}{F_{df_1, df_2, \frac{\alpha}{2}}}]$$

歸納上述的推導，可得到下列結論：

從 $X_1 \sim N(\mu_1, \sigma_1^2)$ 中抽取 n_1 個隨機樣本，其變異數為 S_1^2，$X_2 \sim N(\mu_2, \sigma_2^2)$ 中抽取 n_2 個隨機樣本，其變異數為 S_2^2。

兩母體 $\dfrac{\sigma_1^2}{\sigma_2^2}$ 的 $(1-\alpha)100\%$ 信賴區間為 $[L, U]$：

$$L : \frac{S_1^2}{S_2^2} \times \frac{1}{F_{df_1, df_2, \frac{\alpha}{2}}} \quad (\text{或} \frac{S_1^2}{S_2^2} \times F_{df_2, df_1, 1-\frac{\alpha}{2}})$$

$$U : \frac{S_1^2}{S_2^2} \times \frac{1}{F_{df_1, df_2, 1-\frac{\alpha}{2}}} \quad (\text{或} \frac{S_1^2}{S_2^2} \times F_{df_2, df_1, \frac{\alpha}{2}})$$

・請讀下一單元

 11–66

 20

　　某校一年級抽出男生 25 名，女生 16 名，測量其數學成績為：

$$\text{男 } S_1^2 = 64, \ n_1 = 25$$
$$\text{女 } S_2^2 = 49, \ n_2 = 16$$

已知男、女生各別的母體呈現常態分配，試求該校男、女生數學成績變異數比及標準差比的 98% 信賴區間。

答：$F_{df_1, df_2, 1-\frac{\alpha}{2}} = $ ＿＿。　　　　　　　0.35

　　$F_{df_1, df_2, \frac{\alpha}{2}} = $ ＿＿。　　　　　　　3.29

$\dfrac{\sigma_1^2}{\sigma_2^2}$ 的 98% 信賴區間：_____。 [0.40, 3.73]

$\dfrac{\sigma_1}{\sigma_2}$ 的 98% 信賴區間：_____。 [0.63, 1.93]

・如果答對，請跳讀單元 11–68

・如果答錯，請讀下一單元解答

 11–67

(1)分析題意並配合公式：

此題欲求 $\dfrac{\sigma_1^2}{\sigma_2^2}$ 的信賴區間，因兩母體是常態分配，符合

F 分配條件，因此依單元 11–65 公式，$\dfrac{\sigma_1^2}{\sigma_2^2}$ 的

$(1-\alpha)100\%$ 信賴區間為：

$$\left[\dfrac{S_1^2}{S_2^2}\times\dfrac{1}{F_{df_1,\,df_2,\,\frac{\alpha}{2}}},\ \dfrac{S_1^2}{S_2^2}\times\dfrac{1}{F_{df_1,\,df_2,\,1-\frac{\alpha}{2}}}\right]$$

(2)計算與結論：

①計算：

$1-\alpha=0.98,\ \alpha=0.02,\ \dfrac{\alpha}{2}=$ _____   0.01

$df_1=n_1-1=$ _____ $-1=24,\ df_2=n_2-1=16-1=15$ 25

$F_{df_1,\,df_2,\,\frac{\alpha}{2}}=F_{24,\,15,\,0.01}=$ _____   （查表）   3.29

$F_{df_1,\,df_2,\,1-\frac{\alpha}{2}}=F_{24,\,15,\,0.99}=\dfrac{1}{F_{15,\,24,\,0.01}}=\dfrac{1}{\underline{\quad\quad}}=0.35$ 2.89

$S_1^2=64,\ S_2^2=49$

以上各值代入公式：

$L=\dfrac{S_1^2}{S_2^2}\times\dfrac{1}{F_{24,\,15,\,0.01}}=\dfrac{64}{49}\times\dfrac{1}{\underline{\quad\quad}}=0.40$ 3.29

$$U = \frac{S_1^2}{S_2^2} \times \frac{1}{F_{24,\,15,\,0.99}} = \frac{64}{49} \times \frac{1}{\underline{\hphantom{xxx}}} = 3.73$$

0.35

② 結論：

男、女生數學成績的變異數比值 $\dfrac{\sigma_1^2}{\sigma_2^2}$ 的 98% 信賴區

間為 ____ 至 ____ 之間。

0.40、3.73

男、女生數學成績的標準差比 $\dfrac{\sigma_1}{\sigma_2}$ 的 98% 信賴區間

為 0.63 至 ____ 之間。

1.93

由於 $\dfrac{\sigma_1^2}{\sigma_2^2}$ 的 98% 信賴區間包含「1」，所以我們可以

進一步推論，在 $\alpha = 0.02$（因為 $1 - \alpha = 0.98$）下，

σ_1^2 等於 σ_2^2 得到支持。這種推論和假設檢定的結果

相同，請參看單元 11–70。

・請讀下一單元

單元 11–68　兩母體變異數比值 $\dfrac{\sigma_1^2}{\sigma_2^2}$ 的假設檢定

下列為 $\dfrac{\sigma_1^2}{\sigma_2^2}$ 的假設檢定應注意事項：

1. 如何建立假設

比較兩母體 σ_1^2 和 σ_2^2 的大小，須採用其比值 $\dfrac{\sigma_1^2}{\sigma_2^2}$ 來表示，其假設寫法為：

(1)雙尾檢定：$H_0 : \sigma_1^2 = \sigma_2^2$（或 $\dfrac{\sigma_1^2}{\sigma_2^2} = 1$）

$\qquad\qquad\quad H_1 : \sigma_1^2 \neq \sigma_2^2$（或 $\dfrac{\sigma_1^2}{\sigma_2^2} \neq 1$）

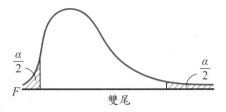

ⓕ 圖 11-16 F 分配的雙尾檢定

(2)左尾檢定：$H_0: \sigma_1^2 \geq \sigma_2^2$（或 $\dfrac{\sigma_1^2}{\sigma_2^2} \geq 1$）

$H_1: \sigma_1^2 < \sigma_2^2$（或 $\dfrac{\sigma_1^2}{\sigma_2^2} < 1$）

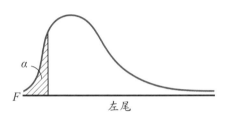

ⓕ 圖 11-17 F 分配的左尾檢定

(3)右尾檢定：$H_0: \sigma_1^2 \leq \sigma_2^2$（或 $\dfrac{\sigma_1^2}{\sigma_2^2} \leq 1$）

$H_1: \sigma_1^2 > \sigma_2^2$（或 $\dfrac{\sigma_1^2}{\sigma_2^2} > 1$）

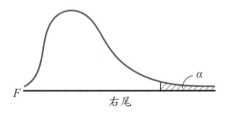

ⓕ 圖 11-18 F 分配的右尾檢定

2.檢定統計量

兩樣本變異數比 $\dfrac{S_1^2}{S_2^2}$ 經轉化成 F 分配的隨機變數，就成為兩母體變異數比 $\dfrac{\sigma_1^2}{\sigma_2^2}$

的檢定統計量:

$$\frac{S_1^2}{S_2^2} \times \frac{\sigma_2^2}{\sigma_1^2} \sim F(df_1, df_2) \text{ 分配}$$

當虛無假設 H_0（兩母體變異數比 $\dfrac{\sigma_1^2}{\sigma_2^2}$ 等於 1）為真的條件下，上面的 F 統計

量可以改變成:

$$F = \frac{S_1^2}{S_2^2}$$

透過上述可獲得結論:

當虛無假設出現 $\dfrac{\sigma_1^2}{\sigma_2^2} = 1$ 時，就可用 $F = \dfrac{S_1^2}{S_2^2}$ 公式來作為檢定統計量。

・請讀下一單元

 11–69

 21

某校一年級抽出男生 25 名，女生 16 名，測量其數學成績，男生 $S_1^2 = 64$, $n_1 = 25$，女生 $S_2^2 = 49$, $n_2 = 16$，已知男、女母體呈現常態分配，試以 $\alpha = 0.02$ 顯著水準下，檢定男生成績的變異數是否異於女生。

答: (1)擬定統計假設: H_0: _____。　　　　　　　　$\sigma_1^2 = \sigma_2^2$

　　　　　　　　　　H_1: _____。　　　　　　　　$\sigma_1^2 \neq \sigma_2^2$

(2)計算檢定統計量的值: _____。　　　　　　　　1.306

(3)臨界值: $F_{24, 15, 0.99} = $ _____，$F_{24, 15, 0.01} = $ _____。　　0.35、3.29

(4)結論: _____（接受／拒絕）虛無假設。　　　　　　接受

・如果答錯，請讀下一單元解答

11–70

(1)擬定統計假設:

令 σ_1^2 和 σ_2^2 分別表示男、女生的母體變異數,由於本題是要比較兩母體變異數的大小,即 $\sigma_1^2 = \sigma_2^2$ 或 $\sigma_1^2 \neq \sigma_2^2$,因此把帶等號者設為虛無假設:

$$H_0 : \sigma_1^2 \underline{\quad\quad} \sigma_2^2 \quad (或 \frac{\sigma_1}{\sigma_2} = 1)$$ =

$$H_1 : \sigma_1^2 \underline{\quad\quad} \sigma_2^2 \quad (或 \frac{\sigma_1}{\sigma_2} \neq 1)$$ ≠

(2)選擇檢定統計量:

因為已知兩母體為常態分配,符合 F 分配的主要條件,且虛無假設 $\frac{\sigma_1^2}{\sigma_2^2} = 1$,檢定統計量為:

$$F = \frac{S_1^2}{S_2^2}$$

(3)選定臨界值並擬定決策法則:

①臨界值:

依假設知此題是屬 _____ 尾檢定。   雙

$\alpha = 0.02, \dfrac{\alpha}{2} = \underline{\quad\quad}$ 0.01

母體 1 之自由度 $df_1 = n_1 - 1 = \underline{\quad\quad} - 1 = 24$ 25

母體 2 之自由度 $df_2 = n_2 - 1 = \underline{\quad\quad} - 1 = 15$ 16

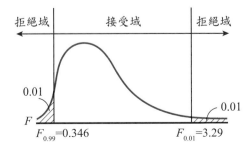

Ｆ 圖 11–19

$$\therefore F_{df_1, df_2, \frac{\alpha}{2}} = F_{24, 15, 0.01} = \underline{\qquad}$$

3.29

$$F_{df_1, df_2, 1-\frac{\alpha}{2}} = F_{24, 15, 0.99} = \frac{1}{\underline{\qquad}} = 0.35$$

2.89

以上數值繪入圖內。

②決策法則：

計算的 F 值若大於 3.29 或小於 0.35，則 _____

拒絕

（接受／拒絕）虛無假設；若介於 0.35～3.29 之間，

則接受虛無假設。

(4)計算統計量的值：

公式 $F = \dfrac{S_1^2}{S_2^2}$

$S_1^2 = 64, S_2^2 = 49$ 代入公式：

$F = \underline{\qquad} = 1.31$

$\dfrac{64}{49}$

(5)比較與結論：

①比較：計算得 F 值為 1.31，介於 0.35 至 3.29 之間，

落入 _____（接受／拒絕）域，因此接受虛無假

接受

設。換言之，$\sigma_1^2 = \sigma_2^2$ 之假設得到支持。

②結論：該校男女生數學成績變異數相等。該檢定結

果，和單元 11–66 的信賴區間的推論結果，是相同

的。由此可知，信賴區間亦可作為假設檢定的方法

之一。

‧恭喜你已學完兩母體變異數比的推論統計，請練習自我評量 5

自我評量 5

十一、由某幼稚園隨機抽取 10 名幼童，並隨機分派成甲、乙兩組，甲組供給營養

A 餐，乙組供給 B 餐，3 個月後，各組幼童增加之體重如下：

甲	2.5	2.5	1.9	2.6	2.7
乙	2.3	1.5	1.7	2.2	2.1

試以 $\alpha = 0.05$ 檢定兩組幼童體重增加的變異數是否相同。

十二、某校抽取 9 名學生，分成兩組，施以記憶訓練，一週後成果如下：

　　　甲：48, 46, 44, 38

　　　乙：44, 42, 40, 40, 34

　　　已知二母體分配均為常態分配：

　　　1. 試以 $\alpha = 0.05$，檢定兩組成績變異數是否相等。

　　　2. 試以 $\alpha = 0.05$，檢定兩組成績平均數是否相等。

十三、甲、乙兩養蝦池，分別使用甲、乙兩種飼料，養殖 1 個月後，隨機抽取甲、乙兩池各 8 尾蝦，重量分別為：

　　　甲池：33, 39, 33, 30, 39, 31, 34, 29

　　　乙池：26, 33, 28, 35, 34, 35, 26, 29

　　　設兩池蝦苗的成長重量均呈常態分配，試以 $\alpha = 0.01$ 檢定下列各題：

　　　1. 甲、乙兩池蝦苗重量的變異數是否相同。

　　　2. 甲、乙兩池蝦苗重量的平均數是否相同。

 第六節　應用 SPSS 求兩樣本平均數差的假設檢定

 11–71 應用 SPSS 求兩獨立樣本平均數差的假設檢定

 22

　　從某校高一學生中，隨機抽取 10 名男生和 10 名女生，測其數學成績如表 11–7，試在 $\alpha = 0.05$ 檢定該校男女生的成績是否相等。

⊤ 表 11–7

男	83	73	75	87	85	75	77	95	66	67
女	72	85	74	76	84	76	76	78	90	83

1. 擬定統計假設

$$H_0: \mu_{男} = \mu_{女}$$

$$H_1: \mu_{男} \neq \mu_{女}$$

2. SPSS 操作步驟

Step 1　界定變數屬性

⑴開啟 SPSS，進入「變數檢視」工作表，然後界定變數 score 和 group 的屬性。

⑵依表 11–7 資料，定義變數屬性如下（參看圖 11–20）：

　①在第二橫列：「名稱」格，輸入「score」；「標記」格，輸入「數學成績」；其餘格，採系統「內定值」（圖 11–20 ❶）。

　②在第三橫列：「名稱」格，輸入「group」；「類型」格，選擇「字串」；「標記」格，輸入「組別」；在「數值」格（圖 11–20 ❸），先點按一下，打開「數值標記」對話盒（圖 11–21），輸入「1 = 男」、「2 = 女」，然後按「確定」，即完成設定；其他儲存格，不輸入任何值，即自動採用系統「內定值」（圖 11–20 ❶）。

　③點選左下角切換標籤（圖 11–20 ❷），轉換到「資料檢視」工作表（圖 11–22）。

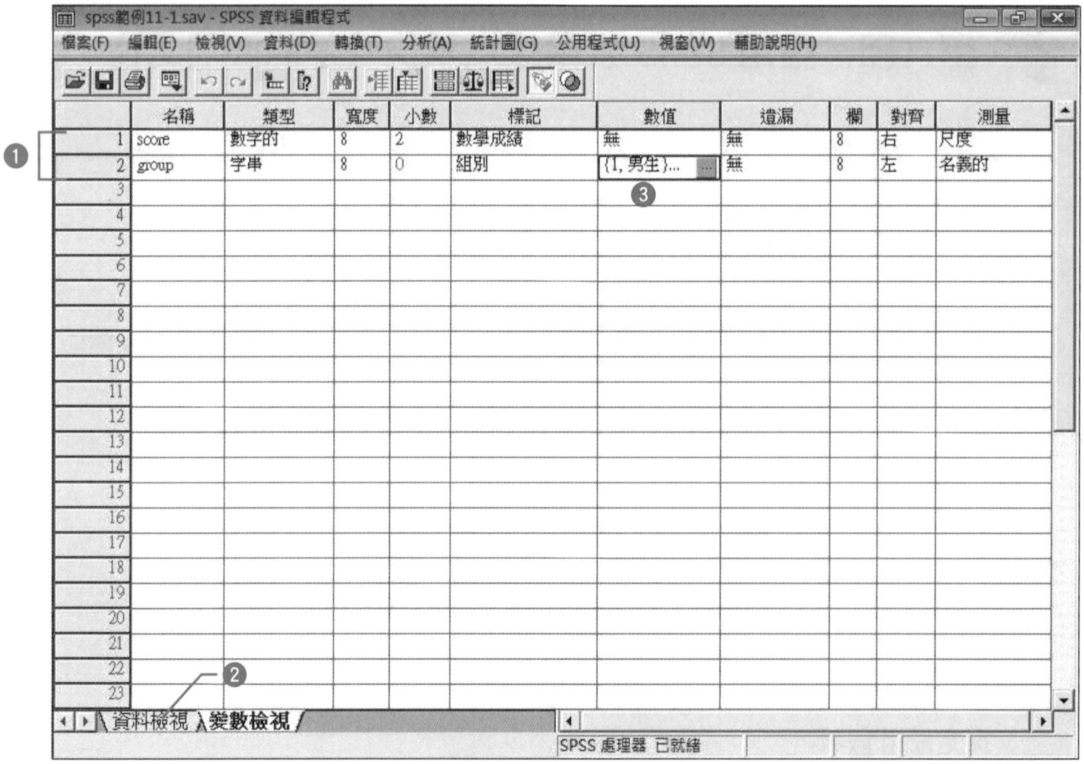

F　圖 11–20　界定變數屬性

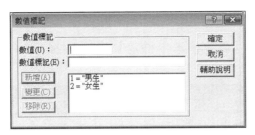

Ⓕ 圖 11-21 設定數值標記

 輸入數值資料

⑴在「資料檢視」工作表內（圖 11-22），依例 22 之數值資料，鍵入各儲存

格內，如圖 11-22 所示。

⑵在變數 group 欄的儲存格，如輸入「1」會顯示「男」，輸入「2」會顯示「女」

（圖 11-22 第二欄）。

	score	group	var	var	var	var	var	var	var
1	83.00	男生							
2	73.00	男生							
3	75.00	男生							
4	87.00	男生							
5	85.00	男生							
6	75.00	男生							
7	77.00	男生							
8	95.00	男生							
9	66.00	男生							
10	67.00	男生							
11	72.00	女生							
12	85.00	女生							
13	74.00	女生							
14	76.00	女生							
15	84.00	女生							
16	76.00	女生							
17	76.00	女生							
18	78.00	女生							
19	90.00	女生							
20	83.00	女生							
21									
22									

Ⓕ 圖 11-22 輸入數值資料

Step 3 **選擇分析法: 獨立樣本 T 檢定**

⑴如圖 11-23 所示，在功能表列上，按「分析」→「比較平均數法」→「獨

立樣本 T 檢定」。

⑵開啟主對話盒:「獨立樣本 T 檢定」(圖 11–24)。

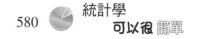

	score	group	var			var	var
1	83.00	男生					
2	73.00	男生					
3	75.00	男生					
4	87.00	男生					
5	85.00	男生					
6	75.00	男生					
7	77.00	男生					
8	95.00	男生					
9	66.00	男生					
10	67.00	男生					
11	72.00	女生					
12	85.00	女生					
13	74.00	女生					
14	76.00	女生					
15	84.00	女生					
16	76.00	女生					
17	76.00	女生					
18	78.00	女生					
19	90.00	女生					
20	83.00	女生					
21							
22							

Ｆ 圖 11–23　選擇分析法──獨立樣本 T 檢定

⑴在「獨立樣本 T 檢定」主對話盒,把左側清單框內的變數「數學成績」(圖
　11–24 ❶),移入右側「檢定變數」框內 (圖 11–10 ❷);把「組別 group」
　變數,移入「分組變數」框內 (圖 11–25 ❸)。

⑵按「定義組別」鈕 (圖 11–25 ❹),打開「定義組別」次對話盒 (圖 11–26),
　然後輸入「1」到「組別 1」框,輸入「2」到「組別 2」框,最後按「繼續」
　鈕,回到主對話盒 (圖 11–27)。

⑶當主對話盒的「分組變數」框內,顯示「group (1, 2)」(圖 11–27 ❸),即
　表示已完成組別的設定了。已設定了第 1 組及第 2 組。

⑷按「選項」鈕 (圖 11–27 ❺),開啟次對話盒:「獨立樣本 T 檢定:選項」
　(圖 11–28)。

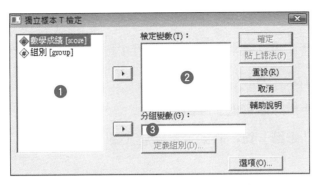

🅕　圖 11–24　主對話盒(一)：獨立樣本 T 檢定

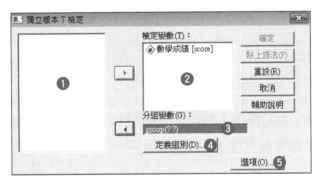

🅕　圖 11–25　主對話盒(二)：獨立樣本 T 檢定

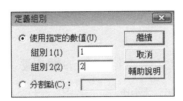

🅕　圖 11–26　次對話盒：定義組別

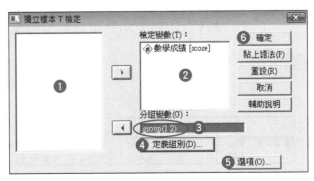

🅕　圖 11–27　完成分組變數的設定

Step 5

⑴在次對話盒「獨立樣本 T 檢定：選項」內（圖 11–28），在「信賴區間」的長框內，輸入「95」（表示 $\alpha = 0.05$）。

⑵按「依分析排除觀察值」圓鈕。

⑶然後，按「繼續」鈕，回到主對話盒（圖 11–27）。

ⓕ 圖 11–28　次對話盒：選項

Step 6

⑴在主對話盒「獨立樣本 T 檢定」內（圖 11–27），核對已完成所有操作之後，按「確定」命令鈕（圖 11–27 ❻）。

⑵SPSS 立即執行計算，匯出報表。

3.**解釋報表**

⑴依圖 11–29，得到該校男生的數學成績平均為 78.30，女生數學成績平均為 79.40。

⑵依圖 11–30，男生和女生兩組成績的變異數考驗結果，$F = 2.045$，P 值 $= 0.170$，大於 $\alpha = 0.05$，因此，推論男、女兩組母體的變異數相等。

⑶進而選用圖 11–30「假設變異數相等」的橫列。在該列中顯示 t 值 $= -0.322$，自由度 18，其 P 值 $= 0.751$（雙尾），大於預定的 $\alpha = 0.05$，所以接受虛無假設「$H_0 : \mu_{男} = \mu_{女}$」。換言之，男生和女生的數學成績相等的假設，在 $\alpha = 0.05$ 顯著水準下，得到支持。

組別統計量

	組別	個數	平均數	標準差	平均數的標準誤
數學成績	男生	10	78.3000	9.14148	2.89079
	女生	10	79.4000	5.75809	1.82087

ⓕ 圖 11–29　組別統計量

獨立樣本檢定

		變異數相等的 Levene 檢定		平均數相等的t檢定						
		F檢定	顯著性	t	自由度	顯著性(雙尾)	平均差異	標準誤差異	差異的95% 信賴區間	
									下界	上界
數學成績	假設變異數相等	2.045	.170	-.322	18	.751	-1.100	3.41646	-8.278	6.078
	不假設變異數相等			-.322	15.170	.752	-1.100	3.41646	-8.375	6.175

 圖 11–30　獨立樣本檢定

・請讀下一單元

單元 **11–72**　應用 **SPSS** 求兩相依樣本平均數差的假設檢定

例 **23**

從某校高二學生中，隨機抽取 10 名學生，他們第一次月考和第二次月考的數學成績如表 11–8。試在 $\alpha = 0.05$ 之下，檢定該校學生第一次月考和第二次月考的數學成績是否有差異。

 表 11–8

學生編號	1	2	3	4	5	6	7	8	9	10
第一次月考數學成績	83	73	75	87	85	75	77	95	66	67
第二次月考數學成績	72	85	74	76	84	76	76	78	90	83

解

1. 擬定統計假設

$$H_0 : \mu_1 = \mu_2$$

$$H_1 : \mu_1 \neq \mu_2$$

2. **SPSS 操作步驟**

Step 1　界定變數屬性

⑴開啟 SPSS，進入「變數檢視」工作表（圖 11–31），然後依表 11–8 之資料，定義變數（第一次月考數學成績和第二次月考數學成績）的屬性。

⑵在第二橫列中：「名稱」格，輸入「score_1」；「標記」格，輸入「第一次月考數學成績」；其餘格，採「內定值」（圖 11–31 ❶）。

⑶在第三橫列中：「名稱」格，輸入「score_2」；「標記」格，輸入「第二次月

考數學成績」；其餘格採「內定值」。

⑷點選左下角的切換標籤(圖 11–31 ❷)，至「資料檢視」工作表畫面(圖 11–32)。

❶

	名稱	類型	寬度	小數	標記	數值	遺漏	欄	對齊	測量
1	sex	字串	8	0	性別	{1, 男生}...	無	8	左	名義的
2	score_1	數字的	8	2	第一次月考數學成績	無	無	8	右	尺度
3	score_2	數字的	8	2	第二次月考數學成績	無	無	8	右	尺度

❷ 資料檢視　變數檢視

Ⓕ 圖 11–31　界定變數的屬性

Step 2　輸入數值資料

在「資料檢視」工作表內 (圖 11–32)，把例 23 的資料分別輸入各儲存格內。

	sex	score_1	score_2	var	var	var	var	var	var
1	男生	83.00	72.00						
2	女生	73.00	85.00						
3	女生	75.00	74.00						
4	男生	87.00	76.00						
5	男生	85.00	84.00						
6	女生	75.00	76.00						
7	男生	77.00	76.00						
8	男生	95.00	78.00						
9	女生	66.00	90.00						
10	女生	67.00	83.00						
11									

Ⓕ 圖 11–32　輸入數值資料

Step 3　選擇分析法: 成對樣本 T 檢定

⑴依圖 11–33 所示，點選「分析」→「比較平均數法」→「成對樣本 T 檢定」。

⑵打開主對話盒:「成對樣本 T 檢定」(圖 11–34)。

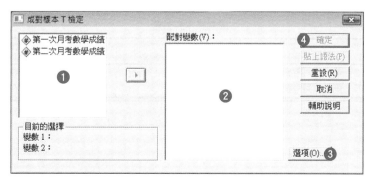

🄵 圖 11–33　選擇分析法: 成對樣本 T 檢定

Step 4　主對話盒

⑴在「成對樣本 T 檢定」主對話盒(圖 11–34)內，把左側清單框內之「score_1」
和「score_2」兩變數，移入「配對變數」清單框內 (圖 11–20 ❷)。

⑵點選「選項」鈕 (圖 11–34 ❸)，開啟次對話盒:「成對樣本 T 檢定: 選項」
(圖 11–35)。

🄵 圖 11–34　主對話盒: 成對樣本 T 檢定

Step 5

(1)於「成對樣本 T 檢定: 選項」次對話盒內（圖 11–35），在「信賴區間」框
內，輸入「95」（即 $\alpha = 0.05$）。

(2)點選「依分析排除觀察值」鈕。

(3)按「繼續」鈕，回到主對話盒（圖 11–34）。

Ⓕ 圖 11–35　次對話盒: 選項

 Step 6

(1)在「成對樣本 T 檢定」主對話盒內（圖 11–34），核對已完成所有操作之後，
點選「確定」命令鈕（圖 11–34 ❹）。

(2) SPSS 立即進行計算，匯出報表。

3. **解釋報表**

(1)由圖 11–36，得到數學第一次月考的平均數為 78.30；第二次月考的平均數
為 79.40。

(2)由圖 11–37，得到兩次月考成績的相關係數 $r = -0.473$，其 P 值 $= 0.167$，
大於 $\alpha = 0.05$，未達顯著水準，表示高三學生，兩次月考成績沒有相關。

(3)由圖 11–38，得到成對樣本檢定結果，t 值 $= -0.270$，其 P 值 $= 0.794$，大於
$\alpha = 0.05$，未達顯著水準，表示高三學生兩次月考數學成績沒有差異。

成對樣本統計量		平均數	個數	標準差	平均數的標準誤
成對 1	第一次月考數學成績	78.3000	10	9.14148	2.89079
	第二次月考數學成績	79.4000	10	5.75809	1.82087

Ⓕ 圖 11–36　成對樣本統計量

成對樣本相關			
	個數	相關	顯著性
成 第一次月考數學成績 和 對 1 第二次月考數學成績	10	-.473	.167

 圖 11-37　成對樣本相關

成對樣本檢定								
	成對變數差異							
				差異的 95% 信賴 區間			自由 度	顯著性 (雙尾)
	平均數	標準差	平均數的 標準誤	下界	上界	t		
成 第一次月考數學成績 - 對 1 第二次月考數學成績	-1.1000	12.9052	4.08099	-10.332	8.13183	-.270	9	.794

 圖 11-38　成對樣本檢定

自我評量 解答

一、令男性成績為 X，女性成績為 Y，

$H_0 : \mu_X \leq \mu_Y, H_1 : \mu_X > \mu_Y$

$$Z = \frac{(\overline{X} - \overline{Y}) - (\mu_{\overline{X}} - \mu_{\overline{Y}})}{\sqrt{\dfrac{\sigma_X^2}{n_X} + \dfrac{\sigma_Y^2}{n_Y}}} = \frac{(80 - 77) - 0}{\sqrt{\dfrac{9^2}{81} + \dfrac{8^2}{64}}} = 2.12$$

$z_{0.99} = 2.33$

結論：計算 $Z = 2.12$ 小於 2.33，落入接受域，所以接受 H_0，男性成績未優於
　　　女性。

二、1. $H_0 : \mu_甲 = \mu_乙, H_1 : \mu_甲 \neq \mu_乙$

$Z = -3.54, z_{0.025} = -1.96, z_{0.975} = 1.96$

結論：$Z = -3.54$ 不介於 -1.96 至 1.96 之間，拒絕 H_0，兩公司員工平均年
　　　齡有差異。

2. 95% 信賴區間為：

$\mu_甲 - \mu_乙 : [-3.11, -0.89]$

三、 $H_0: \mu_A \le \mu_B, H_1: \mu_A > \mu_B$

$Z = 5.52, z_{0.95} = 1.645$

結論：$Z = 5.52 > 1.645$，拒絕 H_0，表示 A 牌燈泡較 B 牌耐久。

四、令男生身高為 X，女生身高為 Y

$H_0: \mu_X \le \mu_Y, H_1: \mu_X > \mu_Y$

$$Z = \frac{(\overline{X} - \overline{Y}) - (\mu_X - \mu_Y)}{\sqrt{\dfrac{\sigma_X^2}{n_X} + \dfrac{\sigma_Y^2}{n_Y}}} = \frac{(156 - 152) - 0}{\sqrt{\dfrac{32}{12} + \dfrac{32}{12}}} = 1.73$$

$z_{0.95} = 1.645$

結論：$Z = 1.73 > 1.645$，拒絕 H_0，男生身高高於女生。

五、 1. $H_0: \mu_{甲} = \mu_{乙}, H_1: \mu_{甲} \ne \mu_{乙}$

$S_P^2 = 20.05, t = 2.043$

$t_{20, 0.05} = 1.725, t_{20, 0.95} = -1.725$

結論：$t = 2.043$ 不介於 -1.725 至 1.725 之間，拒絕 H_0，兩教學法效果不相同。

2. $\mu_{甲} - \mu_{乙}$ 的 90% 信賴區間為：

$$[(85 - 81) \pm 1.725 \times \sqrt{20.05(\frac{1}{12} + \frac{1}{10})}]$$

$$= [0.693, 7.307]$$

六、 1. 令 A、B 兩組變異數相同，但未知

$\overline{X}_A = 19.1, S_A = 4.82, n_A = 10$

$\overline{X}_B = 23.3, S_B = 5.56, n_B = 10$

$H_0: \mu_A = \mu_B, H_1: \mu_A \ne \mu_B$

$S_P = 5.20$

$$t = \frac{-4.2}{5.203 \times 0.447} = -1.806, t_{18, 0.975} = -2.101, t_{18, 0.025 = 2.101}$$

結論：$t = -1.806$ 介於 -2.101 至 2.101 之間接受 H_0，兩法工作時間相同。

2. $\mu_A - \mu_B$ 的 95% 信賴區間為：

$$[-4.2 \pm 2.101 \times 5.203 \times 0.447]$$

$$= [-9.086, 0.686]$$

七、$H_0: \mu_A - \mu_B = 0, H_1: \mu_A - \mu_B \neq 0$

$$t = \frac{\overline{X}_A - \overline{X}_B}{S_{\overline{X}_A - \overline{X}_B}} = \frac{\dfrac{2}{6}}{\dfrac{1.673}{\sqrt{6}}} = 0.415$$

$$t_{5, 0.975} = -2.571, t_{5, 0.025} = 2.571$$

結論：$t = 0.415$ 介於 -2.571 至 2.571 之間，接受 H_0，兩方法沒差異。

八、 1. 令 $D = X - Y$

$$\overline{D} = 8.80, S_D = 10.98$$

$$t_{14, 0.025} = 2.145$$

$\mu_X - \mu_Y$ 的 95% 信賴區間為：

$$[8.80 \pm 2.145 \times \frac{10.98}{\sqrt{15}}]$$

$$= [-2.72, 14.88]$$

2. $H_0: \mu_X = \mu_Y, H_1: \mu_X \neq \mu_Y$

$$t = \frac{8.80 - 0}{\dfrac{10.98}{\sqrt{15}}} = 3.10$$

$$t_{14, 0.025} = 2.145, t_{14, 0.975} = -2.145$$

結論：$t = 3.10$ 不介於 -2.145 至 2.145 之間，拒絕 H_0，減胖有效。

九、令 A、B 兩機器產品不合格率為 p_A 和 p_B，

$H_0: p_A = p_B, H_1: p_A \neq p_B$

$$\hat{p} = \frac{6 + 30}{100 + 200} = 0.12$$

$Z = -3.52, z_{0.025} = -1.96, z_{0.975} = 1.96$

結論：$Z = -3.52$ 不介於 -1.96 至 1.96 之間，拒絕 H_0，A、B 兩機器產品不合

格率不同。

十、令男女喜歡節目 A 的比率為 $p_{男A}$ 和 $p_{女A}$，

$H_0: p_{男A} = p_{女A}, H_1: p_{男A} \neq p_{女A}$

$\hat{p} = \dfrac{40 + 45}{100 + 100} = 0.425$

$Z = -0.72, z_{0.025} = -1.96, z_{0.975} = 1.96$

結論: $Z = -0.72$ 介於 -1.96 至 1.96 之間，接受 H_0，男女對電視節目 A、B 的

喜好程度無顯著不同。

十一、 1. $H_0: \sigma_甲^2 = \sigma_乙^2, H_1: \sigma_甲^2 \neq \sigma_乙^2$

2. $F = \dfrac{S_甲^2}{S_乙^2} = 0.83$

3. $F_{4, 4, 0.025} = 9.60, F_{4, 4, 0.975} = 0.10$

4.結論: $F = 0.83$ 介於 0.10 至 9.60 之間，未達 $\alpha = 0.05$ 顯著水準，接受 H_0。

十二、令甲、乙兩組學生成績分別為 X, Y

1. $H_0: \sigma_X^2 = \sigma_Y^2, H_1: \sigma_X^2 \neq \sigma_Y^2$

$F = \dfrac{S_X^2}{S_Y^2} = \dfrac{18.67}{14} = 1.33$

$F_{3, 4, 0.025} = 9.98, F_{3, 4, 0.975} = 0.07$

結論: $F = 1.33$ 介於 0.07 至 9.98 之間，未達顯著水準，接受 H_0。

2. $H_0: \mu_X = \mu_Y, H_1: \mu_X \neq \mu_Y$

$t = \dfrac{(\bar{X} - \bar{Y}) - 0}{\sqrt{S_P^2(\dfrac{1}{n_X} + \dfrac{1}{n_Y})}} = \dfrac{42.5 - 40}{\sqrt{16.44(\dfrac{1}{4} + \dfrac{1}{5})}} = 0.932$

$t_{7, 0.025} = 2.365, t_{7, 0.975} = -2.365$

結論: 0.932 介於 -2.365 與 2.365 之間，未達顯著水準，接受 H_0。

十三、令甲、乙兩池蝦重量分別為 X、Y

① $H_0: \sigma_X^2 = \sigma_Y^2, H_1: \sigma_X^2 \neq \sigma_Y^2$

$F = \dfrac{S_Y^2}{S_X^2} = \dfrac{15.3571}{14.2857} = 1.08$

$F_{7, 7, 0.005} = 8.89, F_{7, 7, 0.995} = 0.11$

結論：$F = 1.08$ 介於 0.11 至 8.89 之間，未達 0.01 顯著水準，接受 H_0，

　　　　即 $\sigma_X^2 = \sigma_Y^2$ 得支持。

② $H_0 : \mu_X = \mu_Y, H_1 : \mu_X \neq \mu_Y$

$S_P^2 = 14.82$

$$t = \frac{(\overline{X} - \overline{Y}) - (\mu_X - \mu_Y)}{\sqrt{S_P^2(\frac{1}{n_X} + \frac{1}{n_Y})}} = \frac{33.5 - 30.75}{\sqrt{14.8214(\frac{1}{8} + \frac{1}{8})}} = 1.429$$

$t_{14, 0.005} = 2.977, t_{14, 0.995} = -2.977$

結論：$t = 1.429$ 介於 -2.977 至 2.977 之間，接受 H_0，即 $\mu_X = \mu_Y$ 得支持。

附　表

【附表一】二項分配累積機率表

$$P(X \le c) = \sum_{x}^{c} C_x^n p^x (1-p)^{n-x}$$

							p					
n	c	0.05	0.1	0.2	0.3	0.4	0.5	0.6	0.7	0.8	0.9	0.95
5	0	0.774	0.590	0.328	0.168	0.078	0.031	0.010	0.002	0.000	0.000	0.000
	1	0.977	0.919	0.737	0.528	0.337	0.188	0.087	0.031	0.007	0.000	0.000
	2	0.999	0.991	0.942	0.837	0.683	0.500	0.317	0.163	0.058	0.009	0.001
	3	1.000	1.000	0.993	0.969	0.913	0.813	0.663	0.472	0.263	0.081	0.023
	4	1.000	1.000	1.000	0.998	0.990	0.969	0.922	0.832	0.672	0.410	0.226
6	0	0.735	0.531	0.262	0.118	0.047	0.016	0.004	0.001	0.000	0.000	0.000
	1	0.967	0.886	0.655	0.420	0.233	0.109	0.041	0.011	0.002	0.000	0.000
	2	0.998	0.984	0.091	0.744	0.544	0.344	0.179	0.070	0.017	0.001	0.000
	3	1.000	0.999	0.983	0.930	0.821	0.656	0.456	0.256	0.099	0.016	0.002
	4	1.000	1.000	0.998	0.989	0.959	0.891	0.767	0.580	0.345	0.114	0.033
	5	1.000	1.000	1.000	0.999	0.996	0.984	0.953	0.882	0.738	0.469	0.265
7	0	0.698	0.478	0.210	0.082	0.028	0.008	0.002	0.000	0.000	0.000	0.000
	1	0.956	0.850	0.577	0.329	0.159	0.063	0.019	0.004	0.000	0.000	0.000
	2	0.996	0.974	0.852	0.647	0.420	0.227	0.096	0.029	0.005	0.000	0.000
	3	1.000	0.997	0.967	0.874	0.710	0.500	0.290	0.126	0.033	0.003	0.000
	4	1.000	1.000	0.995	0.971	0.904	0.773	0.580	0.353	0.148	0.026	0.004
	5	1.000	1.000	1.000	0.996	0.981	0.938	0.841	0.671	0.423	0.150	0.044
	6	1.000	1.000	1.000	1.000	0.998	0.992	0.972	0.918	0.790	0.522	0.302
8	0	0.663	0.430	0.168	0.058	0.017	0.004	0.001	0.000	0.000	0.000	0.000
	1	0.943	0.813	0.503	0.255	0.106	0.035	0.009	0.001	0.000	0.000	0.000
	2	0.994	0.962	0.797	0.552	0.315	0.145	0.050	0.011	0.001	0.000	0.000
	3	1.000	0.995	0.944	0.806	0.594	0.363	0.174	0.058	0.010	0.000	0.000
	4	1.000	1.000	0.990	0.942	0.826	0.637	0.406	0.194	0.056	0.005	0.000
	5	1.000	1.000	0.999	0.989	0.950	0.855	0.685	0.448	0.203	0.038	0.006
	6	1.000	1.000	1.000	0.999	0.991	0.965	0.894	0.745	0.497	0.187	0.057
	7	1.000	1.000	1.000	1.000	0.999	0.996	0.983	0.942	0.832	0.570	0.337
9	0	0.630	0.387	0.134	0.040	0.010	0.002	0.000	0.000	0.000	0.000	0.000
	1	0.929	0.775	0.436	0.196	0.071	0.020	0.004	0.000	0.000	0.000	0.000
	2	0.992	0.947	0.738	0.463	0.232	0.090	0.025	0.004	0.000	0.000	0.000
	3	0.999	0.992	0.914	0.730	0.483	0.254	0.099	0.025	0.003	0.000	0.000
	4	1.000	0.999	0.980	0.901	0.733	0.500	0.267	0.099	0.020	0.001	0.000
	5	1.000	1.000	0.997	0.975	0.901	0.746	0.517	0.270	0.086	0.008	0.001
	6	1.000	1.000	1.000	0.996	0.975	0.910	0.768	0.537	0.262	0.053	0.008
	7	1.000	1.000	1.000	1.000	0.996	0.980	0.929	0.804	0.564	0.225	0.071
	8	1.000	1.000	1.000	1.000	1.000	0.998	0.990	0.960	0.866	0.613	0.037

統計學
可以很 簡單

【附表一】二項分配累積機率表（續）

$$P(X \le c) = \sum_{x}^{c} C_x^n p^x (1-p)^{n-x}$$

n	c	0.05	0.1	0.2	0.3	0.4	0.5	0.6	0.7	0.8	0.9	0.95
10	0	0.599	0.349	0.107	0.028	0.006	0.001	0.000	0.000	0.000	0.000	0.000
	1	0.914	0.736	0.376	0.149	0.046	0.011	0.002	0.000	0.000	0.000	0.000
	2	0.988	0.930	0.678	0.383	0.167	0.055	0.012	0.002	0.000	0.000	0.000
	3	0.999	0.987	0.879	0.650	0.382	0.172	0.055	0.011	0.001	0.000	0.000
	4	1.000	0.998	0.967	0.850	0.633	0.377	0.166	0.047	0.006	0.000	0.000
	5	1.000	1.000	0.994	0.953	0.834	0.623	0.367	0.150	0.033	0.002	0.000
	6	1.000	1.000	0.999	0.989	0.945	0.828	0.618	0.350	0.121	0.013	0.001
	7	1.000	1.000	1.000	0.998	0.988	0.945	0.833	0.617	0.322	0.070	0.012
	8	1.000	1.000	1.000	1.000	0.998	0.989	0.954	0.851	0.624	0.264	0.086
	9	1.000	1.000	1.000	1.000	1.000	0.999	0.994	0.972	0.893	0.651	0.401
15	0	0.463	0.206	0.035	0.005	0.000	0.000	0.000	0.000	0.000	0.000	0.000
	1	0.829	0.549	0.167	0.035	0.005	0.000	0.000	0.000	0.000	0.000	0.000
	2	0.964	0.816	0.398	0.127	0.027	0.004	0.000	0.000	0.000	0.000	0.000
	3	0.995	0.944	0.648	0.297	0.091	0.018	0.002	0.000	0.000	0.000	0.000
	4	0.999	0.987	0.836	0.515	0.217	0.059	0.009	0.001	0.000	0.000	0.000
	5	1.000	0.998	0.939	0.722	0.403	0.151	0.034	0.004	0.000	0.000	0.000
	6	1.000	1.000	0.982	0.869	0.610	0.304	0.095	0.015	0.001	0.000	0.000
	7	1.000	1.000	0.996	0.950	0.787	0.500	0.213	0.050	0.004	0.000	0.000
	8	1.000	1.000	0.999	0.985	0.905	0.696	0.390	0.131	0.018	0.000	0.000
	9	1.000	1.000	1.000	0.996	0.966	0.849	0.597	0.278	0.061	0.002	0.000
	10	1.000	1.000	1.000	0.999	0.991	0.941	0.783	0.485	0.164	0.013	0.001
	11	1.000	1.000	1.000	1.000	0.998	0.982	0.909	0.703	0.352	0.056	0.005
	12	1.000	1.000	1.000	1.000	1.000	0.996	0.973	0.873	0.602	0.184	0.036
	13	1.000	1.000	1.000	1.000	1.000	1.000	0.995	0.965	0.833	0.451	0.171
	14	1.000	1.000	1.000	1.000	1.000	1.000	1.000	0.995	0.965	0.794	0.537
20	0	0.358	0.122	0.012	0.001	0.000	0.000	0.000	0.000	0.000	0.000	0.000
	1	0.736	0.392	0.069	0.008	0.001	0.000	0.000	0.000	0.000	0.000	0.000
	2	0.925	0.677	0.206	0.035	0.004	0.000	0.000	0.000	0.000	0.000	0.000
	3	0.984	0.867	0.411	0.107	0.016	0.001	0.000	0.000	0.000	0.000	0.000
	4	0.997	0.957	0.630	0.238	0.051	0.006	0.000	0.000	0.000	0.000	0.000
	5	1.000	0.989	0.804	0.416	0.126	0.021	0.002	0.000	0.000	0.000	0.000
	6	1.000	0.998	0.913	0.608	0.250	0.058	0.006	0.000	0.000	0.000	0.000
	7	1.000	1.000	0.968	0.772	0.416	0.132	0.021	0.001	0.000	0.000	0.000
	8	1.000	1.000	0.990	0.887	0.596	0.252	0.057	0.005	0.000	0.000	0.000
	9	1.000	1.000	0.997	0.952	0.755	0.412	0.128	0.017	0.001	0.000	0.000
	10	1.000	1.000	0.999	0.983	0.872	0.588	0.245	0.048	0.003	0.000	0.000
	11	1.000	1.000	1.000	0.995	0.943	0.748	0.404	0.113	0.010	0.000	0.000
	12	1.000	1.000	1.000	0.999	0.979	0.868	0.584	0.228	0.032	0.000	0.000
	13	1.000	1.000	1.000	1.000	0.994	0.942	0.750	0.392	0.087	0.002	0.000
	14	1.000	1.000	1.000	1.000	0.998	0.979	0.874	0.584	0.196	0.011	0.000
	15	1.000	1.000	1.000	1.000	1.000	0.994	0.949	0.762	0.370	0.043	0.003
	16	1.000	1.000	1.000	1.000	1.000	0.999	0.984	0.893	0.589	0.133	0.016
	17	1.000	1.000	1.000	1.000	1.000	1.000	0.996	0.965	0.794	0.323	0.075
	18	1.000	1.000	1.000	1.000	1.000	1.000	0.999	0.992	0.931	0.608	0.264
	19	1.000	1.000	1.000	1.000	1.000	1.000	1.000	0.999	0.988	0.878	0.642

【附表二】標準常態機率分配表

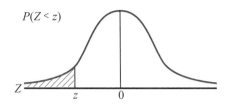

$P(Z < z)$

z	0.00	0.01	0.02	0.03	0.04	0.05	0.06	0.07	0.08	0.09
−3.4	0.0003	0.0003	0.0003	0.0003	0.0003	0.0003	0.0003	0.0003	0.0003	0.0002
−3.3	0.0005	0.0005	0.0005	0.0004	0.0004	0.0004	0.0004	0.0004	0.0004	0.0003
−3.2	0.0007	0.0007	0.0006	0.0006	0.0006	0.0006	0.0006	0.0005	0.0005	0.0005
−3.1	0.0010	0.0009	0.0009	0.0009	0.0008	0.0008	0.0008	0.0008	0.0007	0.0007
−3.0	0.0013	0.0013	0.0013	0.0012	0.0012	0.0011	0.0011	0.0011	0.0010	0.0010
−2.9	0.0019	0.0018	0.0017	0.0017	0.0016	0.0016	0.0015	0.0015	0.0014	0.0014
−2.8	0.0026	0.0025	0.0024	0.0023	0.0023	0.0022	0.0021	0.0021	0.0020	0.0019
−2.7	0.0035	0.0034	0.0033	0.0032	0.0031	0.0030	0.0029	0.0028	0.0027	0.0026
−2.6	0.0047	0.0045	0.0044	0.0043	0.0041	0.0040	0.0039	0.0038	0.0037	0.0036
−2.5	0.0062	0.0060	0.0059	0.0057	0.0055	0.0054	0.0052	0.0051	0.0049	0.0048
−2.4	0.0082	0.0080	0.0078	0.0075	0.0073	0.0071	0.0069	0.0068	0.0066	0.0064
−2.3	0.0107	0.0104	0.0102	0.0099	0.0096	0.0094	0.0091	0.0089	0.0087	0.0084
−2.2	0.0139	0.0136	0.0132	0.0129	0.0125	0.0122	0.0119	0.0116	0.0113	0.0110
−2.1	0.0179	0.0174	0.0170	0.0166	0.0162	0.0158	0.0154	0.0150	0.0146	0.0143
−2.0	0.0228	0.0222	0.0217	0.0212	0.0207	0.0202	0.0197	0.0192	0.0188	0.0183
−1.9	0.0287	0.0281	0.0274	0.0268	0.0262	0.0256	0.0250	0.0244	0.0239	0.0233
−1.8	0.0359	0.0352	0.0344	0.0336	0.0329	0.0322	0.0314	0.0307	0.0301	0.0294
−1.7	0.0446	0.0436	0.0427	0.0418	0.0409	0.0401	0.0392	0.0384	0.0375	0.0367
−1.6	0.0548	0.0537	0.0526	0.0516	0.0505	0.0495	0.0485	0.0475	0.0465	0.0455
−1.5	0.0668	0.0655	0.0643	0.0630	0.0618	0.0606	0.0594	0.0582	0.0571	0.0559
−1.4	0.0808	0.0793	0.0778	0.0764	0.0749	0.0735	0.0722	0.0708	0.0694	0.0681
−1.3	0.0968	0.0951	0.0934	0.0918	0.0901	0.0885	0.0869	0.0853	0.0838	0.0823
−1.2	0.1151	0.1131	0.1112	0.1093	0.1075	0.1056	0.1038	0.1020	0.1003	0.0985
−1.1	0.1357	0.1335	0.1314	0.1292	0.1271	0.1251	0.1230	0.1210	0.1190	0.1170
−1.0	0.1587	0.1562	0.1539	0.1515	0.1492	0.1469	0.1446	0.1423	0.1401	0.1379
−0.9	0.1841	0.1814	0.1788	0.1762	0.1736	0.1711	0.1685	0.1660	0.1635	0.1611
−0.8	0.2119	0.2090	0.2061	0.2033	0.2005	0.1977	0.1949	0.1922	0.1894	0.1867
−0.7	0.2420	0.2389	0.2358	0.2327	0.2296	0.2266	0.2236	0.2206	0.2177	0.2148
−0.6	0.2743	0.2709	0.2676	0.2643	0.2611	0.2578	0.2546	0.2514	0.2483	0.2451
−0.5	0.3085	0.3050	0.3015	0.2981	0.2946	0.2912	0.2877	0.2843	0.2810	0.2776
−0.4	0.3446	0.3409	0.3372	0.3336	0.3300	0.3264	0.3228	0.3192	0.3156	0.3121
−0.3	0.3821	0.3783	0.3745	0.3707	0.3669	0.3632	0.3594	0.3557	0.3520	0.3483
−0.2	0.4207	0.4168	0.4129	0.4090	0.4052	0.4013	0.3974	0.3936	0.3897	0.3859
−0.1	0.4602	0.4562	0.4522	0.4483	0.4443	0.4404	0.4364	0.4325	0.4286	0.4247
−0.0	0.5000	0.4960	0.4920	0.4880	0.4840	0.4801	0.4761	0.4721	0.4681	0.4641

【附表二】標準常態機率分配表（續）

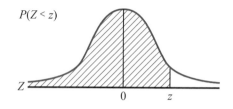

z	0	0.01	0.02	0.03	0.04	0.05	0.06	0.07	0.08	0.09
0.0	0.5000	0.5040	0.5080	0.5120	0.5160	0.5199	0.5239	0.5279	0.5319	0.5359
0.1	0.5398	0.5438	0.5478	0.5517	0.5557	0.5596	0.5636	0.5675	0.5714	0.5753
0.2	0.5793	0.5832	0.5871	0.5910	0.5948	0.5987	0.6026	0.6064	0.6103	0.6141
0.3	0.6179	0.6217	0.6255	0.6293	0.6331	0.6368	0.6406	0.6443	0.6480	0.6517
0.4	0.6554	0.6591	0.6628	0.6664	0.6700	0.6736	0.6772	0.6808	0.6844	0.6879
0.5	0.6915	0.6950	0.6985	0.7019	0.7054	0.7088	0.7123	0.7157	0.7190	0.7224
0.6	0.7257	0.7291	0.7324	0.7357	0.7389	0.7422	0.7454	0.7486	0.7517	0.7549
0.7	0.7580	0.7611	0.7642	0.7673	0.7704	0.7734	0.7764	0.7794	0.7823	0.7852
0.8	0.7881	0.7910	0.7939	0.7967	0.7995	0.8023	0.8051	0.8078	0.8106	0.8133
0.9	0.8159	0.8186	0.8212	0.8238	0.8264	0.8289	0.8315	0.8340	0.8365	0.8389
1.0	0.8413	0.8438	0.8461	0.8485	0.8508	0.8531	0.8554	0.8577	0.8599	0.8621
1.1	0.8643	0.8665	0.8686	0.8708	0.8729	0.8749	0.8770	0.8790	0.8810	0.8830
1.2	0.8849	0.8869	0.8888	0.8907	0.8925	0.8944	0.8962	0.8980	0.8997	0.9015
1.3	0.9032	0.9049	0.9066	0.9082	0.9099	0.9115	0.9131	0.9147	0.9162	0.9177
1.4	0.9192	0.9207	0.9222	0.9236	0.9251	0.9265	0.9278	0.9292	0.9306	0.9319
1.5	0.9332	0.9345	0.9357	0.9370	0.9382	0.9394	0.9406	0.9418	0.9429	0.9441
1.6	0.9452	0.9463	0.9474	0.9484	0.9495	0.9505	0.9515	0.9525	0.9535	0.9545
1.7	0.9554	0.9564	0.9573	0.9582	0.9591	0.9599	0.9608	0.9616	0.9625	0.9633
1.8	0.9641	0.9649	0.9656	0.9664	0.9671	0.9678	0.9686	0.9693	0.9699	0.9706
1.9	0.9713	0.9719	0.9726	0.9732	0.9738	0.9744	0.9750	0.9756	0.9761	0.9767
2.0	0.9772	0.9778	0.9783	0.9788	0.9793	0.9798	0.9803	0.9808	0.9812	0.9817
2.1	0.9821	0.9826	0.9830	0.9834	0.9838	0.9842	0.9846	0.9850	0.9854	0.9857
2.2	0.9861	0.9864	0.9868	0.9871	0.9875	0.9878	0.9881	0.9884	0.9887	0.9890
2.3	0.9893	0.9896	0.9898	0.9901	0.9904	0.9906	0.9909	0.9911	0.9913	0.9916
2.4	0.9918	0.9920	0.9922	0.9925	0.9927	0.9929	0.9931	0.9932	0.9934	0.9936
2.5	0.9938	0.9940	0.9941	0.9943	0.9945	0.9946	0.9948	0.9949	0.9951	0.9952
2.6	0.9953	0.9955	0.9956	0.9957	0.9959	0.9960	0.9961	0.9962	0.9963	0.9964
2.7	0.9965	0.9966	0.9967	0.9968	0.9969	0.9970	0.9971	0.9972	0.9973	0.9974
2.8	0.9974	0.9975	0.9976	0.9977	0.9977	0.9978	0.9979	0.9979	0.9980	0.9981
2.9	0.9981	0.9982	0.9982	0.9983	0.9984	0.9984	0.9985	0.9985	0.9986	0.9986
3.0	0.9987	0.9987	0.9987	0.9988	0.9988	0.9989	0.9989	0.9989	0.9990	0.9990
3.1	0.9990	0.9991	0.9991	0.9991	0.9992	0.9992	0.9992	0.9992	0.9993	0.9993
3.2	0.9993	0.9993	0.9994	0.9994	0.9994	0.9994	0.9994	0.9995	0.9995	0.9995
3.3	0.9995	0.9995	0.9995	0.9996	0.9996	0.9996	0.9996	0.9996	0.9996	0.9997
3.4	0.9997	0.9997	0.9997	0.9997	0.9997	0.9997	0.9997	0.9997	0.9997	0.9998

【附表三】 t 分配機率表

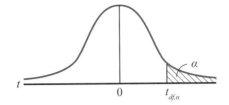

df	α				
	0.1	0.05	0.025	0.01	0.005
1	3.078	6.314	12.706	31.821	63.656
2	1.886	2.920	4.303	6.965	9.925
3	1.638	2.353	3.182	4.541	5.841
4	1.533	2.132	2.776	3.747	4.604
5	1.476	2.015	2.571	3.365	4.032
6	1.440	1.943	2.447	3.143	3.707
7	1.415	1.895	2.365	2.998	3.499
8	1.397	1.860	2.306	2.896	3.355
9	1.383	1.833	2.262	2.821	3.250
10	1.372	1.812	2.228	2.764	3.169
11	1.363	1.796	2.201	2.718	3.106
12	1.356	1.782	2.179	2.681	3.055
13	1.350	1.771	2.160	2.650	3.012
14	1.345	1.761	2.145	2.624	2.977
15	1.341	1.753	2.131	2.602	2.947
16	1.337	1.746	2.120	2.583	2.921
17	1.333	1.740	2.110	2.567	2.898
18	1.330	1.734	2.101	2.552	2.878
19	1.328	1.729	2.093	2.539	2.861
20	1.325	1.725	2.086	2.528	2.845
21	1.323	1.721	2.080	2.518	2.831
22	1.321	1.717	2.074	2.508	2.819
23	1.319	1.714	2.069	2.500	2.807
24	1.318	1.711	2.064	2.492	2.797
25	1.316	1.708	2.060	2.485	2.787
26	1.315	1.706	2.056	2.479	2.779
27	1.314	1.703	2.052	2.473	2.771
28	1.313	1.701	2.048	2.467	2.763
29	1.311	1.699	2.045	2.462	2.756
30	1.310	1.697	2.042	2.457	2.750
50	1.299	1.676	2.009	2.403	2.678
60	1.296	1.671	2.000	2.390	2.660
100	1.290	1.660	1.984	2.364	2.626
120	1.289	1.658	1.980	2.358	2.617
150	1.287	1.655	1.976	2.351	2.609
200	1.286	1.653	1.972	2.345	2.601
300	1.284	1.650	1.968	2.339	2.592

【附表四】卡方分配機率表

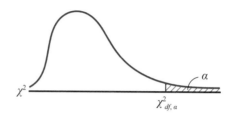

df	α									
	0.995	**0.99**	**0.975**	**0.95**	**0.9**	**0.1**	**0.05**	**0.025**	**0.01**	**0.005**
1	0.393×10^{-4}	0.157×10^{-3}	0.982×10^{-3}	0.393×10^{-2}	0.016	2.71	3.84	5.02	6.63	7.88
2	0.010	0.020	0.051	0.103	0.211	4.61	5.99	7.38	9.21	10.60
3	0.072	0.115	0.216	0.352	0.584	6.25	7.81	9.35	11.34	12.84
4	0.207	0.297	0.484	0.711	1.064	7.78	9.49	11.14	13.28	14.86
5	0.41	0.55	0.83	1.15	1.61	9.24	11.07	12.83	15.09	16.75
6	0.68	0.87	1.24	1.64	2.20	10.64	12.59	14.45	16.81	18.55
7	0.99	1.24	1.69	2.17	2.83	12.02	14.07	16.01	18.48	20.28
8	1.34	1.65	2.18	2.73	3.49	13.36	15.51	17.53	20.09	21.96
9	1.73	2.09	2.70	3.33	4.17	14.68	16.92	19.02	21.67	23.59
10	2.16	2.56	3.25	3.94	4.87	15.99	18.31	20.48	23.21	25.19
11	2.60	3.05	3.82	4.57	5.58	17.28	19.68	21.92	24.73	26.76
12	3.07	3.57	4.40	5.23	6.30	18.55	21.03	23.34	26.22	28.30
13	3.57	4.11	5.01	5.89	7.04	19.81	22.36	24.74	27.69	29.82
14	4.07	4.66	5.63	6.57	7.79	21.06	23.68	26.12	29.14	31.32
15	4.60	5.23	6.26	7.26	8.55	22.31	25.00	27.49	30.58	32.80
16	5.14	5.81	6.91	7.96	9.31	23.54	26.30	28.85	32.00	34.27
17	5.70	6.41	7.56	8.67	10.09	24.77	27.59	30.19	33.41	35.72
18	6.26	7.01	8.23	9.39	10.86	25.99	28.87	31.53	34.81	37.16
19	6.84	7.63	8.91	10.12	11.65	27.20	30.14	32.85	36.19	38.58
20	7.43	8.26	9.59	10.85	12.44	28.41	31.41	34.17	37.57	40.00
21	8.03	8.90	10.28	11.59	13.24	29.62	32.67	35.48	38.93	41.40
22	8.64	9.54	10.98	12.34	14.04	30.81	33.92	36.78	40.29	42.80
23	9.26	10.20	11.69	13.09	14.85	32.01	35.17	38.08	41.64	44.18
24	9.89	10.86	12.40	13.85	15.66	33.20	36.42	39.36	42.98	45.56
25	10.52	11.52	13.12	14.61	16.47	34.38	37.65	40.65	44.31	46.93
26	11.16	12.20	13.84	15.38	17.29	35.56	38.89	41.92	45.64	48.29
27	11.81	12.88	14.57	16.15	18.11	36.74	40.11	43.19	46.96	49.64
28	12.46	13.56	15.31	16.93	18.94	37.92	41.34	44.46	48.28	50.99
29	13.12	14.26	16.05	17.71	19.77	39.09	42.56	45.72	49.59	52.34
30	13.79	14.95	16.79	18.49	20.60	40.26	43.77	46.98	50.89	53.67
40	20.71	22.16	24.43	26.51	29.05	51.81	55.76	59.34	63.69	66.77
50	27.99	29.71	32.36	34.76	37.69	63.17	67.50	71.42	76.15	79.49
60	35.53	37.48	40.48	43.19	46.46	74.40	79.08	83.30	88.38	91.95
70	43.28	45.44	48.76	51.74	55.33	85.53	90.53	95.02	100.40	104.20
80	51.17	53.54	57.15	60.39	64.28	96.58	101.90	106.60	112.30	116.30
90	59.20	61.75	65.65	69.13	73.29	107.60	113.10	118.10	124.10	128.30
100	67.33	70.06	74.22	77.93	82.36	118.50	124.30	129.60	135.80	140.20

【附表五】 F 分配機率表

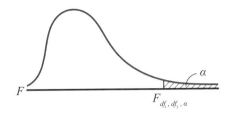

$\alpha = 0.1$																			
df_2 \ df_1	1	2	3	4	5	6	7	8	9	10	12	15	20	24	30	40	60	120	∞
1	39.86	49.50	53.59	55.83	57.24	58.20	58.91	59.44	59.86	60.19	60.71	61.22	61.74	62.00	62.26	62.53	62.79	63.06	63.33
2	8.53	9.00	9.16	9.24	9.29	9.33	9.35	9.37	9.38	9.39	9.41	9.42	9.44	9.45	9.46	9.47	9.47	9.48	9.49
3	5.54	5.46	5.39	5.34	5.31	5.28	5.27	5.25	5.24	5.23	5.22	5.20	5.18	5.18	5.17	5.16	5.15	5.14	5.13
4	4.54	4.32	4.19	4.11	4.05	4.01	3.98	3.95	3.94	3.92	3.90	3.87	3.84	3.83	3.82	3.80	3.79	3.78	3.76
5	4.06	3.78	3.62	3.52	3.45	3.40	3.37	3.34	3.32	3.30	3.27	3.24	3.21	3.19	3.17	3.16	3.14	3.12	3.10
6	3.78	3.46	3.29	3.18	3.11	3.05	3.01	2.98	2.96	2.94	2.90	2.87	2.84	2.82	2.80	2.78	2.76	2.74	2.72
7	3.59	3.26	3.07	2.96	2.88	2.83	2.78	2.75	2.72	2.70	2.67	2.63	2.59	2.58	2.56	2.54	2.51	2.49	2.47
8	3.46	3.11	2.92	2.81	2.73	2.67	2.62	2.59	2.56	2.54	2.50	2.46	2.42	2.40	2.38	2.36	2.34	2.32	2.20
9	3.36	3.01	2.81	2.69	2.61	2.55	2.51	2.47	2.44	2.42	2.38	2.34	2.30	2.28	2.25	2.23	2.21	2.18	2.10
10	3.29	2.92	2.73	2.61	2.52	2.46	2.41	2.38	2.35	2.32	2.28	2.24	2.20	2.18	2.16	2.13	2.11	2.08	2.06
11	3.23	2.86	2.66	2.54	2.45	2.39	2.34	2.30	2.27	2.25	2.21	2.17	2.12	2.10	2.08	2.05	2.03	2.00	1.97
12	3.18	2.81	2.61	2.48	2.39	2.33	2.28	2.24	2.21	2.19	2.15	2.10	2.06	2.04	2.01	1.99	1.96	1.93	1.90
13	3.14	2.76	2.56	2.43	2.35	2.28	2.23	2.20	2.16	2.14	2.10	2.05	2.01	1.98	1.96	1.93	1.90	1.88	1.85
14	3.10	2.73	2.52	2.39	2.31	2.24	2.19	2.15	2.12	2.10	2.05	2.01	1.96	1.94	1.91	1.89	1.86	1.83	1.80
15	3.07	2.70	2.49	2.36	2.27	2.21	2.16	2.12	2.09	2.06	2.02	1.97	1.92	1.90	1.87	1.85	1.82	1.79	1.76
16	3.05	2.67	2.46	2.33	2.24	2.18	2.13	2.09	2.06	2.03	1.99	1.94	1.89	1.87	1.84	1.81	1.78	1.75	1.72
17	3.03	2.64	2.44	2.31	2.22	2.15	2.10	2.06	2.03	2.00	1.96	1.91	1.86	1.84	1.81	1.78	1.75	1.72	1.69
18	3.01	2.62	2.42	2.29	2.20	2.13	2.08	2.04	2.00	1.98	1.93	1.89	1.84	1.81	1.78	1.75	1.72	1.69	1.66
19	2.99	2.61	2.40	2.27	2.18	2.11	2.06	2.02	1.98	1.96	1.91	1.86	1.81	1.79	1.76	1.73	1.70	1.67	1.63
20	2.97	2.59	2.38	2.25	2.16	2.09	2.04	2.00	1.96	1.94	1.89	1.84	1.79	1.77	1.74	1.71	1.68	1.64	1.61
21	2.96	2.57	2.36	2.23	2.14	2.08	2.02	1.98	1.95	1.92	1.87	1.83	1.78	1.75	1.72	1.69	1.66	1.62	1.59
22	2.95	2.56	2.35	2.22	2.13	2.06	2.01	1.97	1.93	1.90	1.86	1.81	1.76	1.73	1.70	1.67	1.64	1.60	1.57
23	2.94	2.55	2.34	2.21	2.11	2.05	1.99	1.95	1.92	1.89	1.84	1.80	1.74	1.72	1.69	1.66	1.62	1.59	1.55
24	2.93	2.54	2.33	2.19	2.10	2.04	1.98	1.94	1.91	1.88	1.83	1.78	1.73	1.70	1.67	1.64	1.61	1.57	1.53
25	2.92	2.53	2.32	2.18	2.09	2.02	1.97	1.93	1.89	1.87	1.82	1.77	1.72	1.69	1.66	1.63	1.59	1.56	1.52
26	2.91	2.52	2.31	2.17	2.08	2.01	1.96	1.92	1.88	1.86	1.81	1.76	1.71	1.68	1.65	1.61	1.58	1.54	1.50
27	2.90	2.51	2.30	2.17	2.07	2.00	1.95	1.91	1.87	1.85	1.80	1.75	1.70	1.67	1.64	1.60	1.57	1.53	1.49
28	2.89	2.50	2.29	2.16	2.06	2.00	1.94	1.90	1.87	1.84	1.79	1.74	1.69	1.66	1.63	1.59	1.56	1.52	1.48
29	2.89	2.50	2.28	2.15	2.06	1.99	1.93	1.89	1.86	1.83	1.78	1.73	1.68	1.65	1.62	1.58	1.55	1.51	1.47
30	2.88	2.49	2.28	2.14	2.05	1.98	1.93	1.88	1.85	1.82	1.77	1.72	1.67	1.64	1.61	1.57	1.54	1.50	1.46
40	2.84	2.44	2.23	2.09	2.00	1.93	1.87	1.83	1.79	1.76	1.71	1.66	1.61	1.57	1.54	1.51	1.47	1.42	1.38
60	2.79	2.39	2.18	2.04	1.95	1.87	1.82	1.77	1.74	1.71	1.66	1.60	1.54	1.51	1.48	1.44	1.40	1.35	1.29
120	2.75	2.35	2.13	1.99	1.90	1.82	1.77	1.72	1.68	1.65	1.60	1.55	1.48	1.45	1.41	1.37	1.32	1.26	1.19
∞	2.71	2.30	2.08	1.94	1.85	1.77	1.72	1.67	1.63	1.60	1.55	1.49	1.42	1.38	1.34	1.30	1.24	1.17	1.00

【附表五】 F 分配機率表（續）

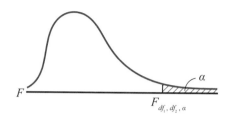

df_1 df_2	1	2	3	4	5	6	7	8	9	10	12	15	20	24	30	40	60	120	∞
1	161.45	199.50	215.71	224.58	230.16	233.99	236.77	238.88	240.54	241.88	243.90	245.95	248.02	249.05	250.10	251.14	252.20	253.25	254.32
2	18.51	19.00	19.16	19.25	19.30	19.33	19.35	19.37	19.38	19.40	19.41	19.43	19.45	19.45	19.46	19.47	19.48	19.49	19.50
3	10.13	9.55	9.28	9.12	9.01	8.94	8.89	8.85	8.81	8.79	8.74	8.70	8.66	8.64	8.62	8.59	8.57	8.55	8.53
4	7.71	6.94	6.59	6.39	6.26	6.16	6.09	6.04	6.00	5.96	5.91	5.86	5.80	5.77	5.75	5.72	5.69	5.66	5.63
5	6.61	5.79	5.41	5.19	5.05	4.95	4.83	4.82	4.77	4.74	4.68	4.62	4.56	4.53	4.50	4.46	4.43	4.40	4.36
6	5.99	5.14	4.76	4.53	4.39	4.28	4.21	4.15	4.10	4.06	4.00	3.94	3.87	3.84	3.81	3.77	3.74	3.70	3.67
7	5.59	4.74	4.35	4.12	3.97	3.87	3.79	3.73	3.68	3.64	3.57	3.51	3.44	3.41	3.38	3.34	3.30	3.27	3.23
8	5.32	4.46	4.07	3.84	3.69	3.58	3.50	3.44	3.39	3.35	3.28	3.22	3.15	3.12	3.08	3.04	3.01	2.97	2.93
9	5.12	4.26	3.86	3.63	3.48	3.37	3.29	3.23	3.18	3.14	3.07	3.01	2.94	2.90	2.86	2.83	2.79	2.75	2.71
10	4.96	4.10	3.71	3.48	3.33	3.22	3.14	3.07	3.02	2.98	2.91	2.85	2.77	2.74	2.70	2.66	2.62	2.58	2.54
11	4.84	3.98	3.59	3.36	3.20	3.09	3.01	2.95	2.90	2.85	2.79	2.72	2.65	2.61	2.57	2.53	2.49	2.45	2.40
12	4.75	3.89	3.49	3.26	3.11	3.00	2.91	2.85	2.80	2.75	2.69	2.62	2.54	2.51	2.47	2.43	2.38	2.34	2.30
13	4.67	3.81	3.41	3.18	3.03	2.92	2.83	2.77	2.71	2.67	2.60	2.53	2.46	2.42	2.38	2.34	2.30	2.25	2.21
14	4.60	3.74	3.34	3.11	2.98	2.85	2.76	2.70	2.65	2.60	2.53	2.46	2.39	2.35	2.31	2.27	2.22	2.18	2.13
15	4.54	3.68	3.29	3.08	2.90	2.79	2.71	2.64	2.59	2.54	2.48	2.40	2.33	2.29	2.25	2.20	2.16	2.11	2.07
16	4.49	3.63	3.24	3.01	2.85	2.74	2.66	2.59	2.54	2.49	2.42	2.35	2.28	2.24	2.19	2.15	2.11	2.06	2.01
17	4.45	3.59	3.20	2.96	2.81	2.70	2.61	2.55	2.49	2.45	2.38	2.31	2.23	2.19	2.15	2.10	2.06	2.01	1.96
18	4.41	3.55	3.16	2.93	2.77	2.66	2.58	2.51	2.46	2.41	2.34	2.27	2.19	2.15	2.11	2.06	2.02	1.97	1.92
19	4.38	3.52	3.13	2.90	2.74	2.63	2.54	2.48	2.42	2.38	2.31	2.23	2.16	2.11	2.07	2.03	1.98	1.93	1.88
20	4.35	3.49	3.10	2.87	2.71	2.60	2.51	2.45	2.39	2.35	2.28	2.20	2.12	2.08	2.04	1.99	1.95	1.90	1.84
21	4.32	3.47	3.07	2.84	2.68	2.57	2.49	2.42	2.37	2.32	2.25	2.18	2.10	2.05	2.01	1.96	1.92	1.87	1.81
22	4.30	3.44	3.05	2.82	2.66	2.55	2.46	2.40	2.34	2.30	2.23	2.15	2.07	2.03	1.98	1.94	1.89	1.84	1.78
23	4.28	3.42	3.03	2.80	2.64	2.53	2.44	2.37	2.32	2.27	2.20	2.13	2.05	2.01	1.96	1.91	1.86	1.81	1.76
24	4.26	3.40	3.01	2.78	2.62	2.51	2.42	2.36	2.30	2.25	2.18	2.11	2.03	1.98	1.94	1.89	1.84	1.79	1.73
25	4.24	3.39	2.99	2.76	2.60	2.49	2.40	2.34	2.28	2.24	2.16	2.09	2.01	1.96	1.92	1.87	1.82	1.77	1.71
26	4.23	3.37	2.98	2.74	2.59	2.47	2.39	2.32	2.27	2.22	2.15	2.07	1.99	1.95	1.90	1.85	1.80	1.75	1.69
27	4.21	3.35	2.96	2.73	2.57	2.46	2.37	2.31	2.25	2.20	2.13	2.06	1.97	1.93	1.88	1.84	1.79	1.73	1.67
28	4.20	3.34	2.95	2.71	2.56	2.45	2.36	2.29	2.24	2.19	2.12	2.04	1.96	1.91	1.87	1.82	1.77	1.71	1.65
29	4.18	3.33	2.93	2.70	2.55	2.43	2.35	2.28	2.22	2.18	2.10	2.03	1.94	1.90	1.85	1.81	1.75	1.70	1.64
30	4.17	3.32	2.92	2.69	2.53	2.42	2.33	2.27	2.21	2.16	2.09	2.01	1.93	1.89	1.84	1.79	1.74	1.68	1.62
40	4.08	3.23	2.84	2.61	2.45	2.34	2.25	2.18	2.12	2.08	2.00	1.92	1.84	1.79	1.74	1.69	1.64	1.53	1.51
60	4.00	3.15	2.76	2.53	2.37	2.25	2.17	2.10	2.04	1.99	1.92	1.84	1.75	1.70	1.65	1.59	1.53	1.47	1.39
120	3.92	3.07	2.68	2.45	2.29	2.17	2.09	2.02	1.96	1.91	1.83	1.75	1.66	1.61	1.55	1.50	1.43	1.35	1.25
∞	3.84	3.00	2.60	2.37	2.21	2.10	2.01	1.94	1.88	1.83	1.75	1.67	1.57	1.52	1.46	1.39	1.32	1.22	1.00

$\alpha = 0.05$

【附表五】 F 分配機率表（續）

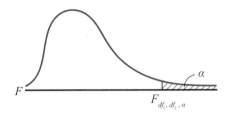

													$\alpha = 0.025$							
df_1 df_2	1	2	3	4	5	6	7	8	9	10	12	15	20	24	30	40	60	120	∞
1	647.79	799.48	864.15	899.60	921.83	937.11	948.20	956.64	963.28	968.63	976.72	984.87	993.08	997.27	1001.40	1005.60	1009.79	1014.04	1018.26
2	38.51	39.00	39.17	39.25	39.30	39.33	39.36	39.37	39.39	39.40	39.41	39.43	39.45	39.46	39.46	39.47	39.48	39.49	39.50
3	17.44	16.04	15.44	15.10	14.88	14.73	14.62	14.54	14.47	14.42	14.34	14.25	14.17	14.12	14.08	14.04	13.99	13.95	13.90
4	12.22	10.65	9.98	9.60	9.36	9.20	9.07	8.98	8.90	8.84	8.75	8.66	8.56	8.51	8.46	8.41	8.36	8.31	8.26
5	10.01	8.43	7.76	7.39	7.15	6.98	6.85	6.76	6.68	6.62	6.52	6.43	6.33	6.28	6.23	6.18	6.12	6.07	6.02
6	8.81	7.26	6.60	6.23	5.99	5.82	5.70	5.60	5.52	5.46	5.37	5.27	5.17	5.12	5.07	5.01	4.96	4.90	4.85
7	8.07	6.54	5.89	5.52	5.29	5.12	4.99	4.90	4.82	4.76	4.67	4.57	4.47	4.42	4.36	4.31	4.25	4.20	4.14
8	7.57	6.06	5.42	5.05	4.82	4.65	4.53	4.43	4.36	4.30	4.20	4.10	4.00	3.95	3.89	3.84	3.78	3.73	3.67
9	7.21	5.71	5.08	4.72	4.48	4.32	4.20	4.10	4.03	3.96	3.87	3.77	3.67	3.61	3.56	3.51	3.45	3.39	3.33
10	6.94	5.46	4.83	4.47	4.24	4.07	3.95	3.85	3.78	3.72	3.62	3.52	3.42	3.37	3.31	3.26	3.20	3.14	3.08
11	6.72	5.26	4.63	4.28	4.04	3.88	3.76	3.66	3.59	3.53	3.43	3.33	3.23	3.17	3.12	3.06	3.00	2.94	2.88
12	6.55	5.10	4.47	4.12	3.89	3.73	3.61	3.51	3.44	3.37	3.28	3.18	3.07	3.02	2.96	2.91	2.85	2.79	2.72
13	6.41	4.97	4.35	4.00	3.77	3.60	3.48	3.39	3.31	3.25	3.15	3.05	2.95	2.89	2.84	2.78	2.72	2.66	2.60
14	6.30	4.86	4.24	3.89	3.66	3.50	3.38	3.29	3.21	3.15	3.05	2.95	2.84	2.79	2.73	2.67	2.61	2.55	2.49
15	6.20	4.77	4.15	3.80	3.58	3.41	3.29	3.20	3.12	3.06	2.96	2.86	2.76	2.70	2.64	2.59	2.52	2.46	2.40
16	6.12	4.69	4.08	3.73	3.50	3.34	3.22	3.12	3.05	2.99	2.89	2.79	2.68	2.63	2.57	2.51	2.45	2.38	2.32
17	6.04	4.62	4.01	3.66	3.44	3.28	3.16	3.06	2.98	2.92	2.82	2.72	2.62	2.56	2.50	2.44	2.38	2.32	2.25
18	5.98	4.56	3.95	3.61	3.38	3.22	3.10	3.01	2.93	2.87	2.77	2.67	2.56	2.50	2.44	2.38	2.32	2.26	2.19
19	5.92	4.51	3.90	3.56	3.33	3.17	3.05	2.96	2.88	2.82	2.72	2.62	2.51	2.45	2.39	2.33	2.27	2.20	2.13
20	5.87	4.46	3.86	3.51	3.29	3.13	3.01	2.91	2.84	2.77	2.68	2.57	2.46	2.41	2.35	2.29	2.22	2.16	2.09
21	5.83	4.42	3.82	3.48	3.25	3.09	2.97	2.87	2.80	2.73	2.64	2.53	2.42	2.37	2.31	2.25	2.18	2.11	2.04
22	5.79	4.38	3.78	3.44	3.22	3.05	2.93	2.84	2.76	2.70	2.60	2.50	2.39	2.33	2.27	2.21	2.14	2.08	2.00
23	5.75	4.35	3.75	3.41	3.18	3.02	2.90	2.81	2.73	2.67	2.57	2.47	2.36	2.30	2.24	2.18	2.11	2.04	1.97
24	5.72	4.32	3.72	3.38	3.15	2.99	2.87	2.78	2.70	2.64	2.54	2.44	2.33	2.27	2.21	2.15	2.08	2.01	1.94
25	5.69	4.29	3.69	3.35	3.13	2.97	2.85	2.75	2.68	2.61	2.51	2.41	2.30	2.24	2.18	2.12	2.05	1.98	1.91
26	5.66	4.27	3.67	3.33	3.10	2.94	2.82	2.73	2.65	2.59	2.49	2.39	2.28	2.22	2.16	2.09	2.03	1.95	1.88
27	5.63	4.24	3.65	3.31	3.08	2.92	2.80	2.71	2.63	2.57	2.47	2.36	2.25	2.19	2.13	2.07	2.00	1.93	1.85
28	5.61	4.22	3.63	3.29	3.06	2.90	2.78	2.69	2.61	2.55	2.45	2.34	2.23	2.17	2.11	2.05	1.98	1.91	1.83
29	5.59	4.20	3.61	3.27	3.04	2.88	2.76	2.67	2.59	2.53	2.43	2.32	2.21	2.15	2.09	2.03	1.96	1.89	1.81
30	5.57	4.18	3.59	3.25	3.03	2.87	2.75	2.65	2.57	2.51	2.41	2.31	2.20	2.14	2.07	2.01	1.94	1.87	1.79
40	5.42	4.05	3.46	3.13	2.90	2.74	2.62	2.53	2.45	2.39	2.29	2.18	2.07	2.01	1.94	1.88	1.80	1.72	1.64
60	5.29	3.93	3.34	3.01	2.79	2.63	2.51	2.41	2.33	2.27	2.17	2.06	1.94	1.88	1.82	1.74	1.67	1.58	1.48
120	5.15	3.80	3.23	2.89	2.67	2.52	2.39	2.30	2.22	2.16	2.05	1.94	1.82	1.76	1.69	1.61	1.53	1.43	1.31
∞	5.02	3.69	3.12	2.79	2.57	2.41	2.29	2.19	2.11	2.05	1.94	1.83	1.71	1.64	1.57	1.48	1.39	1.27	1.00

【附表五】 F 分配機率表（續）

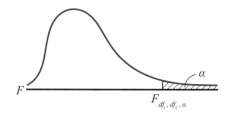

df_1 df_2	1	2	3	4	5	6	7	8	9	10	12	15	20	24	30	40	60	120	∞
										$\alpha = 0.01$									
1	4052.2	4999.5	5403.3	5624.6	5763.7	5859.0	5928.3	5981.6	6022.5	6055.8	6106.3	6157.3	6208.7	6234.6	6260.7	6286.8	6313.0	6339.4	6366.0
2	98.50	99.00	99.16	99.25	99.30	99.33	99.36	99.38	99.39	99.40	99.42	99.43	99.45	99.46	99.47	99.48	99.48	99.49	99.50
3	34.12	30.82	29.46	28.71	28.24	27.91	27.67	27.49	27.35	27.23	27.05	26.87	26.69	26.60	26.50	26.41	26.32	26.22	26.13
4	21.20	18.00	16.69	15.98	15.52	15.21	14.98	14.80	14.66	14.55	14.37	14.20	14.02	13.93	13.84	13.75	13.65	13.56	13.46
5	16.26	13.27	12.06	11.39	10.97	10.67	10.46	10.29	10.16	10.05	9.89	9.72	9.55	9.47	9.38	9.29	9.20	9.11	9.02
6	13.75	10.92	9.78	9.15	8.75	8.47	8.26	8.10	7.98	7.87	7.72	7.56	7.40	7.31	7.23	7.14	7.06	6.97	6.88
7	12.25	9.55	8.45	7.85	7.46	7.19	6.99	6.84	6.72	6.62	6.47	6.31	6.16	6.07	5.99	5.91	5.82	5.74	5.65
8	11.26	8.65	7.59	7.01	6.63	6.37	6.18	6.03	5.91	5.81	5.67	5.52	5.36	5.28	5.20	5.12	5.03	4.95	4.86
9	10.56	8.02	6.99	6.42	6.06	5.80	5.61	5.47	5.35	5.26	5.11	4.96	4.81	4.73	4.65	4.57	4.48	4.40	4.31
10	10.04	7.56	6.55	5.99	5.64	5.39	5.20	5.06	4.94	4.85	4.71	4.56	4.41	4.33	4.25	4.17	4.08	4.00	3.91
11	9.65	7.21	6.22	5.67	5.32	5.07	4.89	4.74	4.63	4.54	4.40	4.25	4.10	4.02	3.94	3.86	3.78	3.69	3.60
12	9.33	6.93	5.95	5.41	5.06	4.82	4.64	4.50	4.39	4.30	4.16	4.01	3.86	3.78	3.70	3.62	3.54	3.45	3.36
13	9.07	6.70	5.74	5.21	4.86	4.62	4.44	4.30	4.19	4.10	3.96	3.82	3.66	3.59	3.51	3.43	3.34	3.25	3.17
14	8.86	6.51	5.56	5.04	4.69	4.46	4.28	4.14	4.03	3.94	3.80	3.66	3.51	3.43	3.35	3.27	3.18	3.09	3.00
15	8.68	6.36	5.42	4.89	4.56	4.32	4.14	4.00	3.89	3.80	3.67	3.52	3.37	3.29	3.21	3.13	3.05	2.96	2.87
16	8.53	6.23	5.29	4.77	4.44	4.20	4.03	3.89	3.78	3.69	3.55	3.41	3.26	3.18	3.10	3.02	2.93	2.84	2.75
17	8.40	6.11	5.18	4.67	4.34	4.10	3.93	3.79	3.68	3.59	3.46	3.31	3.16	3.08	3.00	2.92	2.83	2.75	2.65
18	8.29	6.01	5.09	4.58	4.25	4.01	3.84	3.71	3.60	3.51	3.37	3.23	3.08	3.00	2.92	2.84	2.75	2.66	2.57
19	8.18	5.93	5.01	4.50	4.17	3.94	3.77	3.63	3.52	3.43	3.30	3.15	3.00	2.92	2.84	2.76	2.67	2.58	2.49
20	8.10	5.85	4.94	4.43	4.10	3.87	3.70	3.56	3.46	3.37	3.23	3.09	2.94	2.86	2.78	2.69	2.61	2.52	2.42
21	8.02	5.78	4.87	4.37	4.04	3.81	3.64	3.51	3.40	3.31	3.17	3.03	2.88	2.80	2.72	2.64	2.55	2.46	2.36
22	7.95	5.72	4.82	4.31	3.99	3.76	3.59	3.45	3.35	3.26	3.12	2.98	2.83	2.75	2.67	2.58	2.50	2.40	2.31
23	7.88	5.66	4.76	4.26	3.94	3.71	3.54	3.41	3.30	3.21	3.07	2.93	2.78	2.70	2.62	2.54	2.45	2.35	2.26
24	7.82	5.61	4.72	4.22	3.90	3.67	3.50	3.36	3.26	3.17	3.03	2.89	2.74	2.66	2.58	2.49	2.40	2.31	2.21
25	7.77	5.57	4.68	4.18	3.85	3.63	3.46	3.32	3.22	3.13	2.99	2.85	2.70	2.62	2.54	2.45	2.36	2.27	2.17
26	7.72	5.53	4.64	4.14	3.82	3.59	3.42	3.29	3.18	3.09	2.96	2.81	2.66	2.58	2.50	2.42	2.33	2.23	2.13
27	7.68	5.49	4.60	4.11	3.78	3.56	3.39	3.26	3.15	3.06	2.93	2.78	2.63	2.55	2.47	2.38	2.29	2.20	2.10
28	7.64	5.45	4.57	4.07	3.75	3.53	3.36	3.23	3.12	3.03	2.90	2.75	2.60	2.52	2.44	2.35	2.26	2.17	2.06
29	7.60	5.42	4.54	4.04	3.73	3.50	3.33	3.20	3.09	3.00	2.87	2.73	2.57	2.49	2.41	2.33	2.23	2.14	2.03
30	7.56	5.39	4.51	4.02	3.70	3.47	3.30	3.17	3.07	2.98	2.84	2.70	2.55	2.47	2.39	2.30	2.21	2.11	2.01
40	7.31	5.18	4.31	3.83	3.51	3.29	3.12	2.99	2.89	2.80	2.66	2.52	2.37	2.29	2.20	2.11	2.02	1.92	1.80
60	7.08	4.98	4.13	3.65	3.34	3.12	2.95	2.82	2.72	2.63	2.50	2.35	2.20	2.12	2.03	1.94	1.84	1.73	1.60
120	6.85	4.79	3.95	3.48	3.17	2.96	2.79	2.66	2.56	2.47	2.34	2.19	2.03	1.95	1.86	1.76	1.66	1.53	1.38
∞	6.63	4.61	3.78	3.32	3.02	2.80	2.64	2.51	2.41	2.32	2.18	2.04	1.88	1.79	1.70	1.59	1.47	1.32	1.00

【附表五】 F 分配機率表（續）

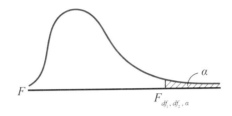

										$\alpha = 0.005$									
df_1 df_2	1	2	3	4	5	6	7	8	9	10	12	15	20	24	30	40	60	120	∞
1	16212.5	19997.4	21614.1	22500.8	23055.8	23439.5	23715.2	23923.8	24091.5	24221.8	24426.7	24631.6	24836.5	24937.1	25041.4	25145.7	25253.7	25358.1	25466.1
2	198.50	199.01	199.16	199.24	199.30	199.33	199.36	199.38	199.39	199.39	199.42	199.43	199.45	199.45	199.48	199.48	199.48	199.49	199.51
3	55.55	49.80	47.47	46.20	45.39	44.84	44.43	44.13	43.88	43.68	43.39	43.08	42.78	42.62	42.47	42.31	42.15	41.99	41.83
4	31.33	26.28	24.26	23.15	22.46	21.98	21.62	21.35	21.14	20.97	20.70	20.44	20.17	20.03	19.89	19.75	19.61	19.47	19.32
5	22.78	18.31	16.53	15.56	14.94	14.51	14.20	13.96	13.77	13.62	13.38	13.15	12.90	12.78	12.66	12.53	12.40	12.27	12.14
6	18.63	14.54	12.92	12.03	11.46	11.07	10.79	10.57	10.39	10.25	10.03	9.81	9.59	9.47	9.36	9.24	9.12	9.00	8.88
7	16.24	12.40	10.88	10.05	9.52	9.16	8.89	8.68	8.51	8.38	8.18	7.97	7.75	7.64	7.53	7.42	7.31	7.19	7.08
8	14.69	11.04	9.60	8.81	8.30	7.95	7.69	7.50	7.34	7.21	7.01	6.81	6.61	6.50	6.40	6.29	6.18	6.06	5.95
9	13.61	10.11	8.72	7.96	7.47	7.13	6.88	6.69	6.54	6.42	6.23	6.03	5.83	5.73	5.62	5.52	5.41	5.30	5.19
10	12.83	9.43	8.08	7.34	6.87	6.54	6.30	6.12	5.97	5.85	5.66	5.47	5.27	5.17	5.07	4.97	4.86	4.75	4.64
11	12.23	8.91	7.60	6.88	6.42	6.10	5.86	5.68	5.54	5.42	5.24	5.05	4.86	4.76	4.65	4.55	4.45	4.34	4.23
12	11.75	8.51	7.23	6.52	6.07	5.76	5.52	5.35	5.20	5.09	4.91	4.72	4.53	4.43	4.33	4.23	4.12	4.01	3.90
13	11.37	8.19	6.93	6.23	5.79	5.48	5.25	5.08	4.94	4.82	4.64	4.46	4.27	4.17	4.07	3.97	3.87	3.76	3.65
14	11.06	7.92	6.68	6.00	5.56	5.26	5.03	4.86	4.72	4.60	4.43	4.25	4.06	3.96	3.86	3.76	3.66	3.55	3.44
15	10.80	7.70	6.48	5.80	5.37	5.07	4.85	4.67	4.54	4.42	4.25	4.07	3.88	3.79	3.69	3.59	3.48	3.37	3.26
16	10.58	7.51	6.30	5.64	5.21	4.91	4.69	4.52	4.38	4.27	4.10	3.92	3.73	3.64	3.54	3.44	3.33	3.22	3.11
17	10.38	7.35	6.16	5.50	5.07	4.78	4.56	4.39	4.25	4.14	3.97	3.79	3.61	3.51	3.41	3.31	3.21	3.10	2.98
18	10.22	7.21	6.03	5.37	4.96	4.66	4.44	4.28	4.14	4.03	3.86	3.68	3.50	3.40	3.30	3.20	3.10	2.99	2.87
19	10.07	7.09	5.92	5.27	4.85	4.56	4.34	4.18	4.04	3.93	3.76	3.59	3.40	3.31	3.21	3.11	3.00	2.89	2.78
20	9.94	6.99	5.82	5.17	4.76	4.47	4.26	4.09	3.96	3.85	3.68	3.50	3.32	3.22	3.12	3.02	2.92	2.81	2.69
21	9.83	6.89	5.73	5.09	4.68	4.39	4.18	4.01	3.88	3.77	3.60	3.43	3.24	3.15	3.05	2.95	2.84	2.73	2.61
22	9.73	6.81	5.65	5.02	4.61	4.32	4.11	3.94	3.81	3.70	3.54	3.36	3.18	3.08	2.98	2.88	2.77	2.66	2.55
23	9.63	6.73	5.58	4.95	4.54	4.26	4.05	3.88	3.75	3.64	3.47	3.30	3.12	3.02	2.92	2.82	2.71	2.60	2.48
24	9.55	6.66	5.52	4.89	4.49	4.20	3.99	3.83	3.69	3.59	3.42	3.25	3.06	2.97	2.87	2.77	2.66	2.55	2.43
25	9.48	6.60	5.46	4.84	4.43	4.15	3.94	3.78	3.64	3.54	3.37	3.20	3.01	2.92	2.82	2.72	2.61	2.50	2.38
26	9.41	6.54	5.41	4.79	4.38	4.10	3.89	3.73	3.60	3.49	3.33	3.15	2.97	2.87	2.77	2.67	2.56	2.45	2.33
27	9.34	6.49	5.36	4.74	4.34	4.60	3.85	3.69	3.56	3.45	3.28	3.11	2.93	2.83	2.73	2.63	2.52	2.41	2.29
28	9.28	6.44	5.32	4.70	4.30	4.02	3.81	3.65	3.52	3.41	3.25	3.07	2.89	2.79	2.69	2.59	2.48	2.37	2.25
29	9.23	6.40	5.28	4.66	4.26	3.98	3.77	3.61	3.48	3.38	3.21	3.04	2.86	2.76	2.66	2.56	2.45	2.33	2.21
30	9.18	6.35	5.24	4.62	4.23	3.95	3.74	3.58	3.45	3.34	3.18	3.01	2.82	2.73	2.63	2.52	2.42	2.30	2.18
40	8.83	6.07	4.98	4.37	3.99	3.71	3.51	3.35	3.22	3.12	2.95	2.78	2.60	2.50	2.40	2.30	2.18	2.06	1.93
60	8.49	5.79	4.73	4.14	3.76	3.49	3.29	3.13	3.01	2.90	2.74	2.57	2.39	2.29	2.19	2.08	1.96	1.83	1.69
120	8.18	5.54	4.50	3.92	3.55	3.28	3.09	2.93	2.81	2.71	2.54	2.37	2.19	2.09	1.98	1.87	1.75	1.61	1.43
∞	7.88	5.30	4.28	3.72	3.35	3.09	2.90	2.74	2.62	2.52	2.36	2.19	2.00	1.90	1.79	1.67	1.53	1.36	1.00